Über dieses Buch Für alle Leser und Freunde der berühmten »Tagebücher der Anaïs Nin« ist die vollständige Publikation dieses Kindertagebuches ein außerordentliches literarisches Ereignis.
Anaïs Nin ist elf Jahre alt, als sie ihr Tagebuch beginnt. Die Familie wanderte im gleichen Jahr nach New York aus, ohne den Vater. Der elegante, schöne und begabte »Papa« hatte die Familie einer Geliebten wegen verlassen. Gedacht als Brief oder fortgesetzter Monolog mit dem fernen Vater, der von Anaïs abgöttisch geliebt wurde, wächst das Tagebuch doch über das ursprüngliche Motiv des Schreibens hinaus.
Das Kindertagebuch ist kindlich, aber auch frühreif – und deshalb ist es überhaupt lesbar. Vom ersten Augenblick an zeigt sich darin das Bedürfnis, nicht nur die Welt, sondern auch sich selbst zu beobachten, sich dazustellen, zu kritisieren, zu verändern, und vor allem: zu erfinden. Es ist ein aufrichtiges Dokument, voll des kindlichen Charmes. Auch läßt es den Leser »auf bezwingende Weise die Abenteuer einer zwar entwurzelten, aber trotz allem sehr einigen, eng verbundenen, liebevollen Familie nachvollziehen ... Das Interesse und das Mitgefühl der einen für die anderen, die einzelnen Erfolge, die zu gemeinsamen Erfolgen wurden, es läßt uns den religiösen Geist und vor allem das hispano-französische Kulturerbe fühlen«.
Im Vorwort zu den Kindertagebüchern präzisiert der Bruder von Anaïs die Bedeutung dieses ersten aller Tagebücher: »Die Veröffentlichung des Kindertagebuches hat nichts mit der Suche nach einer verlorenen Zeit zu tun ... Hier beschäftigt sich nicht eine Schriftstellerin mit ihrer Kindheit: Hier spricht ein Kind, das sich mit dem Leben beschäftigt, jenem Leben aus dem es ein Werk machen wird.«

Die Autorin Anaïs Nin wurde 1903 als Tochter eines spanischen Klaviervirtuosen in Paris geboren, lebte bis 1940 in Europa, vorwiegend in Paris, dann in Amerika. Sie starb 1977 in Kalifornien. Sie hat Modell gestanden, gemalt, getanzt und geschrieben – annähernd zehn Romane und viele Essays. Seit 1931 war sie eng mit Henry Miller befreundet, den sie stark beeinflußte. Berühmt wurde sie vor allem durch ihr Hauptwerk: Tagebücher im Umfang von 15 000 Manuskriptseiten. Im Fischer Taschenbuch Verlag sind bisher erschienen: Tagebuchaufzeichnungen von 1944–1947 (Bd. 2184), von 1947-1955 (Bd. 2253) und von 1955–1966 (Bd. 5100); ferner erschienen: »Unter einer Glasglocke«. Erzählungen (Bd. 5145) »Leitern ins Feuer«. Roman (Bd. 5256), »Die neue Empfindsamkeit«. »Über Frau und Mann« (Bd. 5209) und »Sanftmut des Zorns« (Bd. 5242).

Anaïs Nin

Das Kindertagebuch 1914 – 1919

Mit einem Vorwort von
Joaquín Nin-Culmell

Aus dem Französischen
von Irène Kuhn

Fischer Taschenbuch Verlag

Titel der Originalausgabe: Journal d'enfance (1914 – 1919)

Ungekürzte Ausgabe
Fischer Taschenbuch 5740
November 1982
Fischer Taschenbuch Verlag GmbH, Frankfurt am Main
Lizenzausgabe mit freundlicher Genehmigung
der Nymphenburger Verlagshandlung GmbH, München
Copyright © 1978 by Rupert Pole
als Nachlaßverwalter von Anaïs Nin und Éditions Stock
Vorwort: Copyright © by Joaquín Nin-Culmell und Éditions Stock
Deutsche Rechte:
© Nymphenburger Verlagshandlung GmbH, München 1981
Alle Rechte, auch der photomechanischen Vervielfältigung
und des auszugsweisen Abdrucks, vorbehalten.
Umschlagentwurf: Jan Buchholz/Reni Hinsch
Gesamtherstellung: Hanseatische Druckanstalt GmbH, Hamburg
Printed in Germany
1280-ISBN-3-596-25740-9

Vorwort
von Joaquín Nin-Culmell

Dank der Veröffentlichung der ungekürzten Fassung des Kindertagebuchs von Anaïs Nin, liegt zum ersten Mal das vollständige Dokument vom Beginn einer Berufung vor, einer Berufung, die sowohl die Kunst des Tagebuchschreibens als auch die der Frauenliteratur, und letztlich auch der Literatur überhaupt entschieden bereichert hat. Ich bin so vermessen zu glauben, daß noch nie in der Geschichte der Literatur ein Mensch allein so zahlreiche und so frühzeitige Begabungen in sich vereinte, die das Sich-Verlieren und das Sich-Wiederfinden, das Verändern, Kommentieren und Aufschreiben eines intensiv erlebten inneren Lebens ermöglichten, und die sich mit elf Jahren auszudrücken begannen und erst 63 Jahre später endeten. Die Veröffentlichung des Kindertagebuchs hat nichts mit der Suche nach einer verlorenen Zeit zu tun: Es handelt sich schlichtweg um eine Entdeckung. Die Entdeckung, daß Anaïs' literarische Begabung, ihre Fähigkeit, das was in ihr und um sie herum geschieht, zu verstehen, zu vertiefen und zu erweitern zu ihrer vollen Entfaltung gelangten, in dem Augenblick, als sie zur Feder griff, um ihr Tagebuch zu schreiben. Hier beschäftigt sich nicht eine Schriftstellerin mit ihrer Kindheit: Hier spricht ein Kind, das sich mit dem Leben beschäftigt, jenem Leben, aus dem es sein Werk machen wird.

Viele Jahre später wird Anaïs den Gedanken äußern, daß dieses ganze Tagebuchschreiben auf das Bedürfnis, mit dem abwesenden Vater zu kommunizieren, zurückzuführen sei, auf die Tatsache, daß das Leben durch das Schreiben erträglicher wurde. Die Briefe, die sie ihrem Vater schrieb und sorgfältig in ihr Tagebuch abschrieb, scheinen dieser These eines »Briefe-Tagebuchs« zunächst zu widersprechen. Aber der Widerspruch ist oberflächlich, denn »was ist ein Buch schon anderes, als ein Brief?«, wie Julien Green gesagt hat. Ich glaube, daß die These eines »Tagebuchs als Lebenshalt« der Wahrheit besser entspricht, denn Anaïs hat nie aufgehört, sich zu entfalten, indem sie auf die Entfaltung ihrer Mitmenschen wirkte, sich zu verstehen, indem sie versuchte, ihre Mitmenschen zu verstehen. Vor allem glaube ich, daß sie sich einem »kategorischen

Imperativ« fügte, der stärker war als sie selbst, stärker als ihre Tränen, ihr Trauern, ihre Begeisterung, ihre Fröhlichkeit. Sie war von Anbeginn eine außerordentliche Taucherin: Sie tauchte in die geheimnisvollen Tiefen ihres imaginären Atlantis. Manchmal nahm sie uns mit. Meist aber schickte sie uns ganz einfach Sauerstoffblasen, die von weither zu uns heraufkamen. Im Grunde war ihr Tagebuch das Bindeglied zwischen ihr und der realen Welt, womit es ihr gelang, beim Träumen niemals den Sinn für die Wirklichkeit zu verlieren. Wie wir im Wasser das Spiegelbild unserer selbst erblicken, so sah Anaïs hauptsächlich das Spiegelbild der Seelen. Sie war eine Spiegel-Frau, eine ozeanische Frau.

Schließlich bedeutet das Kindertagebuch auch – für mich zumindest – die glückliche Zeit von Jeanne d'Arc, und nicht die von D. H. Lawrence, die Zeit des Betens und nicht die der Psychoanalyse, die Zeit der Liebe, anstatt die der Venus, die Zeit schließlich der französischen Sprache anstatt der englischen.

Anaïs hat viele Züge unserer Vorfahren geerbt. Zunächst einmal von ihren Eltern, die beide gebürtige Kubaner waren (der Vater Katalane, die Mutter halb Französin, halb Dänin), beide schön, beide starke Persönlichkeiten. Auf beiden Seiten der Familie war die künstlerische, intellektuelle und sogar literarische Tradition immer dominant gewesen, aber Anaïs ist keineswegs nur ein Echo der Vergangenheit.* Selbstverständlich wurde Anaïs von ihrer Familie, von ihren Lektüren und von ihren Freunden beeinflußt, aber ohne jemals ihre persönliche Note zu verlieren, ohne jemals auch nur das Geringste ihrer Begabung aufzugeben ohne das wachsende Geheimnis ihrer Individualität aufzulösen oder abzuschwächen. In meinen Augen als Bruder wird Anaïs immer geheimnisvoll bleiben, selbst in der ungekürzten Fassung dieses Kindertagebuchs, selbst wenn in Zukunft sämtliche ungekürzten Fassungen all

---

* Auf seiten meiner Mutter war der Großvater, Pierre Théodore Vaurigaud, der Autor eines in Französisch verfaßten Tagebuchs. Auf väterlicher Seite gab es den Großvater Joaquin Nin y Tudo, einen Pädagogen und Autor mehrerer Bücher, und den Vetter meines Vaters, Francisco José Castellanos, der ein anerkannter kubanischer Schriftsteller war. Außerdem darf man natürlich auch die beiden Bücher nicht vergessen, die mein Vater geschrieben hat: »Ideen und Kommentare« und »Für die Kunst«; ebenso muß ich, der Vollständigkeit halber, seine Studien zur Musik und über spanische Musiker erwähnen.

ihrer Tagebücher veröffentlicht würden. Im Zusammenhang mit dem Kindertagebuch erscheint es mir wichtig, ihre Berufung zum Schreiben hervorzuheben. Zumal Anaïs lange vor 1914 zu schreiben begonnen hatte. Schon in Brüssel (vor unserer Auswanderung nach Arcachon, Barcelona und schließlich New York) schrieb sie Märchen die meine immer begeisterte Mutter meinem nicht so empfänglichen Vater zu lesen gab. Durch das Kindertagebuch erfahren wir, daß sie in Barcelona bereits Gedichte schrieb. Einige wurden in den allerersten Seiten des Tagebuchs abgeschrieben. Ihr »Ruf« innerhalb der Familie war derart, daß Madame Emilia Quintero, als sie Anaïs bei unserer Ankunft in New York kennenlernte, sagte: »Esta es la niña que escribe tan bien?« (»Das ist also die Kleine, die so gut schreibt?«.)

Alles andere erzählt Anaïs selbst, in einem Französisch zwar, dessen Rechtschreib- und Grammatikfehler ihren abwesenden Vater zur Verzweiflung brachten, mit dem es ihr aber sehr gut gelang, das auszudrücken, was sie zu sagen hatte. Später gewinnt nach und nach das Englische die Oberhand, und ab 1920 verschwindet das Französische; zu diesem Zeitpunkt geht auch das Kindertagebuch zu Ende. Jedenfalls läßt sie den Leser auf bezwingende Weise die Abenteuer einer zwar entwurzelten, aber trotz allem sehr einigen, eng verbundenen, liebevollen Familie nachvollziehen. Sie macht uns die nahezu heldenhaften Bemühungen einer Mutter deutlich, die die Rolle des Familienoberhaupts zu spielen hatte, das Interesse und das Mitgefühl der einen für die andern, die einzelnen Erfolge, die zu gemeinsamen Erfolgen wurden, sie läßt uns den religiösen Geist und vor allem das hispano-französische Kulturerbe spüren. Dies alles wird mit den Augen eines Kindes gesehen, eines sehr begabten Kindes jedoch. Und bei diesem Kind Anaïs sind es die Klarheit des Sehens und die Reinheit des Fühlens, die es erlauben, diesen Eindruck der Stärke und der Zartheit zugleich zu vermitteln. Ich habe meine Schwester oft »meinen stählernen Kolibri« genannt, und so sehe ich sie auch heute noch.

Es ist eindeutig, daß Anaïs ein intuitiver, ein subjektiver Mensch war: eine Dichterin, eine Zauberin. Sie war der Erfinder ihrer Welt und ihrer Zuflucht, und sie näherte sich den andern durch die Einsamkeit. Sie war immer in Begleitung und immer eine Einsame. Ihre Weisheit war Eingebung, sie war »angeboren« – so würden die Scholastiker sagen – sie war nicht so sehr das Ergebnis geistiger Disziplin. Und trotzdem war Anaïs eine »Disziplinierte«, die niemals aufhörte mit der Feder, mit dem Herzen, durch das Gewicht ihrer Liebe für die Schöpfung und das Geschöpf, die Lösung zum Rätsel des Lebens zu suchen. Man muß der Intuition, dem Traum, der Irrealität, der sinnlichen Welt der Phantasie vertrauen: Dies ist die Botschaft, die sie am deutlichsten verkündet hat. Und dies ist nicht nur ein Ausweg, es ist die Entdeckung der Einheit der menschlichen Seele vor dem Fall. Das ferne Atlantis ist vielleicht nicht diesseitig, aber das ist kein Grund, daß wir es nicht in unserem tiefsten Innern suchen sollten. Ihre Pilgerschaft durch die »inneren Gefilde« ihrer Phantasie hat Anaïs mit elf Jahren angetreten. Als Kinder haben wir oft durch das Wort und die Musik zusammengearbeitet. Es ist mein Wunsch, daß unsere Zusammenarbeit nicht beendet ist, und daß meine Worte, auch ohne Musik, dem Leser des Kindertagebuchs verständlich machen werden, was für eine außerordentliche Schwester Anaïs gewesen ist.

JOAQUÍN NIN-CULMELL
Berkeley
Kalifornien
Im September 1978

Vorbemerkung der Übersetzerin

Dieser Übersetzung der Kindertagebücher von Anaïs Nin liegt der französische Originaltext zugrunde. Es handelt sich um eine ungekürzte Fassung dieser Tagebücher.
In der französischen Ausgabe hat der Herausgeber lediglich die Orthographie verbessert; Satzbau und Interpunktion wurden weitgehend beibehalten, sofern der Inhalt unmißverständlich war. Daraus ergab sich, daß die Sprache durch ihre oft fehlerhafte Syntax, die mangelnden logischen Bezüge im Satzbau usw. eindeutig als Kindersprache erkennbar blieb. Ich habe mich bemüht, diesen Eindruck soweit wie möglich zu vermitteln, indem ich versuchte, Interpunktion und Satzbau zu respektieren. Die zum Teil fehlerhaften englischen und spanischen Ausdrücke und Passagen im Text wurden ebenfalls beibehalten.
Allerdings habe ich mich zu einem Eingriff entschlossen, der mir durchaus nicht leichtfiel: Anaïs siezt nicht nur den lieben Gott, was im Französischen üblich ist, sondern auch ihr Tagebuch, manchmal sogar ihre Schulkameraden, ohne daß dieses »Sie« merkwürdig oder skurril wirkt. Da das deutsche »Sie« jedoch sehr viel gewichtiger ist als das französische, habe ich mich dafür entschieden, das Tagebuch in der Anrede wie den lieben Gott zu behandeln und sie beide zu duzen.

I. K.
November 1980

1914

25. Juli

LETZTER BLICK AUF BARCELONA
UND LETZTE GEDANKEN

Die Berge ragen empor in majestätischer Schönheit. Die untergehende Sonne zeigt ihren letzten, blassen Schimmer. Der blaue Himmel ist hie und da mit kleinen, weißen Wolken gesprenkelt. Inmitten dieser Landschaft kommen scharenweise verschiedene Gedanken.
Wir werden Barcelona verlassen, diese so hübsche Gegend. Wir werden diesen blauen Himmel, der mich so entzückt, nicht mehr sehen. Ich werde meine Lippen nicht mehr auf das sanfte Gesicht meiner geliebten Großmama legen. Ich werde diese wunderschöne Landschaft nicht mehr in aller Muße betrachten können. Ich werde mich nicht mehr meinen namenlosen Gedanken hingeben können, die mich abends immer erfaßten, wenn ich am Balkon lehnend, in der Stille der Nacht, mich ihnen hingab. Und schließlich bin ich traurig, wenn ich daran denke, daß wir ein Land verlassen haben, das für uns eine Mutter und ein Glücksbringer war.   ANAÏS

26. Juli
Das Schiff ist um vier Uhr ausgelaufen. Wir waren beladen mit Blumen, Bonbons und auch mit Küssen. Alle haben beim Abschied von meiner geliebten Mama geweint. Ich kann gut verstehen, daß alle sie lieben, sie ist so nett, so sympathisch, und vor allem so gut, o ja, so unendlich gut, sie schlägt uns nie etwas aus, wenn es ihr möglich ist. Wir haben eine sehr schlechte Nacht verbracht, die Hitze ließ uns nicht in Ruhe. Um fünf Uhr sind wir in Valencia angekommen. Wir sind um sechs aufgestanden. Ich habe viel geschrieben, aber zum Glück habe ich mich auch einen Augenblick meinem Tagebuch zuwenden können. Das Meer ist wunderbar und ich glaube, daß wir eine sehr gute Reise machen werden. Es sind wenig Leute auf dem Schiff, wir können uns so richtig nach Lust und Laune bewegen, denn Mama hat ein Empfehlungsschreiben für

> 25 juillet 1914
>
> ### Dernier regard dans
> #### Barcelone et
> ##### dernières pensées.
>
> Des montagnes s'élèvent avec une majestueuse beauté. Le soleil couchant laisse voir ses dernières et pâles lueurs. Le ciel bleu, taché de ci de là de petits nuages blancs.
>
> Parmis ces paysages des pensées diverses viennent en foule.
>
> Nous allions quitter Barcelone, ce pays si joli ! Nous ne verrons plus ce ciel bleu, but de mon charme. Je ne poserai plus mes lèvres sur la douce figure de grand'mère chéri. Je ne pourrai plus contempler avec elle ces magnifiques paysages. je ne pourrai plus me livrer a mes pensées, sans noms, qui me venait toujours, les soirs que, accoudé sur le balcon, avec le silence de la nuit, je m'enivré.
>
> Et enfin je m'attriste en pensant que nous allons quitter une pays qui a été pour nous une mère, et un porte bonheur.

den Schiffszahlmeister bekommen – ein freundlicher Herr, der sehr nett zu sein scheint. Ich beende meine Eintragung und verspreche, daß ich morgen eine weitere Seite schreiben werde. Das Schiff heißt *Montserrat*.

27. Juli
Ich halte mein Versprechen und kehre zu meinen Eintragungen zurück. Diesmal wird meine Seite den Titel »Poetische

Seite« bekommen, denn ich habe in den letzten Tagen zwei Gedichte geschrieben, die ich bei meiner gestrigen Eintragung abzuschreiben vergessen habe.

DIE EINSAMKEIT (26. Juli 1914)

In der Einsamkeit der Nacht
Schlich auf leisen Sohlen
Eine Gestalt im Nachthemd
An der Terrasse vorbei.
Sie lief
Und hielt plötzlich inne:
Sie hatte soeben
Eine ähnliche Gestalt erblickt,
Die ihr folgte.
Als sie sich umdrehte,
Verschwand die andere Gestalt vor ihren erstaunten
Augen:
Es war der eigene Schatten, der sie ängstigte,
Denn ihre Seele war nicht ruhig.

AM HORIZONT

Dort drüben, weit, weit am Horizont,
Erkenne ich noch, so scheint mir,
Einen Menschen, den ich lieb habe:
Es ist Großmama.
Dort drüben, weit, weit am Horizont,
Erblicke ich noch dieses sanfte Gesicht,
Es ist das Gesicht meiner Großmama.
Dort drüben, weit, weit am Horizont,
Fühle ich eine warme Hand, die mich streichelt:
Es ist Großmamas Hand.
Dort drüben, weit, weit am Horizont,
Spüre ich noch, wie sich jemand zu mir neigt,
Um mich zu umarmen:
Es ist Großmama.
Beim Abschied habe ich eine Träne fallen sehen:
Es ist Großmama: sie weint.

Nach zwei Seiten muß ich jetzt aufhören, morgen erzähle ich den Rest.   ANAÏS

28. Juli

Gestern habe ich mit meiner Eintragung schneller aufhören müssen demzufolge wird es bei der heutigen Eintragung ein wenig Vergangenes geben. Gestern sind wir also in Malaga angekommen. Nach dem Essen sind wir an Land gegangen, aber wir konnten nichts tun, denn Madame die Verrückte Engländerin hat sich eingemischt. Wir sind gleich wieder zurückgekommen. Heute, gegen morgen, sind wir früh aufgestanden, und nach dem täglichen Café au Lait sind wir wieder an Land gegangen, aber diesmal alleine, d. h. ohne jemand, der uns daran hindert, das zu tun, was wir wollen. Wir haben einen Wagen gemietet und sind einkaufen gefahren, danach sind wir auf einer mit Bäumen und Palmen bepflanzten Allee spazierengegangen. Im Hintergrund sah man ein wunderschönes Felsengebirge, das mit ein paar Häuschen geschmückt war, welche im Laub und in den Blumen verschwinden. In dieser Gegend erinnern die Häuser sehr an Kuba. Die Frauen dürfen nicht hinaus, nur um in die Kirche oder zum Stierkampf zu gehen, aber sogar das nur selten. Ich finde, daß dies eine sehr häßliche Gewohnheit ist, und ich, wenn ich nicht hinausgehen könnte, ich würde nur wegen diesem einzigen Brauch den die Leute hier ausüben, das Land verlassen. Was ich sehr seltsam finde, das sind die Händler und mehrere Leute, die spazierengehen: Stell Dir vor, sie reiten entweder auf einem Gaul, oder auf einem kleinen weißen Esel, oder sogar auf Stuten. Ich finde die Gegend sehr malerisch, alles ist gebirgig, es gibt nichts Flaches. Diese Stadt ist klein, ich habe bemerkt, daß sie sehr schöne Trauben, Oliven und Wein hat; das mit dem Wein habe ich in meinem Erdkundebuch gelesen, aber das andere, das sind meine eigenen Beobachtungen. Wir legen um zwei Uhr ab. Ich verabschiede mich jetzt von meinem Leser und verspreche ihm, daß ich morgen wieder mit ihm reden werde.   ANAÏS

29. Juli

Heute sind wir um fünf Uhr früh in Cadiz angekommen. Diese Stadt, von der man sagt, sie sei so großartig! Um sieben Uhr waren wir alle angezogen und gewaschen, und wir kamen gerade rechtzeitig an Deck, um die *Golondrina* (ein kleines Dampfschiff) abfahren zu sehen, denn wir waren nicht nahe am Hafen, und um dorthin zu kommen, mußte man mit der *Golondrina* fahren. Wir gingen hinunter zum Frühstück, und danach machte sich bis Mittag jeder an seine Arbeit; Punkt zwölf waren wir auf dem Boot, und schon waren wir unterwegs. Nach einer halben Stunde Fahrt kamen wir endlich in Cadiz an. Eine Stadt, in der es nichts zu sehen gibt, mit armen Leuten in allen Ecken. Die nicht sehr zahlreichen Einwohner, die wenigen, die aus ihren Häusern herausgehen, sehen alle aus wie lebendig Begrabene, es gibt nur Alte, Verkrüppelte, Blinde, Lahme usw. Ich finde, das ist eine »tote Stadt«, das einzig Hübsche ist eine von Bäumen gesäumte Promenade, die zum Meer führt, und ab und zu sieht man einen Blumenstrauß zwischen den Blättern. Aber selbst das ist traurig, die Hälfte der vertrockneten, ungepflegten Pflanzen sieht aus wie herumirrende, verlorene Seelen. Das einzige, was mein Interesse geweckt hat und dessen würdig war, das ist die Kathedrale. Ich will sie beschreiben:

DIE KATHEDRALE

Das erste, was ich sah, war ein großes Tor, das auf zwei Säulen zwei lebensgroße Engel trägt. Ein Geistlicher führte uns durch die Kirche; der Altar aus vergoldetem Silber ist ziemlich groß. Davor, auf einem alten, massiven Eichentisch, lag ein recht großes Buch: Es war eine sehr alte Bibel. Überall dicke Balken, in allen Ecken und Winkeln ein Altar; einen Augenblick wurde es dunkler, ich blieb etwas zurück, es war sehr beeindruckend, ich hatte das Gefühl, mich in einer alten Burg zu befinden, diese ganzen Gedanken lösten sich auf, als mich Mama rief. Wir gingen durch mehrere Galerien, die durch Balken und mit lateinischer Schrift gravierten Säulen gestützt waren, dann führte uns der Priester zu einer dunklen kleinen Treppe; wir gingen hinunter, nicht ohne uns der Gefahr bewußt zu sein, daß wir uns Hals und Bein brechen könnten, und befanden uns dann in einem unterirdischen Gewölbe mit vier Mauern, es lief mir eiskalt über den Rücken, der Priester erklärte, daß dieses Verließ vier Meter tief unter dem Meer sei, und seine Stimme dröhnte in diesem gewaltigen Gemäuer. Danach führte er uns zu einer Art Gruft, die in die Mauer eingemeißelt war; hinten hing ein großes, zwei Jahrhunderte altes Kruzifix, das die Gruft beherrscht. Der Geistliche zeigte uns drei Gräber von Priestern und Bischöfen, dann führte er uns noch weiter, die Mauer bestand aus lauter Höhlen, aus welchen man Gräber machte; er zeigte uns eine Madonna, die in einen einzigen Stein gehauen war. Es war sehr schön. Der Priester führte uns zu einer kleinen Treppe, die wir hinaufgingen, öffnete eine große Tür, es war eine Art Sakristei, aber sehr groß, der Priester sagte etwas zu einem anderen Priester, und dieser öffnete einen Schrank und nahm einen dicken Schlüsselbund heraus. Er öffnete einen großen Schrank, und wir erblickten einen wunderschönen Miniatur-Altar, der ganz aus Gold und einen halben Meter groß war, das Kreuz bestand aus Perlen und war mit einem dünnen Goldstreifen durchzogen, eine wahre Pracht. Sorgfältig schloß der Priester den Schrank wieder zu und öffnete den andern, da konnten wir ein herrliches goldenes Ziborium bewundern, mit ein paar Perlen und einem dicken Smaragd in der Mitte, welch eine Kostbarkeit! Er machte den Schrank wieder zu und öffnete einen andern, in dem wir den Säbelgriff eines Spanienkönigs bewundern konnten, und da machte Mama eine Bemerkung: »Ihr könnt das alles aufbewahren, denn eure Kirchen wurden nie ausgeraubt, aber in Frankreich wurden alle Reliquien geplündert und verbrannt.« Es ist wahr, mein armes Vaterland hat seine Priester und seine Nonnen weggeschickt, alles, alles wurde verjagt. Ich schäme mich, zum ersten Mal hat Frankreich eine Tat begangen, die ich mißbillige und worüber ich erröten muß, nein, ich meine nicht Frankreich, sondern sein Volk, das im übrigen kein französisches Volk war, sondern lauter hochmütige, mißgünstige, ränkesüchtige Egoisten, die sich unter der Bezeichnung »französisches Volk« zusammengerottet haben, denn es kann nicht sein, daß ein Franzose auf einen so niederträchtigen Gedanken kommt, die Priester und die Nonnen zu verjagen, die nur Gutes getan haben, nein, nein, ich wiederhole es, das waren keine Franzosen. Zu spät, ich habe zu viele Seiten an eitle Gedanken verschwendet, ich muß aufhören, bis morgen! ANAÏS

30. Juli

Hier bin ich wieder, ich erzähle weiter: Danach sahen wir ein Tablett, worauf der König nach seiner Niederlage die Schlüssel der Stadt legte; es war ganz aus Gold, aber in der Mitte gab es noch sechs große Edelsteine, die in allen Farben schimmerten. Es war von einem Araber angefertigt worden; danach sahen wir wunderschöne Altardecken aus roter Seide, mit Silberfäden bestickt und mit Gold verziert, es war großartig, und nach all dem gingen wir weg. Ich hatte meine letzten Seiten schon geschrieben, als der Zahlmeister Mama um die Erlaubnis bat, uns zu einer kleinen Fahrt auf einer *Golondrina* mitzunehmen, Mama konnte sich nicht entschließen, aber der Zahlmeister insistierte und sagte: nur hin und zurück. Mama willigte ein und wir gingen. Es war halb zehn. Der Mond war gerade aufgegangen, die Sterne glänzten, wir setzten uns in Bewegung. Es war ein entzückender Ausflug und nach einer halben Stunde gingen wir an Land. Der Zahlmeister schickte einen Jungen, um Eismeringen zu holen, wir warteten ungefähr eine Viertelstunde am Kai, indessen haben Thorvald und ich dem Zahlmeister, dem Kapitän und einem Priester, der mit uns gekommen war, Rätsel aufgegeben, es war sehr lustig. Ich verstehe noch nicht, warum Passagiere, die Pfarrer sind, sich als Kapitän so wie unser Kapitän, kleiden müssen. Endlich kam der Junge zurück, laut im Mondschein singend brachte der Zahlmeister triumphierend das Paket mit den Eismeringen, wir stiegen wieder in die *Golondrina* und fuhren los. Ich begann mit Mühe meine Meringe zu essen, und da ein dickes Stück Eis, in das ich nicht hineinbeißen konnte, auf mein Kleid tropfte, nutzte ich die Dunkelheit, um es mit zwei Fingern zu packen und hinauszuwerfen; nach diesem köstlichen Festmahl begannen wir zu reden, dann zu singen, und plötzlich, da ich mich an das Lied »*Malbrough s'en va-t-en guerre*« (»Malbrough zieht in den Krieg«) erinnerte, begann ich es zu singen, zufällig kannten es alle, und siehe da, lauthals sangen wir alle im Mondschein »*Malbrough s'en va-t-en guerre*«, dann unterhielten wir uns über die Sterne, über die Reise, ich erklärte, was Brüssel ist, usw. Als wir zum Schiff zurückkamen, war es halb zwölf, ich erzählte das alles Mama und ging zu Bett. Nun bin ich wach, frisch gebadet und habe gefrühstückt. Heute um zwei verlassen wir Cadiz und die Reise nach New York dauert dreizehn Tage ohne Unterbrechung, Adieu. ANAÏS

31. Juli
Hier bin ich wieder einmal, diesmal habe ich nichts zu sagen. Das Meer ist so lala, aber das Schiff schlingert sehr, und darum wurden alle Passagiere seekrank; keiner blieb verschont, ich auch nicht, aber ich hatte es nicht sehr stark. Ich verabschiede mich jetzt ganz schnell, aber das liegt daran, daß ich nichts zu sagen habe. Bis morgen. ANAÏS

1. August

Nun fängt ein neuer Monat an, er wird glückliche Tage bringen, denn wir werden unsere Tanten wiedersehen. Wir sind noch auf dem Schiff; da mir nichts besonderes zu erzählen einfällt, werde ich ein bißchen mit meinem lieben Tagebuch plaudern. Ich bin elf Jahre alt, ich weiß es, aber ich bin nicht ernst genug, gestern abend habe ich mir vorgenommen: »Morgen bin ich ganz brav!« Brav? Ich bin es nicht mehr als gestern. Nun hat also ein neuer Monat angefangen, und ich bin noch immer nicht vernünftiger geworden; es ist mir nicht im Traum eingefallen, meine Leidenschaften und meinen Charakter zu

zähmen, und ich schäme mich über eine solche Nachlässigkeit.
Ich fasse nun den festen Entschluß, mit Gottes Hilfe vernünftiger zu werden. Heute ist der Tag fast zu Ende und ich habe nicht sonderlich viel zu tun, aber immerhin, für das Ende des Tages sollte ich mich im »Schweigen« üben.

ANAÏS

Nicht reden, sondern höflich antworten. Das Gespräch nicht suchen. An meinem Schal arbeiten, der spätestens übermorgen fertig sein muß.

1. August
Es ist abend; ich habe mich auf Beschaulichkeit eingestellt und dies ist mein Werk:

DER MOND, MEINE VISIONEN

Der Mond scheint, die Sterne zeigen sich, ein sanfter Wind streichelt meine Beschaulichkeit, rechts sieht man noch die untergehende Sonne, die sich bescheiden zeigt gegenüber dem Mond, der jetzt die Führung übernommen hat. Endlich verschwindet die Sonne ganz, dann steigt der stolze Mond noch glänzender auf den Thron der Sonne. Sei gegrüßt, Mond, scheinen die Sterne zu sagen. Schließlich erblicke ich, wie im Traum:
  Großmama, die mich küßt,
  Papa, der arbeitet,
  Mama, die weint,
  Thorvald, der Geige spielt,
  Quiqui, der mir sagt: »Ich liebe dich«,
  Und ich sehe mich, aber in Wirklichkeit,
  Versunken in meine Beschaulichkeit.

ANAÏS

2. August
Nun bin ich wieder bereit, ein Plauderstündchen einzulegen. Ich habe mir vorgenommen, in meinem Tagebuch eine Beschreibung von jedem Familienmitglied zu machen. Heute werde ich ein ausführliches Porträt von Papa machen:
  Hier ist mein Papa, mein geliebter Papa,
  Hier ist der Kopf des größten Pianisten,
    den es gibt auf der Welt.

Er spielt einmal sanft,
Einmal kraftvoll.
Sein Spiel ist eine Sprache:
Sie ist traurig oder fröhlich,
Es ist großartig zu beobachten,
Wie seine Hände den Noten gehorchen.
Alle Welt ist entzückt.

Jedes Konzert ist ein Kranz des Erfolgs, seine Stirn trägt Tausende von Lorbeerkränzen, von Ruhmeskränzen, die er erntet und die er verdient. Sein Name ist in aller Munde, man spricht von ihm wie vom Gott der Musik, denn es stimmt, niemand kann mit meinem Papa verglichen werden, niemand spielt wie er, niemand kann ihn nachahmen.   ANAÏS

Fertig; jetzt werde ich von Mama sprechen: (Porträt)
Schwung! Geliebte Mama, ach, ich liebe dich, ich liebe dich, ich weiß nicht, was ich für dich alles tun könnte; sag es nur, befiehl! Ich werde es tun.   ANAÏS

Mama
liebliche
Sängerin
Mama
zärtliche Mutter
liebende
Mama
ihren Kindern
ergebene Mutter
        ANAÏS

Mama
verdient mehr
als den Himmel
Gott muß
einen Extra-Himmel
für eine Mama
wie meine
Mama
haben
Aber dieser Himmel

wird nur für
sie und Großmama sein
denn niemand
außer ihnen
verdient ihn
  ANAÏS

Vor Ihren Augen sehen Sie eine große Sängerin, es ist Mama. Sie hat überall großen Erfolg, wie Papa trägt sie auf ihrer Stirn manche Kränze, die sie für ihre Mühen auszeichnen. Außer einer großen Sängerin ist sie auch eine zärtliche Mutter, sie opfert sich für uns wie keine andere Mutter. Mama ist herzensgut, die Güte ihres Blickes sagt das, ich liebe sie sehr, sie schenkt uns viel Liebe, ich weiß es; diese geliebte Mama weiß nicht, was sie für uns *noch* alles tun soll, um uns Freude zu machen, diese ganzen Opfer sind für uns, sie arbeitet einzig und allein für unser aller Zukunft; als ich krank war und sie Tag und Nacht an meinem Bett saß, machte sie mir jede Freude, die sie nur konnte, sie hatte nicht einen einzigen Augenblick für sich selbst Zeit; meine liebe Mama war von einer Güte, die ich allein nicht wiedergutmachen kann, aber Gott wird mir dabei helfen; mit unglaublicher Sanftheit gibt sie mir den Gute-Nacht-Kuß, ohne den Kuß meines Engels hätte ich das Bißchen, das ich geschlafen habe, auch nicht schlafen können, keine Mutter auf dieser Erde hat mehr als Mama getan. Liebe, Liebe für meine Mama, mein lieber, geliebter Engel.
Fertig für heute. Auf Wiedersehen.
  ANAÏS

3. August
Hier bin ich wieder, es ist spät, ich habe nicht viel Zeit, heute bin ich mit meinem Schal fast fertig geworden, und während ich daran arbeite, überlege ich, ob er für Mama ist oder für Großmama. Oder für Marraine?* Ich bin noch nicht entschlossen, ich glaube, er wird für Großmama sein. Thorvald war es die ganze Zeit schlecht, er verbringt den Tag im Bett. Von Zeit zu Zeit bin ich zu ihm gegangen, um nachzusehen, ob er etwas

---

* »Marraine« ist die französische Bezeichnung für »Patentante«, zugleich aber auch als Anrede geläufig. Da im Deutschen die Anrede regional sehr verschieden und immer vom Dialekt geprägt ist, wird hier die französische Anrede beibehalten. D. Ü.

braucht, somit habe ich mir den Titel »barmherzige Schwester« eingeheimst. Das Meer ist weiterhin ganz ruhig, ich langweile mich keine Minute, ein Glück; für heute höre ich auf, denn ich falle vor Müdigkeit um.

ANAÏS

4. August

Nun sitze ich wieder einmal an meinem Tagebuch; mit ihm will ich mich wieder unterhalten. Der zweite Offizier hat uns in seine Kajüte mitgenommen, da gibt es eine Schreibmaschine; ich hätte mein Tagebuch gerne abgeschrieben, denn keiner aus meiner Familie wird ein so schreckliches Gekrakel wie meines entziffern können, aber Mama hat mir erklärt, daß es besser sei, das Tagebuch so zu lassen, wie es ist. Ich habe nicht viel zu erzählen, mein Schal ist fast fertig, es fehlt nur noch der Rand: Dazu werde ich eine Art Wollbesatz in der gleichen Farbe machen. Mama hat mir gesagt, ich soll nicht soviel schreiben, weil sie nicht mag, daß ich mich einschließe, also höre ich jetzt auf, jedoch nicht ohne ein letztes Wort: Ich übe weiterhin jeden Tag eine Tugend aus, es wird mir gelingen, mich ein wenig liebenswürdig zu machen.

5. August

Wieder nichts zu erzählen, aber versuchen wir's halt! Mein Schal ist fast fertig, die Umrandung ist angefangen, Mama macht sie, nicht ich. Ich habe eine Geschichte angefangen, ich verrate den Titel nicht, ich glaube, ich werde schreiben:

Ergreifende Erinnerung an
Charles Ledoure,
den Schiffbrüchigen,
und an den Kapitän
Lucien Couragon.

Alles, was ich tue, tue ich für mich selbst, um mich zu zerstreuen. Dieses Jahr werde ich Mama einen hübschen bestickten, rosafarbenen Taschentuchbehälter machen, stelle ich mir vor, oder ich könnte auch eine andere Handarbeit für sie machen. Man merkt es, heute habe ich keine Lust zu schreiben, denn ich weiß überhaupt nicht, was ich erzählen soll, ich bitte um Verzeihung, liebes Tagebuch.

ANAÏS

6. und 7. August

Gestern nichts, nur daß das Meer sehr ruhig war.

7. August

Entschuldigung, daß ich mit dem Bleistift schreibe, aber ich bin draußen an Deck. Ich werde Dir das Wetter beschreiben: Es scheint keine Sonne, der Himmel ist grau, der Wind weht, das Meer ist mit Schaum bedeckt, die Wellen sprühen einen feinen Regen auf das Deck, das Meer ist grau. Das Schiff versucht ständig Kopfstand zu machen und taucht mit dem Bug nach vorn, in mehrere Kabinen ist Wasser eingedrungen. Da gibt es Marguerite, erster Klasse, Dame zweiter, Dame zweiter, Dame zweiter, Dame zweiter, Mann erster, Mama erster, Dame erster und Dame erster, die seekrank sind. Ich hatte vor, etwas abzuschreiben, was mir vor der Reise passiert ist, es steht in meinem Notizbüchlein, aber ich fürchte, ich könnte es verlieren. Ich fange an:

16. Juli 1914

Wir waren bei Carmen Karr* und Mama sollte zum Abschied ein letztes Mal singen, denn wir waren im Begriff, nach New York abzureisen. Es waren viele Freunde da, darunter drei Nonnen, die die gleiche Ordenstracht trugen, wie die Schwestern in der Klinik, in der ich behandelt worden war. Den ganzen Abend habe ich nur an die Klinik und an die Schwestern gedacht. Zwei von ihnen sahen Schwester Norberta und Schwester Regine** sehr ähnlich. Schließlich hielt ich es nicht mehr aus, denn ich war überzeugt, daß sie es waren, ich gehe zu Mama und flüstere ihr ins Ohr: »Mama, frag mal diese Schwestern, wie sie heißen. Sie sehen Schwester Norberta und Schwester Regine so ähnlich.« Mama achtete nicht darauf, einen Augenblick später fragte ich sie noch mal; da nahm sie mich bei der Hand, führte mich zu den Schwestern und sagte: »Bei meiner Tochter macht sich plötzlich eine leidenschaftliche Hinwendung zum Schleier bemerkbar«; da neigte sich eine der Nonnen zu mir und küßte mich. Dieser sanfte Kuß schien zu sagen:

KOMM MIT UNS.

Ich war sehr beeindruckt und wollte schon fast weinen, aber Mama fuhr fort: »Meine Tochter wurde von Nonnen gepflegt, die das gleiche Gewand trugen wie Sie und sie möchte gern

---

* eine Freundin meiner Mutter
** Schwestern, die mich gepflegt haben

Ihren Namen erfahren, denn sie sagt, Sie sähen den Schwestern, die sie gepflegt haben, sehr ähnlich.« Die Schwester antwortete: »Wir sind die Schwestern des Heiligen Dominik.« Mama wandte sich zu mir und sagte: »Siehst du, es sind nicht die Schwestern, die du meintest.« Daraufhin wies mir Mama einen Stuhl neben den Schwestern zu und zog sich zurück. Zunächst fragte mich die Schwester: »Würdest du gerne Schwester werden?«, und ich antwortete etwas verwirrt: »Ja, aber nicht, wenn ich Mama verlassen muß«, und die Schwester lächelte. Ich bin noch ganz verwundert über ein solches Abenteuer.

ANAÏS

8. August
Nichts zu sagen. Das Meer ist angenehm. Geschichte beendet.

9. August
Ich habe begonnen, die fertige Geschichte sauber abzuschreiben. Ich teile meinem Tagebuch mit, daß wir demnächst in New York ankommen. Ich freue mich, meine Tanten zu sehen. Aber ich bin auch immer trauriger, Großmama zu verlassen, es ist wahr, ihre Küsse fehlen mir, ihr sanfter Blick fehlt mir ebenso wie ihre Küsse; nun ja, vielleicht werden wir wieder nach Barcelona zurückkehren, ich hoffe es. Mein Schal ist fast fertig, es fehlt nur noch eine Reihe. Ich habe beschlossen, ihn Mama zu schenken, denn Großmama kann eine so helle Farbe wie dieses Blau nicht tragen. Adieu.

ANAÏS

9.
Nichts.

10.
Nichts.

11. August
Alle sind froh, wir kommen in New York an. Ich bin auch froh, aber ganz ehrlich, ich würde gern nach Barcelona zurückkehren. Ich beende mein Tagebuch heute noch nicht, denn es wird noch zu erzählen geben. Fortsetzung folgt.

ANAÏS

12. August
Ich konnte gestern nicht weitermachen. Gestern sind wir also

um drei Uhr in New York eingelaufen; es war schwül, es hat gedonnert und wegen des Nebels sind wir einfach zwischen der Einfahrt und der Ausfahrt des Hafens liegengeblieben. Es regnete heftig, es donnerte und schließlich blitzte es auch. Es ging alles vorüber und gegen acht Uhr fuhren wir wieder weiter, zwanzig Minuten später waren wir in New York; wir hatten uns darauf eingestellt, unsere Tanten zu sehen, niemand, wir waren schon ganz verzweifelt, als uns eine Dame sagte, daß eine Dame mit drei Jungen gekommen war; Mama schaute, o Glück, dies waren Marraine, Coquito, Carlos und Felo, wir gingen an Land, nachdem wir alle begrüßt hatten, wir umarmten uns, und es wurde beschlossen, daß Thorvald und ich die Nacht bei Tante Antolina verbringen würden, und Mama und Joaquin bei Tante Edelmira. Ich habe vergessen zu sagen, daß kurze Zeit später auch Onkel Gilbert gekommen war; also verabschiedeten wir uns, Marraine, Carlos, Felo, Thorvald und ich, und begaben uns zum Haus meiner Tante. New York ist groß zwanzig-, neunzehn- oder siebzehnstöckige Häuser stehen auf beiden Seiten der Straßen, es sind Geschäftshäuser, Marraine hat mir erklärt, daß man sehr hohe Häuser baut, weil die Grundstücke sehr teuer sind, wegen des Gewinns. Wir gingen noch immer und kamen dann zur Station der elektrischen Untergrundbahn. Danach stiegen wir ein, wir stiegen um, und schließlich kamen wir an, aber anstatt daß wir unter der Erde waren, befanden wir uns auf einer sehr hohen Brücke, wir gingen ein paar Stufen hinunter, danach waren wir auf einer Treppe, die von alleine hinuntergeht, lustig, schließlich kamen wir an. Es war ein sehr schönes Haus. Ich übernachtete mit Marraine in einem Zimmer, am Morgen stand ich auf, nahm ein köstliches Bad, um zehn gab es ein köstliches Frühstück: Melone, warme Brötchen, eine Tasse Schokolade, Maisbrötchen; danach zog ich mich an, und wir fuhren mit dem Zug nach Kew. Wie schön, hier! Die Umgebung, hübsche Häuser, kleine Gärten, Blumen, kleine, weiße, tadellos gezeichnete Straßen, unter diesen Häusern war eines das Haus meiner Tante. Meine kleine Kusine Nuna stand an der Tür, in wenigen Minuten waren wir Freundinnen, ich habe einen kleinen Garten angelegt, ich habe gespielt, ich habe ein Fahrrad und eine Schaukel ausprobiert, ich habe mein Kuba-Häuschen gesehen, ich habe endlich meinen Traum gesehen. Ein Haus in den Feldern, Blumen, ein kleiner Garten, alle Möbel weiß, eine

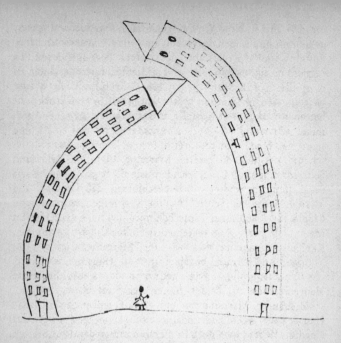

Ordnung, etwas, was man nicht erklären kann, beim Schreiben sitze ich im Arbeitszimmer meiner Tante, jetzt denke ich an Großmama, an Barcelona, an die Reise, an Brüssel, an Paris, wo ich Papa sehe, an den Krieg. Und ich sage mir, daß ich wünsche, daß Frankreich gewinnt. Mama singt, ich höre zu und bewundere sie, ich denke, daß ich auf fremdem Boden bin, ich betrachte meine Vettern und meine Brüder, die spielen, und schließlich nehme ich mir vor, mich von meinem Tagebuch zu trennen, um spielen zu gehen.   ANAÏS

13. August
Beschreibung eines Paradieses auf Erden. Wiesen voller Blumen, winzige Häuser, kleine, weiße, tadellos gezeichnete Straßen, ein paar Bäume, eine gute Sonne, kleine Gärten voller Blumen. Das Haus meiner Tante Edelmira ist mit erlesenem Geschmack eingerichtet, mit weißen Möbeln; alles ist klein, niedlich, sehr sauber und wohlgeordnet, eine Schaukel, Fahrrä-

der, eine liebe kleine Kusine, ein sehr sympathischer Vetter, eine freundliche, gute Tante, die man einfach gernhaben muß, und schließlich Mama, die auch nicht fehlt. Man muß sagen: Es lebe Kew Gardens, es lebe das Haus, es lebe meine Tante, es leben die Blumen und die Felder, es lebe Gott, der dieses Paradies auf Erden für uns geschaffen hat. Um fünf Uhr kommt mein Onkel zurück und wir laufen ihm alle entgegen. ANAÏS

14. August

Gestern, als ich mit meinem Tagebuch fertig war, hat uns Onkel Gilbert zu einem Spaziergang mitgenommen; ich habe Blumen gepflückt, Schmetterlinge gefangen, wir sind in einen sehr hübschen kleinen Wald gekommen, der mich an mein geliebtes Wäldchen von La Cambre erinnerte, aber wilder und häßlicher, weil es keine Wiese gab, keinen kleinen Weg, aber durch diesen Wald führt eine ganz gerade Sandstraße. Was ich jetzt schreibe, das geschieht ganz früh. Ich bin so früh aufgestanden um zu schreiben, die Sonne ist schon aufgegangen, ich warte auf meinen Onkel, um mit ihm zu frühstücken und ihn danach zum Zug zu begleiten. Inzwischen werde ich versuchen, einen Brief an Großmama zu schreiben. Ich habe vergessen zu erklären, daß meine Tante gestern abend eine Erwachsenen-Party gegeben hat, Mama hat ein *Tonadilla* gesungen, ich weiß nicht warum, aber ich habe angefangen zu weinen, wahrscheinlich hatte ich das Gefühl in Barcelona zu sein. Ich verstehe selbst nicht, warum ich weinen mußte, während Mama sang und alle lachten.

ANAÏS

15. August

Heute um halb sieben sind ich und Onkel Gilbert aufgestanden, wir haben den kleinen Garten meines Onkels hergerichtet: geharkt, gepflanzt und gegossen. Wie lustig! Danach haben wir mit großem Appetit gefrühstückt, wir haben eine Weile gespielt, danach haben wir uns angezogen und sind zu Tante Antolina gegangen. Ich habe vergessen zu sagen, daß meine Tante krank war, sie ist ohnmächtig geworden oder so ähnlich, sie weint. Unsere kleinen Vettern erwarteten uns und wir wurden mit Freudengeschrei empfangen; als es Zeit war zum Essen, kam eine Dame, die Emilia Quintero heißt, sie begrüßte uns alle und dann kam sie zu mir und sagte: »Esta es la niña que escribe tan bien?« (»Das ist also das Mädchen, das so gut schreibt?«). Erstaunt über diese Worte, an denen so wenig Wahres ist, schaute ich zu Mama. Schließlich haben wir gegessen, Marraine machte den Vorschlag, wir sollten mit dem Kindermädchen ins Kino gehen; vom ersten Tag an hat mir diese Frau mißfallen, und für meine Antipathie gegen sie gibt es keine Worte. Gesagt, getan, ob ich es wollte oder nicht, ich mußte gehen; da ich Englisch nicht lesen kann, sagte ich zu meinem großen, zwölf Jahre alten Vetter Felo, er soll sich neben mich setzen, um mir zu übersetzen; aus Bosheit hat mich das Kindermädchen mit Thor und Carlos, meinem kleinen, neun Jahre alten Vetter, ans Ende der Reihe gesetzt, und alle andern, außer uns beiden, zu Felo gesetzt, ich habe meine Tränen unterdrückt, ich mußte mich langweilen, nichts verstehen, still sein, und wider Willen mußte ich dieser Frau gehorchen; niemand hat davon erfahren, außer Mama und jetzt mein Tagebuch. Wir gingen wieder nach Hause, wir verliefen uns, aber da ich müde bin, werde ich es in Kurzfassung erzählen: Wir fanden unseren Weg wieder, und nach dem Essen, begann ich, meinem Tagebuch meinen Tag zu erzählen.

ANAÏS

16. August
Ich habe viel mit der Puppe gespielt, ich kann schon ein bißchen Fahrrad fahren, aber ohne Treten. Nichts mehr zu erzählen.

17. August
Ich kann Fahrrad fahren. Gestern habe ich vergessen, meinem Tagebuch zu erzählen, daß wir im Gottesdienst waren, aber nicht in der Kirche, sondern in einem Haus. Ich verstehe das nicht, wie die Messe so schroff gelesen wird – keine Erhebung der Hostie, kein stilles Gebet, alles laut, und so, daß man glaubt, der Priester ist wütend und schimpft, finde ich; ich habe mich nach meiner kleinen französischen Kapelle in Barcelona gesehnt, also habe ich beschlossen, die Messe selbst zu lesen und dabei zu denken, daß sie gelesen wird.

ANAÏS

17. August (Fortsetzung)
Wieviele Spaziergänge ich heute gemacht habe! Tante Antolina ist gekommen, aber sie ist nicht lange geblieben, nur um Marraine abzuholen. Warum verstehe ich mich denn so gut mit Coquito, und mit Thorvald überhaupt nicht? Ich höre noch nicht auf, falls mir noch was einfällt. Nichts.

ANAÏS

18.
Nichts.

19.
Wir haben Onkel Thorvald abgeholt, der mit dem Schiff gekommen ist; er ist ins Hotel America gegangen, während wir

zu Tante Antolina sind; wir haben beschlossen, bei ihr zu bleiben, weil meine Tante krank ist.

20. August
Ich habe gut geschlafen, Marraine hat Mama angerufen, damit sie mir Wäsche bringt (denn sie sollte uns besuchen), aber sie hat gesagt, nein, und daß wir wiederkommen sollten, also sind wir wieder in Kew. ANAÏS

21. August
Wir haben sehr viel Spaß gehabt, Coquito und ich, wir haben ein Feuerwehrhaus gebaut aus weiß gestrichenem Holz. ANAÏS

22. August
Heute bin ich früh aufgestanden, um Tagebuch zu schreiben; seit dem 19. habe ich es versäumt, also habe ich es heute so gut es ging nachgeholt, aber natürlich kürzer, als wenn ich jeden Tag schreibe. Onkel Thorvald ist in die Berge gefahren. Jetzt ist Onkel Gilbert aufgestanden. Ich trenne mich von meinem Tagebuch. Bis später. Nichts. ANAÏS

23. August
Wir waren in New York bei Tante Antolina. Ich werde ein paar Bemerkungen machen. Kein Mann bietet im Zug oder Bus seinen Sitzplatz einer Frau an, weil man sagt, daß die Männer arbeiten und oft müde von der Arbeit zurückkommen, während die Frau spazierengeht, hier gibt es mehr Protestanten als Katholiken. Die Kirchen sind in Trauer, weil der Papst gestorben ist. Ich bin albern, ich weiß nichts zu sagen in meinen Bemerkungen, also werde ich das Thema ändern, ich habe mit tiefem Bedauern festgestellt, daß mein Buch von der geliebten Heiligen Theresa in den Händen meiner Lehrerin zurückgeblieben ist. Jetzt, vorgestern, gestern und heute habe ich nur vom Schiffszahlmeister geträumt. Ich verstehe nicht warum. Gestern abend auf dem Rückweg im Zug, während ich vor mir die Brücken, die Landschaft, das Dorf usw. liegen sah, sah ich mich, wie in einem wachen Traum, mit dem Zahlmeister ein Boot nehmen und aus New York flüchten; danach kam ich in Barcelona an, umarmte Großmama, und dann sah ich mich mit dem Phantasie-Sohn des Zahlmeisters verheiratet. Mama, Großmama und der Zahlmeister sprachen gerade über die

Vergangenheit, während ich meine Kinder küßte; das ist ein komischer Tagtraum. Ich verabschiede mich jetzt von meinem Tagebuch und verspreche ihm, morgen weiter zu erzählen.

ANAÏS

24. August
Ich bin früh aufgestanden, denn ich wollte versuchen zu schreiben, aber es fällt mir nichts ein, ich werde also ein bißchen warten.

ANAÏS

25. August
Heute haben wir ein amerikanisches Schiff besichtigt. Nichts Interessantes, ganz aus Eisen, mit ein paar Kanonen, die größer waren als das Schiff, und einer ganz zerfressenen amerikanischen Flagge hinten. Ich verstehe vieles auf Englisch, ich lese alle Anzeigen. Ich höre, daß meine Tante uns ihr Haus in New York überlassen wird, wenn sie weggeht, Mama muß etwas tun, um bekannt zu werden und ich verstehe, daß sie in New York leben muß; ich bin trotzdem traurig, daß wir nicht mehr auf dem Land leben werden. Ich bin müde und verabschiede mich von meinem Tagebuch.

ANAÏS

26. August
Nichts Neues.

27. August
Jetzt habe ich mich daran gewöhnt, Joaquinito und Nunita regelmäßig zu baden und sie fertig zu machen; ich mache mich selbst auch zurecht und wir gehen über die Felder spazieren, wir kommen zurück, essen zu Abend, und ich und Nuna, wir bringen die Puppen ins Bett. Adieu.

ANAÏS

28. August
Nichts Neues.

29. August
Hier bin ich heute, Tante Antolina ist nach Kuba abgereist, Marraine ist allein in der Wohnung geblieben, es wurde beschlossen, daß ich sie bis Montag begleite, wo wir sowieso mit ihr leben würden, aber Marraine hat nein gesagt, denn ich

würde mich sehr langweilen, und sie müßte für mich extra kochen, denn sie trinkt nur Milch, denn sie ist ein wenig schwach, also bin ich wieder hier. ANAÏS

30. August
Hier bin ich. Heute ist der letzte Tag, den wir ganz in Kew verbringen, in den letzten Tagen habe ich mein Tagebuch sehr vernachlässigt. Heute habe ich vor, ein bißchen mehr zu schreiben. Der Geburtstag Coquitos rückt näher. Ich möchte etwas tun, was ich gleich am Anfang hätte tun sollen: den Plan des Hauses in Kew zeichnen. Wenn man in das Haus kommt, sieht man zuerst einen gepflegten Garten, einen niedlichen Eingang. Eine kleine Galerie mit zwei Sesseln und einem Schaukelstuhl, zwei, drei Blumenbänke; eine Glastür trennt die Galerie von dem hübschen kleinen Wohnzimmer; im Wohnzimmer ein kleiner Tisch mit Blumen, drei Sessel, zwei Stühle, ein Klavier, das alles in einem sehr hübschen Kastanienbraun. Hinter einer großen Tür, rechts das Eßzimmer, ein Tisch, sechs Stühle, ein Büffet und eine Vitrine mit Tellern, die von Marraine bemalt wurden. Gegenüber vom Eßzimmer kommt ein kleiner Raum mit einem kleinen Schreibtisch, einem Stuhl, zwei Sesseln, einem Tisch mit einem Phonographen und Büchern; ich unterbreche, Mama hat mir befohlen, schlafenzugehen. ANAÏS

31. August
Nun bin ich in New York in der Wohnung meiner Tante; ich kann nicht weitermachen mit meinem Plan, denn ich könnte ihn durcheinanderbringen Hier habe ich ein nettes kleines Zimmer mit Thorvald. Ich bin sehr müde und muß aufhören.
ANAÏS

1. September
Hier bin ich wieder. Wir haben uns schon eingerichtet. Wir gehen spazieren, es ist sehr lustig. Wiedersehen. ANAÏS

1. Fortsetzung
Was hältst Du vom Krieg? O Schreck, o Graus! Es ist mein größter Wunsch, daß Frankreich gewinnt! Ich würde alles hergeben, was ich am liebsten habe, um Frankreich zu retten. Ich bin sehr beeindruckt. Vertrauensvoll hoffe ich, daß Frank-

reich gewinnt, aber es bräuchte eine große Sache. Ich werde darüber nachdenken, aber es ist ein bißchen schwierig. Adieu.

2. September
Nichts.

3. September
Wir sind in der Stadt gewesen. Was für wunderschöne Geschäfte! Wir haben die öffentliche Bücherei gesehen. Es ist wunderschön, alles in Marmor, es gibt alles, von den ersten geschriebenen Büchern bis zu dem modernen. Ich hätte gern ein Buch ausgeliehen, aber dazu braucht man einen festen Wohnsitz in New York, und da wir noch nicht sicher sind, ist das unmöglich. Mama hat mir ein neues Heft gekauft, in dem ich morgen mein Tagebuch weiterschreiben kann. ANAÏS

4. September
Heute hatte Coquito Geburtstag, er ist acht Jahre alt geworden. Wir haben einen sehr angenehmen Nachmittag verbracht; als wir zurückkamen, haben wir Onkel Thorvald und meine Tante in unserem Haus wiedergetroffen, denn sie wollten ein paar Tage in New York verbringen, bevor sie nach Kuba fahren. Ich werde jetzt hingehen und hören, was mein Onkel erzählt. Aber die Hauptsache: hast du denn gemerkt, daß mein neues Heft sehr hübsch ist? Nicht wahr es ist hübsch? Ich werde nicht versäumen zu schreiben, trotz dieser Veränderung. Adieu.

5. September
Hier bin ich. Das Wetter ist sehr kühl. Wieder ein Geburtstag, Joaquinitos; ich glaube, wir werden wieder alle versammelt sein. Da es noch früh ist, habe ich nichts zu erzählen, bis später also. Heute nachmittag waren wir im »Five and Ten Cent«, das ist wunderbar, da kostet alles fünf oder zehn Cents; Onkel Thorvald hat uns, Thorvald und mir, einen Farbenkasten gekauft, und für Joaquinito ein Strandspiel. Mama hat mir erlaubt, zehn Cents auszugeben und ich habe vier sehr feine Taschentücher gekauft. Danach sind wir zurückgekommen und haben uns wieder mit unseren kleinen Vettern getroffen, dann haben wir Kaffee getrunken und Eis und Kuchen gegessen. Wir haben gespielt, dann sind alle gegangen und jetzt schreibe ich. Nun gehe ich aber ins Bett. ANAÏS

6. September
Es ist Sonntag, Marraine hat uns nicht in die französische Kapelle mitnehmen können, denn sie fühlte sich nicht wohl, also waren wir in der amerikanischen Kapelle. Noch nie haben wir so was erlebt: Als Musik eine Orgel, ein Klavier, eine Geige, der ganze Gottesdienst mit Theatermusik, und bei der Erhebung wurde sogar eine Passage aus *trobador* gespielt; Marraine hat gesagt, sie werde sich bei ihrem Beichtvater beschweren, am Nachmittag waren wir spazieren. Ich höre auf, ich bin sehr müde. ANAÏS

7. September
Ich langweile mich sehr. Mama ist weggegangen, um für uns eine kleine Wohnung zu suchen. Onkel Thorvald ist noch hier. Es ist sehr heiß. Nachdem Mama zurückgekommen war, (sie hat nichts gefunden), hat sie uns in den Park geführt, wir haben gespielt, wir sind zurückgekommen. Beim geringsten Geräusch oder Auftreten mit dem Fuß, hier in der Wohnung, kommt die Alte von Oben herunter und fängt an: »Scha schi to tu Police, ara schiauschi Police«, usw. Und das soll heißen: »Wenn es so weitergeht, werde ich die Polizei rufen!« Das ist blöd. Ich habe Großmama geschrieben, der Brief ist schon abgeschickt, ich höre auf, weil Marraine schreiben will. ANAÏS

8. September
Was für eine entsetzliche Kälte! Es ist früh, denn ich bin aufgestanden, weil ich gedacht habe, wenn ich warm angezogen bin, werde ich mich wohler fühlen; ich weiß nicht, was los ist, aber auf jeden Fall habe ich eiskalte Hände, ich kann kaum schreiben. Marraine sagt, das sei nicht der Rede wert, ich glaube es gerne, aber ich habe schon seit drei Jahren keine Kälte erlebt, das ist furchtbar für mich. Im Augenblick fällt mir nichts mehr ein, bis später also. Mama ist wieder weggegangen, aber sie hat nichts, absolut nichts gefunden. Wir sind zu Hause geblieben, ich habe mich recht gelangweilt, und das ist alles. Ich werde mich ausruhen. Gute Nacht. ANAÏS

10. September
Ich freue mich so! Marraine hat mir soeben einen hübschen Kimono aus rotem Flanell geschenkt. Er ist so warm, so weich! Es ist noch immer kalt, trocken und eisig. Mama ist wieder

weggegangen und hat in einem Haus eine ganz kleine Wohnung gefunden. Die Sache ist schon perfekt. Mama hat die Wohnung genommen und am Ende des Monats werden wir wieder umziehen. Tante Antolina ist in Kuba angekommen. Onkel Thorvald ist noch hier. Ich höre auf. Mama hat gerufen: Ich soll ins Bett gehen.

11. September
Ich bin schon auf, es ist früh, ich habe sehr gut geschlafen, das Wetter ist noch immer so wie gestern, ich finde meinen Kimono so warm, daß ich mich nicht angezogen habe, Marraine hat mir erlaubt, im Kimono zu frühstücken, im Augenblick schlafen alle noch, ich habe nicht mehr zu erzählen, bis später also. Tante Edelmira hat Mama vorgeschlagen, mit ihr in die Geschäfte zu gehen, denn sie ist nach New York gekommen. Mama ist mit Thorvald und Quiqui weggegangen. Da hat mir Marraine vorgeschlagen, mich anzuziehen und wir zwei sind zusammen weggegangen. Marraine hat ein paar Besuche gemacht, danach waren wir im Kino und haben sehr hübsche Dinge gesehen. Ich habe mich sehr bei Marraine bedankt und wir sind wieder nach Hause gekommen. Wir haben uns versammelt und zu Abend gegessen, und jetzt bin ich schon ganz verschlafen. Gute Nacht also.   ANAÏS NIN UND CULMELL

12. September
Hier bin ich. Wir waren in Kew, ich fühlte mich wohl, aber da hat uns meine Tante plötzlich mitgeteilt, daß unser Schiff, die *Montserrat*, gefangengenommen wurde. Also habe ich den ganzen Nachmittag nur an meinen armen Zahlmeister gedacht. Dieser Mann war mir sehr sympathisch, und ich war sehr traurig, als ich erfuhr, daß er ebenfalls festgenommen wurde; ich habe beschlossen, für ihn zu beten, damit er wie die andern wieder in Freiheit kommt. Also gut, reden wir von etwas anderem. Jeden Tag liebe ich Onkel Gilbert mehr. Ich will meinem Tagebuch etwas ganz Albernes anvertrauen, das aber mit gutem Grund geschieht: Ich habe beschlossen, keinen Freund und nichts außer meiner Familie zu haben, dem ich nachtraure, das ist ganz einfach, ich darf mich eben nur für niemanden Freund machen; die Gründe sind folgende: Man ist nicht sicher zu bleiben, und wenn man geht, siehe Barcelona und Brüssel, gibt es zuviel Traurigkeit, es ist mir lieber, nur

meiner Familie nachzutrauern, nicht wahr? Ich bin überzeugt, daß mein Tagebuch nichts von meiner Idee befürwortet. Es tut mir leid, aber die Tatsache ist, d. h. ich kann es nicht so recht erklären, daß ich etwas nervös, müde und traurig bin. Ich gehe jetzt ins Bett und vergesse mein Gebet nicht. ANAÏS

13. September

Hier bin ich. Die andere Wohnung ist schon vergeben, weil keine Kinder erwünscht sind. Mama hat sich wieder auf die Suche gemacht, und sie hat heute eine andere gefunden, wir haben sie besichtigt. Es ist eine ganz kleine Wohnung, ein großes Wohnzimmer, ein ziemlich großes kleines Zimmer, ein schönes Badezimmer und eine kleine Küche, alles in weiß, sehr niedlich; bevor wir in die Wohnung hineingegangen sind, haben wir einen alten Freund von Mama getroffen, van Name, merkwürdig, angeblich haben die Schwestern dieses Herrn und er selbst ganz allein ihre Eltern ernährt und ihnen gegeben, was sie zum Leben brauchten, die Schwester hat Klavierunterricht gegeben und lebte sehr ärmlich, während Mama sich amüsierte, denn sie war reich und hatte noch ihren Papa, und nun ist es umgekehrt, nun gibt Mama Klavierunterricht. Ich habe mein Gebet nicht vergessen und heute morgen in der Kirche habe ich nur für ihn* und alle andern gebetet. Dem Krieg geht es gut, die Deutschen werden von allen zurückgedrängt, und alle Welt sagt eine Wahrheit, nämlich daß die Deutschen wie die Berserker arbeiten, sie werfen sich in den Krieg wie wilde Tiere, blind, nur mit dem einen Ehrgeiz, Paris zu erobern, während die Franzosen mit dem Kopf arbeiten: Sie bereiten sich vor, ihr einziger Gedanke ist, Paris zu verteidigen und nichts anderes. Ich verabschiede mich. ANAÏS

Das Leben ist wie der Kreuzweg, mit schmerzlichen Stationen. Das Ende ist der Tod und das langsame Dahinsiechen. Und jenes Glück, das man jenseitig nennt, ist nur die Trennung der Seele vom Leib, der nicht mehr leidet. ANAÏS

Wie oft habe ich gespürt, daß Gott uns zwar harte Prüfungen schickt, aber er scheint uns auch die Kraft zu schicken, sie zu überstehen. ANAÏS

---

* den Zahlmeister? D. Ü.

Warum sollte man seine Hoffnungen in den Zufall setzen, wo
es doch auch eine Vorsehung gibt? ANAÏS

14. September
Heute morgen waren wir wieder spielen vor dem Haus,
Thorvald hat im Gras ein Armband aus vergoldetem Silber
gefunden, aber ein ganz kleines, einen Augenblick später habe
ich eine Medaille vom besten Club in New York gefunden, das
ist sehr komisch. Nach dem Essen ist Mama mit Joaquinito
weggegangen und danach hat mich Marraine mitgenommen,
wir haben viele Geschäfte gesehen, Marraine hat mehrere
Kleinigkeiten gekauft. Wir haben kleine Handtäschchen gesehen,
sehr teuer, und Marraine hat nichts kaufen können;
danach sind wir mit dem Bus zurückgefahren. Da ein kühles
Lüftchen ging, war es sehr angenehm. Hier bin ich nun, ein
bißchen müde. Von der *Montserrat* habe ich keine Nachricht
mehr, dem Krieg geht es gut, Frankreich, mein geliebtes
Vaterland gewinnt, gewinnt immer, die Deutschen tun mir
nicht leid, sie sind so grausam; vor lauter Müdigkeit sehe ich
nichts mehr, ich geh' jetzt. ANAÏS

16. September
Gestern konnte ich nicht schreiben, weil wir Besuch bekommen
haben, also muß ich heute schreiben. Gestern also ist
Mama mit uns die Tapete für das Wohnzimmer aussuchen
gegangen, dann sind wir wieder nach Hause und haben
nachmittags hier gespielt. Das ist alles. Heute habe ich Papa
geschrieben, in der Hoffnung, daß er meinen Brief bekommen
wird. Danach war ich hier vor dem Haus spielen. Es ist erst
Vormittag, später werde ich erzählen, was am Nachmittag
geschehen ist. Nachmittags nichts. ANAÏS

18. September
Mein Onkel und Tante Edelmira sind gekommen, wir waren
alle hier vor dem Haus, aber beim Spielen hat mir Joaquinito
mein Kettchen zerrissen und ich habe meine kleine Medaille
verloren. Ich habe die Stelle gekennzeichnet, aber ich habe sie
trotzdem nicht mehr gefunden, ich bin sehr traurig. Adieu.
ANAÏS

19. September
Heute morgen habe ich noch einmal gesucht, und siehe da, wie ich unaufmerksam das Gras durchwühlte, schaue ich auf den Boden und finde meine Medaille unter meinem Mittelfinger. Ich bin sehr froh. Ich habe nichts getan, Mama war mit Thorvald in Kew, aber Thorvald ist dortgeblieben. Ich weiß nichts von der *Montserrat*. Ich höre auf. Bis morgen. ANAÏS

23. September
Wieviele Tage ohne zu schreiben! Meine Tante wurde operiert, diese ganzen Tage konnte ich nicht ins Wohnzimmer hinein und schreiben. Jetzt geht es ihr besser. Es fällt mir nichts mehr ein. Gute Nacht.

24. September
Die Wohnung ist fertig, aber vor dem 1. Oktober können wir nicht umziehen. Bis morgen.

25. September
Tante Edelmira ist mit Mama weggegangen, um in die Geschäfte zu gehen, ich bin mit Joaquinito zu Hause geblieben. Meiner Tante geht es sehr gut. Nichts.

27. September
In den letzten Tagen hatte ich nichts Besonderes zu schreiben, aber jetzt schon. Ich habe einen Brief von meinem geliebten Papa bekommen. Er lautet folgendermaßen:
»Meine liebe Kleine,
Wieviele Dinge sind seit einem Monat geschehen! Ich habe soeben deinen ersten Brief von Long Island bekommen, mit einer Ansichtskarte von Thorvald, die er im Auftrag von Kiki geschrieben hat. Man kann sich schon denken, daß es nicht Thorvald sein wird, der das Schreiben neu erfinden wird, falls diese Kunst aus irgendeinem Grunde verlorengehen sollte. Gestern bin ich um vier Uhr von Paris zurückgekommen. Ich war dort um Musik, Bücher und einige Sachen zu holen, um den Winter in Spanien zu verbringen; ich bin siebzig Stunden mit der Eisenbahn gefahren, die Hälfte davon habe ich auf Stroh sitzend in einem Viehwagen verbracht; als Wegzehrung hatte ich zwei Flaschen Bier und ein paar Tafeln Schokolade

dabei; im selben Wagen gab es eine Menge sehr reicher Leute, die kaum mehr zu essen hatten als ich. Auch diese Leute hatten nur Stroh zum Draufsitzen. Und trotzdem konnte ich weder Musik, noch Bücher mitnehmen, gerade noch meine Winterwäsche, einen Anzug und den pelzgefütterten Mantel, das ist alles. Am Bahnhof wurde kein Gepäck angenommen, man mußte alles tragen, aber selbst dann durfte man nicht zuviele Sachen mitnehmen. Während ich inmitten von 10 000 Menschen auf dem Bahnsteig an der Gare d'Austerlitz auf meinen Zug wartete, flog ein zweites deutsches Flugzeug vorbei und warf in der Nähe der Oper eine Bombe ab, eine zweite noch in der Nähe der Salle Erard. Am Vorabend hatte ein anderes deutsches Flugzeug auch schon drei Bomben abgeworfen. Alle Frauen, alle Kinder, alle alten Leute und fast alle Ausländer verlassen Paris und lassen Haus, Möbel, Silber, Nippsachen, Bücher und alles zurück; sie nehmen nur ein-zwei Pakete mit dem Allernotwendigsten mit. Man befürchtet, daß trotz des Heldenmuts der Franzosen, die zahlenmäßig überlegenen Deutschen den Einmarsch nach Paris erzwingen könnten, und dann das tun, was sie auch in Belgien getan haben: alles verwüsten, plündern und anzünden. Sie kämpfen nicht wie Menschen, sondern wie Tiere und ermorden die Frauen, die Kinder und die Greise. Sie werfen Bomben auf die Städte, ohne die Verhandlungen abzuwarten, die das Kriegsrecht verlangt. Sie vernichten die alten Kirchen und die Kunstwerke, verbrennen die Reliquien und die Bilder. In Malines bei Brüssel hatten sie die Stadt schon verlassen; aber sie sind noch einmal zurückgekommen, um die Fenster der Kathedrale, die stehengeblieben war, zu zertrümmern, weil sie wußten, daß sie einzigartig waren. Aber ich glaube, daß das Spiel für sie schon verloren ist; ich glaube nicht, daß sie mit Paris das gleiche machen. Ich glaube, daß ich früher oder später wieder nach Paris zurückkehren werde, wo Du geboren bist, wo Du sprechen gelernt hast; und daß ich eure Porträts dann wiederfinde, die ich wegen der zu schweren Rahmen nicht mitnehmen konnte, ebenso eure Bücher, von denen ich nicht ein einziges mitnehmen konnte, nicht einmal Musik konnte ich mitnehmen. Ich bin ziemlich glücklich, daß ich hier wohlbehalten in der Nähe von Spanien angelangt bin. Einige meiner Schülerinnen sind nach Spanien, nach Madrid geflüchtet, ich werde sehr bald zu ihnen fahren. Schreib' mir also nicht,

solange du nicht meine neue Adresse hast, oder schick' die Briefe an Großmutters Adresse, sie wird sie mir nachsenden. Ich schreibe ihr oft, denn sie ist traurig und beunruhigt über eure Abreise.«
Man erklärte mir, daß es nicht nötig ist, einen so langen Brief abzuschreiben, und daß ich es jetzt lassen soll, da ich das Wichtigste schon geschrieben habe; ich habe also aufgehört. Diesen Brief habe ich heute gleich mit einem ziemlich langen beantwortet.
Reden wir!
Ich bin von den Dingen, die mir Papa erzählt, sehr beeindruckt. Ich bin traurig, wenn ich bedenke, daß Papa alles zurücklassen mußte. Heute morgen habe ich mit ganzer Seele und ganzem Herzen zur Heiligen Mutter Gottes gebetet, und wenn sie mich erhört, dann ist mein geliebter Papa gegen Weihnachten hier bei mir. Dann werde ich ihn pflegen, wie eine Tochter, die ihren Vater liebt. Das ist mein Gebet, mein Traum, mein Wunsch. Ich höre auf.

ANAÏS

28. September
Mama und Marraine sind weggegangen, meine Tante ist auf, sie kann ein bißchen gehen. Mein Onkel ist hiergeblieben, um seine Koffer zu packen. Meine Tante hat mir ein Bildchen mit dem Herzen Jesu geschenkt, darauf steht: »Das Herz Jesu ist bei dir!« Ich trage es also unter meiner Bluse. Ich habe meinem Onkel ein wenig geholfen. Gestern habe ich vergessen zu erzählen, daß wir im »Five Ten Cent« waren. Mama hat alles mögliche für unsere kleine Wohnung gekauft und außerdem noch eine Schachtel Papier für mich: Ich habe eine weiße, sehr einfache gewählt. Heute hat mir Marraine eine Tasche gekauft, ich freue mich sehr, da sie ihren Koffer packt, schenkt sie mir viele kleine Dinge, einmal eine Puderdose, einmal eine hübsche Haarnadel, einmal Faden in einer Holzkugel zum Häkeln, usw. Ich freue mich sehr. Gute Nacht.

29. September
Heute haben wir gepackt, mein Koffer ist bereit. Wir müssen es heute machen, denn morgen muß Mama singen und übermorgen ziehen wir aus. Mama hat starke Kopfschmerzen. Marraine ist einkaufen gegangen und meine Tante und mein Onkel

sind beim Arzt. Mama hat sich hingelegt. Ich bin mit Joaquinito allein. Ich verabschiede mich jetzt von meinem Tagebuch und gehe mit ihm spielen.

4. Oktober
So viele Tage ohne zu schreiben. Jetzt muß ich mich beeilen. Am 30. September habe ich den ganzen Tag Mama beim Packen geholfen, am 1. sind wir umgezogen und ich habe das Tintenfaß zum Schreiben nicht mehr gefunden. Onkel Gilbert hat uns ins Hippodrome mitgenommen, das größte Theater der Welt, es war wunderschön, danach sind wir nach Kew gefahren zum Schlafen, denn die Betten waren noch nicht da. Den Tag haben wir sehr angenehm verbracht, danach sind wir ins Bett gegangen; wir sind bis zum 3. geblieben, dann sind wir hierher gekommen. Meine liebe Marraine ist mit Onkel Thorvald und meiner Tante nach Kuba abgereist. Ich bin noch sehr traurig darüber. Wir haben uns von meiner Tante verabschiedet und sind wieder in die Wohnung gegangen. Marraine hat uns allen als Geschenk eine Schachtel Taschentücher hinterlassen, und ich habe zusätzlich noch vier Paar lange schwarze Strümpfe und ein Paar gelbe bekommen. Ich finde, Marraine ist ein Engel, genau wie Großmama. Ich werde ihr immer dankbar sein und sie immer sehr lieben. Gestern haben wir den ganzen Tag die Wohnung eingerichtet, ich war zu müde zum Schreiben. Heute habe ich den Sonntag zum Schreiben genutzt. Marraine hat mir ein Krocketspiel geschenkt. Morgen... beginnt... für uns... die englische Schule... Ich habe eine furrrrrrrchtbare Angst. Ich bin müde, ich gehe ins Bett. Gute Nacht.
ANAÏS

5. Oktober
Hier bin ich heute. Wir haben angefangen, in die englische Schule zu gehen. Ein spanisches Mädchen ist meine Freundin geworden. Heute haben wir nichts getan. Ich kann schon mehrere englische Worte. Ich höre auf, weil ich müde bin.
ANAÏS

7. Oktober
Ich liege im Bett, denn ich bin sehr müde, aber ich will es trotzdem nicht versäumen, meinem Tagebuch zu erzählen, was in der Schule geschieht. Gestern habe ich auch nichts

getan, aber als ich um drei Uhr zurückgekommen bin, hat uns Mama in den Park mitgenommen. Dort habe ich mit zwei spanischen Mädchen gespielt. Heute habe ich eine Seite Einmaleins-Rechnungen gemacht und ich habe die Note C bekommen, das bedeutet »correct«. Am Nachmittag habe ich einen Aufsatz auf französisch geschrieben, mit dem Titel: »*My Class Room*«. Mein Klassenzimmer. Ich habe »*very, very gut*« bekommen. Mama hat mir eine hübsche blaue Feder, einen roten und einen schwarzen Stift, einen wunderschönen Radiergummi und ein Ding, um den Bleistiften die Spitze zu machen, gekauft. Alle kleinen Mädchen wollten mein Lineal, meinen Bleistift usw. haben, denn sie behaupteten, daß meine besser funktionieren; eines unter ihnen hat mich mein kleines Kreuz küssen heißen, dann hat es gesagt: »*Gut Girls*«, das heißt soviel wie »gutes Mädchen«. Sie bringen mir allerlei Wörter bei und finden es lustig, wenn ich zum Beispiel *pencil, pen, teacher* usw. nachspreche, und wenn ich es falsch sage, lachen sie wie verrückt. Joaquinito hat weiterhin den Stern und Thorvald das C für Korrekt. Mit einem ganz vernünftigen »Gute Nacht« setze ich meinem Geplauder ein Ende.

ANAÏS NIN

8. Oktober
Heute mußten wir in der Schule Sätze bilden mit *hear* (hier), und mir ist es gelungen, einen zu machen: *Mei freund is not here* (Meine Freundin ist nicht hier). Die Lehrerin war sehr zufrieden und alle meine kleinen Freundinnen haben mir gratuliert. Ich höre auf. Gute Nacht.

ANAÏS

10. Oktober
Heute haben wir frei. Mama und meine Tante haben ausgemacht, daß wir nach Kew fahren. Ich bin zu müde, um viel zu schreiben. Ich beschränke mich darauf zu sagen, daß es sehr lustig war.

ANAÏS

11. Oktober
Wir sind in der Messe gewesen. Mama konnte uns nicht in die französische Kapelle mitnehmen, wegen ihrer großen Müdigkeit, und weil es zu weit war. Wir sind im Park gewesen.

12. Oktober
Wir sind in Kew gewesen. Ich bin erschöpft und falle um vor Müdigkeit, ich kann nicht mehr schreiben. ANAÏS

13. Oktober
Ich gehe wie üblich zur Schule, es gefällt mir nicht sehr. Ich habe trotzdem beschlossen, brav zu arbeiten. Ich höre auf.
ANAÏS

P. S. Ich habe an Großmama, an Großpapa und an Papa geschrieben.

14.
Nichts.

15. Donnerstag
Nichts.

16. Freitag
Nichts.

17. Samstag
Wir haben frei. Mama war gerade damit beschäftigt, die Gardinen aufzuhängen, als Frau Adele van Name sie angerufen und ihr vorgeschlagen hat, mit dem Automobil spazierenzufahren. Wir haben uns fertiggemacht und angezogen, sie hat uns abgeholt. Wir haben eine entzückende Spazierfahrt gemacht. Dann hat uns die Dame auf Mamas Bitte hin bei der französischen Kapelle abgesetzt, wir haben sehr gut gebeichtet, der Priester war alt und ehrwürdig, dann sind wir wieder nach Hause gegangen. Nach einem langen Gebet für die morgige Kommunion gehe ich ins Bett.

18. Oktober Sonntag
Ich bin so glücklich! Heute morgen bin ich zur Heiligen Kommunion gegangen und ich trage Jesus in meinem Herzen, ich bin sehr ruhig. Ich habe gefrühstückt, noch einmal gebetet, und hier bin ich nun. Vorläufig höre ich auf...
Es ist spät, alles ist still und in dieser Stille teile ich meine Gedanken meinem treuen Vertrauten mit. Ich habe gründlich nachgedacht über das Glück, das einige Kinder empfinden müßten, da sie ihren Vater und ihre Mutter in ihrer Nähe haben. Heute morgen habe ich einen Vater und eine Mutter mit einem ungefähr sechs Jahre alten Mädchen zur Kommu-

nion gehen sehen. Warum sollte ich nicht auch meinen Papa bei mir haben? Warum sollte ich nicht das Glücksgefühl empfinden, an der Seite von Papa und Mama zur Kommunion zu gehen? Wie lange schon habe ich keinen Papa da, den ich umarmen könnte! Bei diesem Gedanken muß ich manches Mal weinen. Heute habe ich tiefer darüber nachgedacht. Meine Kommunion war nur für Papa. Ich habe immer wieder »Papa, Mama« wiederholt, lange, welch zärtlicher Name! Ich habe mir vorgestellt, Papa wäre neben mir, und auch Mama, da hatte ich eine so zärtliche Kommunion! Aber nachher kam die Wahrheit wieder, und mein Herz weinte und weinte. Niemand, außer dem lieben Gott, kennt meinen bitteren Schmerz. In meinen Tränen bin ich immer bei Papa. Ich habe ihn wieder, ich küsse ihn, er drückt mich an sein Herz. Dieser Augenblick ist so schön, aber danach kommt die Traurigkeit mit der Wahrheit wieder, und mein Herz weint und weint. Heute Nacht bin ich noch trauriger, und mein Schmerz ist noch größer; zu traurig um weiterzuschreiben, unterzeichne ich ANAÏS

19. Oktober
Mein gewohntes Leben geht weiter. Ich gehe zur Schule. Der Gedanke an Papa verläßt mich keinen Augenblick. Im Stillen spreche ich einen Wunsch für Papa aus, usw. und versuche, mich zu trösten! Ich habe vor dem Bild meines geliebten Papas gebetet. Ich habe gelobt, das kleine Perlmuttkreuzchen, das mir Mama geschenkt hat, mein Leben lang zu tragen, wenn ich Weihnachten meinen Papa hier habe, das ist mein Gebet: O lieber Jesus, ich beschwöre Dich im Namen der Heiligen und der Engel, und ganz besonders im Namen der Heiligen Theresia vom Kinde Jesu, mir zur Rückkehr Papas zu verhelfen. Zum Dank verspreche ich Dir, lieber Jesus, das Perlmuttkreuzchen mein Leben lang zu tragen und jeden Tag drei Ave Maria zu beten. Amen. Ich unterzeichne ANAÏS

20. Oktober
In der Schule geht es sehr gut, heute nachmittag waren wir nicht dort, weil wir zu Nunas Geburtstag nach Kew fahren sollten, also haben wir uns angezogen und sind gegangen. Das Fest war sehr hübsch, zuerst haben wir mit dem neuen Wagen meiner Kusine gespielt, dann hat jeder ein Spielzeug bekommen, Joaquinito einen Schubkarren, ich einen Malkasten.

Nuna hat einen wunderschönen Geburtstagskuchen mit sieben Kerzen bekommen, und viele, sehr hübsche Geschenke. Danach sind wir mit einem Paket Spielzeug wieder nach Hause gegangen. Ich habe einen Brief von Großmama bekommen, in dem sie mich anfleht, Mama zu helfen, Papa viel zu schreiben, Joaquinito zu pflegen und mich wie ein vernünftiges Mädchen zu beschäftigen. Ich werde es versuchen, das Ergebnis werden wir schon sehen. Ich bin sehr müde von meinem glücklichen Tag. Ich verabschiede mich mit einem »Gute Nacht« von ANAÏS

21. Oktober
So langsam gefallen mir die Schule, die Lehrerin und meine Freundinnen. Ich gebe mir Mühe mit der Schularbeit. Heute hat man uns beiden ein Baby-Kinderbuch gegeben zum Englischlernen. Ich schließe, ANAÏS

22. Oktober
Es geht immer besser. Ich stehe um halb acht auf, ziehe mich an, wasche mich, um acht bin ich fertig, dann frühstücke ich, bin damit um halb neun fertig, ruhe mich noch eine Viertelstunde aus und verlasse das Haus um Viertel vor neun. Um drei komme ich zurück, übe eine halbe Stunde am Klavier, danach spiele ich, lese, und um sieben decke ich den Tisch, helfe Mama, und um halb acht essen wir; danach spült Mama das Geschirr, während ich die Betten aufdecke, manchmal, wenn Mama müde ist, spüle ich das Geschirr. Ich mache das sehr gern. Ich liebe unser Häuschen, wie ich es nenne, sehr. Ich will erklären, wie es aussieht. Wenn man hereinkommt, gibt es einen kleinen Flur und gegenüber eine Tür zur Küche.

DIE KÜCHE

Links steht ein kleiner weißer Kühlschrank, rechts ein guter Gasherd, neben dem Kühlschrank gibt es ein steinernes Spülbecken, darüber ist ein Seifenbehälter mit einer Seife festgenagelt, daneben eine Art Waschbecken, wo man sich waschen kann; man kann es aber auch zumachen und dann ergibt sich eine Art Tisch, auf den man das Geschirr stellen kann, darauf liegt ein Wachstuch; gegenüber ein einfacher Tisch aus Holz mit einem hübschen weißen Wachstuch, da essen wir, in der Ecke ein großes Büfett, in dem die Lebensmittel und die Töpfe verstaut sind, das Geschirr steht in einem Schrank, der sich über dem Waschbecken befindet, rechts eine Tür zur Straße hin für die Hausangestellten; in einer Ecke sieht man einen Korb, der als Bank dient. Das Wohnzimmer verschiebe ich auf morgen, meine Hand hat keine Kraft mehr. Ich unterzeichne

ANAÏS

P. S. Ich habe an Großmama geschrieben und ich habe auch einen Brief für meine kleine Kusine Cuca aufgesetzt.

23. Oktober
Hier bin ich. Ich bin bereit, sechzig Seiten zu schreiben, wenn es meinem Tagebuch beliebt. Von heute habe ich nichts zu erzählen, also werde ich das Wohnzimmer beschreiben.

DAS WOHNZIMMER

Es ist mit einer dunkelgrünen Tapete tapeziert, ein wunderschöner grüner Teppich bedeckt den ganzen Fußboden; wenn man hereinkommt, sieht man links ein hübsches Kanapee aus braunem Holz, nachts macht es auf und es entsteht ein sehr hübsches Bett, gegenüber von der Tür sieht man einen sehr hübschen Vorhang, ein bißchen dunkelbraun-grün mit einem leichten Gelbton; rechts noch eine Tür zu einem kleinen Raum zwischen dem Bad und dem Schlafzimmer; ein Vorhang wie der andere verdeckt die andere Seite. Hinten sieht man ein Klavier und eine Bank, in der Mitte einen Tisch, einen Stuhl und einen Sessel, alles aus schwarzem Holz. Diese ganzen Möbel hat Tante Edelmira Mama geschenkt. Eine große Tür zum Schlafzimmer wird durch zwei Vorhänge verdeckt, was die Dekoration vervollständigt; und dann gibt es noch einen sehr hübschen Kamin aus weißem Marmor; einige Bilder, eine Vase und ein Wecker stehen auf dem Kaminsims. Ich habe vergessen zu erwähnen, daß auf dem Klavier eine sehr hübsche rote Decke liegt, ein Bild von Großpapa und zwei Kerzenleuchter schmücken das Ganze. Auf dem Tisch liegt eine gestickte Decke, darauf befindet sich eine große silberne Lampe, ein Geschenk meiner Tante, eine Bonbonniere, ein Körbchen aus Silber, zwei Bücher. Das Wohnzimmer hängt voller Bilder, vor dem Kamin steht ein kleiner Paravent. Besichtigen wir nun das Bad.

DAS BAD

Beim Eintreten links sieht man eine große, schöne Badewanne, rechts eine Ecke für die Dusche, daneben ein Waschbecken, ein Seifenbehälter mit einer Seife, zwei Gläser, drei Zahnbürsten, die Zahnpasta, darüber hängt ein kleines Schränkchen für die Kosmetik-Sachen. Ein Spiegel, hinten neben der Badewanne sieht man das Klo, links ein kleines Fenster, alles in weiß. Die Beschreibung des Schlafzimmers verschiebe ich auf morgen. Ich habe vergessen zu erzählen, daß uns Mama in den Park mitgenommen hat, um Tiere anzuschauen, als wir aus der Schule gekommen sind; wir haben Affen, Büffel, Krokodile, Elstern usw. gesehen, es war sehr lustig. Mama ruft mich. Ich bin traurig, meine Feder beiseite legen zu müssen, aber ich verspreche, daß ich wiederkomme. ANAÏS

24. Oktober
Hier bin ich. Mama erwartete einen Besuch, der nicht gekommen ist, da hat uns Mama in den »Five Ten Cent« mitgenommen. Sie hat uns ein wenig Spielzeug gekauft, ein Bügeleisen, ein Strickspiel für meine Puppe. Tante Lolita hat mir einen Dollar geschickt und ich habe einen Rahmen für meine Schwester Theresia gekauft und ein Körbchen, das ich herrichten werde, um es Mama zu schenken. Ich habe noch eine Kassette gekauft, ein Malbuch, Farbstifte, ein Druckereispiel für Thorvald und Joaquinito. Mama hat ihnen einen Säbel gekauft. Danach sind wir wieder nach Hause gegangen. Ich kann heute abend nicht mehr schreiben, also gute Nacht. ANAÏS

25. Oktober
Heute morgen waren wir in der Kirche, gegen Nachmittag hat uns Mama noch einmal in den Tierpark mitgenommen, um die wilden Tiere zu sehen. Da ich nichts zu erzählen habe, will ich nun das Schlafzimmer beschreiben.

DAS SCHLAFZIMMER

Kommen wir zum Schlafzimmer; wenn man eintritt, sieht man rechts zwei Türen; das eine ist eine Spiegeltür zu einem Schrank, aus dem man die Kleider herausnimmt, daneben ist noch eine Tür ohne Spiegel zu einem Schrank mit Regalen

für die Wäsche. Hinten sieht man ein Bett, das man nachts größer macht, links zwei Fenster zum Hof hinaus, vor den Fenstern ist die Heizung, daneben ein kleiner Papierkorb, in der Mitte ein viereckiger Tisch, auf den wir unsere Schulsachen legen, Bücher, ein Tintenfaß, zwei Federhalter, mein Tagebuch und ein paar Hefte, alles ist mit drei dunkelbraunen Teppichen ausgelegt. Da spielen und arbeiten wir. Ich höre auf.
ANAÏS

26. Oktober
Hier bin ich wieder. Als wir aus der Schule gekommen sind, hat uns Mama eine Zeitlang zum Spielen in den Park mitgenommen. Wir sind gleich zurückgekommen und Thorvald hat angefangen, einen Brief an Papa zu schreiben. Ich habe auch einen geschrieben, einen sehr langen. Ich hoffe, daß Papa ihn beantworten wird, denn ich habe seit langem überhaupt keine Nachricht. Beim Wühlen habe ich heute ein schönes Heft gefunden, ich werde es für mein neues Tagebuch verwenden, mit dem ich morgen beginne. Ich werde mich bemühen, schön zu schreiben, bis morgen also.
ANAÏS

27. Oktober
Schon mein drittes Tagebuch seit wir aus Barcelona abgereist sind. Ich habe versprochen, mir in meinem neuen Tagebuch Mühe zu geben mit meiner Schrift, jetzt verspreche ich auch noch, nicht »nichts« hinzuschreiben wie ich es in meinem letzten Tagebuch getan habe. Nichts? Nie. An keinem Tag habe ich nichts getan, ich habe es nur aus Faulheit hingeschrieben. Viele Male; ab nun werde ich mich also bessern; in den vier Tagen, die mir noch übrig bleiben, will ich mich darauf vorbereiten, den November besser zu verbringen. Ich werde mich bessern und versuchen, braver und vernünftiger zu werden. Ich werde mich darauf konzentrieren, daß der Gedanke an Papa mich nicht verläßt und ich werde fragen: »Wird Papa zufrieden sein, wenn ich das tue? Nein? Dann tue ich es eben nicht« usw. Heute habe ich nichts Interessantes getan, was sich zu erzählen lohnt. Ich gehe wie immer zur Schule. Ich gewöhne mich daran, weiter nichts. Ich verabschiede mich jetzt von meinem Tagebuch, denn ich muß den langen Brief fertigschreiben, bis morgen also.
ANAÏS

28. Oktober
Ich bitte mein Tagebuch um Verzeihung, weil ich mit dem Bleistift schreibe, aber ich bin in meinem Bett. Mama hat Besuch und wir liegen alle drei hier im Bett. Joaquinito hat mich soeben am Arm gestoßen. Ich habe Papas Brief beendet. Ich friere und habe Halsschmerzen. Ich höre auf, um mich in meine Decken verkriechen zu können. Gute Nacht. ANAÏS

29. Oktober
Heute muß ich auch mit dem Bleistift schreiben, ich habe einen schlimmen Schnupfen. Es ist sehr kalt und gestern abend gab es Frost. Meine Hände sind eiskalt. Ich habe mit Madame Quintero am Klavier gearbeitet. Heute hat sie mir gesagt: »Sie könnten wie Ihr Papa spielen, wenn Sie es wollen.« Wenn das wahr wäre, wäre ich sehr froh, aber wie Papa spielen? Nein, unmöglich. Ich kann nicht mehr schreiben, also gute Nacht. ANAÏS

30. Oktober
Heute ist Vor-Vorabend eines großen Festes hier, das man Allerheiligen nennt; man hängt überall Papiermasken auf. Thorvald und ich haben mehrere gemalt, anbei drei oder vier dieser Masken.

2. November
So viele Tage ohne zu schreiben! An all diesen Abenden bin ich vor Müdigkeit ins Bett gefallen. Ich bitte mein Tagebuch tausend Mal um Verzeihung für mein langes Schweigen, ich weiß, daß mein Tagebuch nachsichtig ist mit mir, also wird es mir verzeihen. Gestern, am Sonntag, war ein großes Fest, Allerheiligen. Wir sind bei meiner Tante gewesen, wir haben uns verkleidet, wir haben getanzt und Eis gegessen. Wir sind sehr spät wieder nach Hause gekommen; wir waren schwer beladen mit Paketen, die voll waren von Dingen aus einem Koffer, den Mama dortgelassen hat. Heute ist Madame Quintero gekommen, sie hat mir meine Klavierstunde gegeben, danach hat sie uns einen angefangenen Schal gezeigt, den sie für die französischen Soldaten strickt, als ich sie nach Erklärungen bat, war sie ganz begeistert und erzählte mir, daß es eine französische Dame ist, die einige Damen versammelt hat, um Schals für die französischen Soldaten zu stricken. Mama hat mir versprochen, sie würde mich am nächsten Morgen hinfüh-

ren. Madame Quintero läßt ihre Strickarbeit ausführen, denn sie hat nicht genug Zeit. Mama hat gesagt, sie soll sie uns dalassen, sie hat es gewollt, und nun bin ich dabei, für einen französischen Soldaten einen Schal zu stricken. Ich bin sehr froh, ich werde weitermachen, gute Nacht also. ANAÏS

Montag, den 9. November 1914
Ich bin in der Schule, da ich bemerkt habe, daß ich sonst keine Zeit habe zum Schreiben, habe ich mein Tagebuch mitgebracht. Ich habe nichts zu tun und werde mein Leben erzählen: Am 3., am Dienstag, habe ich nichts Wichtiges getan, am 4., am Mittwoch, auch nicht, ebenso am 5., Donnerstag; am 7. ist Onkel Gilbert gekommen und hat mich mitgenommen, ich habe den Tag dort verbracht, am Sonntag den 8. hat mich Mama dann wieder abgeholt. Jetzt bin ich hier, alle arbeiten. In dieser Schule geht man jeden Sonntag zur Kommunion und ich werde auch anfangen, es zu tun. Ich beichte bei einem Pfarrer, der französisch spricht. Mein Schal ist fertig, Mama hat mir dabei geholfen. Da mir nichts besonderes einfällt, will ich nun Zeichnungen in meinem Tagebuch nachmalen, die ich in den letzten Tagen gemacht habe.

11. November
Ich werde bald nicht mehr von »meinem Tagebuch« sprechen können, wenn ich so weitermache und soviele Tage nichts eintrage. Der Schal ist schon fertig, natürlich hat Mama geholfen. Heute ist Madame Quintero gekommen und hat ihn mitgenommen. Sie hat mir auch die Einladung für Donnerstag, für mich und Mama gegeben, von drei bis sieben. Ich werde selbstverständlich nicht die ganze Zeit hingehen, es ist ja ein Damentreffen und ich bin nur ein Kind. Gestern abend habe ich eine Art Gedicht geschrieben, hier ist es:

DER BETTLER

Leute und Vögel aller Art gehen schlafen,
Nur der arme Bettler bleibt zitternd hinter der Tür,
Er hat kein Bett, er hat auch nichts gegessen,
Es schneit, er friert, und endlich kann er seinem
    Schmerz nicht mehr widerstehen.
Er weint!

Ein Kind, dem in seinem Wintermantel schön warm ist,
          kommt aus dem Haus und erblickt den Armen.
Es ist ein gutes Mädchen, es ist gerührt, es nähert sich
          und spricht zu ihm:
»Kommen Sie, ich mache Ihnen Platz in meinem Bett.«
Der Alte folgt dem Kind.
Die Mutter ist so gut wie die Tochter und macht ihm
          ein Bett zurecht,
Und an jenem Abend widerfuhr dem Armen ein seit
          langem verlorenes Glück:
Das Glück, ein Dach über dem Kopf zu haben, zu essen,
          ein Bett und... ein Kind zu haben,
Denn es war sein Kind!

Willst Du noch ein anderes Gedicht?

DER FREUND DES WAISENKINDS

Im ganzen Dorf herrscht festliche Stimmung,
          es ist Weihnachten.
Nur das kleine Waisenkind hat nichts zu lachen,
Denn an diesem Tag ist seine Mutter gestorben,
Und diese Erinnerungen sind zu traurig, es kann
          nicht lustig sein.
Er weint, der arme Kleine,
Er weint um seine verlorene Mutter.
Auch sein Vater hat ihn verlassen, um an diesem Tag
          seiner Mutter zu folgen,
Und auch daran denkt das Kind.
Anstatt sich dem Fest zuzuwenden, läuft das Kind
          zum Friedhof
Und geht auf ein ärmliches Grab zu.
Da kniet es nieder, und mit der ganzen Kraft seines
          kleinen Herzens fleht es die Mutter an,
Ihm einen kleinen Bruder, einen Freund zu schicken.
Der Junge denkt an die sanften Liebkosungen seiner
          Mutter,
An den väterlichen Kuß, er weint, er weint!
Aber plötzlich erblickt er ein Kind, ein Waisen-
          kind wie er,
Das um seine Mutter und um seinen Vater weint.

Die beiden Kinder vertrauen sich ihr Leid an,
Und von diesem Tag an liebten sie sich wie Brüder
Und halfen sich gegenseitig mit aller Zärtlichkeit.
Der Junge bedankt sich immer und immer wieder
   bei seiner Mutter:
Sie hat ihm einen kleinen Bruder geschickt.

Mama hat mir gesagt, ich soll ins Bett gehen, also höre ich mit meinem Tagebuch auf, mit dem Versprechen, morgen ja oder nein wiederzukommen.   ANAÏS

12. November
Ich bin so froh! Heute habe ich mich zurechtgemacht und bin mit Mama und Madame Quintero zu dieser Versammlung gegangen, auf die ich schon seit drei Tagen ungeduldig gewartet habe. Wir haben eine Menge strickende Damen gesehen. Madame Quintero stellte uns vor. Die Dame heißt Madame Carla Polifeme, eine große französische Schriftstellerin. Mama hat mir die Wolle und die Stricknadeln gekauft und ich habe mich zu einer Gruppe von jungen Mädchen gesetzt. Ich war die Jüngste, nach mir ein Mädchen von ungefähr dreizehn Jahren, und dann Damen von neunzehn, zwanzig, einundzwanzig Jahren. Ich habe gearbeitet und indessen wurde eine Geschichte, »die Strickerinnen« vorgelesen. Die verletzten Soldaten, die sich nützlich machen wollten, haben bei ihren Schwestern das Stricken gelernt und sie strickten, dann hieß es: »Oh! Wieviele Dinge werden im Namen der Barmherzigkeit getan!« Ich habe diese Dame sehr bewundert, zunächst weil sie Französin ist, und außerdem hat sie auch alle französischen Gefühle, Barmherzigkeit, Sanftmut, Güte usw. Später hat sie derjenigen, die es am besten gemacht hat, einen Preis verliehen. Sie hat meine liebe Mama vorgestellt, als sei sie von der Vorsehung geschickt worden, weil die Person, die sie erwartet hatte, nicht gekommen war, sagte sie. Sie hat eine Rede gehalten, in der sie sagte, daß Monsieur Poincaré unbedingt Frankreich retten müsse, und daß er es auch tun werde. Als wir gingen, hat sie mich geküßt und gesagt: »Auf Wiedersehen, meine Süße.« Ich werde den Augenblick nie vergessen, als Madame Quintero den »Lothringer Marsch« spielte. Seit sehr, sehr langer Zeit hatte ich ihn nicht gehört und ich war ganz erschüttert. Schon träumte ich, ich sei in Frankreich, ich glaubte, die Soldaten

vorbeiziehen zu sehen, die siegreich aus diesem großen Krieg zurückkamen. Ich hörte ganz gespannt zu. Ich habe es noch im Kopf. Morgen werde ich beichten, um am Sonntag zur Kommunion gehen zu können, also verabschiede ich mich von meinem Tagebuch, um mich darauf vorzubereiten. ANAÏS

14. November
Ich habe gebeichtet, um morgen zur Kommunion zu gehen. Von nun an werde ich zweimal im Monat beichten und zur Kommunion gehen. Ich habe noch mit Thorvald gebetet. Es ist neun Uhr. Vor Thorvalds Kruzifix habe ich eine kleine Kerze hingestellt und angezündet. Ich habe sie für Mama und für Papa gespendet, damit der liebe Gott sie segnet. Mama hat mich gefragt, wen von beiden ich am meisten liebe und ich habe geantwortet: »Oh, dich liebe ich, weil du meine Mama bist, dann liebe ich dich auch aus Dankbarkeit, weil du mich gepflegt hast, während ich Papa liebe, weil er mein Papa ist.« Mama singt. Joaquinito schläft, Thorvald zieht sich aus und ich schreibe. Heute hat man Mama die Ankunft des Zahlmeisters gemeldet, aber Mama wollte ihn nicht besuchen gehen. Es tut mir sehr, sehr leid. Ich übe mit ganzem Herzen am Klavier, weil sich Mama darüber freut. Ich mache ziemlich viele kleine Fortschritte. Ich arbeite mit großem Fleiß an meinem Schal. Ich habe gründlich darüber nachgedacht, daß ich elf Jahre alt bin und noch nichts weiß. Ich habe beschlossen, in allem, was ich tue, sehr fleißig zu sein, um die verlorene Zeit nachzuholen. Ich verabschiede mich von meinem Tagebuch, au! ich vergesse zu erzählen, daß wir gestern im Park waren und viel Freude hatten. Noch etwas, meine Tante hat mir gerade einen wunderschönen Mantel geschenkt. Diesmal höre ich wirklich auf.

ANAÏS

15. November
Jedesmal wenn ich zur Kommunion gehe, stimmt mich der Gedanke an Papa trauriger, und ich weiß nicht warum. Heute Nacht habe ich geträumt, daß ich einen Brief von Papa bekommen habe, in dem er mir sagte: »ich komme«. Ach, wenn das nur wahr wäre! Wie glücklich ich wäre, ich wäre der glücklichste Mensch auf Erden. Ich schreibe an Papa und immer bitte und bettle ich, er soll doch kommen. Ich hoffe, vielleicht kommt er wirklich. Wenn ich kommuniziere, glaube

ich eher, Papa zu küssen und zu empfangen als den lieben Gott. Er ist so angenehm, dieser Augenblick. Ich bin es überdrüssig, Papa zu sagen: »Ich küsse dich«, ich möchte ihn gerne wirklich küssen. Ich bin eifersüchtig, wenn ich die anderen kleinen Mädchen mit ihrem Papa sehe. Ich denke, daß ich auch meinen Papa bei mir haben könnte, aber ich tröste mich und sage mir: »Bald werde ich ihn bei mir haben.« Na ja, reden wir nicht mehr davon. Hier werde ich wahrscheinlich nie die Möglichkeit haben, ein Gedicht zu schreiben, denn alles ist voll von geschäftigen Leuten, Geschäften und roten Häusern, die so hoch sind, daß man kaum den immerzu grauen Himmel erblicken kann. Seit heute morgen hat es nicht eine Minute aufgehört zu regnen. Der Himmel ist noch schwärzer. Der Tag ist traurig. Ach ja, zur Ablenkung wollte ich Thorvald beschreiben.
Wie ist Thorvald? Folgendermaßen: Thorvald ist neuneinhalb Jahre alt, mittelgroß. Er hat blaue Augen, die Haare sind über den Ohren gestutzt. Er hat eine Strähne, die ihm auf die dunkelblonden Augenbrauen herabfällt. Eine kleine runde Nase mit einem Knubbelchen. Einen kleinen Mund, hübsche Zähne, kleine Füße und kleine Hände. Er spielt wunderbar Geige, es ist eine Wonne, ihm zuzuhören. Normalerweise hat er einen ruhigen Charakter, er bemüht sich bei der Arbeit, aber auch wenn er spielt, spielt er wie verrückt. Er ist selten mürrisch und hat nur einen Fehler, aber einen großen, nämlich daß er für nichts und wieder nichts unaufhörlich weint. Man kann ihm trotzdem verzeihen. Er schreibt nicht gern und es kostet viel Mühe, bis er ein- oder zweimal im Monat bei meinen Briefen an Papa etwas dazuschreibt. Er ist nie krank. Er ist sehr stark und gesund. Ich höre auf. Heute haben Thorvald und ich eine Art Tinte erfunden, die wir morgen ausprobieren werden. Ich gehe schlafen. Gute Nacht.   ANAÏS

18. November
Wie viele Tage ich verpasse, ohne zu schreiben. Heute waren wir bei *Lord & Taylor* um ein Konzert zu hören. Nichts nettes, mal müde Stimmen, mal Geplärr. Danach wurde *Hänsel and Gretel* gegeben, was ohne die Stimmen hübsch gewesen wäre. Dann *Le Secret de Suzanne* (Susannes Geheimnis), was mir am besten gefallen hat. Ich bin sehr müde. Ich bitte mein Tagebuch um Verzeihung.   ANAÏS

19. November

Heute habe ich nichts zu erzählen, also werde ich mit meinem Tagebuch, oder vielmehr mit meinem Vertrauten, ein bißchen plaudern, denn ich schreibe viele Dinge, die ich nie sage und die niemand weiß. Beginnen wir.

Heute habe ich aufs Geratewohl ein Buch aufgeschlagen und gelesen: »Das Leben ist nur eine traurige Wirklichkeit.« Stimmt das? Vielleicht! Damit habe ich mich nie auseinandergesetzt. Heute will ich es wissen, und obwohl mein Tagebuch stumm ist, werde ich es doch fragen. Stimmt das? Ach, wenn man mir diese Frage stellen würde in den traurigen, finsteren Tagen, die mich umgeben, wenn ich an Papa denke! O dann würde ich sofort ja sagen, aber sonst nicht. Sicher, ich habe noch nicht leiden müssen, ich bin erst elf und ich kann das nicht sagen, ich muß länger warten, bis ich diese Frage beantworten kann. Obwohl meine Neugierde nicht zufrieden ist, gebe ich es wohl oder übel auf und rede über etwas anderes.

Wenn ich einen armen Menschen sehe, möchte ich reich sein, nur um ihm zu helfen. Ich frage mich, warum es überhaupt Arme gibt, wo es doch soviele Reiche gibt, aber es ist ja wahr, es gibt Reiche, die nichts geben, ach, wenn ich nur geben könnte, geben! Bei diesem Gedanken habe ich ein wenig Spielzeug zusammengesucht, das ich vorhabe, in der Kapelle abzugeben. Ich weiß nicht, was ich habe. Ich gestehe, daß die Frage: »Ist das Leben eine traurige Wirklichkeit?« meine Gedanken beschäftigt. Wahrscheinlich eine dumme Laune, denn Launen habe ich schon, o ja, Unmengen, ich gebe es selbst zu. Trotzdem, ich will es wissen. Ich höre auf.

ANAÏS

21. November

Heute morgen sind wir weggegangen. Nach dem Essen ist Mama ausgegangen; wir haben zusammen gespielt. Mama hat einen Preis erfunden für den, der sich nicht streitet. Am Abend bekommt man O oder X, das bedeutet gestritten oder nicht. Also sind wir ruhig geblieben. Als Mama zurückkam, haben wir zu Abend gegessen. Jetzt ist die Tochter einer großen Freundin von Mama gekommen. Ich langweile mich und ich werde meinen kleinen Bruder Joaquinito beschreiben.

Wie ist Joaquinito?

Joaquinito ist sechs Jahre alt, er hat langes, dunkelblondes Haar, eine kleine, runde Nase, große schwarze Augen, einen

kleinen Mund, hübsche weiße Zähne. Er ist unglaublich intelligent, sehr wild, aber nicht böse, wenn er uns weh tut oder wenn ich weine, küßt er mich und bittet mich um Verzeihung, ich verzeihe ihm immer, er ist so lieb, er ist ein bißchen bleichsüchtig, wie ich auch, aber er ist sehr stark. Ich habe noch vergessen zu sagen, daß er gerne zerstört, und Du wirst feststellen, daß er nie ein einziges Spielzeug hat, das nicht kaputt ist. Ich bin fertig.
Wie ist Mama???
Mama hat ziemlich dunkelblonde Haare, eine lange Nase, kleine grau-grüne Augen, einen ziemlich großen Mund, sehr hübsche Zähne. Sie ist ein bißchen niedrig, aber nicht sehr, sie ist sehr stark, ihr Charakter ist bewundernswert, sie ist ein Engel, so sanft wie ich weiß nicht was. Mama verzagt nie, sie tut alles für uns. Sie ist ein sehr, sehr guter Mensch. Ihre Geduld ist unerschöpflich; auch wenn ich mein möglichstes tue, wird es mir nie gelingen, den Engelscharakter meiner geliebten Mama zu beschreiben, also höre ich auf damit, wie Mama ist, aber mit meinem Tagebuch höre ich noch nicht auf.
Gestern konnte ich mich nicht zurückhalten, ich habe Mama gefragt, ob das Leben eine traurige Wirklichkeit ist. Ihre Antwort war folgende: »Das Leben ist eine traurige Wirklichkeit für die alten Leute, die alle bitteren Leiden des Lebens gesehen oder erlebt haben, aber nicht für die jungen Leute, die noch nicht gelitten haben.« Eine richtige Antwort. Also kann ich noch nicht sagen: »Das Leben ist eine traurige Wirklichkeit«, denn ich bin noch jung. Nun bin ich zufrieden. Jetzt wo es mein Tagebuch auch weiß, kann ich mich von ihm verabschieden.
ANAÏS

25. November
Drei Tage ohne zu schreiben! Wie faul ich bin! Gut, verlieren wir keine Zeit. Gestern ist Tante Edelmira gekomen und heute verbringt sie den Tag mit uns. Wie schade, ich muß schlafen gehen und ich kann nichts mehr schreiben. Mit Bedauern höre ich auf.
ANAÏS

26. November
Heute ist Thanksgiving, ein großes amerikanisches Fest. Wir haben einen schlimmen Schnupfen. Ich schreibe im Bett. Mir ist schwindlig und ich kann nicht mehr schreiben.
ANAÏS

3. Dezember

Nun bin ich allein zu Hause, denn ich fühle mich nicht gut genug, um zu Mamas Konzert zu gehen. Mein liebster Zeitvertreib ist, mit meinem Tagebuch zu plaudern, und das will ich nun tun. Diese ganzen Tage habe ich mein Tagebuch nicht finden können, und heute habe ich es hinter dem Paravent versteckt gefunden. Es war Thorvald, der es zum Spaß versteckt hatte. Wir hatten alle drei einen heftigen Schnupfen, ich habe fünf Tage im Bett gelegen mit entsetzlichen Ohrenschmerzen. Gestern Abend hat Thorvald angefangen, die Stücke zu spielen, die Mama am Sonntag spielen sollte. Er hat sie so hübsch und so gut gespielt, daß Mama gesagt hat, er würde sie vielleicht auch am Sonntag spielen. Er ist ein richtiger Künstler. Er spielt bewundernswert gut Geige. Er wird später Mamas Unterstützung sein; was mich betrifft, ich kann ihn nicht nachahmen, meine einzige Freude ist Schreiben oder Lesen... Das gefällt Mama nicht sehr, sie sagt, ich werde nie Geld verdienen, aber ich habe nicht vor, viel Geld zu machen wie die Amerikaner, die das Geld trinken, das Geld essen, Geld suchen und deren einziger Spaß darin besteht, das Geld in ihrer Hand rollen, fließen, laufen zu lassen; ich möchte das nicht, das ist nicht mein Ziel, ich möchte gar nichts, nur daß man mich in aller Ruhe denken läßt, die Landschaften betrachten läßt, und daß man mich in Frieden lesen läßt, das ist die Wahrheit.

Ich bin sehr gern allein, warum? Weil jedesmal, wenn ich anfange zu denken, heißt es: Anaïs, komm helfen, bitte, na, wird's bald, ja oder nein – dann muß ich hingehen, und dann noch einmal. Ich denke lieber gar nicht, nur wenn ich allein bin. Wenn ich allein bin, lese ich, denke ich und schreibe ich. In den letzten Tagen habe ich viele Geschichten geschrieben, und dann, wenn ich müde bin, gehe ich ans Fenster, das auf einen häßlichen Hinterhof hinausschaut, aber zum Trost stelle ich mir vor, daß ich auf dem Land bin, von den häßlichen, vertrockneten Pflanzen denke ich mir, es seien schöne Blumen, von den häßlichen roten Mauern, es seien schöne goldene Gitterzäune, die die Umgebung von einem schönen Schloß trennen, und wenn ich erst einmal soweit bin, dann fange ich an zu denken, unaufhörlich zu denken, ich stelle mir vor, daß die schwarzen Domestiken hübsche kleine Prinzen sind, die in ihrem Schloß spazierengehen; vielleicht ist das Wahnsinn, aber es ist wahr, und vielleicht bin ich auch wahnsinnig. Recht geschieht mir! Ich mag diese Art von Charakter, und ich werde ihn immer beibehalten, denn ich habe überhaupt keine Lust, mich zu ändern, zumindest solange nicht, bis ein gescheiterer Mensch, als ich es bin, es mir befiehlt, und selbst dann wird es mir leid tun. Ich höre auf zu plaudern und verspreche, daß ich meine wahnsinnigen Ideen morgen wieder erzählen werde.

ANAÏS

6. Dezember

Gestern habe ich nicht geschrieben, also muß ich es tun. Gestern hat uns Mama zu *Gimbel* mitgenommen, um das Weihnachtsspielzeug anzuschauen. Es war so schön! Die unterschiedlichsten Spielsachen waren vor den begierigen Augen aller Kinder ausgebreitet. Puppen, die lachen und weinen können, Wiegen mit blauem Bettzeug, kleine weiße Möbel usw. Ich schaue sie an, sie gefallen mir, aber das sind nicht die Sachen, die ich am meisten begehre. Mama hat jedem von uns einen Block, Bleistifte und Schreibpapier gekauft. Ich schreibe jetzt eine Geschichte, die »*Der Retter*«, oder »*Chlodwig der Retter*« heißt. Dann hat mir Mama noch ein Heft gekauft, um mein Leben aufzuschreiben. Reden wir von heute. Mama sollte bei Madame Guérin singen, einer Dame, die zugunsten der kleinen Bretonen Vorträge hält. Wir waren dort. Die Frau hat uns Programme zu verkaufen gegeben. Thorvald hat mir die Programmhefte gegeben und ich habe sie verkauft, indem ich sagte: »Für die kleinen Bretonen, 25 Cent das Programm, mit fünf Porträts!« Man hat mir viele abgekauft. Dann hat Madame Guérin einen Vortrag über Marie-Antoinette gehalten. Zuerst erschien sie in einem grünen Kleid mit gelben Blumen, so eine Art Reifrock, dann mit einer langen gelben Schleppe mit goldenen Blumen, eine lange grüne Halskette fiel ihr auf die Brust, dann mit einem großen, schwarzen Hut, der ganz rechts auf der Seite saß, mit einer großen, schwarzen Feder. Dann im Gewand einer Königin, als sie nach Frankreich kam, einem langen weißen Kleid aus Seide und Spitzen mit kurzen Ärmeln und mit einer schweren Perlenkette, und dann mit einem großen, alles umhüllenden blauen Mantel, der mit weißem Fell besetzt und auf der Brust mit einem breiten Brillanten-Band befestigt war. Ein hübscher Kamm mit kleinen weißen Perlen hielt das weiße, in Locken fallende Haar zusammen. Dann kam sie als Schäferin verkleidet, als sie in ihrem Besitz »*Trianon*« lebte: sie trug ein rot-weißes, gerafftes, sehr weites Kleid, einen großen hellgrauen, mit Rosen geschmückten Strohhut, und in der Hand hielt sie einen Stab, der mit roten und weißen Bändern umwickelt war. Danach erschien sie in einem Trauerkleid, wie traurig, als sie erzählte, daß man ihr den Dauphin weggenommen, oder besser entrissen hat. Dann sagt sie diese schauerlichen Worte zum Richter: »Sie haben mir als Königin meinen Thron genommen, Sie haben mir als Frau meinen Gemahl getötet, Sie haben mir als Mutter meine Kinder entrissen, was wollen Sie noch von mir? Ich habe nur noch mein Leben, wollen Sie es?«

Arme Marie-Antoinette! Welch ein Martyrium war ihr Leben! Was für eine heldenhafte Frau! Um das besser zu erklären, habe ich die Porträts, die ich bekommen habe, hinzugefügt. Mama ruft mich, es ist neun Uhr, ich muß ins Bett gehen, gerade noch Zeit genug, die Bilder einzukleben. ANAÏS

7. Dezember
Hier bin ich. Ich kann nicht schreiben, weil es zu spät ist, aber ich wollte wenigstens zwei Zeilen eintragen, damit mein Tagebuch sieht, daß es nicht Faulheit ist. Gute Nacht. ANAÏS

8. Dezember
Jetzt habe ich Zeit zum Plaudern. Heute haben wir frei, denn es ist Mariä Empfängnis. Wenn Mama ausgeht, halte ich jetzt immer Vorträge, um Thorvald und Joaquinito zu unterhalten, das hat natürlich nichts mit echten Vorträgen zu tun. Worüber sich Thorvald und Joaquinito am meisten amüsieren, das ist wenn ich mich als Marat verkleide und aus voller Kehle schreie: »Hunderttausend Franzosenköpfe!« Das ganze Haus bebt. Manchmal ziehe ich ein langes schwarzes Kleid von Mama an und setze meinen kleinen Marie-Antoinette-Hut auf, und dann klettere ich auf eine Kiste und nehme die Haltung von Marie-Antoinette auf ihrem Fuhrwagen ein. Das mache ich sehr gerne. Manchmal spielen Thorvald und ich so traurige Stücke, daß Joaquinito wirklich anfängt zu weinen. Dann spiele ich sehr gerne, und ich werde jetzt mit Thorvald spielen gehen. ANAÏS

9. Dezember
In der Schule, wie üblich; ich gewöhne mich daran, ohne sie jedoch zu mögen. Ich weiß schon eine Menge Worte. Heute habe ich mehrere Abschnitte meines Tagebuchs wiedergelesen. Am liebsten würde ich meine Reise von Spanien nach hierher noch mal machen, wie lustig das war! Hier langweile ich mich, alles ist traurig, es gibt Augenblicke, wo ich weinen möchte, unaufhörlich weinen möchte, das Wetter, die Schule, die Straße, alles kommt mir schwarz vor, schwarz, schwarz, schwarz. Nur zu Hause mit Mama und meinen Brüdern finde ich ein bißchen mehr Fröhlichkeit. Nun ja, das wahre Wort ist folgendes: ich hasse New York und alle modernen Dinge. Nicht nur ich allein. Beispiel: Vorgestern fragte mich Madame Guérin: »Magst du New York?« Ich wagte nicht zu antworten und plötzlich rief sie: »Oh, ich mag es nicht!«; da habe ich geantwortet »und ich auch nicht!« Anderes Beispiel: Tante Lolita hat vor der ganzen Familie gesagt: »Yo no puedo ver a Nueva York« (Ich kann New York nicht ausstehen), und sogar Mama hat gesagt, daß New York eine Hölle ist, wenn man da

leben muß. Dies alles bedeutet, daß New York nur angenehm ist, um drei-vier Wochen da zu verbringen, ins Theater oder ins Café zu gehen oder Auto zu fahren, das ist alles, zum Leben ist es eine Hölle. Es ist neun Uhr, ich habe Mama versprochen, um diese Zeit schlafen zu gehen; also halte ich mein Versprechen.

ANAÏS

10. Dezember

Wie üblich hat uns Madame Rhode besucht, als wir von der Schule kamen; dann hat Madame Quintero mit uns zu Abend gegessen, dann ist sie wieder weg und nun haben wir unsere Ruhe, aber ich höre auf, weil ich müde bin. ANAÏS

15. Dezember

Fünf Tage ohne Eintragung! Ich war die ganze Zeit auch nicht in der Schule, weil ich plötzlich schreckliche Ohrenschmerzen bekommen habe. Jetzt geht es mir besser und ich fühle mich in der Lage, lange mit meinem Freund zu reden. Samstag waren wir beichten. Sonntag sind wir zur Kommunion gegangen, aber gleich danach habe ich dieses Ohrenweh bekommen. Gestern hat Mama in der *Aeolian Hall* gesungen, dem größten Konzert-Saal von New York. Ich habe das Programm ins Tagebuch eingeklebt, damit ich mich an Mamas Konzert in New York erinnere, wenn ich groß bin. Mama hat sich als Spanierin gekleidet und hat *Tonadillas* aus Granados gesungen. Sie hat einen Riesenerfolg gehabt, es ermüdet mich schon, es bei jedem ihrer Konzerte zu wiederholen. Jetzt wird Mamas Porträt im *Musical Courrier* veröffentlicht, dessen Direktor einer der größten Bewunderer Mamas geworden ist. In zehn Tagen ist Weihnachten, es wird ein trauriger Tag sein, denn es ist der Jahrestag meines letzten Anfalls. Neujahr wird dann der Jahrestag meiner Operation sein. Ich muß weinen, ich kann nicht anders, wenn ich an Brüssel denke und an die Leute, die ich dort zurückgelassen habe. Ich möchte ihren Schmerz, ihr Leid teilen können – diese armen Freunde! Die armen Schwestern, die so nett zu mir waren! Ihre Pflege wird immer in meiner Seele eingeprägt bleiben, und ich werde immer versuchen, ihnen meine Dankbarkeit zu beweisen, sobald und soviel, ja soviel ich kann. Jetzt zeigt mir Mademoiselle Zoé, die Tochter von Madame Rhode, Mamas Freundin, wie man zeichnet. Heute habe ich zwei Dinge (die Kleinen) nachgezeichnet und das große habe ich ohne Vorlage gemacht. Ich wollte zeichnen (als wir aus Spanien kamen), wie der Mond sich im Wasser spiegelt. Ich weiß nicht, ob das richtig ist, aber wenn es falsch ist, wird es mir mein Tagebuch verzeihen. Ich beende meine Plauderei, denn meine Lehrerin ist da und will mir eine Stunde geben. ANAÏS

16. Dezember

Ich habe eine sehr traurige Nachricht für mein Tagebuch. Meine liebe kleine Kusine Tina ist gerade an Typhus gestorben. Großmama hat es Mama geschrieben. Mama hat mir den Brief zu lesen gegeben. Großmama sagt, sie ist wie ein Engel gestorben, sie hat die letzte Ölung bekommen, die ganze Familie war gerührt über die Sanftheit, mit der sie gelitten hat. Jetzt gibt es einen Engel mehr im Himmel. Aus der Erinnerung werde ich meine liebe Kusine beschreiben. Constantina (man nennt sie abgekürzt Tina) war zehn Jahre

alt, als sie starb. Sie war sehr hübsch mit ihren großen schwarzen Augen, einer etwas runden Nase, einem kleinen Mund, der etwas nach innen ging, mit ihren kleinen, hübsch geformten Zähnen, den etwas kurzen, aber sehr hübschen Haaren, die ihr auf die Schultern fielen. Sie war sehr groß für ihr Alter, nicht sehr dick. Ihre Augen drückten Traurigkeit aus, wenn ich sie sah, war ich oft von ihrem Blick beeindruckt. Sie hatte einen ruhigen, schweigsamen Charakter. Sie war sehr klug, sehr freundlich, ich erinnere mich, daß sie sehr gern mit der Puppe spielte und sich mit alten Hüten und Mantillen verkleidete. Ich spielte mit ihr und wir hatten viel Spaß.
Heute habe ich Großmama geschrieben. Ich habe versucht, sie zu trösten, aber da ich selbst traurig war, weiß ich gar nicht, was ich gesagt habe.
Heute ist es schrecklich kalt, wir sind ausgegangen und ich bin weinend zurückgekommen, ich habe mich mit allen Decken des Hauses zugedeckt, Mama hat mir eine Wärmflasche gemacht. Jetzt geht es besser, aber ich habe zwei große Wolltücher umhängen, meinen Morgenmantel und eine Reisedecke auf den Beinen. Ich bin so verfroren! Das kann man nicht ändern. Ich zittere schon im voraus, wenn ich an die Frostzeiten denke, die ich werde mitmachen müssen. Ich verabschiede mich jetzt von meinem Tagebuch, ohne jedoch aufzuhören, an meine liebe Kusine zu denken.   ANAÏS

17. Dezember
Wieder muß mein Tagebuch seufzen, ich bin ganz sicher, jedesmal wenn ich es öffne. Ich bin so verdrießlich, so langweilig. Trotzdem hat mein Tagebuch noch einmal genügend Geduld, um mir zuzuhören. Heute waren wir alle drei spazieren, denn Mama war weggegangen. Als wir zurückkamen, ist Madame Quintero gekommen, danach ist Mama wieder weg, nachdem ich Thorvald geholfen habe, das Haus aufzuräumen, habe ich angefangen zu schreiben. Es ist spät, ich friere sehr und außerdem falle ich vor Müdigkeit um, mein Tagebuch wird mir verzeihen, ich gehe schlafen.   ANAÏS

24. Dezember, Kew
Endlich, ich konnte nicht schreiben, weil mich Mama am Sonntag hiergelassen hat und mein Tagebuch war in New

York. Ich bin so gern hier!! Heute ist Heiligabend! Man regt sich, die Geschäfte sind voll, die Leute laufen, die Geschenke werden vorbereitet, Vater und Mutter mit ihren zärtlichen Händen warten ungeduldig, bis ihre Kinder schlafen gehen, damit sie den Weihnachtsbaum, den hübschen Weihnachtsbaum schmücken können. Wie sie glänzen werden, die Augen der Kinder! Bei uns auch. Mein Onkel und meine Tante und Mama haben sich beeilt, die Kleinen ins Bett zu bringen, weil ich die Größte bin, habe ich ein bißchen Aufschub bekommen, ein ganz klein bißchen nur. Mama schaut mich verstohlen an und flüstert mir ins Ohr: »Beeile dich!« und ich antworte: »Noch eine Minute.« Leider fehlt in der Familie noch immer mein geliebter Papa. Ach, wenn Gott mich morgen erhören würde, dann könnte ich morgen meinen Papa küssen, aber ich habe keine Hoffnung, denn ich habe heute eine Karte bekommen. Papa sagt, daß er in Arcachon ist, das ist sehr weit, viel zu weit, um in einer Nacht herzukommen. Arcachon, das ist der Ort, wo Papa uns verlassen hat, und er ist nicht wiedergekommen. Wir wohnten in einer Villa, die »Les Ruines« (Die Ruinen) hieß, es waren tatsächlich Ruinen, und seitdem habe ich meinen Papa nicht mehr geküßt, seitdem ist die Familie eine Ruine und Mama mußte singen, um uns zu ernähren. Ich lasse mich schon wieder gehen und werde traurig. Nein, wenn ich so weitermache, werde ich weinen, das kann ich nicht, ich verabschiede mich von meinem Tagebuch.

25. Dezember
»*Mary Christmas!*« Mit diesem Ruf sind wir aufgestanden. Welch eine Überraschung: In der Nähe des Betts hing für alle drei ein Strumpf, was für ein niedliches Weihnachtsfest, da ist ein Kreisel für Thorvald, Caramelbonbons für Joaquinito, Orangen, Stechpalmen, Schnee (Ersatz), wie schön! Das ist noch nicht alles. Wir sind die Treppe hinuntergegangen, Coquito voran. Neue Freude, neues Freudengeschrei! Ein schöner Weihnachtsbaum, ganz erleuchtet, Spielsachen, es ist wunderschön! Ich war auch mit von der Partie, unserem Freudengeheul hat Onkel Gilbert schließlich ein Ende gesetzt und mit frohem Herzen, mit einem Lächeln auf den Lippen, haben wir dann alle zusammen *Adeste Fideli* gesungen, danach neigten sich die blonden und die braunen Köpfe, um die Namen zu lesen, ein schönes Gewehr, Schlittschuhe, eine Schachtel Pralinen für Coquito, ein kleines Auto, eine Puppe für Nuna, glänzende, stolze Soldaten für Thorvald, ein kleines Schiff für Joaquinito, ein kleines weißes Bett von Tante Edelmira, ein Buch für mich, eine Schachtel Papier von Mama für Anaïs. Oh, ich habe es wirklich nicht verdient. Als das Freudengeschrei aufhörte, haben wir gefrühstückt. Das Haus ist voll von Stechpalmen. Die Eßzimmerlampe ist mit

einer schönen schneefarbenen Glocke geschmückt und mit einem roten Band umwickelt, die Wirkung ist entzückend. Nach Onkel Gilbert sind Thorvald und ich zur Kommunion gegangen und haben Jesus empfangen; wie wunderbar, wenn man sich immer wieder sagen kann: »Jesus gehört mir!« Danach verläuft der Tag glücklich und ruhig. Trotzdem, trotz meiner Freude, habe ich Papa nicht vergessen. Wenn er dagewesen wäre, hätte ich rufen können: »Ich bin im Paradies!« Ich habe über Gottes Güte richtig nachgedacht, hier bin ich mit meiner Familie, mir ist warm, es fehlt mir nichts, und wieviele Kinder müssen dort, weit weg, erfrieren und verhungern! Hier habe ich jeden Abend meine Mama, ich freue mich, ihren zärtlichen Kuß empfangen zu können. Wieviele Kinder dort, weit weg, weinen um ihre Mutter, weinen um den väterlichen Kuß, der nie mehr, nie, nie mehr kommen wird. Oh, ich kann mich trösten, ich habe meinen Papa, er ist zwar weit weg, aber ich habe ihn, ich habe die Hoffnung, eines Tages seinen heiß ersehnten Kuß wieder zu bekommen!

Es ist mir nicht erlaubt, mich an einem so glücklichen Tag der Traurigkeit hinzugeben, um dies zu vermeiden, gehe ich jetzt ins Bett, um von Papas Ankunft zu träumen. Noch eine Bemerkung: Ich konnte nicht anders, heute mußte ich an Weihnachten 1912 denken, das ich in Brüssel verbracht habe, ich lag krank im Bett, es war kurze Zeit vor meine Operation. Ich konnte nicht anders, ich mußte Gott sagen: »O Jesus Christus, Deine Güte ist unendlich, ich habe es Dir zu verdanken, Deiner Barmherzigkeit, daß ich hier in New York ein *Mary Christmas* inmitten meiner Familie erleben darf.« Ich höre auf, ich muß weinen, wenn ich an mein geliebtes Brüssel denke. ANAÏS

29. Dezember

Vier Tage ohne zu schreiben! Es ist allerdings keine Faulheit, ich habe nämlich in den vergangenen Tagen nicht einen Augenblick Zeit für mich gehabt, am 26. mußte ich den ganzen Vormittag weggehen, dann habe ich gegessen, dann habe ich Mama geholfen, den Koffer zu packen, dann habe ich gelesen, dann Domino und ein russsisches Rätselspiel mit Coquito gespielt, der sich nicht ganz wohl fühlte, ich habe zu Abend gegessen und mußte dann sofort ins Bett, denn ich bekam plötzlich unerträgliche Kopfschmerzen. Am 27. waren wir in New York in der Kirche, mittags sind wir nach Hause zurückgekommen, gerade richtig zum Essen, dann sind wir um halb vier wieder weg und nach New York zurück, d. h. wieder in unsere Wohnung; den Rest des Abends haben Mama und ich das Haus gefegt und geputzt, das in einem entsetzlichen Zustand war. Nicht eine Minute Zeit zum Schreiben. Am 28. habe ich Papa geschrieben und habe ihm einen kleinen Kalender geschickt, den ich am Sonntag bei Madame Rhode als Weihnachtsgeschenk bekommen habe. Papa hat mir sehr hübsche Zeitungen geschickt, ich habe sie alle bis zur letzten Zeile gelesen, ich habe mich lange bei den traurigen Bildern einer weinenden Mutter aufgehalten, die die Arme ausstreckt nach ihrem Kind, das man ihr weggenommen hat; ein Vater, der sein abgebranntes Haus anschaut, der Körper seines Kindes ist zu Asche verwandelt, dann die patriotischen Bewegungen, ein junger Soldat hat sich den verletzten Arm mit einem Taschentuch verbunden und ruft lächelnd: »Vorwärts, es ist nicht schlimm!« Das ist so schön, mir sind die Tränen in die Augen gestiegen. Nach dem Essen wurde mir schwindlig und ich konnte nichts tun; heute konnte ich mich endlich wieder mit meinem Tagebuch befassen. Es hat den ganzen Tag geregnet, wir mußten zu Hause bleiben, eingeschlossen. Ich habe die *Briefe der Madame de Sévigné* gelesen, die mir Madame Rhode geliehen hat, aber da es mich nicht interessiert, habe ich aufgehört, um mich mit meinem Tagebuch zu befassen und ein wenig zu plaudern. In Kew war der Schnee sehr hübsch, aber welch ein Unterschied hier! Man schaufelt ihn zusammen und schiebt die Haufen in die Ecken, und der Schnee, der übrig bleibt, wird zu einem schwarzen, dreckigen Matsch, etwas so Hübsches wie Schnee wird einfach weggeräumt, es ist ja normal, aber wie schade, es ist so schön, so weich, so weiß! Um ihn besser zu beschreiben, werde ich jetzt ein kleines Gedicht abschreiben, das ich in Barcelona gemacht habe, an einem Tag als es schneite.

(Barcelona, Januar 1914)

DER SCHNEE

Wie hübsch ist der Schnee!
Weiß und rein wie ein Engel.

Er ist die Freude der Kinder
Und sogar der Säuglinge,
Welche die Ärmchen nach ihm ausstrecken,
Um ihn willkommen zu heißen.
Er muß wohl glücklich sein in seiner Pracht.
Es ist ein richtiger Pelz,
Aber sehr kalt, auf jeden Fall.
Er ist rein und makellos,
Außer wenn die Menschen
Ihre Füße darauf setzen. ANAÏS

Ich höre auf, weil ich müde und traurig bin.

31. Dezember
Ich bin in Kew, aus folgendem Grund: Heute morgen beim Frühstück hat uns Coquito angerufen und gesagt, daß Tante Edelmira krank ist und möchte, daß Mama kommt. Im Handumdrehen waren die Koffer gepackt und wir sind losgefahren. Meine Tante hat schreckliche Kopfschmerzen und sie ist so schwach, daß sie den ganzen Tag geseufzt hat. Jetzt geht es ihr besser. Aus diesem Grund konnte ich Thorvald, Joaquinito, Nuna und Coquito allein spielen lassen und schreiben. Als ich mit einem Schnitzerei-Spiel von Coquito gespielt habe, hat es mir meine Tante geschenkt, weil sie gesagt hat, Coquito spielt nie damit. Es hat mir sehr viel Spaß gemacht, ich habe eine Kanone, ein Häuschen und eine Figur gemacht, ohne die kleinen Dinge zu zählen, wie z. B. Kerzenleuchter, Räder, Kreuze, Tische und Stühle, die mir überhaupt keine Schwierigkeiten machen. Heute Nacht haben wir beschlossen dazubleiben, denn vielleicht fühlt sich meine Tante noch nicht wohl genug, um ohne Mamas Hilfe und Pflege auszukommen. Das hatte ich mir schon gedacht, und deshalb habe ich mein Tagebuch mitgebracht. Ich werde jetzt Mama helfen, Joaquinito ins Bett zu bringen, denn ich höre ihn schreien und weinen.

ANAÏS

1915

1. Januar
Neues Jahr! Da ist er, der heutige Tag. Wir haben gar kein Fest gehabt, weil sich Tante Edelmira nicht wohl fühlt. Wir waren nur spazieren und spielen, jeden Augenblick rufen einem die Leute hier »Happy New Year« zu. Papas Abwesenheit, Brüssel, die Klinik, das Häuschen, die Freunde habe ich nicht vergessen, alles, alles ist weit weg, weit, weit weg, und vielleicht wird man die Schwestern nie mehr sehen, die so gut waren, so sanft, auch unser Haus nicht mit seinen schönen Zimmern, seinem ganz kleinen, niedlichen, ruhigen Wohnzimmer, und die Freunde, Monsieur und Madame Hostelé, denen ich nach Gott das Leben zu verdanken habe, Clairette, das liebe kleine Mädchen, und so viele andere, ach, wie sehr sie leiden müssen! Das alles macht mich furchtbar traurig, Papa, dessen Name mich stundenlang beschäftigt, mein Herz allein kann erklären, wie ich mich fühle, selbst mit der Feder kann ich es nicht, vielleicht ist das lauter Unsinn, das glaube ich, das genügt. Ich könnte immerzu weinen, ich halte mich nur mit großer Mühe zurück. Diesen Zustand kann man nicht erklären. Zum Glück komme ich zurecht damit und keiner merkt es oder ahnt es. Wenn ich leide, darf ich die anderen deswegen nicht leiden machen, wozu übrigens? Würde denn der Kummer eines andern mich über meinen Kummer trösten? Nein, also darf nur mein Tagebuch leiden wie ich, denken wie ich, weil es dazu bestimmt ist, die geheimnisvollsten Gedanken meines Herzens aufzunehmen. Kommen wir also zu dem zurück, was ich vorhin sagte. Warum macht mich der Gedanke an Papa traurig? Weil ich denke, daß ich Papa *so* gern bei mir hätte, ich würde meinen Papa *so* gern lange und liebevoll umarmen, wie ich es bei allen Kindern sehe. Ich weine, weil ich denke: »Warum? Was hindert Papa daran, bei mir zu sein? Gibt es dort jemand, der ihn an sich bindet, den er lieber hat als mich? Wen?« Wie oft habe ich mir diese Frage gestellt! Das mag wohl sein, denke ich, weil ich nur ein albernes, dummes Mädchen bin, voller Launen und verrückten Gedanken, da kann ich verstehen, daß Papa lieber ein kluges Mädchen mag, mit Ideen, wie es sich gehört, das

womöglich meinen Platz eingenommen hat. Ich kann mir lange Vernunft einreden, versuchen, das zu verstehen, ich kann es nicht akzeptieren, ich weine und versetze mich in diesen Zustand von Traurigkeit, den ich meinem Tagebuch schon erzählt habe. So, jetzt weiß mein Tagebuch, warum ich so oft hingeschrieben habe: »Ich bin zu traurig, um weiterzuschreiben«; das ist der Grund: Die Gedanken, die ich eben aufgeschrieben habe, sind mir eingefallen. Heute habe ich ein kleines bißchen Mut und werde also meine Eintragung zu Ende führen.
Wir sind noch in Kew. Morgen fahren wir wieder nach Hause, je nachdem, wie der Zustand meiner Tante ist. Heute hat uns mein Onkel in ein kleines Geschäft geführt, damit wir ein kleines Spielzeug für fünf Cent aussuchen. Thorvald hat eine kleine Pfeife genommen, Coquito eine Schachtel Karamelbonbons, Nuna ein kleines Telephon, Joaquinito ebenfalls, und ich habe eine Karte mit »Happy New Year« für Mama ausgesucht. Das ist alles. Ich denke noch immer nach, meine Tränen fallen aufs Papier und ich sage mir immer wieder: Ich bin zu traurig, um weiterzuschreiben.

2. *Januar*
Noch immer in Kew. Meine Tante hat es so gewollt. Morgen, Sonntag, müssen wir nach New York zurück, denn wir müssen uns auf die Schule vorbereiten, die Montag anfängt. Ich habe den Entschluß gefaßt, mein Tagebuch das ganze Jahr fortzuführen, und nachher auch noch. Nichts tröstet mich so sehr, als meinen ganzen Kummer, meine Freuden, meine Gedanken jemandem sagen zu können, der stumm ist. Niemand wird jemals die Dinge erfahren, die ich auf diese stummen Seiten geschrieben habe; sie werden das Geheimnis für sich behalten. Reden wir also ernsthaft. Im Februar habe ich Geburtstag: Ich werde zwölf Jahre alt. Wie alt ich bin! Es ist höchste Zeit, daß ich eine kleine Frau werde, wie oft habe ich es schon versucht, und nun ärgere ich mich doch wegen jedem Dreck, und schon ist es zu Ende, ich muß wieder von vorn anfangen. Ich habe mich wieder aufgerichtet, der Weg ist gefährlich, ich könnte straucheln, Vorsicht... Ja, Vorsicht, ich bin groß und ich muß vollkommen werden, später wird es zu spät sein. Mama ruft mich, ich geh' schon, ich will nicht straucheln auf dem Weg der Ungehorsamkeit.

3. Januar (vormittag)

Der Tag ist noch nicht zu Ende, aber ich langweile mich sehr und will ein wenig plaudern. Heute nachmittag werden wir nach Hause gehen, meine Tante ist aufgestanden und hat ein bißchen gegessen, ein Zeichen, daß es ihr besser geht. Thorvald ist Schlittschuhlaufen gewesen und Coquito zeichnet. Ich bin alleine hier im Arbeitszimmer meines Onkels. Absolute Stille: Meine Gedanken können sich entfalten und zwischen den vertrauten Blättern abrollen. Ich habe mich nicht entmutigen lassen, als ich gesehen habe, daß Gott mir meinen Wunsch nicht erfüllt. Ich bin noch entschiedener. Ich habe meinen Wunsch erneut ausgesprochen, und wenn Gott will, ist Papa am 21. Februar hier, am Tag meines zwölften Geburtstags. Ich habe große Hoffnung. Warum sollte Gott es mir verweigern, daß ich meinen Papa bei mir habe? Warum sollte er mir ein Glück verweigern, nach dem ich seit einem Jahr strebe? Seitdem ich bemerkt habe, daß Papa nicht mehr kommt, habe ich angefangen, nur noch seine Rückkehr zu wünschen. Aber leider ist New York so weit, daß ich fürchten muß, daß Papa auch am 21. Februar noch nicht da sein wird, zu diesem gewünschten Datum. Ding, ding, ding, es bimmelt – die Glocke zum Essen. Ich muß aufhören, bis heute Abend.

4. Januar

Gestern abend konnte ich nicht schreiben. Gleich nach der Ankunft hat uns Monsieur Diaz, ein Freund meiner Tante Antolina, mitgenommen zum Teetrinken, danach ist er mit Mama weggegangen. Wir mußten gleich ins Bett. Heute habe wir mit unserem Alltag angefangen: Die Schule, ich weiß nicht wie, aber ich hasse sie, die Tafeln erscheinen mir noch schwärzer, die gelben Bänke kommen mir schmutzig und schwarz vor, mit einem schrecklichen Geruch. Die Lehrerin erscheint mir strenger, die häßlichen gelben Blätter, auf die ich schreiben muß, ermüden mich mit ihrer entsetzlichen Farbe, und ich finde sie zerknitterter als sonst; die Schule ist mein Alptraum geworden und ich hasse sie wie sonst was! Nun ja! Heute nachmittag ist Mama ausgegangen und wir waren alle drei im Park. Ich höre auf, jedoch nicht ohne meinem Tagebuch mitzuteilen, daß Mama und ich am 7. Januar bei Madame Polifeme eingeladen sind.

7. Januar

Hier bin ich wieder. Heute ist der Tag, den ich mag. Wir sind weggegangen, das Treffen war nicht so angenehm wie sonst immer. Mama hat mir mit dem Geld von Papa neue Wolle gekauft. Es war der Jahrestag von Jeanne d'Arcs Geburt. Zuerst haben wir gesungen, danach haben sich mehrere Damen angeboten, eine Rede über die Erziehung in der Familie zu halten. Es war sehr gut, die französische Sprache ist wirklich wunderbar. Danach hat ein Herr namens Emile Villemin sehr, sehr gut über dasselbe Thema gesprochen. Zum Schluß hat er den »*Marmeladetopf*« (»*Le pot de confiture*«) von Victor Hugo erzählt. Er hatte viel Erfolg. Dieser Herr hat mich gefragt, ob ich die Marmelade essen wollte, da mußten alle lachen, und da hat er auch einen Satz gesagt, an den ich mich noch erinnere: Man sagt, wenn man zwei Sprachen spricht, da ist man zwei Menschen, wenn man drei spricht, ist man drei Menschen. Was mich betrifft, ich bin also nur ein Mensch, und noch ein sehr kleiner. Er hat mir versprochen, mir dieses Gedicht über die Marmelade zu schicken. Ich muß fest an meinem Schal arbeiten, also muß ich aufhören. Ach ja, nur noch ein Wort: Vorgestern ist meine Tante zum Essen nach New York gefahren; indessen hat man ihr allen Schmuck gestohlen. Der Detektiv sucht. Alle glauben, es war das Kindermädchen, denn sie hatte die Schlüssel und war allein geblieben. Jetzt höre ich auf, ich bin eine Schnattergans.

9. Januar

Heute sind wir mit einem kleinen Freund von Thorvald in den Wald gegangen. Wir haben uns die Höhle der Räuber angeschaut, die vor zwanzig Jahren festgenommen wurden. Dieser kleine Junge hat uns erklärt, daß sie ganz New York ausgeraubt und das erbeutete Diebesgut hier versteckt haben. Während wir herumspazieren, stricke ich. Danach waren wir im Naturkundemuseum. Es war sehr hübsch. Zuerst die Mumien aus Ägypten, dann die Tiere, von den Elefanten bis zu den Schmetterlingen und den Ameisen. Die Schmetterlinge waren sehr hübsch, zuerst haben wir blaue mit weißen Punkten gesehen, dann hellrote mit grünen Linien, dann gelbe mit schwarzen Punkten, ganz glänzend und sehr schön, danach die Fische, von einem riesigen Wal bis zum winzigsten aller Fische. Wir haben uns alles angeschaut, dann auch die Dinge, die die

Indianer gemacht haben, Waffen, Halsketten, Kleider in schillernden Farben, die Kleider der Häuptlinge waren mal mit einem feinen Vogelfederchen, mal mit Elfenbeinkügelchen und Goldfäden geschmückt. Körbe, Kämme, Halsketten, das alles von den frühesten Zeiten an; dann auch von Chinesen und Japanern bemalte Vasen. Danach haben wir die Eskimos gesehen, aber wenn ich alles erzähle, nimmt das überhaupt kein Ende mehr. Und ich habe andauernd gestrickt, und als wir zurückkamen, sind Thorvald und ich mit der Trambahn gefahren und waren noch beichten in der französischen Kapelle. Als wir nach Hause kamen, hatte Mama einen Brief bekommen mit dem Gedicht von Victor Hugo, »*Jeanne au pain sec*« (Jeanne bei Wasser und Brot). Es war von Monsieur Emile Villemin, der es für mich schickte. Ich habe ihm sofort geantwortet, um mich zu bedanken. Ich hatte meinem Tagebuch versprochen, ihm jeden Tag von der Geschichte des gestohlenen Schmucks meiner Tante zu berichten. Julia, eine sehr gute und treue Hausangestellte, wurde festgenommen und kam trotz des Protests meiner Tante ins Gefängnis. Meine Tante wußte wohl, daß sie es war, aber es ist ihr sehr peinlich, meinem Onkel auch. Morgen werden wir den Sonntag dort verbringen. Ich höre auf, denn ich muß stricken. ANAÏS

10. Januar

Heute morgen sind wir um acht aufgestanden, um zur Kommunion zu gehen. Es ist der Augenblick, den ich liebe: wenn ich die Augen zumachen kann und mir dann vorstelle, Papa steht neben mir. Oh, es ist unmöglich zu beschreiben, wie sanft die Küsse sind, die er mir in meiner Phantasie gibt. Es war aber sehr kurz, denn wir sind sofort zurückgekommen, um uns anzuziehen, denn meine Tante hatte uns eingeladen, den Sonntag bei ihr zu verbringen, dann sind wir mit der Straßenbahn gefahren. Es war ein wunderschöner Nachmittag. Als ich das sah, habe ich auf das Spielen verzichtet und habe Coquitos Fahrrad genommen, um durch die Felder zu streunen. Ach, wie ich das liebe. Die untergehende Sonne hat den Himmel zartrosa gefärbt, nur die helle blaue Farbe hat sich eingemischt, dann das Weiß, die gelbe und hellgrüne Landschaft, denn es ist ja Winter, die Bäume wurden von einer sanften Brise geschüttelt und schaukelten traurig hin und her in Erwartung des Winterendes, um sich wieder mit hübschem grünem Laub zu bedekken; hie und da picken ein paar frierende Vögelchen einige verstreute Krümel auf, aber ich fahre daran vorbei, in Richtung eines kleinen Hügels, der die Landschaft beherrscht. Ich kenne diese Gegend, weil ich oft hingehe, um meinen Gedanken freien Lauf zu lassen. Diese Gegend ist ein von Bäumen umgebener Hügel, die Bäume sind nicht belaubt genug, um zu verhindern, daß man den blaßrosafarbenen Himmel sieht. Ich habe einen ziemlich dicken Stein als Stuhl benutzt. Als ich da war, habe ich das Fahrrad beiseite gestellt und angefangen zu denken, zu denken, unaufhörlich zu denken. Zuerst an Papa. Ich habe mir wieder Vernunft eingeredet, wie ich es schon meinem Tagebuch anvertraut habe, aber da ich schließlich echte Tränen geweint habe, ließ ich das Thema lieber beiseite. Ich habe an meine liebe Großmama gedacht, die ich so weit weg von hier zurückgelassen habe. Ich habe an die tapferen, heldenhaften Soldaten gedacht, die für den Ruhm ihres französischen Vaterlandes kämpfen. Ich habe an mein geliebtes Brüssel gedacht und habe auch wieder geweint. Ich hätte in meiner Ecke wohl weitergeweint, wenn ich nicht einen Maler gesehen hätte, der auf meine Stelle zukam; es hat mir zwar leid getan, aber da habe ich mein Fahrrad genommen und bin zurückgefahren; ich dachte immer noch weiter, aber ich habe bald aufgehört, denn die Ankunft zu Hause hat mich von meinem ganzen Trübsinn abgebracht. Danach habe ich mich zusammengerissen, als ob ich einen schweren Schlaf, der mich einhüllt, hätte abschütteln müssen, und bin spielen gegangen, denn mein Vetter hat mich darum gebeten. Als wir alle Spiele durchgespielt hatten, Fahrrad, Baukasten, Zeichnen, Lesen, Puppe mit meiner Kusine, Versteck-, Räuber- und Soldatenspiel, sind wir nach Hause gegangen, haben gegessen, und danach haben wir mit etwas weniger Überzeugung, dieselben Spiele noch einmal gespielt; dann haben wir zu Abend gegessen, wonach wir glücklich und, ich gestehe es, ein bißchen müde, mit dem Zug nach Hause gefahren sind, der Bitte meines Onkels entsprechend. Nun sind wir also zu Hause. Morgen beginnt der Alltag wieder, der erst enden wird, wann Gott will.

11. Januar

Der Tag ist wie üblich verlaufen, wir gehen zur Schule, ich arbeite soviel ich kann, was mich nicht daran hindert, meinen

Lieblingsbeschäftigungen nachzugehen. Jetzt schreibe ich eine Geschichte: *Armer Kleiner.* Ich mag nur traurige oder komische Dinge.
Jetzt hasse ich die Schule und alles, was amerikanisch ist. Warum? hat mich Mama gefragt, auch meine Tante, warum? Also es ist so: Ich mag nur die Stille, und hier ist unaufhörlich Lärm. Warum? Weil hier alles düster und streng ist, wie im Gefängnis, und ich mag strahlende Landschaften, ich sehe gern den Himmel, ich liebe es, die Schönheiten der Natur in aller Stille zu bewundern, und hier sind die Häuser so hoch, so hoch, daß man nichts sieht; und wenn man durchs Fenster einmal ein Eckchen Himmel sieht, dann ist er nicht blau, blaß rosa oder von einem ruhigen Weiß, nein, das sieht man hier nicht, man sieht einen schwarzen, tiefhängenden, finsteren Himmel, verschmutzt und geschwärzt durch die Eitelkeit und den Hochmut der modernen Frauen und Männer. Ich sage das, weil ich das Moderne nicht mag, ich würde gern im ersten Jahrhundert im antiken Rom leben, ich würde gern im Zeitalter der großen Schlösser und der graziösen Schloßherrinnen leben, ich würde gern zur Zeit von Charlotte Corday leben, als jede Frau eine Heldin wurde, und schließlich möchte ich Frankreich von seinen Plagen befreien können, wahrlich, aber wir sind nicht mehr im Zeitalter von Jeanne d'Arc oder Jeanne Hachette, und ich muß ruhig und zurückgezogen leben. Wie weit bin ich gekommen, seitdem ich die Frage gestellt habe, warum ich Amerika nicht liebe? So weit zu wissen, in welchem Zeitalter ich leben möchte, ich fahre fort, ich bin sicher, daß mein Tagebuch die Antwort erraten hat, und ich kann mich meinen Phantastereien hingeben. Ach, wenn ich einen Aufstand machen und diese ganzen ehrgeizigen Länder vernichten könnte, die am Unglück Belgiens und an Frankreichs Tränen schuld sind! Aber ich sage es noch einmal, ich muß den Kopf senken und diese Aufgabe den Größeren überlassen, die vielleicht später kommen werden, wie ich hoffe. Ich muß gestehen, daß ich eine Verrückte bin, aber da mein Tagebuch dem Tagebuch einer Verrückten gewidmet ist, kann ich nicht vernünftige Dinge hineinschreiben, und sonst wären es auch nicht meine Gedanken. Ich warte auf die große Frau, die Frankreich retten wird, und indessen gehe ich schlafen.

14. Januar
Nichts Neues zu erzählen. Ich habe nur einen Augenblick zum Plaudern, denn mein armer Schal ist noch nicht fertig und er scheint mir sagen zu wollen: »Arbeite an mir«, also keine Zeit zu verlieren. Die Zeit reicht gerade noch aus, ein Wort zu sagen, und das heißt gute Nacht, denn ich bin sehr müde. ANAÏS

15. Januar
Ich kann nichts sagen und ich schreibe diese paar Worte hin, um meinem Tagebuch zu zeigen, daß ich nicht aus Faulheit zu schreiben versäume.

18. Januar
Ich schäme mich beim Gedanken, daß ich soviele Tage versäumt habe, zu schreiben. Und dabei hatte ich soviele Dinge zu schreiben. Gestern, am Sonntag, waren wir in Kew, aber ich habe überhaupt keinen Reiz daran finden können, denn es hat geregnet, und ich konnte meine schweigsamen Spaziergänge über Feld und Wiesen nicht machen. Das ist jetzt das einzige, was ich gerne tue, das Haus erscheint mir nicht mehr so fröhlich, ich finde nur traurige Gesichter, aber ich muß gestehen, daß ich selbst traurig bin, aus folgendem Grund: Es kommen sehr schlechte Nachrichten aus Frankreich, ich meine vom Krieg; die Deutschen sind in mehrere französische Städte einmarschiert, und es gibt viel zu befürchten für Frankreichs Ruhm. Ach, vielleicht wird die Heldin zu spät kommen! Und dann gibt es kein Frankreich mehr!! Oh, nein, nein, nein, das kann nicht sein, wenn die Heldin nicht kommt, werden wir alle zusammen an ihrer Stelle auftreten, wenn ich daran denke, fühle ich mich so stark, sooo stark, obwohl ich noch so klein bin, aber das ist zu wenig. Ach, wenn ich Frankreich retten könnte, ach, wenn ich den armen Müttern das Lächeln wiedergeben könnte, indem ich die unsäglichen Barbaren zurückdrängen würde, welche ganze Städte zerstören, welche Kinder, Greise, Frauen und vielbewunderte Soldaten morden. Aber ich sehe ja, daß diese Rolle nicht für mich bestimmt ist, und doch werde ich dazu beitragen müssen, sie zu erfüllen, wenn niemand kommt. Dies sind meine Illusionen, aber ich verstehe, wie unmöglich das ist, und ich lasse meine Gedanken verstummen, das fällt mir sehr schwer, denn ich selbst lebe nicht, es sind meine Gedanken, die für mich leben. Diesmal werde ich

meine Gedanken für einen Augenblick zum Schweigen bringen und meine Feder arbeiten lassen. Vorgestern hat mir Madame Polifeme ein Buch geschickt, das sie geschrieben hat: *Jeanne d'Arc in Domrémy*. Ich habe es gelesen, bzw. verschlungen, ich hatte echten Lesehunger. Was für ein wunderbares Buch! Wie hübsch es ist! Ich habe ihr geschrieben, um mich zu bedanken. Heute hat Mama sie besucht. Ich war sehr traurig, mein Schal war fertig, aber Mama konnte mir keine neue Wolle kaufen, und da hat Madame Polifeme es anscheinend erraten und gesagt, von nun an werde sie mir die Wolle schenken. Hat sie nicht ein französisches Herz? Das werde ich nie vergessen, sie ist zu gütig. Ich habe sie doppelt gern, weil sie Französin ist wie ich, weil sie Frankreich anbetet wie ich, weil sie gerne schreibt wie ich und weil sie gerne liest wie ich. Zum Glück ist sie nicht verrückt wie ich, das macht mich nicht unglücklich, also genügt es. Es tut mir leid, aufhören zu müssen, aber wenn ich meinen Gedanken freien Lauf ließe, würde ich die ganze Nacht weiterschreiben.   ANAÏS

19. Januar
Ich liege in meinem Bett. Thorvald liest, Mama ist ausgegangen, Joaquinito schläft, der Wind peitscht die Fensterscheiben, es regnet unaufhörlich, es ist kalt, im Haus herrscht vollkommene Stille, und obwohl ich sehr traurig bin, habe ich zur Feder gegriffen und mein Tagebuch aufgeschlagen. Die Nachrichten sind sehr finster, das Unglück meines geliebten Vaterlandes bringt mich den ganzen Tag zum Weinen, das sieht man zwar nicht, es ist nur mein Herz, das weint, denn ich muß nach außen hin lächeln, mein Lächeln bewahren, denn sonst müßten die andern leiden; mit einem Wort, meine Traurigkeit ist geheim, um mich meinen traurigen Gedanken hinzugeben, habe ich nur den Abend, beim Licht der Lampe, bis Mamas zärtliche Stimme mir rät, schlafen zu gehen. Wenn ich dann im Bett liege und das Licht aus ist, beginne ich wieder nachzudenken, denn ich finde, daß der kurze Augenblick, der mir gewährt wird, zu kurz ist. Jetzt ist er lang und ich werde ihn nutzen. Vor allen Dingen muß ich eines erzählen: Neulich habe ich von Marie-Louise eine Ansichtskarte aus Mouleau bekommen. Ich habe Papa beauftragt, sich in meinem Namen bei ihr zu bedanken, und nun gestehe ich meinem Tagebuch, daß ich sie nicht mag. Ist *sie* es nicht, die mir meinen Vater raubt? Ja, *sie*

ist es, die ihn daran hindert, hierherzukommen, um mich in seine Arme zu nehmen, und das werde ich ihr nie verzeihen. Wenn ich weiterschreibe, werde ich weinen, und das kann ich nicht. Ich habe noch Zeit zum Reden, aber meine Hand weigert sich, und nun kann ich meine Tränen nicht zurückhalten, wenn ich an meinen geliebten Papa denke, der so weit weg ist, so weit weg!

20. Januar
Heute habe ich ein Paket Zeitungen von Papa bekommen. Ich habe sie schon gelesen und festgestellt, daß die Nachrichten besser sind, aber deshalb bin ich nicht weniger traurig. Ich hätte gerne ein bißchen geredet, aber Mama ruft mich und ich muß schlafen gehen. ANAÏS

22. Januar
Gestern habe ich nicht geschrieben, also muß ich es heute tun. Eigentlich habe ich nichts zu erzählen, also werde ich eher meine Gedanken aussprechen. Gestern hat uns Jack angeboten, ins Kino zu gehen. Thorvald ist gegangen, aber ich wollte nicht. Ist das gut von mir. wenn ich mich amüsiere, während Frankreich, mein vielgeliebtes Vaterland, leidet? Nein, nicht wahr? Dieser Gedanke hat mich daran gehindert mitzugehen, danach war ich viel glücklicher. Joaquinito ist auch zu Hause geblieben, da haben wir beide eine Tüte Krümel genommen und sind in den Park gegangen. Wie lieb sie sind, die Vögelchen! Ich mag sie sehr, sie ersetzen die vom Wind, vom Schnee und vom Regen des Winters zerstreuten Blumen. Über den Schnee haben wir in der Schule einen Aufsatz geschrieben. Ich mußte ihn auf Englisch schreiben. Das Thema meines Aufsatzes, das ich völlig verändern mußte, da ich die Worte in Englisch nicht finden konnte, ist folgendes: der Schnee in Belgien. Hier freuen sich die Kinder auf den Schnee, sie mögen ihn und lächeln, aber wieviele Tränen wird er wohl dem armen kleinen Kind bringen, das in seiner zerfetzten Hose oder in seinem zerschlissenen Rock zittert! Hier freut man sich darüber, weil man Schlitten fährt, oder mit dicken Schuhen Rutschpartien macht, aber die armen Kleinen dort drüben haben keine Schuhe und sie frieren. Also läßt der weiße, reine Schnee, der hier Freude bringt, dort viele Tränen vergießen. Ich verlasse jetzt mein Tagebuch und denke dabei an die armen

Soldaten und an die weinenden Kinder; ein letzter Gedanke geht an meinen geliebten Papa.

ANAÏS

23. Januar

Mit diesem Heft begegne ich wieder meinem Tagebuch. Mama hat es mir heute gekauft. Wir sind nicht weggegangen, denn es hat geregnet, da haben wir den ganzen Nachmittag alleine gespielt und ich langweile mich sehr. Jetzt versuche ich, mich schwarz zu kleiden. Ich würde gerne Trauer tragen, wegen der Leiden Frankreichs. Ich bin noch immer sehr traurig. Ich bete zu Jeanne d'Arc und zu der Heiligen Genoveva, und meinem Gebet füge ich immer dieses kurze, von mir selbst verfaßte Gebet hinzu:

»O großer Gott, o anbetungswürdiger Retter, ich flehe Dich an im Namen Deiner liebenswürdigen Mutter, im Namen des französischen Volkes, Frankreich zu retten! O Jesus Christus, gib meinem Vaterland seinen Ruhm und seine Kinder wieder, die auch Deine Kinder sind. O heiliger Herr, schlage uns diese Bitte nicht ab, denn es ist meine zweite Mutter, die zu retten wir Dich bitten.«

In meinem Gebet vergesse ich Papa nie, und ihm gilt meine ganze Inbrunst; wenn Gott mich für würdig hält, mich zu erhören, dann wird mein geliebter Papa am 21. Februar hier sein; oh, mit welcher Sehnsucht ich diesen Tag erwarte, wie ich ihn herbeiwünsche, wo er doch vielleicht der größte, der glücklichste Tag meines Lebens sein wird, gleich nach meiner Kommunion, die ich in unauslöschlicher Erinnerung bewahre. Wenn Gott mich diesmal wieder nicht erhört, so fühle ich mich sehr stark, um von vorn anzufangen, und wenn es sein muß, werde ich immer und immer wieder von vorn anfangen, solange, bis ich diese Welt verlasse, wenn Gott will. Ich höre auf, ich muß das Teufelchen ins Bett bringen, ich meine meinen kleinen Bruder.

24. Januar

Es ist sehr kalt, heute morgen waren wir in der Messe. Dann sind wir wieder nach Hause gegangen, wir sind nicht in Kew gewesen, denn Onkel Gilbert ist krank. Den ganzen Tag haben wir uns gelangweilt. Gegen Nachmittag habe ich ein neues Spiel erfunden: Ich habe eine kleine Versammlung veranstaltet und habe meine Gäste zu einem kleinen Nachmittagsimbiß eingeladen; wir haben Zuckerwasser getrunken und Marmelade gegessen, dann habe ich Geschichten vorgelesen, Thorvald hat etwas auf der Geige gespielt, es war sehr hübsch, aber wir hatten kein Publikum für den Beifall, und das hat uns etwas enttäuscht. Wir wurden schon wieder ernst, da habe ich eine Tombola erfunden, so mit kleinen Sachen, die ich hatte. Das machte Thorvald und Joaquinito wieder fröhlicher. Danach hat jeder sein Buch gelesen und auf diese Weise haben wir uns zum Glück nicht zu sehr gelangweilt. Später sind wir in den Park gegangen. Was für eine entsetzliche Kälte! Ich habe den Vögelchen zu fressen gegeben und dann sind wir wieder nach Hause gegangen und haben zu Abend gegessen. Das sind so die Dinge, die wir sonntags tun. Ich bin müde, also schließe ich, aber vor allem will ich noch etwas abschreiben, das ich gerade gedichtet habe.

DIE SCHWESTERN

Seht diese sanften Geschöpfe des Lieben Gottes, welche die Verwundeten pflegen, die Sterbenden ermutigen und an die Armen Almosen verteilen. Wie gütig sie sind! Wie heilig sie sind! Wieviel Aufopferung verbirgt sich unter ihren Schleiern, wieviel Güte müssen ihre demütig gesenkten Augen verbergen. Ihre zärtlichen Hände sind einzig dazu da, sich für alle zu opfern; ohne Angst vor dem Tod stürzen sie sich ins Feld; oder sie opfern sich in den ärmlichen Dörfern, um die Kinder zu unterrichten, die Mütter zu trösten, die Kranken zu ermutigen. Lieben wir sie also, zum Dank für ihre Güte, ehren wir sie, beten wir für sie, und vor allem versuchen wir, sie nachzuahmen, versuchen wir, uns zu opfern, gütig und mild zu sein wie sie; wenn wir es nicht im Felde tun, so tun wir es in unserer Familie; wenn wir keine Familie haben, so nehmen wir die Armen; begnügen wir uns nicht damit, diese heldenhaften Frauen zu bewundern, ahmen wir sie nach! Wenn wir es jetzt tun, so werden wir uns später zu ihnen gesellen und die ruhmreiche Schar unter dem Banner der Aufopferung ergänzen!

25. Januar
Hier bin ich wieder, immer das gewöhnliche Leben. Meine Bemühungen werden durch kleine Erfolge belohnt, die mich

fröhlich stimmen. Ach, was würde ich nicht alles tun, um Mama und Papa Freude zu machen. Mein Klavier mag ich nicht, aber wenn Mama mir Unterricht gibt, mache ich mich mit viel Freude ans Werk. Jetzt hat Mama eine Begleiterin gefunden. Als sie eintrat und Mama mich als eine Französin vorstellte, hat sie gesagt: »Oh, ich liebe Frankreich und die Franzosen.« Darüber habe ich mich gefreut, ich finde sie demzufolge auch sehr sympathisch; nur deswegen, denn im allgemeinen hasse ich die Amerikaner und die Amerikanerinnen. Ach, ich möchte in Frankreich sein, es würde mir nichts ausmachen, sein Leid und seine Tränen zu teilen, dort wäre es mir angenehmer, hier muß ich ja auch leiden und weinen.
Mama singt, das macht mich sehr traurig, weil ich mich daran erinnere, als Papa sie begleitete, dann denke ich an Brüssel, an mein geliebtes Vaterland, ich denke an den Krieg, der Europa verwüstet, vor allem Frankreich und Belgien, und über all das muß ich weinen, aber heute habe ich meine Tränen verdrängt und ich schreibe weiter. Ich habe plötzlich den Wunsch, Krankenschwester zu werden, oder etwas, was mich nach Frankreich führt. Ich möchte ein Mann werden, um Waffen tragen zu können. Ach, wieviele Dinge möchte ich sein, denn ich beneide auch die heiligen Krankenschwestern, die die Soldaten pflegen, ach, wie gern ich mit ihnen tauschen möchte, aber, ach, ich bin zu klein, und ich muß mich weit von diesen Illusionen entfernen. Es ist die Musik, die mich traurig macht, und diese Seiten werden dementsprechend sein. Ich will versuchen, an etwas anderes zu denken, mich zu zerstreuen.
Gestern Abend habe ich von einer langsamen Klaviermusik, wie ein Wiegenlied, geträumt, und dann wieder von einem traurigen, sehnsüchtigen Lied, dann von Harfenmusik, von traurigen, wohlklingenden, sanften Tönen, dann von Gitarrenklängen mit einer schwachen Stimme; ich bin weinend aufgewacht, aber dann bin ich wieder eingeschlafen und habe geträumt, daß ich Frankreich rette, daß Jeanne d'Arc bei mir war und daß sie sang: »Nur Mut, Anaïs, rette Frankreich, da dies dein Wunsch ist.« – Und ich stürme los, und eine Viertelstunde später riefen alle Städte: Sieg! Es lebe Frankreich! Es lebe Jeanne d'Arc, die Anaïs Kraft gegeben hat! Oh, wie glücklich wäre ich, wenn das wahr wäre! Eitle Illusionen, ich, ein Mädchen, ich, so klein und Frankreich retten, das sind Dinge, die so albern sind wie ich selbst, leider. Ich höre auf.

27. Januar
Gestern habe ich nicht geschrieben, weil ich Mama vertreten mußte, die weggehen mußte, und außerdem war ich müde. Heute war ich nicht in der Schule, denn ich hatte plötzlich Rückenschmerzen, aber das hat mich nicht daran gehindert zu schreiben; ich habe eine Geschichte geschrieben: »*Das Opfer Ludwigs und Johannas*«. Ich schreibe sehr gern Geschichten, aber ich kann sie nicht fröhlich machen, sie werden immer traurig. Ach ja, Frankreich verdient den Kranz des Märtyrers, denn es hat soviel gelitten und ist immer schön, immer bewundernswert, immer glorreich. Ich bin recht stolz, Französin zu sein. Ich habe soviel geschrieben, meine Augen sind müde, ich muß aufhören. Aber ich sage noch etwas. Jetzt fragt sich mein Tagebuch, warum ich nur Gedanken aufschreibe, das liegt daran, daß sich hier immer dasselbe abspielt; außer heute, aber ich habe nichts anderes getan als geschrieben. Ich höre wirklich auf.

28. Januar
Hier bin ich. Heute habe ich wieder geglaubt, ich könnte nicht schreiben, denn als wir vom Spaziergang zurückkamen, hatte ich wieder entsetzliche Rückenschmerzen. Jetzt geht es gut. Mama ist gerade weg, es ist spät. Thorvald liest, der Wind weht und rüttelt an den Fensterscheiben. Es regnet ununterbrochen, ich liege im Bett, kein Geräusch weit und breit, und die Stille macht mich trauriger, als ich es schon bin. Eigentlich möchte ich weinen, aber ich habe mir geschworen, meinen Tag aufzuschreiben, und ich werde es auch bis zum Schluß tun. Tagsüber bin ich fröhlich und freundlich, aber abends weine ich all die Tränen, die ich tagsüber hätte weinen sollen. Wenn es dunkel ist, nach dem Abendgebet, lasse ich mich zu recht traurigen Überlegungen verführen, und oftmals weine ich, ich weine so viel, daß die Uhr langsam elf schlägt, und ich fange gerade erst an. Trotzdem finde ich diese Stunden angenehm, denn ich rede mit Papa, ich küsse ihn wie in einem wachen Traum. Aber das alles tue ich mit Tränen. Ich spüre, daß es recht albern ist, so zu weinen, da ich es Mama nicht zeigen will, aber meine Tränen befreien mich fast immer von der finsteren Traurigkeit, die mich umgibt. Abgesehen vom Abend habe ich noch einen anderen Augenblick, aber selten, nämlich wenn Mama tagsüber mit Thorvald und Joaquinito weggeht und ich aus irgend

einem Grund zu Hause bleibe, dann stelle ich mich ans Fenster und denke, aber ach, meine Gedanken fliegen sicher nicht sehr weit weg, denn kein Vogel kommt herbei, um sie mitzunehmen, erschrocken durch die großen Häuser und den schwarzen, schwarzen Himmel; also *wünsche* ich mir nur, daß sie weit wegfliegen, aber es ist sehr traurig, immer nur zu wünschen, wenn man weiß, daß es unmöglich ist... Nein, ich sage nicht die Wahrheit, denn ich wünsche, daß Papa kommt, und das ist nicht unmöglich, ich wünsche, daß Frankreich den Krieg gewinnt, und das ist durchaus möglich. Sagt man nicht, daß für Gott alles möglich ist? Und an Ihn wende ich mich mit meinen Wünschen. Also ist es schon möglich, daß meine Gedanken weit wegfliegen... weit weg, um zu Papa zu gelangen, und zu meinem geliebten Vaterland, die beiden Gegenstände meiner Traurigkeit, meiner Wünsche und meiner Gedanken...

30. Januar

Da heute ein freier Tag ist, habe ich etwas zu erzählen. Heute morgen bin ich mit Joaquinito weggegangen, ich habe Brot mitgenommen und es den Vögeln verfüttert, danach habe ich den Eichhörnchen zu fressen gegeben; was für niedliche Tiere! Wenn sie einen sehen, kommen sie auf einen zu, bleiben stehen und kommen noch einmal näher. Wenn man eine Bewegung macht, laufen sie so schnell, wie ihre Pfötchen sie tragen, aber ich bewege mich nicht, sie kommen näher und nehmen, was ich ihnen anbiete, aus meiner Hand, dann laufen sie auf dem grünen Rasen und fressen im Schatten eines Baumes, und ich wiederhole es noch einmal, es ist ein reizender Augenblick. Am Nachmittag bin ich mit Mama weggegangen, ich habe eingekauft, dann bin ich wieder nach Hause gekommen und habe angefangen, an Papa zu schreiben. Ich wollte ihm mein Tagebuch schicken, aber Mama hat mir erklärt, daß ich es verlieren könnte, da habe ich ein paar Abschnitte abgeschrieben. Ich habe vergessen zu erzählen, daß wir in der französischen Kapelle beichten waren, morgen gehen wir zur Kommunion. Ich bin ungeduldig und sehne diesen Augenblick herbei, denn dann vereinige ich mich mehr denn je mit Papa und mit Frankreich. Ich will ein bißchen lesen, denn ich bin müde vom Schreiben.

31. Januar

Was für ein lieblicher Tag! Heute morgen bei der Kommunion habe ich geweint, ich fühlte mich glücklich; eine unsagbare Freude, eine unerklärliche Wonne befielen mich, und ich sage es noch einmal, ich habe vor Freude geweint. Wenn ich die Augen schließe und mit Papa rede, ihn küsse, dieser Augenblick beeindruckt mich für den ganzen Tag, denn ich habe das Gefühl, daß ich Papas Stimme höre, ich habe sein Bild vor Augen, und wenn ich die Augen öffne, verschwindet diese Vision, die ich so liebe, und dann weine ich... Heute war dieser Augenblick länger, sage ich, weil ich Mama mit einbezogen habe. Sie war nicht dabei und ich mußte sie mir vorstellen, ich liebe sie mit ganzem Herzen, ich bewundere sie mit aller Kraft meines Geistes, und auf diese Weise wird die Kommunion zu Visionen. Der Rahmen dieses Augenblicks ist folgender: Zunächst küsse ich Mama, ich höre ihre Stimme, dann rede ich mit Papa und er antwortet mir, ich sehe Frankreich leiden und ich fühle mich stark, stark, stärker als je in diesem Augenblick, so stark sogar, daß ich denke, Frankreich retten zu können. Aber wenn ich erwache, verstehe ich den Wahnsinn dieser Gedanken, dieser Visionen. Ich sage Visionen, denn Mama und Papa sind nicht da, und doch höre ich sie, sehe ich sie, und mir scheint, ich fühle sie in meiner Nähe. Ich lasse mich gehen, aber das ist die Wahrheit, und wenn ich das nun nachlese, rufe ich: Alles ist Wahnsinn, alles ist Wahnsinn, bin ich demzufolge wahnsinnig?... Ja, ich gebe es zu, ich bin wahnsinnig; und diesen Wahnsinn werde ich aber für mich in meinem Kopf behalten, und ich schreibe nur noch für mein Tagebuch, das sich nicht über meine wahnsinnigen Gedanken und Vorstellungen lustig macht, das weiß ich.

3. Februar

Hier bin ich endlich. Ich habe in den letzten Tagen nicht geschrieben, weil ich mich gar nicht wohl fühlte. Heute bin ich fest entschlossen zu schreiben, sonst gehe ich nicht mehr ins Bett. Wie schön es jetzt ist, es hat die ganzen letzten Tage geschneit, so viel und so heftig, daß die Straßen, die Häuser, alles, alles weiß geblieben ist, trotz der Arbeitswut der Menschen, die sich umsonst bemühen, den Schnee zu entfernen. Die Straßen sind also weiß, sagte ich, und es ist so schön anzusehen, alles, alles weiß, sogar der Himmel hat an dieser reinen Farbe teilgenommen, denn er ist auch weiß und jetzt mag ich ihn, aber das wird nicht lange dauern, denn wenn der Schnee von allen Leuten vertrieben wird und verschwindet, dann wird der Himmel wieder Trauer tragen, und dann werde ich ihn nicht mehr mögen... Ich sage: von allen Leuten vertrieben, ja aber nicht von den Kindern. In der Schule öffnen wir das Fenster, und sobald die Lehrerin uns den Rücken dreht, stürmen alle zum Fenster, und wir streiten uns, um die hübschen Flocken aufzufangen, und wenn wir welche haben, dann sieht man, wie die Gesichter der Kinder strahlen. Ich habe dabei auch mitgemacht, ich hatte schon mehrere Flöckchen eingefangen und betrachtete sie gerade, als die Lehrerin auf uns zukam, – vielleicht war sie auf unsere Freude eifersüchtig – die Augen rollte und das Fenster schloß; da gingen die Kinder auf ihre Plätze zurück aber entschlossener denn je zurückzukommen. Es ist Zeit, daß ich mit dem Schnee und den Vögelchen, die ich so liebe, träumen gehe.

7. Februar
Mein Tagebuch hat, ohne es zu wissen, eine Reise gemacht. Wie, wo und weshalb, das will ich jetzt erklären: Am Freitag ist Tante Edelmira zum Essen gekommen und hat uns eingeladen, den Sonntag in Kew zu verbringen. Also haben wir den Koffer gepackt und sind weggefahren, alle zusammen inklusive mein unzertrennlicher Freund, mein Tagebuch. Leider konnte ich nicht schreiben, obwohl ich es eigentlich wollte, und so hat also mein Tagebuch eine kurze Reise gemacht, ohne es zu wissen, aber ich weiß, daß es nachsichtig ist und mir verzeihen wird. Nun werde ich ein bißchen erzählen, dann sind wir wieder versöhnt. Wieviele Dinge ich zu sagen habe! Am Freitag ist Mama mit mir allein in die Stadt gegangen, und siehe da, sie hat mir zuerst schöne schwarze Schuhe gekauft, und dazu noch Gummiüberschuhe, um mich vor der Feuchtigkeit zu schützen. Ich war sehr froh und ich schaute sie immerzu an, aber das war noch nicht alles, Mama hat mir noch ein hübsches Kleid aus dunkelblauem Serge gekauft mit einer hellen Verzierung um den Hals, und schließlich noch einen niedlichen weißen Kragen. Ich war sehr froh. Danach kam ich wieder nach Hause. In Kew war der Schnee geschmolzen wegen der außerordentlichen Wärme der letzten Tage. Die Sonne scheint wie im Hochsommer, alles singt und lacht, ich liebe das Landleben, ach

wie lange könnte ich die grünen, mit einfachen aber schönen Blumen dicht besäten Landschaften bewundern, wie lange könnte ich den sanften Abendwind einatmen. Wie gern gehe ich spazieren, inmitten von Bäumen, die vom Februarwind geschüttelt werden und über die Felder und Wiesen, wo man den klaren hellen Horizont erblickt.

Ach, wie sehr ich das liebe! Wie angenehm es mir erscheint! In diesen Augenblicken der Träumerei habe ich das Gefühl, diese so traurige Erde schon zu verlassen, mir scheint, ich könnte ein bißchen, ein ganz kleines bißchen, die Luft und den Wohlgeruch einatmen, die den Himmel erfüllen, mit einem Wort, ich habe das Gefühl, daß ich ins Unendliche fliege. Wenn die zärtliche Stimme meiner Mutter mich nicht rufen würde, dann würde ich stundenlang, unaufhörlich in der Betrachtung der Reize der Natur verharren ... es ist so schön! ... es ist vielleicht das einzige, was rein ist, was schön ist auf dieser Welt. Im Jenseits weiß ich es nicht. Ich habe mich meinen Träumereien hingegeben, oder vielmehr dem Beschreiben meiner Träumereien, dem muß ich aber nun ein Ende setzten, denn mein Bett und Mamas Gute-Nacht-Kuß erwarten mich.

10. Februar
Ich schreibe nur eine Zeile. Mir ist sehr kalt. Mama ist ausgegangen. Ich höre auf.

17. Februar
Nach so vielen Tagen ohne Schreiben nur eine Zeile, um zu erklären warum. Mama hat mir erklärt, daß ich an den Tagen, an denen ich nichts zu sagen habe und keine Lust zu schreiben habe, nicht schreiben soll, weil ich dann zu schlecht schreibe. Also werde ich von jetzt an nur hin und wieder schreiben, weil es doch immer das gleiche ist. Heute ist Aschermittwoch. Heute Abend habe ich eine neue Geschichte angefangen. Den Titel schreibe ich erst, wenn sie fertig ist. Für heute Abend höre ich auf.

22. Februar
Heute habe ich etwas Langes zu erzählen. Gestern, am 21. Februar, war mein Geburtstag, aber ich bin vor Müdigkeit ins Bett gefallen, mit geschwollenen Füßen, also habe ich nicht schreiben können. Jetzt will ich erzählen, wie dieser Tag

verlaufen ist, was man hier eine »Party« nennt. Um vier Uhr ist meine Tante gekommen, sowie mein Onkel und meine Vettern, die mir eine Schachtel Pralinen geschenkt haben, dann kam Jack, Thorvalds kleiner Freund, und hat mir eine hübsche Schachtel mit Farbstiften geschenkt, dann Pauline, eine kleine Freundin aus meiner Klasse und die beste Schülerin, die mir ein gehäkeltes Taschentuch geschenkt hat, dann Madame Rhode und schließlich William. Wir haben gespielt und anschließend Kuchen, Eis, Pralinen usw. gegessen, dann haben wir uns wieder getrennt und alle waren glücklich und zufrieden.

25. Februar
Ich habe mein Tagebuch in die Schule mitgenommen, um ein paar Zeilen einzutragen. Es wird gerade Erdkunde aufgesagt, aber ich kann nicht folgen. Ich werde das Klassenzimmer beschreiben, diesen Raum, den ich hasse. Die Klasse ist ein großer, viereckiger Raum aus grauem Holz; um einzutreten öffnet man eine kleine Glastür, rechts an der Wand befinden sich viele Kleiderhaken hinter einem roten Vorhang. Nachdem ich meinen Mantel und meinen Hut aufgehängt habe, gehe ich in die dritte Reihe zur vierten gelben Bank. Vor allem sage ich »Good morning, Miss Bring« (Guten Morgen, Fräulein Bring), wenn ich eintrete. Ich lege einen Bleistift, eine Feder, einen Radiergummi und ein Lineal auf den Tisch. Ich nehme ein Buch und lerne. Die Lehrerin macht »bing« mit ihrem Glöckchen, dann stehen wir auf und sprechen ein Gebet, das aus einem Vaterunser, einem Geheiligt-seist-Du-Maria, einem Gelobtsei-der-Vater, einer Bitte an die Mutter Gottes und dem Segen des Tages besteht. Danach sagen wir den Katechismus auf und die Erdkunde, und dann nehmen wir bis Mittag Arithmetik durch. Um ein Uhr fängt der Unterricht wieder an, wir machen ein Diktat, einen Aufsatz, Leseübungen und Grammatik. Um drei ist er zu Ende. Die Klasse besteht aus 24 Jungen und 12 Mädchen. Die Lehrerin ist streng, aber nicht böse, die Ungerechtigkeiten sind jedoch zahlreich, weil sie eine Lieblingsschülerin hat, es ist die bösartigste von allen und sie verpfeift die ganze Klasse auf sehr unberechtigte Weise. Die Lehrerin schaut mich an, also muß ich mein Heft schließen. Bis heute Abend, wie ich wünsche.

27. Februar
Ich wollte am Abend des 25. schreiben, aber die Beine taten mir entsetzlich weh, aber das ist uninteressant. Ich habe etwas anderes zu berichten. Madame Quintero ist am Mittwoch zurückgekommen, heute ist sie gekommen und hat mir eine kleine Puppe aus Porzellan, Thorvald und Joaquinito einen kleinen Malkasten mitgebracht. Aber ich muß einen etwas seltsamen Traum erzählen, den ich heute abend hatte. Zuerst befinde ich mich in einem großen, grau tapezierten, sehr dunklen Wohnzimmer. Ich erinnere mich noch ganz genau, wie es war, aber das ist uninteressant. Ich saß auf einem kleinen Stuhl aus duftendem Holz, es roch nach Kiefer. Da kam eine große, in schwarzen Samt gekleidete Dame, als Gürtel trug sie ein Diamantenband oder etwas Glänzendes, zuerst ging sie auf den großen Flügel in der Ecke zu und spielte eine lange Melodie, die so traurig war, daß ich wohl weinte, oder zumindest fühlte ich mich traurig. Als sie aufhörte, ging sie auf eine große Staffelei zu, nahm einen Pinsel und begann einen dunklen Wald zu malen, in der Ferne war der Himmel ganz blaß, sie machte das ganz sanft und langsam, und doch war sie nach einer Minute schon fertig; schließlich ging sie zu einem großen Schreibtisch, nahm eine Feder und ein großes Buch mit weißen Seiten, ihre großen blauen Augen schauten zuerst mich an, dann hat sie zum Himmel geschaut, und dann hat sie ganz langsam angefangen zu schreiben, Seite um Seite zu schreiben. Ich sah, daß es lange, schöne Gedichte waren voller Anmut und Zärtlichkeit. Oh, ich konnte sie nicht lesen, aber mir scheint, daß sie sehr schön waren. Endlich machte sie das Buch ganz sanft zu, legte die Feder weg und kam schweigend auf mich zu: »Wähle!« Ach, ich zögerte, zunächst erinnerte ich mich an diese wunderschöne Melodie am Klavier, dann wandte ich mich plötzlich zur Staffelei, das war so schön, mit dem Pinsel konnte ich alle lieblichen, reizenden Landschaften beschreiben! Alle Schönheit der Natur! Aber plötzlich wandte ich mich dann zum großen Schreibtisch, der von Büchern umgeben war, eine unsichtbare Kraft zieht mich in diese Ecke; ohne es zu wollen, haben meine Hände die Feder ergriffen, da kam die große Dame lächelnd auf mich zu; sie gab mir das große Buch und sagte: »Schreibe, ich werde dich führen.« Ohne jegliche Schwierigkeit habe ich Dinge geschrieben, sehr schöne Dinge, glaube ich, denn die Dame sagte mir, indem sie auf eine große Ecke

deutete, wo Männer mit ehrwürdigen Bärten, sowie Königinnen und hübsche Schloßherrinnen auf großen Sesseln saßen und unaufhörlich schrieben – wenn sie die Augen vom Papier hoben, dann nur, um die Natur, den Horizont und das Unendliche zu befragen – »Dein Platz ist hier«, sagte sie. Sobald sie sich entfernte, habe ich mein Buch und meine Feder weggelegt und bin zum Klavier gegangen, ich wollte es ausprobieren, zunächst funktionierten meine Finger sehr gut, ich mochte, was ich spielte, aber plötzlich habe ich aufgehört, ich wußte nicht mehr weiter. Da betrachtete ich traurig das Klavier und sagte: »Ich kann nicht!« Ich habe versucht, zu malen, meine Landschaft war schon ganz schön, aber plötzlich hörte ich auf, und dicke Kleckse schmückten meine Staffelei; da sagte ich: »Adieu, ich will dich nicht!« Da habe ich wieder zur Feder gegriffen und angefangen zu schreiben, unaufhörlich zu schreiben. Mein Traum ist recht lang, aber er schien mir merkwürdig und ich will ihn noch einmal lesen. Mama ruft. Ich möchte gern wieder solche Dinge träumen.

17. März

Wieviele neue Dinge! Ich habe nicht geschrieben, aber das hat viele Gründe. Zunächst einmal habe ich eine Rippenfellentzündung bekommen, die mich vier Tage (welche mir wie ein Jahr erschienen), vier lange Tage, sage ich, Bett gekostet haben, aber das ist noch gar nichts; am ersten Tag, als ich wieder aufstand, wurde Mama krank und mußte sich ins Bett legen. Mama im Bett und niemand, um sie zu vertreten: Ich mußte mich ein bißchen aufraffen, und siehe da, ich wurde eine richtige Köchin, ich mache alles, denn ich kümmere mich um das Essen, um die Ordnung und die Sauberkeit im Hause, und schließlich muß ich auch noch waschen, denn meine Herren Brüder bereiten mir die Freude, ein Paar Strümpfe am Tag zu verschmutzen, und, sagen wir, ebensoviele Taschentücher. Außerdem flicke ich die Strümpfe und nähe die Knöpfe wieder an, was ständig erforderlich ist. Gewiß, Mamas Rolle bedeutet viel Arbeit, und ohne Mamas guten Rat hätte ich es nicht geschafft, sie lehrt mich die nötige Ordnung, um einen Haushalt zu besorgen. Diese Beschäftigungen haben mir die Schule erspart, aber ich muß sagen, daß der Arzt mir sowieso eine Woche schulfrei verordnet hat, um mich auszuruhen. Ich ruhe mich zwar nicht sehr aus, aber diese Arbeit gefällt mir und ich

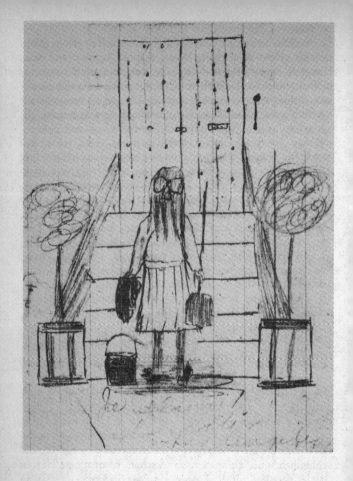

tue sie mit Freude, während mich die amerikanische Schule langweilt und ermüdet. Heute ist Mama aufgestanden, aber da es ihr noch nicht wieder ganz gut geht, mußte sie sich aufs Sofa legen. Jede Zeile wurde durch einen Besuch in der Küche unterbrochen, denn ich hatte einen Augenblick Zeit, um einen Brotkuchen zu backen, und ich muß ihn beaufsichtigen. Mama ruft mich auch ab und zu. Da ich zu viele Pflichten zu erfüllen habe, verabschiede ich mich vom Tagebuch meines Lebens.

ANAÏS

19. März
Ein paar Zeilen nur mit dem Bleistift, denn die Zeit gehört nicht mir, sie gehört dem Haus, Mama, meinen Brüdern und dem Haushalt. Ich gehöre mir nicht mehr, sondern andern. Noch nie fühlte ich mich so glücklich, denn die Arbeit hindert mich daran, den schmerzlichen Gedanken nachzugehen, die ich vorher hatte. Ich fühle mich glücklich, weil ich ein ruhiges Gewissen habe, ich bin sicher, meine Pflicht getan zu haben, wie es sich gehört, während ich zuvor immer Gewissensbisse hatte, wenn ich zusah, wie Mama die ganze Arbeit machte. Und schließlich bin ich glücklich, weil ich zu etwas nutze, oh, sehr wenig, aber doch zu etwas nutze bin. Ich spüre einen sanften Lichtstrahl in meiner Seele und ich habe das Geheimnis und die Quelle des Glücks beim Arbeiten gefunden, nicht immer nur für mich, sondern für Mama und meine Brüder. Wenn ich mich etwas müde ins Bett lege, so ist das nicht schlimm. Nun ist Mama wieder gesund, und nächste Woche muß ich wieder zur Schule, ich habe jedoch verstanden, daß ich meiner geliebten Mama eine andere Freude machen kann, selbst wenn ich den Haushalt nicht mache, indem ich nämlich in der Schule brav arbeite und das bißchen Arbeit außerhalb der Schule mit Fleiß tue. Ich bin voll von guten Vorsätzen und von guten Absichten, sie zu verwirklichen, und jedesmal, wenn ich dazu neigen werde, zu fehlen, wird mich mein Tagebuch und treuer Freund daran erinnern.

20. März
In Kew! Wir sind in Kew. Der Arzt hat es geraten für meine vollkommene Genesung. Ich bin ein bißchen müde, denn es ist spät.

21. März
Ich bin im Wohnzimmer und da ich nichts zu erzählen habe, gebe ich mich meinen Gedanken hin. Im hübschen Kamin aus rotem Ziegelstein brennen fröhlich drei schöne Holzscheite. Ich sitze auf einem niedlichen grünen Sofa und denke an viele Dinge; so viele, unendlich viele Dinge drängen sich unter meiner Feder oder (korrekt) unter meinem Bleistift. Ich wollte über diese Frage der Dankbarkeit New York gegenüber entscheiden. Gewiß, diese Stadt hat uns in ihrem Schoße aufgenommen, aber das ist alles. Mama hat arbeiten müssen, ach ja,

schrecklich arbeiten müssen! Wenn man bedenkt, daß noch kein Mensch ihren ständigen Mut und ihre Energie bewundert hat! Niemand hat bewundert, mit welcher leidenschaftlichen Hingabe sie arbeitet. Alles ist bloße Eitelkeit auf dieser Welt, und sehr betonte Eitelkeit, denn man hat Mama deshalb nicht bewundert, weil sie keine dieser frivolen Vergnügungen teilt, die dem Gesetz des Weisen widersprechen. Oh, gewiß, es gibt Menschen, die die Arbeit lieben, die ihre angenehmen Seiten anerkennen, aber sie sind so selten! Außer der Arbeit muß der Arbeitende auch Mut und Geduld haben: Mut, um sich gegen die Tausende von Faulenzern zu verteidigen, die so leicht die anderen beeinflussen; Geduld, um den Abstand zu ertragen, den die frivolen Leute ihnen gegenüber halten, die Geringschätzung, den Spott. Ach, wie anders ist das in Frankreich, in meinem schönen, lieben Vaterland, ich meine das schöne Frankreich voll von Heldentum und Mut und Fleiß! Ich meine nicht diese Gegenden, wo sich unter dem Namen Franzosen lauter Egoisten, Bösewichter, Faulenzer und Unmenschen zurückgezogen haben. Na ja, sagen wir: das bißchen Abschaum der vergifteten Welt. Auf dem Weg zur Kirche betrachte ich den blauen Himmel (was sehr selten ist) und ich habe das Gefühl, mehr denn je die Schönheit Frankreichs zu erahnen, wie im Traum sehe ich den Ruhm, den schönen und gerechten Ruhm, den es verdient, und ich denke (nicht ohne Stolz) über das Glück nach, Französin zu sein, ein Kind dieses Landes zu sein, das von einem so reinen Himmel umhüllt ist, wie es ein französischer Dichter geschrieben hat. O könnte dieser reine Himmel sich ein kleines bißchen an mich schmiegen und mir ein bißchen Reinheit und vor allem ein bißchen Mut und Kraft einflößen, um für mein Vaterland zu kämpfen. Da ich diese Zeilen noch einmal durchgelesen habe, ist mir die Unordnung meiner Gedanken aufgefallen, die mit New York anfangen und mit Frankreich aufhören. Ach, das liegt ja nur daran, daß dieser so liebliche Name soviel Bewunderung, soviel Respekt und vor allem soviel Liebe abverlangt.

22. März
Nun bin ich wieder in New York in unserer eigenen Wohnung. Es hat viel zu tun gegeben und wir haben fast den ganzen Vormittag gearbeitet. Da wir zu spät gekommen sind, konnten

wir vormittags nicht zur Schule gehen, was nicht bedeutet, daß wir auch nachmittags nicht hingegangen sind. Das war ja auch ein fabelhafter Empfang von der schrecklichen Lehrerin, das war nicht sehr ermunternd für den Beginn der Woche. Trotzdem habe ich das Donnerwetter überwunden, allerdings hatte ich mehr als hundertmal beste Lust, der Lehrerin alle meine Bücher ins Gesicht zu schmeißen; oh, ich habe keine Angst vor ihr, ich, eine Französin, ich habe Angst vor niemandem, ich fürchte Gott, Papa und Mama, und das ist alles. Ich sage nicht, daß ich nicht gehorche, im Gegenteil, ich gehorche, aber meine Gedanken lehnen sich gegen die ungerechte Strenge von Miss Bring auf (meine Lehrerin). Genug für heute, ich verabschiede mich von meinem Tagebuch, um Papa zu schreiben.

24. März
Hier bin ich wieder. Der vielgeliebte Name Frankreich hat mich zu einem Gedicht inspiriert, das ich hier abschreiben will:

GRUSS AN FRANKREICH

Ich grüße dich, du schönes Land Frankreich
Ich grüße dich, o mein anmutiges Vaterland
Ich grüße dich, du allein kannst mein Herz fesseln
Ich grüße dich, du vom Unglück heimgesuchtes
                                    Frankreich
Ich grüße deinen bewundernswerten Mut
Ich grüße dich, Frankreich, durch deine Milde
                            ermutigst du uns
Zu unseren Opfern für dich
Ich grüße deine Stimme
Die uns zur Pflicht ermahnt
Ich grüße die sanfte Freude, dich wiederzusehen
Ich grüße deine Felder, deine Blumen
Ich grüße dich, denn in unserem Unglück
Erfreust du uns mit einem Strahl des Glücks
Ich grüße dich und dein unübertreffliche Tatkraft
Wir sind deine Kinder, geliebtes Frankreich
Dich hüten wollen wir, ach laß es zu!
Unseren Wunsch zu erfüllen

Gib uns deinen Mut
Den Ruhm wirst du davontragen.

Dies ist das erste Gedicht, zu dem mich Frankreich inspiriert hat. Bis jetzt (ich gebe es zu und schäme mich) hatte ich seine Schönheit und seinen Mut noch nicht erkannt. Ich liebte es, ganz bestimmt, und nicht wenig, aber ich wußte nicht warum. Jetzt liebe ich es von ganzem Herzen und ich bewundere es mit aller Kraft. Aber lassen wir dieses Thema ein wenig in Ruhe und reden wir von etwas anderem.
Der Alltag geht weiter. Nur die Schule kam mir verändert vor, ich finde die Lehrerin freundlicher (ich meine nur ein ganz klein wenig). Die Arbeit fängt an, mir Spaß zu machen, aber sehr wenig, ich empfinde einen tiefen Ekel gegen den Charakter meiner Mitschülerinnen. Ich kann ihre Gedanken und ihre Gespräche nicht verstehen; noch nie habe ich so blöde Subjekte gesehen: Macht ihr eine Autofahrt heute Nachmittag? Wo geht ihr hin? Mit wem? Oder sie reden den Abwesenden übel nach und erfinden dabei tausend Lügen. Ich schweige dazu, entferne mich von ihnen und denke an andere Dinge. Ich interessiere mich zwar für den Unterricht, aber nur, um eine andere Sprache zu lernen; die Worte von Monsieur Villemin lassen mir keine Ruhe: Wenn man eine Sprache kann, ist man ein Mensch, wenn man zwei Sprachen kann, ist man zwei Menschen. Ich möchte zehn richtige starke Menschen sein, ich möchte kämpfen können und zum Ruhm meines Vaterlandes beitragen. Leider muß ich mit Traurigkeit feststellen, daß ich nur zwei Geschöpfe bin, und zu allem Unheil hin noch eine Frau; wann wird es mir gelingen, zumindest soviel wert zu sein wie ein Mann?

27. März
Was für ein langer Tag! Ich liege im Bett mit einem starken Schnupfen. Mama sagt, ich sei ein einziges Bündel von Krankheiten. Gestern habe ich alle meine Bücher ausgebessert, um die Langeweile zu verscheuchen, aber da ich heute nichts zu tun habe, ist es mir entsetzlich fad. Ich werde nicht mehr lange schreiben, denn wir essen gleich. Nur einen Augenblick also, um zu sagen: Friede bis morgen.

29. März

Friede bis morgen, habe ich letztes Mal gesagt. Ich muß es auswischen und hinschreiben: Friede bis übermorgen. Aber machen wir lieber weiter. Gestern war Palmsonntag, es gab nichts, absolut nichts anderes, als an anderen Tagen, und traurig mußte ich mich daran erinnern, daß wir ja in New York sind, wo kein christliches Fest gefeiert wird. Nur in der Kirche hat man mir eine winzige geweihte Palme gegeben, aber sooo winzig. Ich will nun einen Palmsonntag in Spanien beschreiben, um mich immer daran zu erinnern.

PALMSONNTAG

Es war an einem schönen Frühlingstag. Strahlende Sonne überflutete die Berge mit ihrem Licht, die Leute hatten ihre schönsten Kleider angezogen und angefangen, die Köpfe zu ihren Fenstern herauszustrecken, um sich fröhlich ein freundliches Guten Morgen zuzurufen. Mit merklicher Ungeduld warteten die Kinder auf den Augenblick, als es Zeit wurde, in die Kirche zu gehen. Bim, bim, bim bom, die Glocken. Da stürmen alle Kinder mit fröhlichem Geschrei zur Kirche und schwingen stolz ihren *palmon* (der Zweig einer Palme). Die *palmons*, die am Vorabend gekauft werden, bestehen aus einem sehr langen, gelblichen Zweig, der mit kandierten Früchten, glänzenden Kügelchen und schließlich mit einer großen glänzenden roten, schwarzen, weißen, blauen, grünen usw. Schleife geschmückt ist. Das ist sehr schön. Die Erwachsenen tragen einen kleinen Lorbeerzweig. Die ganze Menschenmenge bleibt vor der Kirche stehen (der Empfängniskirche). Die Glocken läuten. Die Leute stampfen auf den Boden, zum Zeichen ihrer Ungeduld. Manchmal zittern die Palmwedel im Wind. Die Sonne macht sie so schön glitzern, daß es aussieht wie ein riesiges Kornfeld, dessen hübsche Ähren Palmwedel wären, die Schleifen erinnern an vereinzelte Blumen. Oh, großer Gott, vom Himmel herab, wo Du der Herrscher bist, schau auf dieses Feld das Dir gehört und weihe es. Die Glocken läuten aufs neue, die Palmen geraten in Bewegung, und die fromme Menge teilt sich, um der Prozession einen Weg zu bahnen; ein Gloria steigt aus allen Kehlen empor, dann schweigt man und die Palmen werden feierlich geweiht. Die Prozession geht wieder in die Kirche hinein, gefolgt von einem

Teil der Bevölkerung, welcher der Messe beiwohnen will. Die übrigen Menschen gehen fröhlich auseinander und treffen sich wieder an einem großen Tisch zum Mittagessen. So wird der Palmsonntag in Spanien gefeiert. ANAÏS

30. März
Die Tage kommen mir jetzt kurz vor, aber da ich nichts zu tun habe, bin ich wieder traurig geworden, als ich an Frankreich gedacht habe; aber ich verzweifle keinen Augenblick an seinem Ruhm, ich bin nur traurig, daß es so leiden muß. Ich bin mit meinen Geschichten berühmt geworden, das ist nicht sehr lustig, denn jedesmal, wenn ich zu schreiben anfangen will, packen mich Coquito, Nuna, Thorvald und Joaquinito am Arm, und dann muß ich mich zu ihnen setzen und ihnen alle Geschichten erzählen, die ich nur erfinden kann. Zum Glück fallen mir immer welche ein, aber ich fürchte, daß sie mir einmal ausgehen, denn ich erzähle mehr als zwei lange am Tag, das ist anstrengend, aber ich werde durch ihre Dankbarkeit und ihre Freude belohnt. Ich habe Papa und Emilia eine Postkarte geschrieben, denn sie hat mir geschrieben um zu fragen, wie es mir geht. Ich verdiene gar nicht soviel Aufmerksamkeit. Mama war in New York, um ihren Gesangsunterricht zu geben, und ist mit einem Paket zurückgekommen, das sie sorgfältig versteckt hat. Ich weiß, was es ist, es ist für Ostern. In den Augen meiner geliebten Mama werde ich immer ein Baby sein, das man mit Geschenken überraschen muß. Um so besser; es ist ja so angenehm, wenn man sich auf dem Herzen einer Mama ausruhen, die Augen schließen und ihr die Sorge überlassen kann, unseren Kahn durch die Stürme des Lebens hindurchzusteuern. Manchmal öffne ich auch die Augen, ich lerne, damit ich später nichts zu befürchten habe. Gebe Gott, daß ich noch eine Mama habe, wenn ich groß bin, in den schwierigen Zeiten, die dann kommen, werde ich sie am meisten brauchen. Ich werde ihre Liebe und ihren Rat brauchen. Ich würde ewig weiterschreiben, wenn ich könnte! Aber ich muß früh ins Bett gehen, um gehorsam zu sein.

1. April
Heute morgen ist Mama weggegangen, um meinen Vetter Billin zu besuchen, der in der Schule im Internat war. Heute abend hat Mama angerufen, und gesagt, sie werde mit Billin

zurückkommen, der hier ein paar Tage Ferien verbringen wird. Ich freue mich sehr. Tante Edelmira hat mir erlaubt, auf sie zu warten, sie kommen um halb zehn, zum Glück muß ich nicht lange warten; ich würde vor Ungeduld umkommen. Beim Wühlen habe ich ein französisches Buch gefunden: *Marie-Claire*. Zuerst hat Mama es gelesen, dann hat sie mir erlaubt, es auch zu lesen. Demzufolge tue ich nichts anderes als lesen, lesen, lesen, ich mag das ja so sehr, das ist nur eine Ausrede. Aber ich kann ja schließlich das Lesen nicht vernachlässigen, wo ich dem Lesen doch meine ganze Bildung zu verdanken habe. Ich bin sicher, daß mein Tagebuch mit mir einverstanden ist. Heute ist der 1. April, das wird hier auch nicht gefeiert. Da habe ich mich an Brüssel erinnert, wo es so lustig war: Man schenkte sich gegenseitig Schokoladenfische, oder sogar echte. Armes Brüssel, wie anders es wohl jetzt ist!

3. April

Ich brauche eine ganze Seite, nur um meinen Vetter Billin zu beschreiben. Er ist zwölf Jahre alt, hat sehr hübsche, dunkelbraune Augen, sehr helle, blonde Haare, einen kleinen, etwas dicken Mund und eine gerade, ebenfalls sehr hübsche Nase. Er ist außerordentlich höflich und sehr freundlich, er ist nie ungehorsam, er ist sehr fromm, sein Name ist in aller Munde, wir lieben ihn schon sehr, Joaquinito will sich nicht mehr von ihm trennen, ich versuche ihn nachzuahmen, jeden Abend spielt er Klavier und singt, die ganze Familie hört ihm zu. Er spielt ohne Schroffheit, überhaupt nicht brutal; also ich habe ihn sehr nett und sehr sympathisch gefunden. Ich schreibe eine Geschichte, *Mabel,* und ich glaube, daß sie recht interessant ist, natürlich nur für mich. Ich möchte meine Ankunft in New York neu schreiben, denn so wie sie in meinem Tagebuch steht, ist sie sehr schlecht geschrieben, und eigentlich meinen Gedanken widersprechend, denn meine Tante hat über meiner Schulter mitgelesen und ich wollte nichts gegen New York sagen, um sie nicht zu kränken, weil sie es sehr liebt. Morgen ist Ostern, es wird ein schreckliches Wetter sein, der heutige Tag kündigt es schon an. Ein fürchterlicher Wind rüttelt an allen Scheiben und knallt die Türen zu, dieser furchtbare Wind wirbelt Hagel- und Schneegestöber auf; man kann überhaupt nichts mehr sehen, es gibt überall zwei Meter hohe Berge, die Bäume biegen sich im Schneesturm, die kleinen Häuser scheinen förmlich untergegangen zu sein, denn der Schnee klebt an den Fenstern, den Türen, den Wänden, überall, der Himmel hängt ganz tief. Es wird also ein trauriges Ostern. Papa verläßt meine Gedanken nicht, ich trage ihn in meinem Herzen, aber gar manches Mal möchte ich weinen, wenn ich sehe, wie Onkel Gilbert Nuna umarmt und sie zärtlich küßt, ach wie sanft und gut das sein muß, wann werde ich wieder solche Küsse bekommen? Es fällt mir schwer, meine Tränen zu verdrängen, die mir gegen meinen Willen in die Augen steigen. Danach schimpfe ich mit mir; es ist Eifersucht, denke ich, nur aus diesem Grund wird dieser seit langem ausgesprochene Wunsch stärker, inbrünstiger, wenn Onkel Gilbert sein glückliches Mädchen liebevoll umarmt; ich frage mich, wie lange ich auf diesen weit entfernten Kuß, der vielleicht nie kommen wird, warten muß, und meine Seele nimmt verdrängte, aber brennende, sehr bittere Tränen auf.

EINDRÜCKE VON DER ANKUNFT IN NEW YORK AM 11. AUGUST 1914

Wir standen angezogen an Deck, es war zwei Uhr und man sah die undeutlichen Umrisse einer Stadt, aber sehr weit weg. Das Meer war grau und schwer, oh, welch ein Unterschied mit dem Meer in Spanien, ich war sehr gespannt auf die Ankunft, aber ich war auch traurig, ich spürte eine Kälte in meinem Herzen, ich sah die Dinge ganz schief. Plötzlich wurden wir von dichtem Nebel umhüllt, ein sintflutartiger Regen setzte ein, es donnerte, elektrische Strahlen durchblitzten den tiefhängenden, schwarzen Himmel, die Leute eilten in den Salon, um Schutz zu suchen. Alle spanischen Passagiere hatten noch nie ein solches Wetter erlebt: Die Frauen fürchteten sich und weinten, die Männer beteten leise vor sich hin. Wir hatten keine Angst, Mama hatte bereits Schlimmeres erlebt, ihre Ruhe machte uns Mut, und wir waren dann auch die ersten, die wieder auf das klatschnasse Deck stiegen. Aber der Nebel hielt noch an und wir warteten. Es war vier Uhr, als sich das Schiff langsam wieder in Bewegung setzte, als ob es sich voller Furcht diesem großen New York nähern wolle. Nun stützte ich mich mit den Ellbogen an dem Geländer auf und hörte nichts mehr, meine Augen starrten auf die näher kommenden Lichter, ich sah die hohen Häuser, ich hörte das Pfeifen der

Maschinen, ich beobachtete heftige Bewegung, große Hotels zogen an mir vorbei; ich haßte schon im voraus diese Häuser, die mir das vorenthalten würden, was ich am meisten liebe: die Blumen, die Vögel, die Felder, kurz, die Freiheit. Mama kam zu mir her und machte eine kleine Runde mit mir, um mir die Wunder, die ich nun sehen sollte, ins Ohr zu flüstern. Zwar bewundere ich New York wegen seiner Fortschrittlichkeit*, aber eigentlich hasse ich es, ich finde es frivol. Ich ahnte, daß es ein böses Gefängnis werden sollte. Mama ging noch immer neben mir her, aber sie redete nicht mehr, da sie bemerkt hatte, daß ich ihr absolut nicht zuhörte; meine Augen waren trüb, der Kopf schwer, mein Herz schien mir zum Bersten übervoll, ich fühlte mich traurig und unglücklich. Ich beneide diejenigen, die ihr Vaterland nie verlassen müssen. Mir war, als müßte ich alle Tränen weinen, deren ich fähig war. Mama ließ mich allein, und ich lehnte mich wieder an das Geländer und atmete mit voller Brust die frische Abendluft; es war dunkel, wir kamen an, und ich mußte mich von meiner traurigen Schwärmerei lösen, ich warf einen letzten Blick auf dieses letzte Stückchen Spanien, das mich bis hierher zu begleiten schien, um mich an mein Versprechen zu erinnern, daß ich nach Hause zurückkehren solle. Ich antwortete: »O ja, ich werde nach Spanien zurückkehren!« Mama zog mich mit, und wir gingen an Land. Der Boden unter meinen Füßen schien mir brennend heiß, und ich erwachte. Die Leute laufen, schreien und gestikulieren, ich befinde mich an einem großen Kai. Da umarmte ich Marraine, Rafael, Carlos und Coquito, die gekommen waren, um uns abzuholen. Kurz danach kam auch Onkel Gilbert. Es wurde beschlossen, daß Thorvald und ich die Nacht bei Tante Antolina verbringen würden und daß wir Mama und Joaquinito am nächsten Morgen wiedertreffen sollten, die zu Tante Edelmira gingen. Die Nacht verlief verhältnismäßig gut. Bevor ich schlafen ging, habe ich mich wohl oder übel dazu entschließen müssen, nicht mehr über New York traurig zu sein, darüber zu schweigen und meine Gedanken über dieses Land für mich zu behalten. Aber ich bin indiskret und habe meinem Tagebuch alles erzählt, Du wirst nichts sagen, nicht wahr, wenn ich Dir erzähle, daß ich New York hasse und daß ich diese

---

* Anaïs hat das Wort »Beförderung« (»avancement« im Original) mit Fortschrittlichkeit verwechselt. D. Ü.

Stadt zu groß, zu frivol finde, alles paßt zum Feuer, es ist schlicht und einfach eine Hölle.

13. April
Endlich habe ich mich dazu entschlossen, meinen Vertrauten aufzuschlagen. Ich bin in New York und habe wieder mit der Schule Bekanntschaft gemacht. Papa hat mir mehrere Briefe geschrieben und danach noch Zeitungspakete und ein Grammatikbuch geschickt, ich werde jetzt Fernunterricht nehmen. Mein Tagebuch wird dann schon den Unterschied erkennen. Ich schreibe, schreibe und schreibe und denke viel nach. Meine Zeit verbringe ich mit Träumen, das hat schon einen Sinn, ich habe wieder ein Gedicht geschrieben, ein trauriges diesmal, immer bin ich über viele Dinge traurig. Papa geht nach Paris zurück, ach, ich habe ja so Angst, wievielen Gefahren wird mein lieber Papa ausgesetzt sein, warum hat er Arcachon, diesen ruhigen Ort verlassen? Papa tut sicher das beste, also sage ich nichts. Madame Rhode wird New York verlassen und nach Havanna fahren, Mama wird sie bis zum Schiff begleiten; ich erfahre, daß dieses Schiff *Antonio Lopez* heißt, und daß derselbe Zahlmeister wie auf der *Montserrat* die Verantwortung dafür hat. Mama wird ihn sehen. Ich wäre auch gern hingegangen, aber Mama hat zwei Einladungen für das französische Theater bekommen, und ich muß hingehen, sonst wäre Madame Polifeme beleidigt. Also werde ich gegen meinen Willen ins Theater gehen, morgen. Ich habe keinerlei Nachricht von Großmama, sie schreibt nicht; ob sie wohl krank ist? Gott gebe, daß sie es nicht ist, arme Großmama, diesmal wäre das zuviel Leid. Mama ist ausgegangen heute abend, Thorvald ist schlafen gegangen. Es herrscht zuviel Stille hier, ich will »denken«. Fortsetzung folgt.

14. April
Im französischen Theater gab es großen Beifall heute nachmittag. Was ich gesehen habe, war sehr schön; zuerst habe ich »*Il était une bergère*« (Es war einmal eine Schäferin) gesehen, ein ziemlich lustiges Stück. Danach »*Jeanne d'Arc in Domrémy*«, was für ein schönes, bewundernswertes Stück, welch eine schöne Sprache! Ich hielt den Atem an, um besser zu hören, aber ich konnte nicht verhindern, daß mein Herz ganz heftig

pochte! Ach Jeanne! wie ich dich liebe, wie ich dich bewundere! oh, warum hast du diese Welt verlassen? Schau dir die Gefahren an, in denen Frankreichs Ruhm schwebt, rette es, beschütze es, oh, schöne, zarte Heldin, vom Himmel hoch schicke uns eine neue Heldin, die Frankreich rettet, wie du es getan hast! Meine Blicke durchbohren Jeanne d'Arc auf der Bühne, ich versuche ihre Gedanken zu erraten, ihre Kraft einzuatmen, ich war von ihren Worten sehr beeindruckt; ohne es zu wollen, wurden meine Augen feucht, ach, wie gern ich sie nachahmen möchte. Endlich erschien eine weiß gekleidete Sängerin; über dem Arm trug sie ein langes rotes und blaues Tuch: mit bebender Stimme sang sie die *Marseillaise*; da fühlte ich mich zutiefst gerührt, meine Stirn bekam Falten unter dem Gewicht der verschiedenen Gedanken, die mich bedrücken, mein Herz schlägt aus Liebe, Bewunderung und Respekt, meine Finger bewegten sich krampfhaft, als wollten sie kämpfen, um Frankreich zu verteidigen, ich mußte die Augen schließen, um gegen die Tränen anzukämpfen; ich hatte kaum noch Kraft, um wieder aufzustehen; es war so schön! so ehrwürdig, so feierlich! ach, ich war so stolz, Französin zu sein, es gelang mir trotzdem zu klatschen. Viele Zuschauer fühlten dasselbe wie ich und weinten. Dieses Theater ist sehr vaterländisch, sehr französisch, finde ich. Mama ihrerseits war mit Joaquinito am Schiff, sie haben die Zahlmeister gesehen, sie sollen gelacht haben, als Mama ihnen erzählt hat, daß ich New York nicht mag.

18. April
Mein Herz ist von einer schleichenden Traurigkeit aufgewühlt. Ich würde am liebsten weinen, Madame Quintero spielt Klavier, Mama spricht vom Krieg und von Nachrichten und ich denke, ich erleichtere mir das Herz im Gespräch mit meinem Vertrauten, was später einmal meine Sehnsüchte, meine Gedanken, meine Freuden und meine Leiden ausdrücken wird. Heute morgen bin ich zur Kommunion gegangen, während der Kommunion habe ich einfach geflüstert: »Gott, Frankreich, Papa!« Gott weiß schon, was das bedeutet, Er versteht es genauso wie mein Tagebuch. Mama hat mich in den Park mitgenommen, aber ich spiele nicht, ich denke so vor mich hin, immer traurig, mein Herz ist es leid, weit weg von meinem Vaterland, weit weg von meinem Vater zu leben. Mama tut

alles, was sie kann, um uns Freude zu machen, und ich bin ihr dankbar. Z. B. machen wir Spaziergänge in verschiedene Wälder, was ich sehr liebe, denn es sind sehr malerische, ruhige Spaziergänge, fern von allem Lärm. Das tut mir gut. Jetzt bin ich traurig, aber vernünftig, ich weine nicht mehr. Ich bin eben nur sehr traurig, aber nur in meinem Herzen und in meinem Tagebuch, das sicherlich gerne so wie ich empfindet, davon bin ich überzeugt. Ich bin sehr müde und ich werde jetzt also schlafen gehen; dabei sage ich mir immer wieder: »Gott! Frankreich! Papa!«

19. April
Die Schule füllt wieder meine Tage aus, mein Tagebuch wird nicht darunter leiden, im Gegenteil: Um mich abzulenken, werde ich soviel wie möglich reden. Heute hat mich Mama gleich nach der Schule abgeholt, und wir sind zum Zahnarzt gegangen; zwei Löcher werden behandelt, es tut sehr weh, und auf der linken, kranken Seite kann ich nicht kauen. Heute abend werde ich ein Gedicht in mein Tagebuch abschreiben, das ich gemacht habe, indem ich es zuerst im Kopf gedacht habe.

WARUM SO TRAURIG

In der Ferne ging die Sonne unter,
Flüsternd antwortete der Wind.
Das Wasser bewegte sich träge.
O meine Seele, warum so traurig?
Das Schilfrohr neigte sich unter der Last des Windes,
Die Glocken waren von ihrem Klang verlassen, sie weinten.
Ängstlich drückte die Mutter ihr Kind an ihr Herz
O meine Seele, warum so traurig?
Eine letzte Klage, schon stürzen die Ruinen ein,
Keine Menschenseele weit und breit,
Die Erde war ein einzig' Blutgerinnsel
O meine Seele, warum so traurig?
In der Ferne ertönt die Kanone, das Gewehr, das sich ergibt –
Ein Geräusch, das sicherlich mein Kind verschlingt –
Mein Haus ist mit dem Rauch des Feuers entschwunden,
O meine Seele, warum so traurig?
Mein Kind geht fort, ich werde es nicht wiedersehen;
Meine Stadt, Leuven, sie ist besetzt.

Ach welche Tränen, aber ganz umsonst,
O meine Seele, warum so traurig?
Sie kommen, o Schmerz,
Sie bringen uns Elend.
Und um das Unglück zu besiegeln,
Wollen sie auch unsere Mutter.
O meine Seele, hast Du es bemerkt?

ANAÏS NIN, *13. April 1915*
New York

MAMA SINGT

Mama singt,
Ihre Stimme ist rein,
Wenn Mama singt, öffnet sich der Himmel,
Gott und die Engel wollen sie hören.
Mama singt, sie strahlt in ihrem prächtigen Gewand.
Ihre sanfte Stimme wiegt mein Herz,
Ihre Stimme will ihr Unglück verschlingen
Ihre zärtlichen Lippen sprechen Worte aus,
Was soll werden aus den Liedern, die ihr entfliegen?
Wenn ich weine, lindert ihre Stimme meine Tränen,
Dann lächle ich ihr zu, dieser Stimme, welche Waffen trägt,
Das Echo klingt nach, als wolle es dieser göttlichen Stimme
Dauer verleihen.
Mamas Stimme eilt über die Gipfel
Der höchsten Berge und steigt zum Himmel empor.
Ach, sie ist so schön, so wunderschön!
Ich bin im Paradies, wenn Mama singt.
Dies sind die Illusionen meines Lebens,
Wenn Mama singt.

ANAÏS NIN, *19. April 1915*
New York

ACH, WARUM LEBE ICH?

Etwa um die Tage zu zählen?
Dieser Welt Drehungen und Wendungen?
Etwa um die Welt sich drehen zu sehen?
Um das Geräusch des Wassers zu hören?

Um dem Stöhnen und den Klagen des Windes zu lauschen?
Um immer zu leiden
Und danach zu sterben?
Der Herr: Nein, gewiß nicht, nicht um die Tage zu zählen,
Nicht um dieser Welt ... (der erste Teil von vorne)
Oh, nein, dazu bist du nicht auf dieser Welt!
Was du sollst, ist: Deinen Herrn lieben,
Deinem Nächsten dienen.
Arbeite und sei empfindsam für das Leiden;
Daraus wirst du dein Glück schöpfen.

ANAÏS NIN, *19. April 1915*
New York

20. April
Ich habe mein Tagebuch in die Schule mitgenommen, aber ich kann nicht mit ihm reden, denn die Lehrerin machte ihre Runde und wenn sie mich sieht, nimmt sie mir mein Tagebuch weg. Bis heute abend.
Abends.
Ich habe gesagt, daß ich wieder zurückkommen würde, nun bin ich bereit, meinem Tagebuch meine Gedanken anzuvertrauen. Nach der Schule hat uns Mama zum Riverside Drive mitgenommen, das ist ein hübscher Spaziergang am »Hudson« entlang. Da haben Mama und ich uns in den Schatten gesetzt, während Thorvald und Joaquinito spielten. Mama flickt und ich sticke eine kleine Decke für die Mitte des Tisches, für Tante Edelmira. Ich spiele wenig. Ich kann nicht anders, ich bin immer ernst und traurig, wenn ich an diesen schrecklichen Krieg denke, der soviele Menschenleben fordert, soviel Leid. Ich habe gehört, daß die Franzosen auf den zurückeroberten Gebieten schon wieder säen, um nicht an einer großen Hungersnot leiden zu müssen. Ach, dieser Hafer wird in soviel Blut gedeihen! Trotzdem, die Nachrichten sind gut, ziemlich tröstlich, aber solange dieser Krieg nicht zu Ende ist, werde ich immer traurig sein, und mein Herz wird immer weinen. Zum Glück ist es nicht mehr so kalt, unsere Soldaten werden nicht mehr unter der Kälte leiden, aber nun müssen sie sich vor allzu großer Hitze in acht nehmen. Hoffen wir, nur Geduld, Gott beschützt und liebt und segnet Frankreich und seine Kinder.

21. April
Es ist drückend heiß und dieser heiße Frühling scheint einen dreifach heißen Sommer anzukündigen. Das ist wirklich zuviel, man muß sich vor dem Wetterwechsel in acht nehmen. Ich habe einen hübschen weißen Mantel von Marraine und nur einen Hut für die Schule, Mama wird mir noch einen zweiten kaufen zum Ausgehen. Außerdem muß ich berichten, daß Mama ein bißchen Glück hatte, sie hat drei Schülerinnen, die als Magnet dienen und andere anziehen werden. Ich gehe jeden Tag mit Thorvald und Joaquinito hinaus, denn Mama hat viel zu tun. Ich habe überhaupt keinen Brief von Papa bekommen, ich glaube, ich werde ihm morgen schreiben. Es geht ganz gut weiter in der Schule, es fehlt mir nur an Kenntnissen in Arithmetik. Heute abend ist Madame Quintero zum Essen gekommen, diese arme Frau, ich habe Mitleid mit ihr; Mama sagt, sie befürchtet, daß sie verrückt wird, das würde mir sehr leid tun. Wenn sie energischer wäre und wenn sie sich nicht soviele Sorgen machen würde, könnte sie sich diese Krankheit ersparen, glaube ich. Sie läßt sich sehr leicht entmutigen. Wenn Mamas Beispiel sie nur beeinflussen könnte, damit sie nicht mehr so niedergeschlagen ist. Mama hat mir eine Geranie geschenkt, die ich pflege, so gut ich kann, sie gehört mir, sie stellt die Felder und die Blumen dar, die ich so liebe. Als ich »*Les Girondins et les Girondines*« (Die Girondisten und die Girondistinnen) gelesen oder vielmehr wiedergelesen habe, sind mir diese treffenden Worte aufgefallen: O Gott der Gerechtigkeit, wo bist Du? Ja, wo ist er denn, dieser Gott der Gerechtigkeit, warum kommt er nicht, um Frankreich den gerechten Ruhm wiederzugeben, um diese Feinde zu vertreiben, die mein Vaterland unterdrücken? Und schließlich kann ich nur immer wieder sagen: Geduld! Wenn es an der Zeit sein wird, dann wird er kommen, oder vielleicht ist er schon da, in unsichtbarer Weise. Hoffen wir es halt! Es gibt einen Gott für die Gerechtigkeit, der den wohlverdienten Ruhm wiedergibt, der die Kranken tröstet, die Guten belohnt. Nicht New York hat mir die Gedichte eingegeben, die ich geschrieben habe, sondern das, was ich liebe: Frankreich, Mama, die ruhige, reine Natur und die Tugend. Papa ist in meinem Herzen, eines Tages wird er herauskommen, um von mir gekritzelt und gelesen zu werden.

22. April
Ich habe Papa geschrieben, immer äußere ich meinen glühendsten Wunsch: daß er nicht als Künstler, sondern als sehnsüchtig erwarteter Vater kommt. Dies habe ich ihm in meinem Brief gesagt. Meine Gedichte habe ich abgeschrieben, um sie ihm zu schicken, ich habe viel geschrieben und bin müde.

26. April
Gestern, am Sonntag, waren wir in Kew, aber ich hatte nichts von diesem Ausflug, denn ich hatte starke Zahnschmerzen. Als ich zurückkam, war ich so müde, daß ich nicht schreiben konnte. Mit der kleinen Tischdecke bin ich fertig. Ich habe sie in eine Schachtel gepackt mit einer Schleife darum; wenn Tante Edelmira kommt, werde ich sie ihr geben, da ich es gestern vergessen habe. Übrigens, Tante Edelmira ist arg schwach und arg mager, sie ist sehr nervös; Mama sagt, ihre Gesundheit sei sehr schlecht, arme Tante Edelmira. In der Schule ist es immer dasselbe. Ich würde Mama gerne helfen, aber womit? Ich kann nur schreiben, und das auch noch nicht sehr gut, ich muß es mir trotzdem überlegen. Papa hat mir ein Paket Zeitungen geschickt. Ach, ich freue mich so darüber! Wenn ich sie lese, fühle ich mich in die Atmosphäre Frankreichs versetzt. In der Schule bringe ich meinen Freundinnen Französisch bei. Langsam habe ich ihnen ein bißchen Liebe für Frankreich eingeimpft und es ist mir gelungen, mehrere Herzen für mein schönes Vaterland zu gewinnen. Mama wird gleich ausgehen. Ich eile zu den Aufgaben, die mich als kleine Mutter erwarten.

27. April
Das einzige Tintenfaß ist bei Mama, es ist spät und ich kann nicht darauf warten, deshalb schreibe ich mit dem Bleistift; ich sitze auf dem Boden und neben mir liegt »Bouby«, diese Puppe, die meine Lieblingspuppe geworden ist. Warum? Weil sie mich an Monsieur und Madame Hostelé erinnert, denen ich Dankbarkeit schulde, sie erinnert mich an die ruhigen, glücklichen Tage, die ich in dem geliebten Brüssel verbracht habe. Mein Bouby ist immer mit mir gereist, er war dabei bei der schmerzlichen Trennung von Großmama, er hat mich lachen und weinen sehen; ich kann ihm nur nicht verzeihen, daß er nichts behält, und ich liebe ihn nicht so sehr wie mein

Tagebuch, meinen Vertrauten. Bouby ist das einzige Kind, das ich haben werde, denn ich will frei bleiben, immer frei, ich will niemanden, der über meine Handlungen urteilt außer Papa und Mama. Ich habe vor, mich voll und ganz der Poesie zu widmen, dem Schreiben, den Geschichten, aber der Mensch denkt und Gott lenkt. Ich lasse Gott über meine Zukunft entscheiden. Ich verlasse ungern mein Tagebuch, aber ich muß es aus Gehorsam tun.

28. April

Ich bin zu müde zum Schreiben, nur ein paar Worte: Die Ferien rücken näher, und ich bin sehr froh. Jetzt werden drei meiner Mitschülerinnen bei Mama Französischunterricht nehmen. Ich bin sehr froh darüber, denn bei Mama werden sie es perfekt lernen.

30. April

Ich habe soeben *Les Grandes Tristesses d'Alice (Alices große Traurigkeiten)* gelesen. Das ist sehr hübsch. Ein hochmütiges, aufsässiges Mädchen, sie ist Waise und hat ihre Mutter mit zwei Jahren, ihren Vater mit sieben Jahren verloren. Ihr Onkel nimmt sie auf, sie sieht das Leben in Schwarz, sie ist immer finster, immer schlecht gelaunt. Ihr Onkel ist sehr unglücklich, ebenso wie ihr Bruder, ihre Schwägerin und ihre Freunde. Eines Tages flieht sie und versteckt sich im Gebüsch, um über das zu weinen, was sie die gegen sie gerichtete Bosheit der Welt nennt. Sie belauscht ein Gespräch zwischen ihrem Vetter Henri und ihrem Bruder Robert und hört folgende einfache Worte: »Armes Mädchen, sie wächst ohne Mama auf, da sagt ihr niemand, daß ihre Vorstellungen falsch sind.« Dieser Name »Mama« war noch nie ausgesprochen worden, und nun verspricht Alice, sich zu bessern, diese falschen Vorstellungen von sich zu weisen. Durch diesen zärtlichen Namen geht sie in sich, sie wird fröhlich und liebenswürdig. Ihr Onkel ist sehr glücklich und sie wird geliebt; als Henri dann um Alices Hand anhält, willigt sie ein, denn er ist derjenige, der sie auf ihre Mutter aufmerksam gemacht hat, derjenige, der sie glücklich gemacht hat und sie auch in Zukunft glücklich machen wird. Diese Geschichte ist voller Traurigkeit, schmerzlicher Trennungen und Tod, und ich war unwillkürlich sehr gerührt; Alice erinnert mich daran, daß ich den guten Rat meiner geliebten

Mama mehr denn je nutzen sollte; jetzt, wo ich sie doch habe, muß ich sie lieben, und zum Lohn wird Gott sie immer für mich behüten.

4. Mai
An diesem langen Schweigen sind meine »Beschäftigungen« schuld. Aber da ich viel zu erzählen habe, sollte ich keine Zeit verlieren. Aus Kuba hat Mama einen großen Koffer voller Kleider bekommen, für mich waren ein Paar wunderschöne Schuhe dabei und eine Dose Crema de guyaba, eine Spezialität aus Havanna. Am Sonntag waren wir in Kew, ich habe meiner Tante das kleine Deckchen mitgebracht, ich glaube, sie hat sich darüber gefreut. Übrigens geht es meiner Tante gar nicht gut, sie ist sehr mager und sehr nervös, alles ärgert sie oder stört sie, für nichts und wieder nichts regt sie sich auf. Sie macht ihre Kinder, Onkel Gilbert und sich selbst unglücklich. Arme Tante!
Tante Anaïs hat Mama gefragt, ob ich nach Havanna kommen darf. Im Augenblick möchte es Mama noch nicht, und ich auch nicht, ich würde nirgendwo hingehen wollen, wo Mama nicht mitkommt. Ich fühle mich zu unglücklich ohne sie.
Ich gehe jetzt zu einem sehr guten Zahnarzt, der Mama von Onkel Gilbert empfohlen wurde. In zwei Zähne werde ich Gold bekommen. Mit den vorderen muß man warten, bis ich vierzehn oder fünfzehn sein werde. Ich darf nicht zu viele Süßigkeiten essen. Zum Glück lege ich keinen großen Wert darauf. Ich schreibe weiterhin oft an Papa, ich weiß, daß es ihm Freude macht, also schreibe ich viel. Seine Briefe vermitteln mir ein wenig von der Atmosphäre in Frankreich. Papa hat sich vorgenommen, mir Fernunterricht in Französisch zu geben. Er hat mir schon lange nichts mehr schicken können, denn er ist nach Paris umgezogen. Durch seine Briefe habe ich erfahren, daß er wohlbehalten dort angekommen ist. Möge Gott alle Gefahr von ihm abwenden. Papa läßt mir auch einige Geschenke über eine seiner Schülerinnen schicken. Ich hoffe sehr darauf, daß sie auch ankommen werden, denn diese Torpedos sind so gefährlich, daß man sich vor dem Tod nicht fürchten darf, um sich aufs Meer zu wagen. Ich arbeite brav und bin ganz gut in der Schule, nicht etwa, um meiner Lehrerin Freude zu machen (dazu habe ich überhaupt keine Lust), sondern nur jener Worte wegen: Wenn man ein Mensch ist usw. Ich

möchte Tausende von Menschen sein. Wenn ich Tausende von Menschen wäre, dann wären das auch Tausende von Herzen, um Frankreich zu lieben. Ich habe hier dieselben Worte wie im Brief an Papa hingeschrieben, aber so denke ich auch. Wir haben heute nachmittag sehr gelacht in der Schule, weil ein Junge, nachdem die Lehrerin Zahlen diktiert hatte, gefragt hatte: »Miss Bring, müssen wir sie zusammenzählen?« Die Lehrerin erwiderte: »Nicht Miss Bring, sondern die Zahlen müßt ihr zusammenzählen.« Heute ist vielleicht der erste Tag, an dem sie uns erlaubt hat, zu lachen. Ihre Strenge ist schrecklich. Aber sie kann ruhig weiter zuschlagen, es nutzt nichts, wir werden uns nicht ändern. Meine Lehrerin sollte eigentlich dieses Sprichwort kennen: Mit Speck fängt man Mäuse!
Ich bin eine Schnattergans heute abend, aber die Müdigkeit ist stärker als meine Zunge; gute Nacht also, lieber Vertrauter.

5. Mai

Ich bin sehr müde, aber nur, weil ich Mama eine Freude machen wollte. Als ich vom Zahnarzt zurückkam, bin ich nicht mit der Straßenbahn gefahren, sondern von der 116. bis zur 72. Straße zu Fuß gegangen. Mit den fünf Cent der Straßenbahn habe ich einen Fliederstrauß gekauft, der jetzt im Wohnzimmer steht. Mama verdient viel mehr als das, und es tut mir leid, daß ich ihr nicht tausendmal mehr schenken kann. Ich schreibe nur, um zu beweisen, daß ich mein Tagebuch nicht vergesse, damit es sich an seine Anaïs erinnert, wie ich hoffe.

7. Mai

Gestern hatte Mama eine *afternoon tea* mit einigen ihrer Freundinnen. Ich war so müde, als ich ins Bett ging, daß ich nicht schreiben konnte. Ich gestehe mit einer Art schlechtem Gewissen, daß ich im französischen Theater war, aber anstatt froh zu sein, hat es mir nachher leid getan, daß ich nicht abgesagt hatte. Das verwirrt mich, und die ganze Ruhe, die ich sonst in mir spüre, ist weg. Gewiß, es gibt etwas, das mich bei diesem französischen Theater verlockt, nämlich daß ich weiß, daß ich jedesmal die *Marseillaise* hören werde, und das ist mir so angenehm! Ich bin zutiefst gerührt, ich kann nicht anders. Im Augenblick kann ich nicht erklären, was ich fühle. Mein Herz pocht, und ich zittere. Wenn ich die Worte »Aux armes, citoyens« (Zu den Waffen, Bürger) höre, ist mir plötzlich, als würden mir Flügel wachsen, als befiele mich eine göttliche Kraft. Ob das Jeanne d'Arc ist, die in diesem glücklichen Augenblick über uns schwebt? Dieses Lied ist das Symbol Frankreichs, und sie kommt, um es zu verschönern.

8. Mai
Jeden Tag gehe ich einen Rosenkranz beten. Wenn ich aus der Kirche zurückkomme, spüre ich viel mehr Hoffnung, denn ich bete für Frankreich und für Papas Rückkehr. Gott kann mir diese beiden Wünsche nicht abschlagen, denn der eine ist der Wunsch aller Franzosen, der zweite der aller kleinen Mädchen, deren Vater weit weg ist.

11. Mai
Wenn ich mehrere Tage nicht schreibe, frage ich mich, ob mein Tagebuch glaubt, daß ich es verlassen habe. O nein, nie! Ich bin zum Glück keine Undankbare, und ich verspreche meinem Vertrauten, ihn nie zu verlassen, o nein, nie, nie, nie. Ich habe schon starke Gewissensbisse, weil ich mein Tagebuch nicht früher angefangen habe. Aber um der Gerechtigkeit willen muß ich zugeben, daß meine Gadanken erst dann angefangen haben, sich anzuvertrauen, sich ausdrücken zu wollen, als ich angefangen habe, mein Tagebuch zu schreiben. Wem hätte ich die ganzen Gedanken anvertrauen können, die in meinem Kopf herumschwirren, außer meinem Tagebuch? Geliebter Vertrauter, versprichst Du mir, daß Du mein Herz immer für Dich behalten wirst, das ich Dir geschenkt habe, die Gedanken, die ich nur Dir anvertraut habe? Oh, antworte mir! Ja, nicht wahr? Überhaupt bin ich sicher, daß Dir niemand zuhören würde, wenn Du plötzlich alles sagen würdest, was ich Dir gegeben oder anvertraut habe. Nein, niemand würde die Ideen einer Verrückten, wie ich es bin, hören wollen. Deshalb habe ich auch keine Angst. Möchtest Du mich nicht verlassen, mein liebes Tagebuch, findest Du es sehr langweilig, meine Gedanken aufzubewahren? Mein Herz bebt. Aber eines weiß ich sicher: Außer meinem Tagebuch werde ich mein Herz keinem Menschen gegenüber ausschütten. Ich werde keine enge Freundin haben, nur Dich, liebes Tagebuch; wenn Du mich verläßt, wenn Du mich verachtest, was natürlich wäre, dann behalte ich meine Gedanken, auch wenn es mir schwerfällt.

12. Mai
Ich hätte gern, daß mich niemand kennt, ich möchte einsam und allein leben. Ach, wie beneide ich das Leben jener Seelen, die soviel Glück und Zufriedenheit, soviel Süße in der Einsamkeit finden. In einer meiner Geschichten habe ich das Angenehme dieses Lebens aufgezeigt, wovor sich so viele fürchten. Und warum fürchten sie sich davor? Weil sie auch krank sind, weil sie unter dieser Krankheit leiden, der Verblendung. Ach, warum hat Gott diese entsetzliche Welt vor so vielen Menschen geheimgehalten? Vielleicht ist das gut für sie. Ich schweige und habe Mitleid mit ihnen. Was weiß ich denn, vielleicht bin ich genauso blind wie diejenigen, die ich umsonst ihrer Gebrechen wegen bemitleide. Die Welt, in die Gott uns gesetzt hat, war geschaffen, um uns die Sünde verhaßt zu machen. Wir Menschen sind alle schwach gewesen und sind geblendet von einem strahlenden Licht, das von Schimmern erfüllt war, die uns zu spät erst lästig werden. Wir haben uns blenden lassen, sage ich, und anstatt zu erkennen, daß die Erde voller Sünden und Laster ist, bewunderten wir sie und haben sie als Mutter gewählt. O Schreck, Gewissensbisse, die sich auf ewig, aber zu spät unserer bemächtigen werden, wir armen Blinden! Gott hat uns die Hand gereicht, und wir haben sie von uns gewiesen. Ach, und ich habe das getan, ist das möglich? Ja, ich habe es getan, aber ich werde es nie wieder tun, nein, nein, nie wieder. Gott hat mir eine unendliche Gnade erwiesen: Ich durfte ein kleines Lichtlein erblicken, das mich auf die Greuel, das Laster, welche die Welt verstellen, aufmerksam gemacht hat. Gott hat mir alle Wonnen gezeigt, die in Seinem Herzen wohnen, und ich habe Seinen Wink verstanden, da habe ich mich diesem göttlichen Herzen hingegeben. Ich bin voll von Mitleid für all die armen Blinden. Ich bin voll von Dankbarkeit für meinen Herrn.

16. Mai
Zwei Jahre, zwei Jahre sind vergangen, seit Papa mich verlassen hat, am 14. Mai hat Papa Arcachon verlassen, eine entsetzliche Traurigkeit hatte mich an diesem Tag erfüllt, noch nie hatte ich so heftig den Schmerz der Trennung gespürt. Ach, armer Papa, wann wirst du kommen, wann kann ich dich küssen und umarmen und dir gegenüber meine Pflichten als Tochter erfüllen? Neulich habe ich von einem Mann, dem Onkel eines

Schülers von Papa, Besuch bekommen. Er hat zwei Pakete von Papa gebracht. Kaum war er weg, schon habe ich das erste Paket geöffnet: ein Photoapparat mit Platten usw. für Thorvald, und eine hübsche Ledertasche mit meinem Monogramm für mich; ach, was für eine liebe Überraschung, und eine goldene Krawattennadel für Joaquinito. Ich war außer mir vor Freude. Ach, mein süßer kleiner Papa, wie lieb du bist. Gestern hat mir Mama eine schöne blaue Schleife und ein Paar weiße Schuhe gekauft. Ich werde ja so verwöhnt! Ich zerbreche mir den Kopf, um etwas zu finden, worüber sich Mama freuen würde. Jedesmal, wenn ich zum Zahnarzt muß, gehe ich zu Fuß und mit dem Straßenbahngeld kaufe ich Flieder. Das ist sehr wenig, ich kann Mama nicht einmal ein einziges Fünkchen der Glut zeigen, die sie in meinem Herzen angezündet hat.

Gestern hatte ich schreckliche Zahnschmerzen. Durch die Neuralgie war die ganze Backe geschwollen. Das nenne ich einen schwarzen Tag, so schwarz und schwer, so schwer, daß ich abends vor Schmerz, Langeweile und Müdigkeit wie gerädert war. Heute geht es mir besser: Ich schreibe, um mich zu trösten, um das Gewicht, das auf mir lastet, loszuwerden, was mir jedesmal passiert, wenn ich nicht mit meinem Tagebuch plaudere. Ach, ich möchte gern wissen, was aus mir wird, wenn ich mal groß bin; vielleicht werde ich mein Glück in einem Kloster suchen, vielleicht werde ich mein Leben für die Verwundeten, die Armen und Kranken opfern, vielleicht werde ich mein Leben mit dem eines Mannes verbinden und mich ganz meinen Kindern widmen. Aber lieber widme ich mich meiner Feder, ich schreibe lieber, nicht um Ruhm zu ernten oder bekannt zu werden, nein, nur um zu schreiben, um mein Herz den Menschen zu eröffnen, die davon wissen wollen, um mich zu bessern. Um über die Lebensweise zu entscheiden, gibt es einen Schutzengel und die Vorsehung. Also schweige ich. Ich werde nicht mehr versuchen, das Geheimnis der Zukunft zu ergründen, es sei denn, ich werde selbst zur Vorsehung, was eine »tolle« Sache wäre, das Wort ist nicht gerade fein, aber es ist das treffendste. Ich hoffe, daß ich nicht oft solche treffenden Worte verwenden muß, sonst bin ich keine Französin mehr, sonst bin ich eine »Boche«. Ich weiß nicht, was ich heute abend habe, ich finde kein zartes Wort, und bevor ich mein liebes Tagebuch verletze, mache ich es lieber ganz schnell zu.

19. Mai

Ich bin immer dieselbe Anaïs, und ich werde es für mein Tagebuch immer bleiben. Ich habe doppelte Arbeit, denn ich muß meinen Katechismus auf Englisch lernen. Ich habe viele Tage nicht geschrieben, aber das liegt daran, daß ich schreckliche Zahnschmerzen hatte, die Zwölfjahreszähne kommen zum Vorschein. Jetzt geht es mir wieder gut, aber ich muß jeden zweiten Tag zum Zahnarzt, das ist bestimmt nicht lustig, aber wenigstens werden die Löcher behandelt, die ich in vier Zähnen habe. Das erste, was mich meine Mitschülerinnen gefragt haben, war: wann ich wieder Bonbons essen kann? Ich habe geantwortet: »Ach, selbst wenn ich gesund wäre, ich würde nie welche essen...« Ich bin ganz das Gegenteil von allen Kindern. Ist das Wahnsinn? Vielleicht. Geschieht mir recht. Jeder hat seinen Charakter, meiner ist nun mal so. Gestern abend habe ich Papa geschrieben und versucht, ihm zu sagen, wie sehr ich mich über seine Geschenke gefreut habe. Ich beschreibe ihm das Leben, das ich führe, ich schildere ihm meinen sehnlichen Wunsch, daß er kommen möge. Thorvald scheint langsam ein ganz klein wenig Geschmack am Schreiben zu finden, aber er mag nur die Zahlen. Ich habe vom guten Betragen Joaquinitos erzählt. Alle meine Briefe sind voll von Gedanken, Erinnerungen, Wünschen. Ich schreibe sehr oft, seitdem Papa mir gesagt hat, daß es ihm Freude macht.

Ich mußte aufhören, zu Fuß zu gehen, um Mama Blumen zu bringen, wegen meiner Schmerzen in den Beinen. Ich bin ein Bündel voller Krankheiten, das man aus Angst vor der Ansteckung wegwerfen sollte. Ich verschließe mich, bzw. ich mache mein Bündel zu, damit niemand etwas erwischt. Ich selbst kann es nicht verhindern. Ich schreibe diese paar Zeilen, damit mein Tagebuch seine Anaïs bis zum nächsten Plauderstündchen nicht vergißt.

ANAÏS

20. Mai

Ich habe vergessen (ich schiebe die Schuld auf meine Beschäftigungen), ich habe vergessen, ein Heft zu kaufen, in dem ich mich mit meinem Tagebuch treffen kann. Also schreibe ich auf dieses Blatt, das ich in mein Heft legen werde. Ich habe mir noch nie die Mühe gemacht, in meinem Tagebuch mein eigenes Porträt zu machen; es ist komisch, wenn man mit jemandem spricht, ohne zu sagen, wer man ist. Nun will ich doch diese kleine Pflicht erfüllen. Ich bin Angela, Anaïs, Juana, Antolina, Rosa, Edelmira Nin und Culmell. Ich bin zur Zeit zwölf Jahre alt; für mein Alter bin ich ziemlich groß, das sagen alle, ich bin mager, ich habe große Füße und große Hände mit langen Fingern, die sich oft nervös verkrampfen. Mein Gesicht ist sehr blaß, ich habe große, braune, verschwommene Augen, die meine irren Gedanken verraten, fürchte ich. Ich habe einen großen Mund, Lachen steht mir gar nicht gut, Lächeln geht. Wenn ich mich ärgere, verziehen sich meine Lippen zu einer bösen Grimasse. Normalerweise bin ich ernst, ein bißchen zerstreut. Meine Nase ist ein wenig Culmell, ich meine lang wie bei Großmama. Ich habe braune, nicht sehr helle Haare, die etwas länger als bis zur Schulter fallen. Mama sagt, es seien Strähnen, ich verstecke sie immer entweder in Zöpfen oder ich binde sie mit einer Schleife zusammen. Mein Charakter: ich ärgere mich leicht, ich kann überhaupt keine Hänseleien ertragen, aber ich selbst bin ganz gern dazu bereit. Ich arbeite gerne, ich liebe Papa und Mama über alles und außerdem auch meine Tanten und die übrige Familie; abgesehen von Mama, Papa, Thorvald und Joaquinito liebe ich auch Großmama. Ich lese wie eine Wahnsinnige, Schreiben ist eine Leidenschaft. Ich glaube fest an Gott und an alles, was Gott mir durch die Heilige Kirche vermittelt. Das Gebet ist eines der Dinge, zu denen ich immer Zuflucht finde. Ich liebe nicht sehr leicht jemanden; ich hänge nur an Menschen, die ich nach meiner Art gut finde. Ich bin Französin, eine Französin, die ihr Land liebt, bewundert und ehrt, eine richtige Französin, wie es sich gehört. Ich empfinde selbstverständlich eine nicht ganz so große Bewunderung für Spanien und vor allem für Belgien. Und meine Gedanken – mein Tagebuch kennt sie ebensogut wie ich, es kennt sogar mein Porträt. Danach höre ich auf, denn ein sehr sanfter Magnet zieht mich an: Mamas Kuß, die Illusion von Papas Ankunft, die Ruhe nach diesem Arbeitstag. ANAÏS

23. Mai
Endlich bin ich wieder mit meinem Tagebuch zusammen. Ich sitze auf einer Bank im Park, und während Thorvald und Joaquinito spielen, habe ich mir vorgenommen zu schreiben. Das Wetter ist wunderschön, das Gras ist gewachsen und bildet hübsche Ebenen, auf denen man wie auf Watte herumpurzeln kann, die majestätischen Bäume tragen wieder ihr grünes

Kleid, der Sommer ist eine Fee, die in drei, vier Tagen die Natur wieder grün macht. Die Sonne hat natürlich nichts zu tun mit der heißen Sonne von Spanien. Hier ist sie blaß, aber doch sehr warm. Heute morgen bin ich zur Kommunion gegangen, und meine Seele schwelgt in dem wohligen Zustand, den ich seit diesem lieblichen Augenblick in mir bewahrt habe. Ich lasse meine Gedanken, meine Illusionen so dahinrieseln. Ich versuche sie hier aufzuzeichnen, aber ich bin zerstreut und durch tausend Pläne für eine neue Geschichte, die ich schreiben werde, abgelenkt. Verzeihung, liebes Tagebuch.

24. Mai

Sonntagnachmittag waren wir bei einer kleinen Prozession um die Schule herum. Ich will es erzählen. Ich trug: weiße Schuhe und Strümpfe, ein weißes Kleid mit einer großen weißen Schleife in der Taille, am Gürtel hatte ich mein kleines weißes Seidentäschchen von der Erstkommunion mit einem hübschen gestickten Taschentuch und meinem schönen Perlmuttrosenkranz. Mama hat mir schöne Locken gemacht, und außer einer weißen Schleife hatte ich noch einen Kranz aus Rosen auf dem Kopf, ebenfalls von der Erstkommunion. Kaum war ich angezogen, kamen schon zwei Mitschülerinnen, um mich abzuholen. Ich habe mich von Mama verabschiedet und bin mit ihnen zur Schule gegangen. Wir traten in ein Klassenzimmer. Als wir hereinkamen, heftete uns die Schwester eine hübsche hellblaue Schleife an die Schulter. Das Band hing bis zur Taille und endete wiederum mit einer Schleife.

Danach haben wir uns gesetzt. Die Schwester Oberin ist gekommen und hat uns der Größe nach in einer Zweierreihe aufgestellt. Wir haben uns wieder gesetzt, und die großen Mädchen haben Andachtsbildchen mit der Engelweihe ausgetauscht. Nach einer Minute wies uns ein Glöckchen darauf hin, daß wir aufstehen sollten und langsam, mit gesenkten Blicken, den Rosenkranz um die zum Gebet gefalteten Hände geschlungen, schritten wir hinaus. Die Leute warteten draußen auf uns, und während wir vorbeizogen oder vielmehr während die in Weiß gekleideten Mädchen vorbeizogen, sah man nur Lächeln allerseits, hörte man Ausrufe der Bewunderung und ein paar Sätze, die jede Mutter sagte, um ihre Tochter zu beschreiben. Die Knaben waren vorangegangen; auch sie hatten viel Erfolg: alle im dunklen Anzug, mit einem weißen Hut in der Hand;

außerdem hatten sie eine große rote Schleife, der einzige Unterschied, denn wir hatten blaue. Die Mädchen stellten sich rechts auf, die Knaben links in der Kirche, denn wir waren zum Schultor hinaus- und zum Kirchentor hineingegangen. Die Kirche war prachtvoll geschmückt. Sie war hell erleuchtet und der Altar war mit roten Seidendecken und Spitzen darüber geschmückt, und die ganze Pracht verschwand unter unzähligen Blumensträußen. Die Menschenmenge kam herein; der Priester in seinem gestickten Ornat hielt eine lange Predigt für die *Kinder Mariä* (les Enfants de Marie), die *Knaben vom Herzen Jesu* (les Garçons du Sacré-Coeur) und die Mädchen, die sich den Heiligen Engeln weihen wollten. Als die Predigt zu Ende war, sang der Chor verschiedene Kirchenlieder. Danach gingen die Mädchen langsam, mit noch immer gesenkten Augen und dem Rosenkranz an der Hand, zum Altar. Da sind wir dann stehen geblieben, und der Priester fragte, was wir wollten. Gemeinsam antworteten wir, daß wir in die Kongregation der Heiligen Engel aufgenommen werden wollten. Dann fragte uns der Priester, ob wir uns den Regeln der Gemeinschaft fügen wollten und ob wir unter der Führung der Engel bessere Menschen werden wollten. Darauf antworteten wir »Ja, wir wollen es«. Da weihte der Priester ein Bündel Medaillen, das ein Meßdiener in der Hand hielt und danach fing er an, sie zu verteilen. Jedes Mädchen bekam eine Medaille mit einem blauen Band um den Hals gehängt. Nachdem wir das Weihegebet an die Heiligen Engel aufgesagt hatten, kehrten wir auf unsere Plätze zurück. Dieselbe Zeremonie fing dann für die Knaben von vorne an. Der einzige Unterschied war, daß sie in die Kongregation des Herzens Jesu aufgenommen wurden. Wir sangen noch andere Kirchenlieder und gaben die Antworten zur Litanei. Mit der Standarte der Kongregation voran verließen wir danach ganz langsam die Kirche, ohne unsere Aufstellung verändert zu haben, zwei und zwei, mit zu Boden gerichteten Augen und dem Rosenkranz in der Hand. Wir sind wieder ins Klassenzimmer gegangen, wir haben unser blaues Band auf der Bank gelassen und jeder hat die Schule wieder verlassen; vor der Tür warteten alle Mütter; man begegnete sich wieder. Ich meinerseits küßte Mama und Isabelle Duarte, eine Freundin von Mama, und dann gingen wir *ice-cream* essen. Wir hatten Glück, denn es hatte die ganzen Tage geregnet, es regnet noch immer, nur Sonntag hat es nicht

geregnet. Im Gegenteil, es war ein ganz wunderschöner Tag. Am Donnerstag ist *Corpus Christi* und soviel ich weiß, werden wir alle in Weiß zur Prozession gehen.
Ich habe lange geschrieben und ich würde noch mehr schreiben, wenn es nicht Zeit wäre zu gehorchen. Damit meine ich, daß ich abends um halb zehn ins Bett gehen muß.

27. Mai

Ich habe mich zwei Tage Deiner Gegenwart versagt, liebes Tagebuch, aber das hat damit zu tun, daß ich jeden Tag nach der Schule zum Zahnarzt muß. Ich komme spät nach Hause, da muß ich meine Lektionen lernen (die sehr lang sind wegen der Prüfungen) und meine Aufgaben machen. Ich muß Mama helfen und nach einem solchen Tag bin ich müde, so müde, daß ich nur noch ans Schlafengehen denke. Neulich wollte ich pünktlich zum Zahnarzt kommen, da bin ich mit der *Subway* gefahren, zum erstenmal allein, ohne Mama; der Angestellte wollte sich wahrscheinlich lustig machen über mich und sagte, daß ich »*downtown*« fahren sollte und dabei schickte er mich zu einem »*uptown train*«; ich stieg ein und fuhr eine Viertelstunde in die entgegengesetzte Richtung. Ich bin vielleicht erschrocken! Allein im *Subway*. Aber ich wurde von einer freundlichen Dame wieder auf den richtigen Weg verwiesen, zufällig eine Französin. Ich habe mir geschworen, es nie wieder zu tun, selbst nicht, um rechtzeitig zum Zahnarzt zu kommen.

Meine Freundin Pauline Ryan bzw. meine Mitschülerin hat einen echt amerikanischen Charakter. Sie mag mich sehr, aber sie kann es nicht leiden, wenn ein anderes Mädchen mit mir spricht oder wenn ich mit einem anderen Mädchen spreche. Sie ist sehr hoffärtig und kann sich nie erlauben, ein anderes Mädchen hübsch zu finden. Sie ist unglaublich frech: ohne Mama zu fragen und ohne zu warnen, ruft sie an und sagt, sie komme zum Essen. In der Schule setzt sie sich an meinen Platz, nimmt mein Heft, kritzelt irgendwelchen Unsinn hinein, was dazu führt, daß ich fast alle Seiten herausreißen muß, um ihre Zeichnungen zu verbergen. Sie mischt sich bei mir in alles ein, und demnächst kommt es noch so weit, daß sie Zeile um Zeile mein ganzes Leben wissen will. Sie wird es natürlich nicht erfahren. Obwohl ich ihr gefallen möchte, antworte ich fast nie auf ihre indiskreten Fragen. Sie ist meine Freundin, weil sie das gut erzogenste Kind aus meiner Klasse ist, und ich mag mich nicht mit schlecht erzogenen Mädchen abgeben, die mir nur ihre ordinäre Sprache beibringen würden. Und doch mögen alle gerade diese Art von Charakter hierzulande. Für meinen Charakter wird mich gewiß niemand mögen. Es ist besser, zu gehorchen als zu befehlen, das paßt zu mir und daran halte ich mich. Gewiß, meine Gedanken gehorchen nicht der Vernunft, das weiß ich; sie sind frei, sie fliegen ziellos weit weg, sie sind voll von Illusionen... und vom Bedürfnis, einen kleinen Augenblick ein so langes Schwätzchen einzustellen.

29. Mai
Mein Tagebuch sollte mit mir schimpfen, ich verdiene es. Warum schreibe ich nicht jeden Tag? Ich vergesse es, das ist die Wahrheit. Mein Kopf ist vollkommen ausgefüllt mit Dingen, mit Plänen. Zum Beispiel habe ich heute, ich ganz allein, Madame Quintero besucht, die krank war. Ich habe ihr vorgelesen, ich habe ihr Blumen gebracht und den ganzen Tag habe ich dann nur an die Dankesworte von Madame Quintero gedacht und sie mir immer wiederholt. Am Abend hatte ich Gewissensbisse, ich habe mich gefragt: »Werde ich nun hochmütig und oberflächlich, packt mich plötzlich das Bedürfnis, bewundert zu werden? Und wenn das passiert, dann werde ich doch wie diese hochmütigen und oberflächlichen Leute sein, die ich hasse, und dann muß ich mich selber hassen?« Gebe Gott, daß es nicht so kommt. Mein geliebtes Tagebuch wird mich tadeln und streng beurteilen, damit es nicht wieder passiert, daß ich mich vom Hochmut und dem Wunsch, bewundert zu werden, einnehmen lasse. Ich bin ein kleiner Vogel, sage ich mir, der weder Kraft noch Mut, weder Nest noch Platz hat, um sich auszuruhen und gute Gründe* zu fassen. Mein Tagebuch wird der Anker sein, der meinen Gedanken Zuflucht bietet; die Vernunft wird mein von Gott gelenktes Gewissen sein. Die Kraft muß ich mir selbst erarbeiten.

30. Mai
In Kew. Wenn ich nach Kew fahre, vergesse ich, daß ich in New

---

* Anaïs hat vermutlich das Wort »Gründe« mit dem Wort »Vorsätze« verwechselt. (»raisons« – »résolutions«) D. Ü.

York lebe. Die Felder und die Blumen machen mich fröhlich und erinnern mich an mein Vaterland, an Frankreich, die Königin der köstlichsten, zartesten, entzückendsten Blumen. Vor allem mag ich träumen, träumen, ich mag es, wenn ich diese strenge Erde verlasse, um mich ins Unendliche zu schwingen, wo alles nur Wohlgefühl ist. Ich behaupte nicht,

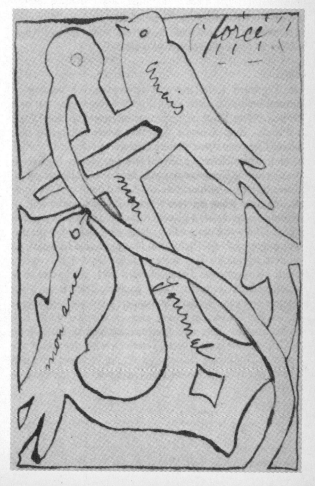

daß ich unglücklich bin, o nein! Mama ist so gut zu mir, aber trotzdem, wer kann mich daran hindern, über die Mißgeschicke meines Vaterlandes zu weinen, wer kann mich daran hindern, ungeduldig auf Papas Kommen zu warten, wer kann mich daran hindern, wegen meines Charakters zu leiden!

Onkel Gilbert geht auf ein Kriegsschiff, wohin ihn die Pflicht ruft. Ich bin sehr traurig über diese Trennung. Zwei Jahre lang werde ich ihn nicht mehr sehen, den Onkel, den ich mehr als alle anderen liebe. Er ist so schweigsam. Ein so entschlossener Mann, der vieles, fast alles in die Hand nimmt. Mit welch musterhafter Geduld hat er sich meiner kranken Tante gewidmet, die so launisch ist. Mein Onkel verweigert ihr nie, was sie will.

30. Mai, New York

DIESE AUGEN

So zärtlich sind diese grauen Augen,
Wenn man nicht toll und launisch ist,
So furchterregend sind diese Augen,
Wenn man es verdient.
Sie durchforschen die Nacht, diese Augen,
Um mich zu verfolgen, wenn ich flüchtig bin.
Sie durchbohren mein Herz, diese dunklen Augen.
Manchmal muß ich fliehen vor diesen verlockenden Augen,
Vor ihrer übermächtigen Zärtlichkeit.
Aber ach, wohin?... Wo soll ich mich verbergen?
Ist das Böse erst vollbracht, so sind sie voller Unmut;
Und das Gute, dann ist ihr Blick so zart, so sanft,
Daß mein Herz zerfließt.
Und diese Augen – eine Schwärmerei vielleicht –
Sind die des Gewissens:
Meines Wesens Augen des Gewissens

ANAÏS NIN

Abschrift meiner ersten Gedichte

In Arcachon (neun Jahre)

DIE MALEREI

Unter dem schattenspendenden Laub eines Baumes
Saß ein Maler
Und malte auf seine Leinwand
Eine zauberhafte Landschaft

In Badalone (zehn Jahre)

Die wunderbare Meer
Der blaue Himmel, der bezaubert
Und der, obwohl man traurig ist,
Fröhlichkeit und Mut aufs Neue spendet,
Wenn man bedenkt, daß man sie Gott zu verdanken hat,
All diese Schönheit und diese bezaubernde Anmut!

In Badalone (zehn Jahre)

Dem Heiligen Tisch des Herrn nähere ich mich,
Mein Herz ist voll Liebe für Gott
Meinen Retter.
Mein Glück ist unbeschreiblich
Und unter meinem großen, langen Schleier,
Dem äußeren Zeichen meines Glückes,
Verberge ich mich wie eine Jungfrau.

GEDANKEN AM TAG DER ERSTKOMMUNION

Wenn ich das Elend dieser Welt sehe, denke ich, daß es nicht einen einzigen Armen auf der Welt gäbe, wenn ich reich wäre.

Barcelona, 2. Juli (elf Jahre)

DAS BESCHEIDENE VEILCHEN

Eines Tages sah die Königin der Blumen,
Wie auf ihrer Wiese
Ein zierliches Veilchen wuchs,
Mit allen Gaben versehen.
Eines Tages jedoch

Sprach die Königin der Blumen zum Veilchen:
Kind meines Reiches,
Welche Gabe wünschst du dir noch von mir?
Und die bescheidene Blume antwortete:
Ein wenig Gras, um mich zu verbergen.

ANAÏS NIN

Barcelona, 2. Juli (elf Jahre)

Ein jedes Ding hat seinen Flug hienieden.
Die Vögel fliegen zu ihrem Nest.
Die Heiligen fliegen zu Gott.
Die schlanken, leichten Segelboote
Fliegen fremden Ländern entgegen,
So fliegt auch mein Herz zu meiner Mutter.

ANAÏS NIN

Barcelona, 6. Juli 1914 (elf Jahre)

Wenn das Wetter schön ist,
Sagte ein glänzender Schmetterling,
Wenn das Wetter schön ist,
Werde ich spazieren fliegen
Über meine Lieblingsfelder.
Wenn das Wetter schön ist,
Antwortete eine emsige Biene,
Wenn das Wetter schön ist,
Werde ich meine Arbeit vorantreiben:
Ich werde den Saft sammeln gehen,
Mit dem ich meinen Honig mache.

SAMMLUNG LETZTER GEDANKEN

Euch, meine lieben Eltern, will ich mein Herz eröffnen mit derselben Absicht wie Schwester Theresia vom Kinde Jesu und vom Heiligen Antlitz. Sie hatte die Absicht, ihr Herz zu zeigen, wie es war, aber sie öffnete ihr Herz vor der Oberin ihres Klosters, während ich es vor der oberen Mutter und dem oberen Vater der Familie eröffne. Wenn ihr diese Sammlung meiner letzten Gedanken lest, werde ich weit weg von Euch sein, weit von der Erde entfernt. Ich weiß nicht ganz genau, was dieses große Wort »Testament« bedeutet; ich glaube, es bedeutet, die letzten Gedanken des Herzens preiszugeben,

diejenigen, die sich nie ändern. Ich habe vor, ein solches Testament zu machen. Welch eine Narrheit! Aber ich bin immerhin zwölf Jahre alt und der Tod kann einen immer überraschen, also tue ich es.
1. Ich möchte, daß man nie vergißt, daß man alles dem wunderbaren Schöpfer zu verdanken hat.
2. Ich möchte, daß man über meinen Tod nicht traurig ist. Ich versichere euch, daß ihr ihn eher als eine große Gnade betrachten sollt, denn im Himmel werde ich bei Gott Fürsprache für euch einlegen und für euch beten.
3. Ich möchte, daß alle meine Spielsachen an die Armen verteilt werden.
4. Ich möchte, daß meine Papiere verbrannt werden, außer meinem Tagebuch und einigen meiner Geschichten und meinen Gedichten, wenn man sie für würdig befindet, gelesen zu werden.
5. Ich möchte, daß ihr alle das Böse vergeßt, das ich getan habe und das ich sehr bereue. Ihr vor allem, meine geliebten Eltern, verzeiht eurer Tochter.
6. Ich möchte, daß die ganze Familie die Hostelés liebt und daß man ihnen hilft, falls sie es brauchen. Sie sollen als Familienangehörige betrachtet werden, und alle diejenigen, die mich lieben, sollen das tun, was ich leider nicht selbst tun konnte. Sie sollen versuchen, das, was die Hostelés für mich getan haben, gutzumachen.
7. Verzeiht mir und vergeßt mich; bindet euch nicht an diese Welt, in der ihr nur Bitterkeit finden werdet, außer wenn ihr im Dienste Gottes steht. Seid bescheiden, barmherzig und fromm. Das Gebet ist eine Medizin für unsere kranken Herzen. Geliebter Thorvald, allerliebster Joaquinito, ihr nehmt in meinem Herzen einen so großen Platz ein: Ich habe an euch gedacht in meiner ersten Lebensregung. Dafür bitte ich euch, mir zu verzeihen, ich liebe euch. Ich verzeihe euch. Mama, Papa, diese zärtlichen Namen, die ich mein Leben lang innig geliebt habe, euch allein gehöre ich auf dieser Welt, adieu, adieu, adieu. Seid gut... ihr werdet mich wiedersehen...

Ich verlasse diese Welt und zugleich auch Dich, mein Tagebuch. Danke dem Begleiter meiner Gedanken: Danke....
....
Ich habe mir vorgestellt, ich würde sterben und habe die

Gedanken niedergeschrieben, die meine letzten sein werden, mein Wunsch für alle Ewigkeit. Nie werden sie sich ändern. In mir wird immer dieselbe Liebe für Gott wohnen, dieselbe Zärtlichkeit für meine Eltern, dieselbe Liebe für meine Brüder. Wenn sich meine Gedanken ändern würden, wäre ich nicht mehr Anaïs Nin.

2. Juni
Mama ist mit Oscar und Amanda Rhode weggegangen. Sie geht zu Tante Edelmira, die bei sich zu Hause ein kleines Treffen macht. Ich bin allein mit Thorvald, der liest und mit Joaquinito, der schläft.
Es ist sehr windig. Ist das möglich, daß es im Juni einen Tag gibt, der genau so ist wie im Winter?
Vorhin habe ich die Augen zugemacht und mir vorgestellt, ich sei in einem Schloß, in einem Gefängnis. Ein böser Fürst riß mich aus Mamas und Papas Armen. Ich litt unbeschreibliche Qualen. Es war ein wacher Alptraum. Ich weiß nicht, warum ich immer von Schmerz und Leid träume. Wenn ich dann morgens aufwache, und merke, daß es ein Traum war, bin ich mit mir selbst böse. Es ist mir kalt heute abend, ich würde gern mehr schreiben, aber ich kann nicht, mir ist schwindlig.

7. Juni
Wie still es ist! Und mein stummes Tagebuch kann mich auch nicht rufen.
Gestern hat Mama einen Empfang mit Musik gegeben, und ich habe ihr geholfen, den Tee zu servieren. Man bat mich, meine Gedichte vorzulesen und ich schämte mich, denn ich weiß, daß sie schlecht sind. Ich schreibe sie nur für mich selbst. Mama hat viel Arbeit, denn sie besorgt Einkäufe für meine Tanten. Wir bleiben oft allein zu Hause und ich übe mich darin, kleine Vorträge zu halten, indem Thorvald und Joaquinito meine Zuhörer sind. Ich mache kleine Veranstaltungen, bei denen ich vorlese und wir in den kleinen Puppentassen Tee trinken. Ich werde hier ein kurzes Gedicht abschreiben:

New York, 2. Juni 1915
(mit 12 Jahren)

MEIN VERIRRTES HERZ

In der Dunkelheit der Nacht,
Während die Glocken Mitternacht schlugen,
Ging ich und versuchte, einen Schatten zu fangen,
Aber er wurde immer dunkler.
Es war mein Schatten, der floh.
Ich wollte ihn einfangen,
Ich wollte noch nicht sterben.
Darüber konnte ich nicht lächeln.
Aber während ich lief,
Hörte ich im Gebüsch ein Geräusch.
Ich schaute, und was sah ich?
Mich selbst!
Es war nur ein Spiel
Meines verirrten Herzens.

ANAÏS NIN

12. Juni
Ich war beichten und ich spüre, wie eine große Ruhe mein Herz durchdringt.
Was ich so furchtbar schwer zu verwirklichen finde, ist diese Tugend der »Geduld«. Ich leide sehr unter diesem Fehler und ich fühle mich sehr unglücklich, wenn ich wieder einmal ungeduldig war.
Ich schreibe und ich schaue auf die Uhr. Ich habe nur eine Viertelstunde Zeit. Ich habe das Gefühl, daß mir die Zeit davonläuft, denn ich vergesse sie, wenn ich mit meinem Freund spreche. Vorgestern abend hat Mama gesungen. Sie war mit Madame Quintero beim Üben. Plötzlich lasse ich mein Buch liegen und schleiche in mein Zimmer. Da werfe ich mich aufs Bett, und aus meinem Herzen dringt ein schmerzliches Schluchzen. Ich sehe alle Grausamkeiten des Krieges vor mir, die traurigsten Dinge kommen mir in den Sinn. Und Mama singt weiter. Um mich herum dreht sich alles, und ihr Gesang, ob fröhlich oder traurig, erscheint mir wie ein Flüstern, das den Fluß meiner Tränen nur verstärkt. Mir ist, als würde ich kämpfen, und auf dem Schlachtfeld selbst sehe ich Papa im Augenblick, als er stirbt. Mama wird gefangen genommen. Ich

sehe nur Blut, danach tauchen Hütten, Häuser, Schlösser, Baudenkmäler vor meinen Augen auf, alles steht in Flammen, es bricht mir das Herz. Das Flüstern hält an und ich weine noch immer. Die Tränen brennen auf den Wangen. Ich schließe die Augen und mein Schluchzen schüttelt mir die Brust. Es ist ein unerklärlicher Schmerz. Mama hat mich gehört und kommt mich trösten. Das passiert jedesmal, wenn Mama singt, und ich selbst weiß nicht, warum ich mich in diesem Augenblick so unglücklich fühle.

Angeblich mache ich das, seit ich klein bin. Das liegt wohl daran, daß die Musik mich sehr stark beeindruckt. Alles in ihr erscheint mir wie die Klage eines Menschenherzens oder wie die Beschreibung des Herzens, das nie wirklich glücklich ist auf dieser Welt. Den ganzen restlichen Abend blieb ich stumm und nach einem solchen »Traurigkeitsanfall« habe ich nicht einmal die Kraft, eine Feder zu halten.

Die Viertelstunde ist seit einer Minute vorbei. Mein Herz mußte sich ergießen, daran liegt es!

21. Juni

Ich war ein bißchen traurig, als ich die Schule verließ, denn die Lehrerin war nett zu mir. In ein paar Monaten, nach den Ferien, sehen wir uns wieder. Jetzt haben wir frei. Ich will mehr denn je schreiben während dieser Ferien. Thorvald ist für zehn Tage in Far Rockaway.

Jetzt hätte ich viele Dinge zu sagen. Heute abend ist mir eingefallen, daß meine Enkelkinder vielleicht einmal mein Tagebuch lesen werden. Dann werden sie die Geschichte von Mademoiselle Anaïs Nin hören. Das kommt mir komisch vor, aber ich denke, daß sie meine Gedanken zu alt finden werden. Sie werden meine Rückständigkeit mit Verachtung betrachten und werden sagen, so wie ich es jetzt auch sage: So, nun ist alles erfunden worden, wir haben alle vergangenen Jahrhunderte überholt, uns gehören Ruhm und Ansehen, wir können uns ausruhen.

Wieviele Dinge sind noch zu erfinden? Vielleicht wird 1915 nicht so bald verachtet. Ich habe gerade noch Zeit, meine beiden letzten Gedichte hier abzuschreiben:

DIE HOFFNUNG

Der Frühling ist da, er nähert sich
Und macht die Wiesen grün und bunt;
Rhythmisch läuten die Glocken,
Die es einst ankündigten,
Wenn es Zeit war, über die Wiesen zu laufen.
Aber ach! Wie sollen wir ihn empfangen,
Jetzt, wo unsere Augen sich verschließen,
Um nur diejenigen zu sehen, auf die wir warten,
sonst nichts.

Ach! Wie sollen wir ihn empfangen,
Wenn nicht mit Tränen,
Deren Eifersucht seinem Frieden, seinen Reizen gilt?
Nie wieder werden wir ihn erwarten, den Frühling,
Nie wieder werden wir eine Zeitlang lächeln,
Nie wieder werden wir sie erwarten, die Freude.
Wir haben noch eine Erwartung,
Eine einzige, aber voll des Glaubens,
Und es ist nichts anderes als: Hoffnung.

ANAÏS NIN UND CULMELL
20. Juni 1915

TRÄUMEREI

Wenn die Sonne untergeht,
Wenn der Wind mich streichelt,
Denke ich an den, der jene abweist,
Welche immer kommen, unseren Frieden zu stören.
Und wenn ich an seinen Tod denke,
Dann rinnen mir die Tränen,
Aber das ist nur eine schmerzliche Träumerei.
Vielleicht wird das Glück wiederkehren
Mit dem Zuhause, wenn es neu ersteht.
Vielleicht werd' ich wieder lächeln können
Vor meinem Tod.
Aber das ist nur eine fröhliche Träumerei.
Ich möchte viel besitzen, viel,
Um alles herzugeben, wirklich alles.
Der Guten Freundin möcht' ich sein
Und für die Barmherzigkeit zu Felde ziehen.

Ich möchte die Kraft haben
Und eine harte Schale,
Um den Weg des Lebens zu gehen.
Aber das ist nur eine ehrgeizige Träumerei.
Traum meiner Seele,
Traum, der Leben spendet,
Traum, der Glauben an entfernte Dinge schenkt.
Hinweg von mir, Traum, laß mich in Frieden!
Ich will alles mit eigenen Augen sehen,
Hinweg! Ich will nicht träumen, ich will leben!

ANAÏS NIN UND CULMELL
21. Juni 1915, New York

24. Juni
Tante Antolina kommt, sie hat Mama geschrieben. Ich freue mich sehr, daß sie kommt.
Aber es hat mich wieder mal eine große Traurigkeit gepackt. Ich stelle fest, daß ich auch diese Ferien ohne Papa verbringen werde. Bin ich denn dazu verurteilt, weit entfernt von meinem geliebten Vater zu leben?
Wenn Gott mich nicht mit Papa vereinen will, so kann er mir aber die Bitte nicht abschlagen, er möge ihn auch weiterhin beschützen... und danach? danach?... Wir werden sehen.
In seinem letzten Brief erzählt mir Papa von einer Tournee bzw. von einer einfachen Reise, die ihn vielleicht auch nach New York führen wird. Aber das ist nur eine schwache Hoffnung und ich mag nicht allzusehr daran glauben, denn meine Enttäuschung ist jedesmal qualvoller.
Um meinen Kummer zu vergessen, lese ich mehr denn je, aber nie, niemals werde ich vergessen, daß ich Papa vermisse.
Ich habe vergessen zu erzählen, daß uns Mama gestern nach Coney Island mitgenommen hat. Wir haben am Strand gegessen und danach waren wir auf dem Rummel. Joaquinito durfte eine Runde Karussell fahren und ich durfte einmal kegeln. Ich habe zwei abscheuliche kleine Broschen gewonnen. Wir haben das Kino gesehen, dann haben wir ein *ice-cream* gegessen und sind anschließend wieder nach Hause.

1. Juli
Beim Lesen wurde ich im Geist eine Stunde lang auf ein Schlachtfeld versetzt. Mein Herz bebte vor Ungeduld mit den

Soldaten. Ich habe mit ihnen den Wunsch verspürt, Frankreich zu neuem Ruhm zu verhelfen. Ich habe geweint und es brach mir das Herz, als sie die Fahne vor dem Feind senken mußten. Mit den Krankenschwestern vom Roten Kreuz hatte ich das Gefühl, daß ich vielen armen Soldaten das Leben schenkte und daß ich wie sie die Blicke der armen Kinder meines Vaterlandes verdiente. Vor allem spürte und verstand ich, wie groß ihre Liebe für das Vaterland war, die sie dazu bewog, ihr Leben zu opfern, als wäre es nur ein einfaches kleines Körnchen. Aber wenn die Körner gesät sind, dann wachsen sie und werden zum kostbaren Reichtum des Feldes oder zum größeren Ruhm Frankreichs.

Nachts weine ich oft und denke: »Ach, wenn ich ein Mann sein könnte, dann würde ich mich für die Schmach rächen, die uns unsere Feinde antun wollen. Ich wäre so fröhlich, wenn ich nach erfüllter Pflicht auf dem Schlachtfeld sterben könnte.« Ich erschauere, ich zittere, ich balle die Fäuste, wenn ich erkenne, daß ich noch nicht einmal ein halbes Körnchen bin. Ich bin so klein. Ich müßte eine Männerhaut haben, da bräuchte meine Seele nur eine so heiß ersehnte Sache zu erfüllen.

Vielleicht hätte ich mich auch damit begnügt, eine Frau zu sein und dann wäre ich Krankenschwester: »Da ich mein eigenes Leben nicht opfern kann, werde ich dafür sorgen, daß es anderen erhalten bleibt.« Wie lange brauche ich noch? Vier Jahre, vier unendlich lange Jahre, bis ich eine halbe Frau bin, bis ich sechzehn Jahre alt bin!

Aber dann, wenn ich mir dann die Haare abschneiden, (diesen eitlen Schmuck!) und eine gute Soldatenmütze aufsetzen könnte, meine Augen würden glänzen, mein Wille würde mich heißen, die Waffe zu halten, meine Seele wäre bereit und meine innige Liebe zum Vaterland würde meine ganze Kraft ausfüllen – dann... vielleicht... vielleicht wäre ich dann... ein Soldat. Ich wage nicht, daran zu denken. Es würde die Verwirklichung meines teuersten Traumes als Französin bedeuten. Danach könnte ich zufrieden sein und sagen – nicht im Traum: »Ich habe mich für Frankreich geschlagen!« Wie viele Visionen blenden mich! Wie sehr beneide, ja, beneide ich diejenigen, die ihr Blut für Frankreich opfern, in diesem Augenblick. Ich Unglückliche. Warum von *unmöglichen* Dingen träumen? Das Wort *unmöglich* erschüttert mich. Ich schäme mich, ein Mädchen zu sein. Ich bin so traurig, wenn ich an diesen törichten Wunsch und an das Unmögliche denke, daß mir die Tränen kommen, es zerbricht mir das Herz, mein ganzes Wesen bebt, ich schließe die Augen und lasse die Wirklichkeit beiseite, ich träume; und wenn ich aufwache, habe ich das Gefühl, in einen Abgrund zu stürzen.

Ach, wenn ich stark wäre!
Wenn ich ein Mann wäre!
Wenn ich groß wäre!

Aber wenn ich meine kleinen, mageren, immer geballten Fäuste betrachte, dann ist mir alles klar und mir scheint, als wäre der Abgrund aus Feuer; dann wiederhole ich mir wie in einem meiner Gedichte:

Traum, der Leben spendet,
Traum, der Glauben an entfernte Dinge schenkt,
Hinweg von mir, Traum, laß mich in Frieden,
Ich will nicht träumen, ich will leben!

Aber der Traum geht nicht weg. Ich will jetzt nicht leben, das bedeutet zuviel Leid. Ich träume lieber von meinem Glück, Soldat zu sein und daß ich mich für den geliebten Namen Frankreichs schlage.
In der Ferne verschwindet der letzte Schimmer Sonne und ein leichter Dunst umhüllt die Luft; und ich, ich liege in einem Sessel, ich atme die frische Abendluft ein und bin jetzt vernünftiger. Ich bin in der Lage, ernsthaft mit meinem Tagebuch zu sprechen. Von den Gedanken, die ich heute nachmittag geschildert habe, sind nur noch eine große Traurigkeit und eine finstere Trostlosigkeit übrig. Jetzt lebe ich.
Unter »ernsthaft sprechen« verstehe ich: meinem Tagebuch erklären, was ich mache und wo wir sind. Wo wir sind? In Kew, wo wir einen ganzen Monat verbringen werden. Meine Tante fährt morgen nach Newport, um *tio* Gilbert ein letztesmal vor seiner Abreise zu sehen. Wir bleiben allein im Haus meiner Tante. Es ist recht dunkel, und ich sehe nicht mehr so richtig, wo ich schreibe, aber meine Hand lenkt mich. Für nichts in der Welt will ich dieses Eckchen verlassen, wo eine große Ruhe über mich kommt.
In meinem Gebet habe ich aufgehört, Papas Kommen herbeizuwünschen. Aus folgendem Grund: Die Schiffe sind in großer

Gefahr wegen der Minen und der feindlichen U-Boote. Deshalb ist es mir lieber, wenn Papa in Paris bleibt, wo es im Augenblick keine Gefahr gibt und wo Papa immer in Sicherheit sein wird, wie ich ganz fest hoffe, aber ich bete inbrünstiger, damit Gott ihn segnen möge.
Ich bin sehr glücklich hier, außer wenn ich an die traurigen und schrecklichen Dinge des Krieges denke, was ziemlich oft geschieht. Dann finde ich alles traurig und wenn ich alleine bin, lasse ich oft mein Herz überfließen. Oh, ich werde mich an dieses 1915 erinnern!
Wenn ich einmal alt bin, wieviel neue Schmerzen, Verluste ... und wieviel Ruhm auch werden in der Geschichte Frankreichs, des ewig gefolterten Landes, hinzugekommen sein!
Ich höre auf. Ich bin gerührt, denn der Krieg allein gibt viel zu denken.

11. Juli

Ich lehne am Fenster meines Zimmers und atme die frische Abendluft ein. Kein Laut ist zu hören. Von Zeit zu Zeit nur miaut ein kleines Kätzchen, eine Grille wird gestört und gibt beim Hüpfen das merkwürdige kleine Geräusch von sich, das der Schöpfer ihr geschenkt hat.
Ich hefte meinen Blick auf den gestirnten Himmel; ich bemühe mich, diese große Traurigkeit, diese Sehnsucht, diese Wünsche zu vergessen, die ständig meinen Kopf gefangenhalten. Plötzlich glaube ich, anstelle von Steinen brennende Bomben zu sehen, der Himmel erscheint mir wie eine riesengroße Feuersbrunst. Ich habe das Gefühl, daß der sanfte Wind Klagen, Jammern zu mir herbringt. Alles zittert, ich erschauere; ich glaube, mitten in einer Schlacht zu sein, mein Herz schlägt sehr schnell, vor meinen verwirrten Augen steht eine arme, von mageren verhungernden Säuglingen umgebene Frau. Diese Vision verschwindet, und ich sehe Männer vor mir, blutige Leichen, ich höre eine herzzerreißende Stimme, die nach Hilfe schreit. Tausend flehende Augen schauen mich an. Unfähig, dieses Elend zu trösten, fühle ich, wie ich in einen Abgrund falle – und immer, immer diese Vision des Krieges. Ein erneutes Erschauern weckt mich und es umgibt mich wieder die Wirklichkeit; ich sehe, daß ich weit weg vom Feuer bin, daß ich gemütlich in einer hübschen Umgebung in Kew Gardens sitze. Ich falle in die Knie und mein Herz dankt Gott und bittet ihn

um Verzeihung dafür, daß es die Gnade, die er ihm erweist, nicht verstanden hat.
Das ist alles: Ich gehe hinunter, ich setze mich in die Galerie, ich atme auf. Nein ... Eine andere Idee, eine Frage: Was kann ich für Frankreich, für seine Kinder, Gutes tun?
Ich habe kein Geld, das ich hergeben kann. Ich habe keine Zeit zum Stricken. Ja, was tun unter diesen Umständen ... was tun? Ich weiß es: beten. Ja, beten, um den Hunger der Unschuldigen zu stillen, beten, um die einsamen Mütter zu trösten, beten, um die Soldaten Kraft und Mut zu geben, beten für Frankreich; möge Gott mich erhören!

13. Juli
Abschrift einer Biographie, die ich heute über Mama geschrieben habe:
Ich hatte die Freude, Madame Nins wohlklingende Stimme zu hören; sie war sehr sanft, sehr lieblich, sehr hell und klar. Der ganze Saal war verzaubert, wie hingerissen vom Ideal, vom Ideal und von der Schönheit, die man empfindet, wenn *wirklich* gesungen wird. Frankreich, Belgien, Deutschland, Havanna, Spanien und New York haben sich des Besuchs der berühmten Sängerin erfreut. Überall wurde sie mit der natürlichen Sympathie empfangen, die sie immer erweckt.
Madame Nin hat sich geweigert, leichte Musik zu singen, sie hat immer gute, oder besser noch, echte Kunst gesungen; sie gehört zu jenen Frauen, die das Schöne, das Göttliche der Musikwissenschaft kennen, und ihre Rolle ist es, diese Wissenschaft bekannt zu machen.
Madame Nin, die sich gegenwärtig in New York niedergelassen hat, ist mit der Absicht gekommen, einen Kreis von Schülerinnen auszubilden, der ihr sehr bald große Ehre machen wird.
Sie gibt an ihre Schülerinnen ihr ganzes musikalisches Können weiter wie eine Missionarin, die anderen ihr Wissen anvertraut. Wenn alle Sängerinnen wie Madame Nin wären, dann würde die Musikwissenschaft nicht so entweiht, wie sie es heutzutage von manchen Leuten wird. In ihrer Bescheidenheit ist Madame Nin lange im Schatten geblieben, ganz im Bewußtsein ihrer Pflicht als Frau eines Pianisten. Obwohl sie nur selten für Freunde gesungen hat, blieb ihre Stimme in der Erinnerung ihrer beglückten Zuhörer haften.
Im Kreise der wenigen Künstler, die ihr zuhören durften,

wurde sie bewundert, wie es ihr gebührte. Heute ist Madame Nin ans Licht getreten: sie wird überall anerkannt und erntet wohlverdientes Lob.
Den Lesern wünsche ich das Glück, diese so sanfte Stimme zu hören; wie ich werden sie träumen können und sich in den Raum aufschwingen, der sie vom Ideal der Musikwissenschaft trennt. ANAÏS NIN

Mama findet diese Biographie ziemlich gut, und vielleicht wird man sie drucken in den Blättern, die Mama herausgeben läßt, um sich bekannt zu machen.
Zum erstenmal wird unter einer Biographie mein Name auf Papier gedruckt stehen, aber das ist noch nicht sicher, und vielleicht wird es ein anderer schlecht finden, dann... dann ist das eben etwas anderes, was nur für mich oder für einen nachsichtigen Kopf der Familie geschrieben wurde.

8. August
Habe ich mein Tagebuch vergessen? Nein. Hat mich mein Tagebuch vergessen? Das frage ich mich, und wenn es so ist, dann habe ich es auch verdient. Ich habe so lange nicht geschrieben, ich schäme mich so, daß ich ganz rot bin. Wo ich doch versprochen hatte, jeden Tag zu schreiben, um meine Ferien genauer zu schildern! Mein Kopf ist sehr voll, ich bin dafür bestraft, daß ich seinen Inhalt nicht in die Hände meines Vertrauten gelegt habe. Wieviele Dinge sind in diesen paar Wochen geschehen! Ich werde versuchen, sie hier der Reihe nach zu schildern.
Wir waren noch in Kew Gardens, als ein Brief uns die fröhliche Nachricht von der Ankunft von Tante Antolina, Marraine, meinen beiden Vettern Rafael und Charly und meiner kleinen, neun Jahre alten Kusine Antolinita ankündigte. Wir mußten noch drei Tage warten. Mama überließ mich der Pflege von Mercedes (einer alten Dame, die Mama eine Woche lang im Haushalt geholfen hatte), ebenso Thorvald und Joaquinito, und fuhr nach New York. Mit der Hilfe einer Putzfrau wurde unsere kleine Wohnung geputzt, gescheuert, gefegt und aufgeräumt. Danach schloß Mama die Wohnung wieder zu und kam zurück nach Kew, wo wir drei Tage lang die Minuten zählten. Dann kam der sehnsüchtig erwartete Tag. In unseren besten Sonntagskleidern gingen wir zum Hafen, um das Schiff zu

erwarten. Es war elf Uhr, die für die Ankunft des Schiffes vorgesehene Zeit. Nach einer Stunde Wartezeit erfuhren wir, daß das Schiff erst um drei ankommen würde. Mama kaufte ein paar belegte Brote, dazu tranken wir ein Glas Milch und es wurde eine köstliche Mahlzeit. Das Warten dauerte lange, und plötzlich tauchte das Schiff in aller Pracht auf. Es wurde mir schwindlig und jener Gedanke fiel mir ein: Wann endlich wird Papa an der Reihe sein? Ich lächelte nicht mehr. Eine Viertelstunde lang wurde ich sehr traurig und winkte schwermütig mit dem Taschentuch, um meine Tanten zu begrüßen, die ich schon erblickte. Einen Augenblick später umarmten wir uns fröhlich und ich gab mich ganz der Freude hin, Marraine und Tante Antolina wiederzusehen. Als wir in der Wohnung ankamen, machte Mama mit meiner Tante Pläne, und es wurde beschlossen, daß meine Tante in unserer Wohnung bleiben sollte und daß Marraine, Rafael und eines der beiden Hausmädchen mit uns nach Kew kommen würden. Es war spät, jeder half und tat sein Bestes, so daß ein recht gutes Abendessen unsere Nin-, Cardenas- und Culmell-Appetite stillen konnte. Am selben Abend noch besichtigte meine Tante eine kleine Wohnung in unserem Haus: zwei Zimmer zum Schlafen, ein großes Wohnzimmer, ein Bad und eine Küche. Meine Tante fand sie hübsch. Abends um neun hatte sie die Wohnung schon gemietet. Die Reichen machen alles mit Strom, in der Tat . . . .
Von diesem Tag an erlebten wir nur fröhliche Feste. Meine Tante hatte ihr Automobil mitgebracht.
Wir konnten uns nicht oft sehen da uns die Strecke Kew–New York trennte. Mama packte ihren Koffer, und schon waren wir in New York. Vor lauter Spaziergängen, Kino- und Theaterbesuchen hatte ich nicht einen Augenblick Zeit für mich. Nachdem wir im Park von Brooklyn waren, habe ich mir heute abend gedacht: ich muß Tagebuch schreiben, und nun habe ich es getan.
Aber immer und überall denke ich an meinen abwesenden Papa, der allein fehlt, um mein Glück vollkommen zu machen.
Wenn wir im Auto davonbrausen, betrachte ich mißmutig die hübschen Landschaften, die hübschen Felder, die hübschen Strände; ich bin voller Groll, denn Papa kann sie nicht sehen.

13. August
Vor mir liegt eine grasbesäte Ebene, die in der Sonne glänzt. Links eine Baumgruppe, vor mir in der Ferne sieht man die Hauptallee des Parks und hinter mir auch. Ich sitze im Schatten eines großen Baumes auf einer Bank, die ich alleine beanspruche. Ich suche die Einsamkeit. Ich wollte mich noch einsamer niederlassen, aber Joaquinito wollte nicht zu Fuß gehen, und ohne auf die Passanten zu achten und ohne auf etwas anderes zu hören als auf das Flüstern der vom sehr frischen Wind geschüttelten Äste, fange ich an.
Jetzt, das heißt heute auf den Tag genau, wenn ich mich nicht irre, sind wir genau ein Jahr hier. Um diese Zeit (zwölf Uhr) nahmen wir zum letztenmal eine Mahlzeit auf der *Montserrat* ein, die jetzt durch ein neues Schiff ersetzt wurde, an dessen Namen ich mich nicht erinnere. Ein Jahr, ein Jahr schon bin ich in New York. Ein Jahr voller Arbeit, Ausflüge und endloser Träumereien. Ich träume zu gern. Bedeutet das vielleicht, daß die Wirklichkeit zu traurig ist für mich? Ich befürchte es. Papas Abwesenheit wird zu sehnsüchtigen Wunschträumen. Aber verfolgen wir unseren Weg. Ich sagte ein Jahr, ein Jahr, seit wir hier sind, seit ich die Luft voller Ehrgeiz einatme, die New York beherrscht: und Gott hat mich davon verschont, ihr Opfer zu werden, denn der Ehrgeiz fordert zahlreiche Opfer. Wenn ich mich nicht irre, sind es zweieinhalb Jahre, die ich weit von Papa verbringe ...
Ich komme also immer auf Papa zurück und ich höre lieber auf, denn ich will nicht, daß mein Tagebuch so schwermütig wird wie ich.

17. August
Ich bin nicht mehr im Park, sondern im kleinen Wohnzimmer, das ich einst in meinem Tagebuch beschrieben habe. Thorvald lernt seinen Katechismus, Mama stärkt meine Schleifen. Ich bin gerade fertig mit meiner Arithmetik-Stunde, die mir Mama jeden Abend gibt. Wir gehen jeden Abend oben essen, und da führen wir Diskussionen. Carlos ist Deutscher oder vielmehr auf der Seite der »Boches«. Wir diskutieren stundenlang. Frankreich inspiriert mich zu guten Antworten, die ihn zwingen, klein beizugeben.
Ich schreibe jetzt ein kurzes Gedicht hier ab, das ich heute nachmittag im Park gemacht habe.

DIE RACHE

Glaubst du, herzloser Mensch,
Daß deine Verbrechen unbestraft bleiben?
Glaubst du, daß all das Unglück, all die Tränen,
Die du verursacht, die du in der Nacht begangen hast,
Glaubst du, daß es niemanden gibt, um deine Frevel
Mit dem Licht der Wahrheit zu erleuchten?
Glaubst du, daß deine schrecklichen Taten
Auf ewig in den Trümmern begraben bleiben?
Nein, und unter diesen Ruinen,
Die dein grausames Herz zu verantworten hat,
Gibt es noch jemand, der atmen kann
Und der eines Tages aus dem Grabe auferstehen
Und alle Opfer um sich scharen wird;
Dieser neue König der unterdrückten Völker,
Der unter Glockengeläut marschieren wird,
Es wird die Rache sein

ANAÏS NIN
*17. August in New York,
166 West 72nd St.*

20. August
Papa hat mir, bzw. hat jedem von uns, fünf Dollar fünfzig geschickt. Zugleich habe ich eines seiner letzten Bilder bekommen, eines im Profil. Wenn ich mich neben das Bild stelle, sagt Mama, ich hätte genau den gleichen Kopf wie Papa.
Auf alle seine Briefe antworte ich mit langen Briefen, in denen ich mein Leben in New York und alles, was ich tue, beschreibe, und in denen ich ihm in der Sprache des Gebetes den Wunsch ausspreche, er möge doch kommen; ich sage ihm: Wann endlich kann ich meine Pflicht als liebende Tochter erfüllen? Ich denke immer an Papa und ich sage oft laut vor mich hin: Lieber Papa. Meine Vettern nennen mich »die Ernste«, und heute haben sie gesagt, ich sei heiterer, weil ich eine Zeitlang mit einem Mädchen in meinem Alter Tennis gespielt habe. Ich kann machen, was ich will, ich sehe offenbar immer aus wie eine alte Jungfer. Mein Gesicht drückt zu sehr die traurigen Gedanken aus, die mich beschäftigen. Ich hätte lange geschrieben, aber da ich gerade einen Blick auf die Uhr geworfen habe, stelle ich fest, daß es halb zehn ist. Mama hat Kopfschmerzen und das Licht ermüdet sie. Ich höre auf, um diesen beiden Geboten zu gehorchen.

22. September

Wie lange ich mein Tagebuch nicht mehr aufgeschlagen habe! Aber mit welcher Freude ich mir jetzt sage: »Endlich, endlich ist dieser Augenblick der Ruhe gekommen!« Aber ich fange von vorne an. Am 13. September hat die Schule für uns ihre Tore geöffnet und uns in ihre Arme aufgenommen: Unterricht. Wir wurden alle in die Kapelle geführt, und inmitten einer großen Stille hat der Pater eine Predigt über die guten Vorsätze gehalten, die wir für dieses neue Schuljahr gefaßt haben sollten. Danach hat die Oberin, Sister Angelica, angefangen, die Namen der Schüler vorzulesen, die als Belohnung für gutes Betragen und Arbeiten in eine höhere Klasse gehen. Mein Herz klopft und ich denke an die Freude der Mütter meiner Mitschülerinnen, wenn sie verkünden werden: »Ich bin *promoted*«, und plötzlich wird auch mein Name ausgesprochen, und langsam folge ich den andern. Da denke ich an Mamas Freude, und das ist es, was mir am meisten Freude macht. Das neue Klassenzimmer ist kleiner, heller; viele Bilder an den Wänden; drei amerikanische Fahnen scheinen alle diese Kinder zu beobachten, außer mich und Thorvald, denn wir gehören einer anderen Mutter Heimat an, aber wir sind vom gleichen Herzen und vom gleichen Wort Vaterland beseelt. Kaum habe ich das Klassenzimmer angeschaut, schon kommt die neue Lehrerin herein. In diesem Augenblick vermisse ich Miss Bring und bin traurig, aber wie ich die Augen aufschlage, sehe ich ein Paar kleine, braune Augen, die mich ohne Strenge ansehen, und gleich im ersten Augenblick finde ich die Lehrerin sympathisch.

Sie ist klein und ziemlich mager. Ihre Gesichtszüge sind gleichmäßig, aber ohne Schönheit. Um den Mund herum hat sie ein ewiges kleines, sehr schlaues Lächeln. Von diesem Tag an beginnen ausgefülltere Tage, längere Unterrichtsstunden. Für die Arithmetik, die wir von elf bis zwölf durchnehmen, gehe ich in eine untere Klasse, um das Dividieren zu lernen. Die Spaziergänge finden regelmäßig von drei bis halb sechs statt. Wenn ich vom Park zurückkomme, reicht die Zeit gerade aus, um ein paar Aufgaben zu machen. Um sechs essen wir zu Abend und ich übe am Klavier, dann lerne ich meine übrigen Lektionen und gehe, manchmal müde, manchmal mit Bedauern, ins Bett. Heute bin ich fürs Klavierspielen entschuldigt und da habe ich sofort an mein Tagebuch gedacht. Papa hat mir eine Nummer der Zeitschrift *La Science et la Vie (Die Wissenschaft und das Leben)* geschickt, die ich heute morgen bekommen habe. Ich habe vor, ihm heute abend zu schreiben, wenn ich Zeit dazu habe.

Neulich am Abend ist Madame Quintero gekommen, und da Mama sie wie ein Familienmitglied behandelt, hat sie mir gesagt, ich soll ihr *Die Rache* vorlesen, wo sie doch sehr französisch fühlt. Sie hat die Schönheit meines Gedichtes so stark übertrieben, daß ich mich in meinem Tagebuch ein ganz klein wenig über sie lustig gemacht hätte, wenn dieses Lob mich nicht, ich gebe es ja zu, ein wenig erfreut hätte. Sie soll angeblich mit der Gräfin... darüber gesprochen haben, und diese möchte es in den *Annalen* oder in der *Gazette du Salon* veröffentlichen, denn sie soll angeblich musikalische Treffen veranstalten. Das ist aber nicht sicher, und wenn sie meinen traurigen Gedichtfetzen erst gesehen hat, wird sie gar nicht wissen, was sie sagen soll. Als ich am Mittag nach Hause kam und Mama mir das gesagt hat, da habe ich mir gedacht: dank der Eingebung... da ich nicht dank meiner Feder oder dank meiner selbst sagen kann. Auf diese Weise wird es also nicht meine Schuld sein, wenn es schlecht ist, sondern die Schuld der Eingebung. Es ist die einzige Möglichkeit, daß es ihre Schuld ist. Ich glaube, für heute abend habe ich genug geschwatzt.

....

Mit halbgeschlossenen Augen im Gras sitzend habe ich an Papa und an den Krieg gedacht. Soweit ich mich zurückerinnere, habe ich mein Leben neu überdacht. Vor meinen Augen, fast wie im Traum, habe ich mich erwachsen gesehen: Ich schrieb Geschichten, Papa und Mama waren bei mir, vor mir lag, wie mir scheint, das Meer. Danach wurde ich von dem Wasser sanft gewiegt, während ich Papa und Mama meine Eindrücke erzählte, und plötzlich stand ich auf und mir schien, daß ich sagte: Wie ich euch liebe, ihr zarten Worte, Papa und Mama. Und ich hörte wie ein Flüstern: Vereint. Aber ein Windstoß kam, die Bäume bogen sich und zwischen dem Wirbel von Herbstblättern sah ich, wie der Himmel schwarz wurde. Da durchfuhr mich ein heftiger Schmerz; die Blätter, das war mein Traum und der Windstoß, das war Wirklichkeit, der wirbelte sie auf und nahm sie mit, weit, weit weg, damit ich sie nie mehr sehen konnte, und der helle Himmel meiner

Träume war zum schwarzen Himmel der Wahrheit geworden, ja, der Wahrheit. Papa war nicht bei mir. Warum? Ich glaube, daß ich in mich hineinweinte, mit der Hand mußte ich meinen Kopf halten; mir war, als könnten meine Gedanken dem Sturm, der sie angriff, nicht widerstehen. Ja, und mitten in den tobenden Wellen schaukelte ein ewiges Warum? Warum? Warum? Ich sage mir, der Grund ist einfach: Papa hat seine Geschäfte in Paris, er kommt nicht hierher, weil er hier nichts zu tun hat. Er bleibt in Paris und wartet auf uns. Mein Herz macht einen Sprung und sagt: Nein, nein, aber es sagt nicht warum. Aber eines Tages werde ich wissen, warum. Mein Herz, das sich nie täuscht, hatte nein gesagt.

(?) Oktober
Ich bin im Central Park. Es ist ein wunderschöner Tag, aber seit ich wieder zur Schule gehe, ist die Sonne blasser geworden. Beim ersten Winterwind suchen die Vögel Schutz und schreien um Hilfe. Die Bäume werden langsam kahl und die vergilbten Blätter jagen durch die Luft, wirbeln in alle Richtungen und flüchten endlich in einem letzten Windstoß. Schon beeilen sich die Leute, wenn sie spazierengehen und gehen sofort wieder nach Hause zurück; sie stecken die Hände in die Taschen und sagen immer wieder: »It is cold today«; »I have to put on my big coat«; »The winter comes too early«, (Es ist kalt heute – Ich muß einen dicken Wintermantel anziehen – Der Winter kommt zu früh).

Ja, für mich vor allem ist der Winter zu früh gekommen, der Wind hat meine ganzen Träume verweht, diejenigen, von denen ich glaubte, es sei die Wirklichkeit. Der Schleier ist zerrissen, wie mein Herz, und ich muß immer wieder sagen: Papa wird nicht kommen. Warum? Heute glaube ich, darauf antworten zu können, und der finstere Satz klingt mir andauernd in den Ohren und verletzt mich: Papa und Mama sind böse miteinander, und plötzlich treten mehrere Bilder auf in meinen verzweifelten Vorstellungen. Papa war streng und oft wollte Mama vermitteln. Es waren zwei verschiedene Charaktere. Sie waren nicht füreinander geschaffen, und das hat sie getrennt, und tausend andere Dinge, die ich früher nicht verstand, sind mir jetzt klar. Ich verzeihe meiner Mutter, daß sie uns belügen wollte, um unsere Kindheit nicht zu zerstören. Aber jetzt habe ich nach und nach verstanden, weil Gott es so

wollte; die Wirklichkeit brach hervor, schmerzlicher, schrecklicher, denn ich war nicht darauf vorbereitet. Die Reise nach Spanien, um Großmama zu besuchen, das war die unvollständige Trennung, und das weckt in mir die Hoffnung, Papa und Mama wieder vereint zu sehen, bevor ich diese ungerechte Welt verlasse.
Sollte ich etwa das Werkzeug dieser Welt sein? Werde ich hierbleiben müssen und leben, um zuzusehen, wie sich der Bruch zwischen den beiden Menschen vollzieht, die ich am meisten liebe auf dieser Welt? Oh, mein Vertrauter, es ist mir so unendlich schwergefallen, dies zu gestehen. Daß ich Dich seit einiger Zeit nicht aufgeschlagen habe, liegt daran, daß ich dieses peinvolle Geständnis machen mußte, um nicht zu lügen.
Mein Geist war eingeschlafen, ich wollte nichts sehen, und heute, wider Willen... Es ist zuviel, zuviel. Gott hat die schwächste Stelle getroffen, er hat diejenigen getroffen, die ich liebte. Geheiligt sei sein Name, sein Wille geschehe, aber mein Tagebuch wird bei mir bleiben, und ich werde meine ganzen Schmerzen an ihm auslassen können. Die Zärtlichkeit einer Mutter kann mein gebrochenes Herz nicht trösten, nur die Wiedervereinigung könnte das. Zur Zeit beneide ich die Armen, die nichts anzuziehen und nichts zu essen haben, wenn nur bei uns die Familie wie ein Stein wäre, den nichts auflösen oder trennen könnte, und dies von Gottes Hand. Ach, wie glücklich sie sind, jene. Unglücklich sind diejenigen, die von der Hand der Welt getrennt werden. Jeder wird sterbend niederstürzen, wie ein Vogel ohne Schwingen, auf denselben Stein, den sie angebetet haben, auf dieselbe ekelerregende grausame Welt, die sie nachgeahmt haben, auf dieselbe Grabstätte des Vergessens, die sie selbst, mit eigenem Fleisch und Blut, erbaut haben. Man wollte Gottes Gebote verwerfen. Man wollte es besser machen, und was kam dabei heraus?
Was ist aus der heiligen Vereinigung von Mann und Frau geworden? Eine brutale Vereinigung, die wie ein Puppenspiel betrachtet wird, eine Puppenhochzeit, die sie auflösen, wenn es ihnen gerade einfällt, um wieder zu heiraten – wie ein Spiel. Scheidung, das ist der Titel, den man dieser niederträchtigen Schandtat gegeben hat. Wie könnte man den Baum von seiner Wurzel trennen? Der Baum, die Blätter sterben ab. Das eine geht nicht ohne das andere. Wie sollte man also zwei innig

vereinte Leben trennen können, zwei zusammengehörige Charaktere, den *einsgewordenen* Lebenshauch zweier Menschen? Beide Teile werden elend, unglücklich zugrunde gehen, wie der Baum ohne seine Wurzel. Heutzutage ist die Ehe wie alles in dieser Zeit geworden: Torheit, Leichtsinn, Eitelkeit, Rausch einer Jugend ohne Ende, und so kommt es dann: jung und alt und mittelalt, lauter Kinder, alles kopflose Menschen, die sich von den natürlichen Neigungen, von der Leidenschaft lenken lassen, die uns Gott gegeben hat, nicht um ihr nachzugeben, sondern um die versprochene Belohnung zu verdienen, indem wir diese Leidenschaft von uns weisen, indem wir gegen sie ankämpfen.

Nicht nur die Eltern werden durch die Scheidung unglücklich; was ist mit dem Schicksal der Kinder? Werde ich schließlich zu diesen Kindern gehören müssen? Ach, diese schreckliche Ungewißheit! Nein, oh, nein, es genügt noch nicht, daß Papa und Mama miteinander böse sind, aber wer sagt denn, daß die Scheidung kommen sollte? Mir graut's, wenn ich daran denke. Ich stelle mir meinen Schmerz vor, und wenn es dazu kommen sollte, spüre ich, daß ich nicht mehr die Kraft zu lächeln hätte, und dann werde ich sagen können: Die Scheidung ist das Schlimmste, was es gibt auf der Welt, trotz der vielen bösen Dinge, die es gibt.

Dann werde ich die Wahrheit dessen verstehen, was ich heute geschrieben habe. Aber gebe Gott, daß dieser Tag nie kommen möge, der Schöpfer gebe, daß unser Zuhause nie abstirbt, d. h. daß es nie zerbricht.

ANAÏS NIN

P. S. Nun habe ich diese Seiten mit etwas mehr Ruhe wiedergelesen; da habe ich gedacht, daß, wenn jemand diese Zeilen lesen sollte, wenn ich einmal nicht mehr bin (durch eine Indiskretion, die ich im voraus verzeihe), er dann sagen wird: Um auf diese Weise über die Scheidung nachzudenken, muß dieses Kind sich das irgendwo angelesen haben. Nein, trotz meines Alters kenne ich das Leben, ich kann die Welt schon beurteilen, wenn ich sie nur einmal gesehen habe. Hier und da ergibt sich ein Beispiel, und das sind dann meine eigenen Gedanken, meine eigenen Eindrücke, wenn Sie so wollen. Suchen Sie ein Buch, das die Scheidung verurteilt, in dieser Zeit, in der selbst schon Katholiken zu den Sklaven der Scheidung werden, und in der es so wenig Katholiken gibt!

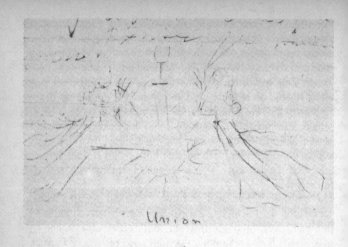

23. Oktober

Meine Tanten haben einen Monat in Kew verbracht, und nun sind sie zurückgekommen und haben genau über uns eine Wohnung gemietet. Ich habe mich gefreut, sie wiederzusehen und ich glaubte, daß wir einige Zeit zusammenbleiben könnten. Aber leider kommt es ganz anders. Nach einer Geschichte, die ich nicht kenne, hat Mr. Kings, der Hausbesitzer, gesagt, daß Mama gehen könnte, wenn sie wollte, und meine Tanten auch. Einerseits ist Mama ganz froh, weil die Wohnung ihr zu teuer ist, aber andererseits ist das eine große Arbeit für uns. Ich hoffe, daß sich die Dinge aufs beste regeln werden. Mama ist heute abend ausgegangen, um sich von Madame Quintero einigen Freunden vorstellen zu lassen. Ich bin alleine mit Joaquinito. Thorvald ist in Far Rockaway.

In der Schule habe ich den Preis für den besten Aufsatz bekommen über *Columbus* auf Englisch. Diesen kleinen Erfolg habe ich sofort Papa mitgeteilt. Dem Brief habe ich noch Gedichte beigefügt. Ich schreibe ihm lange Briefe und ich liebe ihn mehr denn je, denn er ist mein Papa und ich habe ihn lange nicht gesehen. Es tut mir so leid, daß er so weit weg ist!

Ich wollte meinem Vertrauten von einem Neffen meiner Tante Antolina erzählen, der hierher gekommen ist, um ins College zu gehen, aber er geht nach Kuba zurück, denn er will nicht in

New York bleiben. Er schien mir sehr sympathisch und sehr gebildet. Vor allem die erste dieser Eigenschaften wird selten, denn ich merke, daß es sehr wenig sympathische Leute gibt, aber vielleicht liegt es daran, daß ich anspruchsvoll bin – auch egal. Er ist erst fünfzehn Jahre alt, aber er ist groß, lang und stark, er heißt Miguel Antonio Riva. Er kennt die ganze Literatur, und es ist eine Freude, ihn reden zu hören. Ich habe mich geschämt, als Mama ihm meine Gedichte gezeigt hat. Ich hatte sie nur für mich alleine gemacht. Ich glaube, er hat sie aus Höflichkeit sehr hübsch gefunden. Amalia, die Hausangestellte meiner Tante, ist gekommen, denn sie wird hier schlafen. Ich höre also auf.

25. Oktober

Es ist alles ganz still. Ich habe mich ins Bett gelegt und schreibe trotzdem mit Tinte, weil ich ein Brett auf dem Schoß habe, das einen Tisch bildet.
Mama wurde eingeladen, in die Oper zu gehen, auch da wird sie Bekanntschaften schließen, die für ihre Geschäfte sehr nützlich sein werden.
Gestern ist Madame Quintero gekommen. Meine Tanten Antolina und Juanita, drei Herren und Miguel Antonio waren hier. Madame Quintero hat angefangen zu spielen. Merkwürdig, eine unendliche Traurigkeit überfiel mich und ich weinte und weinte, ich mußte meinen Kopf ins Kopfkissen stecken, damit man mein Schluchzen nicht hören konnte. Ich weiß nicht, warum ich immer weine, wenn die Töne lauter werden, da kommt mir der Krieg in den Sinn und aus meinem Herzen dringen Schreie nach Rache! Wenn die Musik, die Töne leiser werden, denke ich an die Glocken, ich denke mich in sie hinein usw. Alle Bitterkeit, alle Schmerzen, die sich in meiner Seele gestaut haben, fließen über. Besitzt die Musik den Schlüssel zu meinem Herzen?
Ich verstehe diese Sprache, es ist die einzige, die mein Herz nicht verletzt, es ist das einzig Angenehme, das es noch gibt für mich auf dieser Welt. Ach ja, es wurde alles entweiht, das Heiligste wurde für die Freude der menschlichen Leidenschaft zurechtgelegt. Es fehlt nur noch eins: die Entweihung dieser himmlischen Kunst, was bereits versucht und ausprobiert wurde, aber ohne Erfolg. Gott hatte Mitleid mit der Unschuld der Musik. Was meine ich mit Entweihung? Wenn ich von der

Entweihung der Musik spreche, meine ich, daß man sie in den Dienst toller Tänze stellt, daß man sie von Leuten begleiten läßt, die nicht singen, und daß man Chopin, Beethoven, Schubert, Grieg vernachlässigt zugunsten von Liedern ohne Melodie. Die wahre Musik wird leider zu einer Lampe ohne Docht, die langsam erlischt. Eine Schande! Auch das wird noch verlorengehen, wird untergehen. Nur Mut, ihr echten Künstler! Die Väter eures göttlichen Berufes bereiten für euch einen Altar, an dem euer Ruhm mit Klängen besungen wird, die so sanft sein werden wie diejenigen, mit denen ihr eine Zeitlang die Erde schöner gemacht habt.
Ich könnte noch viel mehr dazu sagen, denn ich bin die einzige, fürchte ich, die über all dies so denkt. Ich sage es niemandem außer meinem treuen Tagebuch, das ganz allein die Narrheiten seiner Anaïs verstehen wird, welche ihre Art zu denken, ob sie nun gut ist oder schlecht, auch nicht mehr ändern will.

26. Oktober

Es regnet und donnert, der Himmel ist schwarz, die Sterne sind verschwunden. Es ist spät, aber ich habe ein paar Minuten Zeit zum Schreiben. Dieses düstere Wetter stellt meine Seele dar. Der einzige Stern ist jetzt mein Tagebuch. Ich möchte ihm nicht meine finstere Sehnsucht vermitteln, denn mein Freund muß fröhlich sein, um mir Hoffnung zu machen.
Gewiß, ich glaube nicht, daß jemand die Traurigkeit verstehen kann, die in meiner Seele wohnt; ich lächle, ich lache wie alle andern, aber jedes Lächeln bedeutet eine Träne mehr, die sich in meiner Seele staut, bis diese Perlen der Bitterkeit auf den Tagebuchseiten platzen, auf denen sie dann zurückbleiben. Diese ganze Traurigkeit liegt in mehreren Dingen begründet.
Ich muß einsehen, daß Papa nicht kommen wird, bis ein glückliches Zusammentreffen stattfindet, wo jeder die Wirklichkeit seiner Torheit erkennen wird; die Torheit, sich wegen irgendwelcher Mißverständnisse zu trennen. Das ist sehr schwierig, ich kann es nicht tun und ich jammere über meine Unfähigkeit, die beiden Menschen zusammenzubringen, die ich liebe.
Das, was weit, weit weg von hier, in Frankreich, in Europa geschieht, das Blut, das fließt, das Beweinen von Toten, die Schlachten und Kämpfe, Frankreichs Name, der Helden ins

Leben ruft, über all das muß ich vor Ehrgeiz weinen – ich möchte für das Vaterland sterben. Aus Trauer um die Toten, aus Mitleid für die armen, trauernden Mütter weine ich, bete ich, hoffe ich, daß jede Schlacht für die ruhmreiche französische Geschichte eine Perle mehr bringt. Ich leide am Blut, das fließt, denn ich bin machtlos, es zu stillen. Ich will nicht einen Frieden, der für unser Vaterland Schmach und Schande bedeuten würde, aber ein so barbarischer Krieg könnte vermieden werden, wenn es in meiner Macht läge, Amerika und alle andern, die nicht am Krieg beteiligt sind, zu erleuchten, sie über ihre Pflichten aufzuklären, sie auf die Ehre hinzuweisen, die sie gewinnen könnten, wenn sie Frankreich dazu verhelfen, nicht zu fallen, ja wenn sie Frankreichs Ehre retten würden.
Dann wird das infame, barbarische Deutschland seinen allzu bunten, ich meine zu stolzen und herzlosen Adler, schamvoll verbergen müssen. Es wird rufen müssen: »Die Rache hat uns bestraft, und derjenige, der uns zur Ehrlosigkeit unseres Vaterlandes, unserer selbst geraten hat, der hat nun seine Belohnung!« Es lebe Frankreich! Und sie werden erkennen, daß sie schlimmer als die Indianer waren, das heißt Leute ohne Ehre, ohne Respekt vor den Gesetzen des Krieges, ohne Mitleid für die unschuldigen Mütter und Kinder, herzlos genug, um das Leben unserer belgischen Heimat zu zerbrechen, so gewissenlos, daß sie die Stätte des himmlischen Herrschers angezündet haben; kein Jahrhundert hat so schändliche Taten wie die Deutschen vollbracht. Ihr Land wird aufgeteilt werden wie die Kleiderfetzen eines niederträchtigen, grausamen Königs, der König der deutschen Brutalität, genannt »Boche«, und »Bouchon« von mir, denn er war taub vor der Empörung ganz Europas.

27. Oktober
Damit man sich nicht mehr über mich lustig machen kann, lerne ich zur Zeit die *Marseillaise* ganz auswendig; auf diese Weise werden meine Vettern wissen, daß eine Französin, wenn sie will...
Bei den Worten: »Zittert, Tyrannen« usw. habe ich das Gefühl, daß sie gegen den unwürdigen Kaiser gerichtet sind. Ach, wenn er Marat wäre, und wenn ich Charlotte Corday wäre... Soviele »Wenn«. Ja, ich bin so weit, daß ich Charlotte um ihr Schicksal beneide. Wenn sie leben würde, ach, wie sie diesen Nachkommen von Marat strafen würde, diesen unwürdigen Kaiser, der

seinem Land Schimpf und Schande macht! Aber leider ist sie im Himmel, und das einzige, was sie tun kann, das ist, die rächende Hand zu führen, aber da diese rächende Hand nicht kommt, denkt Charlotte vermutlich: »Muß ich denn selbst kommen?« O du, die du den Tyrannen, den früheren Tyrannen, getötet hast, komm, ach komm, niemand hier ist in der Lage, dich nachzuahmen; obwohl wir Franzosen sind, können wir es nicht.

Mein Herz ist bereit, jedes Opfer zu bringen, ich zittere nicht und ich rufe nach der Rache, ich bebe vor Ungeduld, ich bin bereit, mich in den Kampf zu stürzen, ich habe Flügel, aber ich habe nichts, was diese Flügel festhält, was sie lenkt. Ja, ich muß es immer wieder sagen: Mein Herz ist das Herz einer Heldin, welche Charlotte Corday nachahmen möchte, aber meine Kraft und meine Größe sind diejenigen einer Unwürdigen, die dazu geschaffen ist, sich verhätscheln und verwöhnen zu lassen. Es gibt einen ständigen Kampf, aber die beiden sind sich einfach nicht einig! Warum hat mich Gott denn überhaupt geschaffen, wenn ich doch zu nichts nutze? Aber ich ändere mich nicht, demzufolge will ich versuchen, nicht mehr daran zu denken. Ich werde mich bemühen, den Auftrag, den einzigen Auftrag zu erfüllen, wozu ich mit meiner Größe und meiner Kraft in der Lage bin: Ich will ein kleines Mädchen bleiben, das ganz für seine Mama lebt, das bei der Arbeit fleißig ist und später einmal seine eigenen Kinder pflegen wird. Nein, nein und nochmals: nein. Ich spüre, daß ich mit meinem Charakter keine gute Mutter sein könnte und es ist mir lieber, keine zu sein. Ich will frei bleiben, frei, um alleine zu weinen über meine jämmerliche Kleinheit, die verbunden ist mit einem Herzen, das keine Grenzen kennt beim Erträumen von Ruhm, fernen Heldentaten und französischem Ehrgeiz.

Miguel Antonio ist katholisch, aber modern. Damit meine ich, daß er weiß, daß nicht alle Priester Heilige sind. Er hat die Heilige Hostie nur am Tag seiner Erstkommunion zu sich genommen, und trotzdem verehrt er Gott womöglich mit mehr Respekt als einige Christen, die zur Kommunion gehen wie zu irgendeiner lästigen Pflicht.

Von seinem Charakter kenne ich nur ein paar Seiten. Ich finde, er ist geduldig und still und mir scheint, daß er einen Abend

lieber lesend am Kamin verbringt als auf einem fröhlichen Ball, genau wie ich.
Die Erinnerung an Miguel Antonio wird sich nie aus meinem Gedächtnis löschen lassen. Ich werde mich an ihn als einen Freund erinnern, einen Verbündeten, einen Mann, den Reichtum nicht blind gemacht hat und der sein Geld für Dinge ausgibt, die meines Erachtens allein dazu in der Lage sind, einen Augenblick des Traumes und des Friedens zu bieten, und das sind das Lesen und die Literatur.

Ich habe gerade den *Blauen Vogel* von Maeterlinck gelesen, und als Tyltyl nach langem Laufen, Suchen, Herumreisen wieder nach Hause kommt und den blauen Vogel findet, da habe ich mir gedacht, daß wir unser Glück oft in der Ferne suchen, wenn es doch ganz in unserer Nähe ist, und nur darauf wartet, uns zu beschützen.

15. November
Es ist eine große Veränderung eingetreten. Wir haben die 166. West 72nd St. verlassen und wohnen jetzt in der 219. West 80th St. in einer hübschen kleinen Wohnung im dritten Stock. Sie ist fröhlich und ganz weiß. Der Ausblick ist nicht sehr poetisch, das findet man nie in New York, aber wir haben den Park nebenan und den Riverside in der Nähe. Wir gehen weiterhin in dieselbe Schule. Ich war sehr froh, als ich die Wohnung sah. Ich hatte das Gefühl, daß ein neues, geordnetes Leben beginnen würde und leichten Herzens, mit neuen, guten Vorsätzen, habe ich Mama geholfen, die Koffer auszupacken. Wie durch Zufall wurde Papas Bild ins Zimmer gestellt. Als ich daran vorbeiging, schien mir, daß sich sein Blick auf mich heftete, und da wurde ich traurig und dachte, daß dies schon wieder ein Platz sei, wo Papa nicht bei mir sein würde. Alles wurde finster, meine Fröhlichkeit verschwand und eine schreckliche Traurigkeit umgab mich. Warum mußte denn dieser Gedanke in diesem Augenblick kommen, wo ich doch gerade fröhlich sein wollte. Bin ich denn dazu verurteilt, immer nach dem Glück zu weinen, nach diesem Glück, das allen Kindern gewährt ist, dem Glück, zusammenzusein, zusammenzuleben mit der ganzen Familie. Gestern abend schrieb ich an Großmama und erzählte ihr von meinen Gedichten: die Glocken meiner Gedichte sind die Glocken der Mobilmachung,

aber in meinem Herzen erklingen auch langsam, traurig und einsam die Glocken des traurigen Lebens.
Ja, trauriges Leben! Anstatt von meiner Zukunft zu träumen, muß ich immer mit der Sehnsucht leben, muß ich die anderen Kinder beneiden. Und ich suche sogar, ja ich gebe es zu, ich suche ein Mittel, die beiden Menschen wieder zu vereinen, die ich am meisten liebe auf Erden; das würde sie glücklich machen, und für mich, oh, für mich gäbe es nichts mehr zu wünschen, nichts mehr, denn danach würde ich an meine Zukunft denken, die vermutlich diejenige einer Einsamen sein wird, denn ich spüre, daß ich aus der Welt flüchten muß, denn niemand wird mich lieben, das spüre ich, denn mein Charakter wird mich sicher unglücklich machen und niemand wird jemals mit mir leben oder mich begleiten wollen, und deshalb werde ich dann mein Tagebuch doppelt lieben, denn von ihm werde ich nie verlassen werden.
Heute hat uns Marraine ins Kino mitgenommen. Wir haben *Das Leben von Edgar Poe* gesehen. Oh, ich habe geweint, ganz aufrichtig geweint über dieses traurige Leben. Ich habe seinen Schmerz verstanden, als er Virginia, seine Frau, verlor, und mir scheint, daß dieses Leben voller Illusionen und Träume, das er geführt hat, auch mein Leben sein wird. Ja, ich werde von Träumen leben, denn die Wirklichkeit ist zu grausam für mich. Mir scheint, daß ich zu denen gehören werde, die niemand versteht, wie Edgar Poe, aber er wurde dann verstanden, danach, während ich niemals verstanden werde. Ich denke entgegengesetzt von allen Leuten. Ich bewundere die Alten, die sagten: Allem voran die Ehre. Ich hasse die modernen Gesetze, die die Scheidung erlauben, um die Familien zu zerstören. Und mir scheint, daß, wenn ein Mann mein Herr sein sollte, mir scheint, daß ich ihm ergeben wäre; und selbst wenn er mich betrügt, scheint mir, daß ich niemals einen andern lieben würde, niemals. Und mir scheint, daß, wenn ich mich scheiden lassen müßte, ich dann lieber sterben würde, denn mir scheint, daß es gegen die Ehre wäre. Oh, wie ist das möglich, daß man zusammen eines Tages eine Ehe schließt und eines anderen Tages kommt es dann soweit, daß man sich haßt? Ich habe nur ein Herz, ein Versprechen, eine Antwort und eine vollbrachte Tat, nie werde ich das Gegenteil tun. Mir scheint, daß es unmöglich ist, seine Gedanken derart zu ändern, und wenn das so ist, dann werde ich sagen: Diese Gedanken sind alle falsch,

sie kommen nicht aus dem Herzen, das nur ein Denken kennt und sich nicht so verändern kann.

17. November
Wenn ich traurig bin, ist mein Tagebuch das einzige Wesen, mit dem ich lächle. Heute sind meine Tanten abgereist, und wieder bleiben wir allein. Ich bin immerhin ganz glücklich, wenn ich bedenke, daß Marraine noch einige Zeit hier bleibt, aber trotzdem bin ich traurig, daß Tante Antolina weg ist.
Sie sind mit dem Zug abgereist, und ich konnte sie heute morgen nicht sehen, erst kurz vor acht sind wir Auf Wiedersehen oder eigentlich Adieu sagen gegangen. Als Miguel Antonio mir die Hand geschüttelt hat, habe ich gedacht, daß ich solche Hände – die eines ehrlichen, gebildeten, respektvollen Ehrenmannes – nicht oft schütteln werde, denn diese Tugenden sind selten, jetzt, da sich alles »die moderne Zeit« als unwürdige Mutter gewählt hat, ein Ausdruck, der alle Laster beinhaltet, alle Unehre, die Entweihung des Heiligsten durch die Zeit, die Sitten, die Leute, die modernen Gesetze.
Als ich zum erstenmal seine Gestalt sah, spürte ich, daß meine Sympathie echt, aufrichtig war. Das geschieht immer, das ist doch natürlich, alle Freunde sind aufrichtig. Nein, für mich nicht. Ich bin wählerisch, und obwohl ich viele Leute kennengelernt habe, obwohl ich mit vielen Leuten zu tun hatte, ist aus dieser Masse von Charakteren doch nur eine ganz kleine Gruppe übriggeblieben.

18. November
Nach einem ganz einfachen Tag, nachdem ich meine Lektionen gelernt, gestrickt und gelesen habe, komme ich endlich dazu, ein wenig mit meinem Tagebuch zu plaudern. Da ist eine Sache, worüber ich nachdenken mußte: Ich fühle mich anders als alle anderen Leute. Ich habe bemerkt, daß kein Kind aus meiner Klasse, meines Alters, so denkt wie ich. Sie sind sich alle irgendwie ähnlich, in allem stimmen sie überein. Ich weiß nicht, wie es mit den Gedanken der Leute ist, mit dem Leben der Modernen, den Zielen aller Herzen. Anstatt daß sie meine Brüder wären, sind es alles Fremde. Meine Wünsche, meine Träume, mein Streben, meine Einstellungen sind ganz anders. Warum bin ich nicht wie alle anderen? Wie ich zufällig ein paar Zeilen aus diesem Heft überflogen habe, da habe ich mir

gesagt: Ja, diese Gedanken sind meine Gedanken, aber sie sind ganz entgegengesetzt. Bin ich womöglich ein *Original*, wie man so schön sagt? Wird mich die Welt wie einen komischen Vogel betrachten? Wenn ich auf diesen Seiten so meine Eindrücke wiederentdecke – gewiß, ich wollte nicht dem, was man heute denkt, widersprechen, und doch, wenn ich es wieder lese und mich in die Rolle einer Geschiedenen, einer Frivolen, einer wilden Verschwenderin einer, die nur die Freuden mag, kurz, einer heutigen Frau versetze, dann denke ich, daß meine Gedanken dem, was man Glück nennt, zuwiderlaufen. Ich schimpfe über die Scheidung, ich übe Kritik an den eitlen, gefallsüchtigen Frauen, ich verachte das Moderne. Es wäre besser, wenn ich verborgen und arm leben würde, denn mit solchen Einstellungen wird man mich verstoßen, das ist ganz natürlich. Aber trotzdem, es wird mir nicht leid tun. Wenn ich diese Seiten immer und immer wieder lese, dann freut es mich, sagen zu können: Das ist eine besondere Geschichte. Was soll's, wenn niemand sie versteht! Schreibe ich denn für alle? Nein! Nur für mich, für mich ganz allein, meine Sprache ist unbekannt. Welch eine Freude, wenn man mich verachtet, mein verborgener Schatz gehört eben nur mir. Wenn das Ende einmal kommt, dann werde ich diese Seiten verbrennen, und die auf diese Seiten gekritzelten Gedanken werden mit derjenigen, die sie ausgesprochen hat, in der Ewigkeit weiterleben.

Gewiß, wenn mich jemand versteht, wenn jemand diese widersprüchliche Sprache vernimmt, diese ganz neuartigen Eindrücke, diese Gedanken, diese schwärmerischen Träume, die mit mir den langsamen Berg meines Lebens besteigen, gewiß, es würde mich freuen! Da dies aber nicht eintreten wird, betrachte ich diese Eindrücke als mein Eigentum. Wenn sie aus Unachtsamkeit nach mir weiterbestehen sollten, werden sie mehr wissen als ich; nachdem sie dann noch eine Weile auf Erden herumgelegen haben, nachdem man sie vielleicht gelesen und verachtet hat, werden diese Träume sterben. Sie werden ohne Flügel nicht mehr herumflattern können, denn diese Flügel werden, wenn ich einmal weg bin, diese Welt noch ein letztesmal verfluchen und dann aufsteigen ins Unendliche, wo sie sich mit der einzigen Seele, die sie verstanden, empfunden, geträumt hat, vereinigen werden. Auch wenn ich meine Gedichte schreibe, will ich nicht bewundert werden; ich möchte nicht, daß sie gelesen werden, sie gehören mir, mir ganz allein. Ich werde sie lesen, um mich an das zu erinnern, was ich gefühlt habe, aber sie werden diese Welt mit mir verlassen, denn sie sind nicht dafür geschaffen, sondern für den Traum, das Unendliche, für den Horizont und das Vergessen, das ihr Herr sein wird.

23. November
Mama hat Besuch. Ich habe im Schlafzimmer das Licht ausgemacht, und da nun Mama meine Traurigkeit nicht sehen kann, habe ich das Fenster geöffnet, mich in einen dicken Schal gehüllt, denn es ist kalt, und lange die kalte Abendluft eingeatmet. Die Aussicht ist nicht sehr schön: eine schmutzige Garage, zwei hohe Häuser, und gegenüber noch ein Haus, ein ganz schwarzes, trauriges. Das war so traurig zusammen mit meinem tiefen Schmerz, daß ich die Augen in einem Gebet zum Himmel gerichtet habe. Der dunkelblaue Himmel schien stumm diesem Gebet gegenüber, obwohl es so inbrünstig war. Ich bin, ich fühle mich unglücklich. Um mich zu erleichtern, weine ich, aber dann schäme ich mich und trockne schnell meine Tränen; dann habe ich die Augen zugemacht, den Kopf gesenkt, und wie unter einer schweren Last geknickt bin ich so stehen geblieben und habe in diese geheimnisvolle Nacht hinaus meine ganze Bitterkeit, meinen tiefen Schmerz ausgeschüttet, diesen unaufhörlichen Schmerz, den keine Medizin heilen kann und der mein Herz verletzt, der aus meinem Leben einen einzigen Schmerzensschrei macht. Aber plötzlich taucht vor mir das Bild des jungen Miguel Antonio Riva auf, und mir scheint, daß er mich mitleidsvoll anblickt. Warum überrascht mich sein Bild in den Augenblicken der schmerzlichen Träumerei? Und doch bin ich nicht mehr so traurig, ich beginne an ihn zu denken, ich erinnere mich an den ersten Augenblick unserer Begegnung, als Tante Antolina ihn mir vorstellte: Er verbeugte sich und gab mir lächelnd die Hand. Ich erinnere mich gern an seine Worte, an die Antworten auf die Worte meiner Tante: »Das ist die Französin.« Er sagte: »Sie ist hübsch.« Er schien es ehrlich zu meinen, das war das erstemal, daß mir jemand so was sagte.

Ach, mein Tagebuch! Was ist denn mit mir los? Wie und warum muß ich ständig von Miguel Antonio sprechen? Wie kommt es, daß die Erinnerung an ihn die sich aus meinem

Herzen ergießende Bitterkeit unterbrechen kann? Warum vermochte sein Bild meinen Schmerz zu lindern? Was ist das für eine Leidenschaft, die mich aufwühlt? Ich erinnere mich an den Text eines Liedes »Flieht, junge Mädchen, die Liebe«. Oh, was für ein großes, übertriebenes Wort, ich übertreibe, oh, ich bin bestürzt. Schon darüber zu schreiben verwirrt mich und ich sage mir: Oh, flieh hinweg von mir, du kannst nicht mein

Freund sein. Ich verwerfe also diese ganzen Dummheiten und diese Torheiten und ich wiederhole die einzig wirkliche und einfache Wahrheit: Miguel Antonio war mir einfach lieber als alle Freunde aus meinem – natürlich sehr kleinen – Bekanntenkreis. Wo ist mein Standort auf dieser Welt?

Meine Augen werden lebendig, ich will mit meinen Blicken die dunkle Nacht durchbohren, in der die Geheimnisse der Zukunft verborgen liegen, und ich verwerfe einen glücklichen und törichten Jugendtraum und sage mir: Mein Platz ist der einer Verworfenen, einer Verachteten, die niemand liebt. Das ist streng, aber auf diese Weise kann meine Seele, vom Diesseits befreit, sich ins Unendliche erheben, in den blauen Himmel, in die Welt der Träume. Das »Leben« – ein Wort, das allen Schmerz und alle Leidenschaft zusammenfaßt, die uns gefangennehmen und uns erst mit dem Tod verlassen. Das »Leben« – ein finsteres Wort, das auf meinem Herzen lastet, das sich nähert. Es beginnt, das Leben, wenn man erwachsen ist, ohne Eltern, um es zu beeinflussen. Mein Leben nähert sich. Bald werde ich Papa und Mama unterstützen müssen. Ich werde leben müssen, *ich*. Wenn man mich verachtet, wird das Leben für mich etwas Verschmähtes sein. Das Leben wird nicht mehr mein Partner sein. Der Traum, das ist mein Leben; der Traum, ein Leben, das den Einsamen, wie ich es sein werde, unterstützt, denn ich sage es noch einmal, kein Mann wird mein Herr sein wollen. Ein Charakter wie meiner ist dazu geschaffen, nur mit der Einsamkeit vereint zu leben.

Neulich am Abend wurde das geheizte, hell erleuchtete Wohnzimmer plötzlich still. Mama war am Lesen, Thorvald auch, Joaquinito übte fleißig das Alphabet und ich strickte. Beinahe wäre ich in Tränen ausgebrochen und hätte meine Traurigkeit gezeigt. Der Gedanke, der diesen Augenblick gestört hatte, war folgender:

Papa allein fehlt mir, oh, Papa, Papa, wie oft entwich meinen Lippen dieser Ruf, wie ein Hilfeschrei. Papa, Papa! Komm doch, komm, laß mich glücklich sein, laß mich in der Wirklichkeit leben.

24. November
Ich will hier verschiedene Gedichte abschreiben, die ich in den letzten Wochen gemacht habe.

BLAU, WEISS, ROT UND FREIHEIT

Auf der staubigen Straße leistet ein blasses Kind
Widerstand dem kalten Wind;
Es trägt ein Bündel auf der Schulter;
Seine blonden Locken wippen hin und her
Über diesen unglückseligen Schultern;
Die Augen voller unschuldiger Tränen
Sagten zu deutlich, welche Qualen sein elternloses
                                        Herz erlitt –
Elternlos: ich meine,
Ohne die zärtlichen Liebkosungen einer Mutter,
Ohne den Schutz eines Vaters;
Wo ging es hin,
Das Unglückliche, Obdachlose,
Ohne Angst vor der Gefahr,
Wie ein echter kleiner Franzose
Marschierte es. Das Licht,
Dem es folgte, war die Pflicht.
Es wollte seine zarten Mädchenlocken
Unter einem schönen Käppi verbergen
Und seine zarten Hände sollten die Trommel rühren.
Wie so viele andere hat es seinen Kriegsruf ausgestoßen:
»Auf, Franzosen, wir wollen unser Land zurückerobern!«
Und sein Herz wurde zu einem glühenden Feuer,
Das den langen Stab aus Stahl schmiedet,
Das an seinem Ende das stolze Symbol
Des Vaterlandes tragen wird:
Blau, weiß, rot und Freiheit.
Wie im Traum
Sah das Kind Schlacht und Kanone,
Heldenhaften Tod und unentwegten Mut,
Und um nicht zu erliegen
Auf seinem Weg als Soldat,
Drückte es auf sein Herz
Das Symbol der Ehre,
Blau, weiß, rot und Freiheit.

(Oktober 1915)

DIE GLOCKEN

Ding, dong, ding,
Manchmal läuten sie fröhlich,
Die Kindheit in den Schlaf wiegend,
Ding, dong, ding,
Die Jahre zählend
Sowie die Schönheit der Natur,
Mit den Tönen der alten Orgel Schritt haltend,
Die Lieder der Engel begleitend,
Ding, dong, ding,
Das Jammern des Windes übertönend,
Die Herzen jederzeit rufend
Wie ein Licht
Und mit ihrem sanften Geläut für manchen die
      Stimme der Mutter ersetzend.
Ding, dong, ding,
Die Töne werden schmächtiger;
Die Glocken sind schon alt,
Aber trotzdem immer singend,
Bis daß ihres Lebens Kette gebrochen.
Und ding, dong, ding,
Die Glocken läuten und läuten,
Jedoch, welch' Überraschung, kein Schritt erklingt
Auf den Stufen der kleinen Kirche,
Und anstelle der fröhlichen Familien
Tritt in die Kirche eine weinende Mutter
Und ein armes Mädchen, das Gott mit Rührung von
      seinem Unglück erzählt;
Ding, dong, ding,
Bedächtig, traurig und einsam läuten die Glocken;
Mit gebrochenem Herzen
Blicken sie auf den brennenden Horizont,
Auf das sterbende Dorf.
Und da, ohne daß jemand zugegen wäre, sie zu
      beweinen,
Stürzen sie sich vom Turm herab
Und mitten im Feuer und im Rauch
Zerschellen und sterben sie, auch sie, für das Vaterland;
Träumend wiederholt das Echo
Ding, dong, ding,

Aber die Glocken antworten nicht mehr.

ANAÏS NIN
*(Geschrieben am
13. Oktober 1915)*

GRAUSAME FAHNE

Grausame deutsche Fahne,
Sinnbild der Tyrannei,
Deine dunklen, grausamen Farben
Führen Europas Hohngelächter herbei.
Unter der Vormundschaft des Adlers,
Blindes, ehrloses Deutschland,
Von herzlosen Menschen bevölkert,
Geführt von einem neuen Marat,
Der ohne Mitleid zuschlägt
Auf alles, was Kunst ist und Schönheit:
Wenn du dich einmal wiederfindest, wird es zu spät sein.
Die Kinder strecken dir ihre unschuldigen Fäuste entgegen,
Der empörte Himmel bedeckt sich in der Ferne mit Wolken,
Die weinenden Mütter werden dir das zerstörte Zuhause
Und deine schreckliche Kanone nie verzeihen.
Deine Kanone, die für alle Ewigkeit ihre Herzen gebrochen
Und ihr Unglück zu verantworten hat.
Gott wird dich treffen mit dem Schwert der Gerechtigkeit,
Und deine ganzen ehrgeizigen Träume
Werden sich zum tiefen Abgrund verwandeln,
In den dein elender Adler,
Verwirrt, beschämt, sterbend,
Sich selbst hinabstürzen wird.
Singend wird Europa dann rufen:
»Danke, danke, komm zurück,
Da der Tyrann verschwunden;
Komm zurück, geliebte Freiheit.«

ANAÏS NIN
*(Geschrieben am
5. Oktober 1915)*

24. November
Nach dem Abschreiben meiner Gedichte habe ich festgestellt, daß es noch nicht spät ist und beschlossen, noch ein paar Zeilen

hinzuzufügen. Ich fange wieder ein neues Heft an und bin neugierig, ob eine dieser Seiten mit der Ankunft von Papa die Nachricht meines Glücks erfahren wird. Mit welcher Inbrunst wiederhole ich in meinem Abend- und Morgengebet folgende Worte: »O allmächtiger Herr, Du, den man gnädig nennt, mögest Du, Gott der Barmherzige, das Eis brechen, das meine Eltern voneinander trennt. O Jesus Christus, ich verspreche Dir, daß ich dafür mein Leben lang das kleine Perlmuttkreuzchen tragen werde, das mir meine geliebte Mutter geschenkt hat. Es wird ein erneuter Beweis Deiner Milde sein, o göttlicher Retter, und mein Herz wird wiederholen: Gerechter und gnädiger Jesus, gib mir Deinen Segen, ich schenke Dir mein Herz und mein Leben.«

Gestern abend habe ich folgendes geträumt:

Ich saß an einem Tisch, der ganz mit Papieren bedeckt war. Von einer unsichtbaren Kraft gelenkt stand ich auf und öffnete eine sehr schwere Tür. Ich sah ein Bild, welches das Familienleben darstellte. Aber es verschwand, und ich glaubte folgendes lesen zu können, in dicken Lettern geschrieben: Dies ist nicht euer Platz. Da überfiel mich ein großer Schmerz. Mit langsamen Schritten und gebrochenem Herzen ging ich zur anderen Tür und öffnete sie. Es war die Welt voller Lichter, voller bitterer Freuden, und ich sagte: Gegen wen wirst du kämpfen? Gegen die Welt werde ich kämpfen. Das ist mein Schicksal. Ich werde also nur leben um diese Welt zu verfluchen. Kein Glück auf Erden ist mir erlaubt! Ach, das ist so schwer! Da kam eine schwarze, reich gekleidete, aber fürchterlich elend aussehende Erscheinung und ein bleiches Licht erleuchtete das finstere Wort: das Leben.

Die Gestalt betrachtete mich voller Haß, ihre Krallen gruben sich in meine Schultern und mit schauerlichem Stöhnen umfaßte sie mich in dieser grausamen Umarmung.

Ich erwachte schweißgebadet, aber dieses Wort »das Leben« blieb in meinem Herzen eingeprägt, um mir den Weg des Leidens zu zeigen, den ich werde gehen müssen. Träumen wir nicht mehr vom Glück, sondern kämpfen wir mit der Wirklichkeit! Dies ist mein Ruf, aber es gibt kein Echo, ich will träumen. Und meine Seele sucht den Weg zwischen Traum und Leben. Was ist das beste? Ich werde darüber nachdenken.

26. November
Ich sitze auf einer Bank. Vor mir liegt der Hudson, eine breite, dunkelblaue Wasserfläche, deren Farbe vom dunstigen Grün bis zum traurigen Grau reicht. Heute spiegelt sich der blaue, von einer warmen Sonne erleuchtete Himmel im ruhigen, glänzenden Wasser. Im Hintergrund ist New Jersey sichtbar, dunstverhangen, in der Gestalt eines grünen Berges mit kleinen weißen Häusern. Aber wenn es klar ist, sieht man zahlreiche Fabriken mit ihren hohen, roten Schornsteinen. Von Zeit zu Zeit wird der Frieden durch eine Schiffssirene gestört. Manchmal trägt der Wind auch Stimmengeflüster zu mir her, Befehle, die von den Leuten der Eisenbahn erteilt werden, die unter mir vorbeifährt, denn ich befinde mich auf einer kleinen Anhöhe, die all das, was ich gerade beschrieben habe, beherrscht. Ich bin mit Thorvald und Joaquinito hier, die laut um mich herum spielen, aber ich bin ganz mit meinen Gedanken beschäftigt. Ich schreibe und schreibe; in nervöser Anspannung führt meine Hand den Bleistift, mit welchem ich meine Eindrücke beschreibe.

Nach langem Zögern habe ich mich dazu entschlossen, die Frage zu beantworten: Träumen oder Leben, was ist das beste? Bevor ich schlafen ging, habe ich die groben Züge meines Lebens nachvollzogen. Meine Geburt und gleich danach eine schreckliche Typhuserkrankung. Später, als ich größer wurde, litt ich schweigend bei jeder Tournee von Papa, die uns für lange Monate trennte. 1912 bekam ich dann mehrere Anfälle, die mit einer schweren Blinddarmoperation endeten, von der man glaubte, daß sie bereits an einer Toten vollzogen wurde. Ich litt genauso wie Mama, wenn ich sie so traurig sah, obwohl sie sich alle Mühe gab, es zu verbergen. Zu meiner Genesung reisten wir nach Arcachon und wohnten in der Villa »Les Ruines«. Welch traurige Szenen zwischen Papa und Mama! Sie prägten sich für immer in meine Gedanken, die unfähig waren, zu verstehen. In jenem schauerlichen Monat Juni, wenn ich mich nicht irre, ging Papa auf Tournee und Mama kam nach Spanien. Ich war weit davon entfernt, den Grund dieser Reise zu verstehen, die sich inzwischen in meiner Erinnerung festgesetzt hat, als die traurigste Zeit meines Lebens, bisher zumindest, denn Gott scheint mich weiterhin auf die Probe stellen zu wollen.

Im August 1913, am 13., hatte ich meine Erste Heilige

Kommunion, die ich in makelloser Erinnerung bewahre, aber heute verstehe ich nicht mehr, wie ich einen glücklichen Tag erleben konnte, wo doch mein Vater nicht da war. Aber mein Glück kam wohl daher, daß mein Herz dem Himmel gehörte und das Leid dieses grausamen Lebens nicht spüren konnte. Später war dann die Abreise aus Spanien ebenfalls ein trauriger Tag, den die Zeit gelindert hat. In New York begann ich in meiner Einsamkeit zu verstehen, ich dachte nach, und in diesem Land habe ich die Macht des Unglücks erkannt, das auf mir lastet, ohne die Gründe zu verstehen. Für mich kann das Leben keinen Anreiz mehr haben und ich finde, daß das Träumen, das bis jetzt mein Leben regierte, mein einziger Führer sein kann. In den Augenblicken der allertiefsten Verzweiflung mache ich die Augen zu und reise in die fernen Gegenden, wo nichts das glückliche Leben trüben kann, das ich dort zu führen glaube. Ich erschauere, ich verabschiede mich von meinem Tagebuch nach diesem traurigen Geständnis, das mich an die vergangenen unglücklichen Jahre erinnert und füge hinzu, daß mir Träumen lieber ist als Leben.

27. November

Rafael Balzac, der Bruder von Alicias Mann, hat uns um drei abgeholt. Ich habe seine Schwester Carmen kennengelernt, ein sympathisches junges Mädchen. Nach einer Viertelstunde waren wir alte Freundinnen. Wir gingen ins Vaudeville und anschließend waren wir bei Alicia zum Essen. Schwer beladen mit Bonbons und Schokolade kamen wir zurück. Morgen, Sonntag, ist der letzte freie Tag, denn nachdem Donnerstag Thanksgiving war und Samstag und Sonntag sowieso immer frei sind, hatten wir den Tag in der Mitte, den Freitag, auch frei. Mama ist ausgegangen und Marraine ruft mich. Ich gehe ins Bett.

5. Dezember

Gestern hat uns Marraine verlassen; wir sind sehr traurig, denn sie hinterließ eine große Leere. Sie hat mir als Weihnachtsgeschenk eine hübsche Schachtel Schreibpapier dagelassen.

A propos Weihnachten, New York ist sehr lebendig geworden, es ist nicht diese emsige Aufregung der Leute, die dem Geld oder den Freuden hinterherlaufen, sondern die Aufregung der

Leute, die sich auf einen großen Tag vorbereiten. Die Geschäfte betreiben einen märchenhaften Luxus: Die verschiedensten Spielsachen, die einen schöner als die andern, breiten sich in den Schaufenstern aus, unter den begierigen Blicken der Armen und den freudigen, ungeduldigen Blicken der Reichen. In der Schule sind die musterhaftesten Klassen die schlimmsten geworden. Bei den Prüfungen gab es die schlechtesten Ergebnisse und die Lehrerin, die Oberin, alle sind ärgerlich, aber das ändert nichts. Anstatt zu lernen, denken die Schüler an das, was Santa Claus ihnen mitbringen wird.

Ich und Thorvald, wir waren gut, wir haben unsere Lektionen gekonnt. Aber natürlich hat mich das nicht daran gehindert, vor dem Schlafengehen lange zu träumen. Als ich diese Vorbereitungen zur allgemeinen Freude sah, wurde mir weh ums Herz, und in Gedanken sah ich dieses erträumte Weihnachten, diese liebliche, sehnsüchtig erwartete Familienzusammenkunft. Ich werde sie nicht haben.

Mein Papa ist weit, weit weg und will nicht kommen. Ach, ich wünschte, es käme überhaupt kein Weihnachten, solange Papa nicht bei mir ist. Ja, denn jedes dieser Weihnachten bringt nur Schmerzen, es ist jedesmal ein Kreuzweg für mich und die Erinnerung daran wird unauslöschlich sein.

Obwohl meine Tanten und Mama sich immer bemühen, Weihnachten so fröhlich wie möglich zu machen, kann nichts verhindern, daß ich entsetzlich leide, nichts kann mich dazu verleiten, Papa zu vergessen und aus meinem Herzen steigen zahllose glühende Gebete zum Himmel. Ich habe sogar gehofft, daß Papa kommen könnte und ich hoffe es noch immer. Ja, trotz des Schmerzes, den ich empfinde und der mir offenbar die Wahrheit zu verstehen geben will, hoffe ich, oder besser träume ich noch, daß Papa kommen wird. Mir ist klar, daß am Weihnachtstag die Wirklichkeit noch trauriger für mich sein wird, aber wenn Gott mich auf die Probe stellt, wird er mir auch die Kraft schicken, sie zu bestehen, und diese Probe wird genauso wie viele andere vorübergehen. Aber ich weiß, daß für Gott alles möglich ist, und wenn er es will, wird Papa am Weihnachtstag hier sein.

Bei alledem schwanke ich im Sturm meines Herzens zwischen einem wirren Ja und einem ebenso wirren Nein hin und her; das Bild von Papa und Mama scheint das aufgewühlte Meer zu sein, das in seiner Beklemmung aufbegehrt; die Klippen scheinen immer der unbewegte Himmel zu sein, der taub ist gegenüber dem Gebet des siechenden, immer schwächer werdenden Bootes. Ich bin es, die dem Sturm kaum standhalten kann. In der Ferne, hinter den schwarzen Wolken des Lebens, ist noch ein Stück unbeschädigte, reine Sonne sichtbar. Sie scheint zu sagen: Folgt mir, hier ist Frieden, hier ist das Glück, das ihr sucht, hier ist der richtige Weg, den ihr einschlagen sollt, ihr armen, verirrten Schafe, hier ist die Zukunft, deren Tür ihr öffnen wollt. Und es bleibt erhalten, dieses Stück Sonne, es bleibt lächelnd und rein in meinem Herzen, obwohl ich seinen Namen nicht kenne, den Namen dessen, der meine Zukunft sein wird, mein Glück. Ach, geheimnisvolle Sonne, die mich mit ihren sanften Strahlen wärmt im Augenblick, in dem ich schwach werde, wer bist du? Bist du nur in meinen Träumen vorhanden oder gibt es dich wirklich? Werde ich noch einem so gütigen Blick auf Erden begegnen? Sollte ich mich irren oder gibt es jemand auf Erden, der meine Sonne sein wird, meine Zukunft, mein Glück, so wie du in meinem Herzen das sanfte Licht des Glücks bist? Wem soll ich folgen?

9. Dezember

Heute habe ich Joaquinito bei der Hand genommen und habe mit ihm einen Spaziergang zur 93rd St. gemacht, wo sich das Denkmal von Jeanne d'Arc befindet, wie mir Mama sagte. Es war kalt, sehr kalt draußen, und ich habe mich beeilt; ich ging mit gesenkten Blicken, den Kopf nach vorn geneigt, und dachte traurig an Papa. Joaquinito sprach mit mir, aber anstelle seiner lieben kleinen Stimme hatte ich das Gefühl, das Jammern des Windes, schauerliche Laute, zu hören. Wahrhaftig, mein allzu trauriges Herz machte die fröhlichsten Stimmen traurig. Der Weg schien mir lang. Endlich kamen wir an. Da erschien uns Jeanne d'Arc im blassen Schimmer eines winterlichen Sonnenstrahls. Das Denkmal war neu und mit einigen Blumensträußen geschmückt. Das Gesicht erschien mir sehr lebendig; die Geste war kühn und die Stirn klar, denn mir erschien sie strahlend, und ihre bronzene Statuenstirn schien mir von einem übernatürlichen Glanz umgeben. Ich weiß nicht, wie lange ich, in meine Träume versunken, stehen blieb, aber plötzlich hörte ich Joaquinitos Stimme: »Anaïs, lebt sie?« Da antwortete ich, ich konnte gar nicht anders: »Ach, wenn sie nur

lebte!« Und in meinem Herzen wiederholte ich langsam: »Ja, wenn sie nur lebte!«
Aber es war kalt, und Joaquinito zog mich weg. Ich setzte mich wieder in Bewegung und wiederholte immer wieder: »Wenn sie lebte...« Aber Joaquinito begnügte sich nicht mit diesen Worten, die für ihn nichts aussagten, das ist ja ganz natürlich, und ich mußte ihm Jeanne d'Arcs Geschichte erzählen. Abschließend sagte ich: »Du kannst dir wohl vorstellen, daß, wenn sie lebte, unsere Feinde längst zurückgestoßen und bestraft, grausam bestraft wären und daß Frankreich schon lange seinen Sieg feiern würde.« Ich nehme an, daß er es nicht verstand, aber das bekümmerte mich nicht mehr und wir kamen wieder nach Hause. Ich schlug meine Schulbücher auf und begann mein Einmaleins zu lernen. Acht mal acht = ... Wenn sie lebte, wenn sie nur lebte! Acht mal neun = ... Wennn sie lebte, wenn sie nur lebte! Acht mal zehn = ...Wenn sie lebte, wenn sie nur lebte! Ungeduldig machte ich mein *home work* wieder zu, nahm einen Bleistift und schrieb ein kurzes Gedicht. Obwohl es nicht genau beschreibt, was ich fühle, konnte ich danach in aller Ruhe weitermachen: Acht mal elf ist achtundachtzig.
Jetzt kann ich meine Lektionen und gebe mich meiner kleinen Plauderei hin. Ich habe das, was ich über »Wenn sie nur lebte!« geschrieben habe, noch einmal gelesen und finde es mittelmäßig. Nur mein Tagebuch wird verstehen, was diese Worte bedeuten. Der Schluß ist leider, daß Jeanne d'Arc im Himmel ist und nicht kommen will, sie betet zu Gott für ihr Vaterland und wartet, daß jemand aufsteht, um es ihr gleichzutun. Oh, geheimnisvolle Finsternis, die man Zukunft nennt, wirst du uns den Namen derjenigen preisgeben, die Frankreich befreien wird? Ich bete sie mit ganzem Herzen an und nenne sie von diesem Tag an: Schwester Jeanne, oder die in ihrem Heldenmut schwesterliche Verbündete der Heiligen Jeanne d'Arc.

18. Dezember

Wie lange ich dieses Heft nicht aufgeschlagen habe, um meine Eindrücke aufzuschreiben! Aber es ist nicht meine Schuld. Ich lerne oder vielmehr: ich büffle mit aller Kraft, um das richtige Wort zu verwenden. Ich bin fest entschlossen, diesen Monat Pauline zu übertreffen, letzten Monat hatte ich 93½ und Pauline 94, das heißt also einen halben Punkt mehr als ich.

Heute ist Mama ausgegangen. Ich bin mit Joaquinito alleine zu Hause geblieben, denn Thorvald war bei Jack. Ich habe die Gelegenheit genutzt, um Kalender zu basteln. Erst zeichne ich auf ein Stück Papier irgendein Bild oder eine Landschaft, dann nehme ich ein großes farbiges Papier und lege es drunter. Danach klebe ich den kleinen Kalender unten hin und oben ziehe ich ein kleines Bändchen durch, was das Ganze schmückt, und außerdem kann man den Kalender daran aufhängen. Ich habe einen für Mama, einen für Onkel Gilbert und einen für Tante Edelmira gemacht. Miss Cherry, meine Lehrerin, wird auch einen bekommen, aber ich hatte keine Zeit mehr, ihn anzufangen. Ich mag Miss Cherry immer mehr und ich arbeite fleißig, nicht zuletzt, um ihr Freude zu machen. Schon bei der ersten Prüfung des Monats in Geschichte habe ich 99 bekommen und Pauline 74. Außer Pauline habe ich noch eine sehr liebe kleine Freundin gefunden, die Marian Hearn heißt. Ich mußte mich gegen Paulines Eifersucht wehren, und schließlich habe ich sie mit ihren Eifersüchteleien allein gelassen. Jedesmal, wenn sie über Marian etwas Schlechtes sagt, antworte ich ihr: »*Can't I have more then one friend if this is my desire?*« (Kann ich nicht mehr als eine Freundin haben, wenn dies mein Wunsch ist?) Sie antwortet nie darauf, aber vermutlich denkt sie, daß diese europäischen Leute wohl sehr schlechte Freunde sind, wenn sie es normal finden, mehr als eine Freundin zu mögen.

Heute habe ich den letzten Band der *Geheimnisvollen Insel (L'Ile mystérieuse)* von Jules Verne zu Ende gelesen. Es war so spannend, daß ich nichts hörte, als mich Mama zweimal rief. Dann berührte sie mich an der Schulter, und ich habe nichts gespürt. Da kam Joaquinito ganz dicht an mich heran und schrie mir ins Ohr: »Anaïs!« und lief gleich weg, denn er wußte, was er verdiente. Ich drehte mich um und antwortete: »Zu Ihren Diensten, Kapitän Nemo.« Ich träumte noch immer. Als ich Mama lachen sah, lächelte ich, denn ich bemerkte, wie komisch ich gewesen sein mußte. Danach machte mir Mama Vorwürfe, aber das kann mich nicht von meiner Leidenschaft abbringen. Wenn ich lese, bin ich mit dem Helden zusammen, sei es unter Wasser, gefesselt oder sogar auf dem Mond. Ich lasse alles zurück, um dem Helden bzw. den Helden zu folgen. Mein Herz verspürt Angstgefühle, Schmerz, Freude, alles. Ich glaube, daß ich es bin, die sich auf einer Vulkaninsel befindet,

kurz vor dem Ausbruch. Ich verfolge die Arbeiten der Schiffbrüchigen, als ob es meine wären. Ein Streichholz läßt mein Herz höherschlagen. Ich war auch gerührt nach Kapitän Nemos Erzählung und selbst bei seinem Tod mußte ich tief seufzen. In diesem Augenblick hatte ich Verständnis für dieses vom Wunsch einer gerechten Rache zermarterte Herz. Ich bewundere den Ort, wo er seine Freiheit gesucht hat.
Wie schön ist das Grab des Kapitän Nemo!
Welche Freude, zuzusehen, wie das Wasser über das Grab streicht, der Liebkosung einer Mutter gleich; und das ganze Wasser um dieses Grab herum scheint ihn zu beweinen; nichts Unreines wird dem Grab unter dem Wasser die Ruhe rauben können. Wenn ich mit Lesen fertig bin, bleibe ich sitzen und starre vor mich hin, als ob ich noch ein Wunder erleben würde, als ob Jules Verne mir noch ein paar schöne Träume zeigen wollte, die er nicht hat beschreiben können. Ach, welch ein Genie! Ich verbringe so angenehme Stunden in Gegenwart von Jules Verne und Victor Hugo! In meinen Augen kann nichts diese beiden Männer zusammenführen: Beim einen bewundere ich das Wissen, beim anderen die angenehmste Art, sich auszudrücken, gepaart mit so unendlicher innerer Größe.

25. Dezember

Seitdem ich mein Tagebuch verlassen habe, bin ich in eine Art Stumpfsinn verfallen, und während ich an den Kalendern für Mama, meine Tante und meinen Onkel bastelte, wollte ich nachdenken und konnte nicht. Eine einzige Sache, ein einziges Wort tanzte wie wild in meinem Kopf herum: Weihnachten! – aber nicht wie ein fröhliches Glöckchen; ich verspürte nicht die fröhliche Spannung, ich hatte Angst davor, ich sah diese Spannung auf mich zukommen wie ein zusätzliches Gitter für mein Gefängnis, und ich sagte mir immer wieder: Ich bin nicht einen Schritt weitergekommen. Warum? Weil ich einen Augenblick die Hoffnung hatte, Mama und Papa wieder zusammenzuführen, aber wozu ist der Wille schon fähig?
Dann dachte ich an gar nichts mehr, ich ließ meine Arbeit liegen, machte die Augen zu und hörte auf zu denken, selbst an die Freude dachte ich nicht mehr. Daraus ergab sich, daß ich, da ich nichts mehr fühlte, wieder etwas fühlen mußte, und das war Traurigkeit, eine dumpfe, finstere, stumme Traurigkeit, was meinen Zustand noch schmerzlicher machte. Das alles ging

in meinem Inneren vor, die brennenden, bitteren Tränen fielen dahin zurück, wo sie entstanden, denn Gott schien sie trocknen lassen zu wollen. Nichts konnte mich von meiner unendlichen Traurigkeit erlösen. Mama nahm uns mit nach Kew, um Weihnachten dort zu verbringen, aber selbst Kew erschien mir traurig. Bei meiner Tante habe ich zwar gelacht und den ganzen Nachmittag mit meiner Kusine gespielt, aber sobald ich allein war, seufzte ich, anstatt zu weinen: dieser Seufzer jedoch konnte das, was ich fühlte, nicht ausdrücken. Zum erstenmal wurde mir, Thorvald und Coquito erlaubt, beim Schmücken des Weihnachtsbaumes mitzuhelfen. Ach ja, es machte mir schon Freude, aber bei jeder Girlande, die ich am Baum befestigte, sagte ich mir: »Wird Papa das sehen?« Als ich dann ins Bett gehen konnte, betete ich mit besonderer Hingabe. Muß ich denn weiterhin hoffen? Ich konnte nicht träumen, aber ich schlief sehr gut und am Morgen war ich *nach außen hin* fast fröhlich – im Innern spürte ich ein schreckliches Leiden, eine grausame Enttäuschung: Papa war nicht da. Wie eine Blinde, wie ein kleines Kind hatte ich es mir erhofft; ich dachte, es würde ein schneebedeckter Herr ankommen und fragen: »Ist Anaïs hier?« und ich wäre hingestürzt und hätte gerufen: »Ich bin's.« Statt dessen kam als Antwort das Maunzen einer Katze. Ich hatte kaum bemerkt, daß meine Tante das Zeichen zum Aufbruch gegeben hatte, und ich wurde in einem rasenden Wirbel die Treppe herabgerissen. Es gab nur Ausrufe der Freude und der Bewunderung in all diesen Herzen. Nur einen Wunsch: Gott danken! Wir stellten uns um den Baum herum und sangen *Adeste fideles*, aber unter den Stimmen fehlte die von Onkel Gilbert. Er hatte nicht kommen können, um Weihnachten mit uns zu verbringen, und wir hatten alle einen lieben Gedanken an den Abwesenden. Meine Tante sagte, wir sollten frühstücken, bevor wir unsere Geschenke suchten. Alle setzten sich, einschließlich Miss Still, Nunas Kindermädchen und Erzieherin. Merkwürdigerweise fand ich, daß sie ein attraktives, sympathisches Gesicht hatte. Nach dem Frühstück wurden die Geschenke verteilt. Was mich betrifft, so bekam ich einen Malkasten und einen gestickten Kragen mit passenden Manschetten von meiner Tante, und am Tag zuvor hatte mir Mama ein Halstuch und eine Mütze aus rosa Baumwolle geschenkt. Ich habe vergessen zu erzählen, daß jeder seinen Strumpf vor dem Kamin aufgehängt hatte. Ich zähle nicht

Thorvalds und Joaquinitos Geschenke auf, das würde zu lange dauern. Wir hatten einen glücklichen Tag. Heute abend sind wir wieder nach Hause zurück. Aber der Gedanke an Papa hat mich nicht einen Augenblick losgelassen. Daraus schließe ich, daß Gott mir Papa nächstes Jahr zu Weihnachten schicken will, mit ganz viel Schnee, so wie ich es in meinem Traum gesehen habe, und da es dieses Jahr zu Weihnachten keinen Schnee gegeben hat...

1916

9. Januar
Neujahr ist vorübergegangen und schließlich auch die ganze Woche, ohne daß ich eine Zeile geschrieben hätte. Eigentlich sind diese ganzen Tage unbemerkt vorübergegangen, ich habe nichts gefühlt, ich habe an nichts gedacht, aber ich war wie niedergeschlagen, ich spürte nichts als eine große Traurigkeit. Es ist mir, als wäre ich jetzt aufgewacht, und heute habe ich mich gefragt, was mich so traurig macht. Es ist so: Wie eine Träumerin hatte ich gehofft, daß Papa kommen würde, und als der Weihnachtstag vorüber war, wurde mir klar, daß es nichts mehr zu hoffen gibt. Gestern abend habe ich in *Oh, strenger Ozean* den ganzen Gram, der in meinem Herzen lag, überquellen lassen. In dem Brief an Papa sprach ich von Joaquinito, der auf dem Klavier Glocken nachahmte und ich konnte nicht umhin, ihm zu sagen: Joaquinitos Glocken sind wie das Leben, denn sie waren traurig, traurig, und für mich ist das Leben so. Ich hasse diese Welt, ich leide an mir selbst und an denen, die so sind wie ich: arm, schwach, blind, menschlich, verlogen, undankbar und betrogen. Ich kann nicht erklären, was ich fühle. Ich verabschiede mich von meinem Tagebuch, das ich manchmal vergesse, und denke dabei, daß ich verlassen, mit der Eitelkeit als Wegbegleiterin, auf dieser Insel der Bitterkeit und des Grauens zurückbleibe.

WENN SIE LEBTE!

*(8. Dezember 1915, zwölf Jahre,
219 West 80th St., New York)*

Wenn sie lebte, die zarte Heldin, die Jeanne
        d'Arc genannt wird,
Dies junge Mädchen, daß die Tapferkeit neu beseelte!
Sie scheint in den Ruinen des antiken Rom verschollen.
Wenn sie lebte – unsere Feinde, voller Wut,
Sie würden sehen, sie würden merken, wozu
        die französischen Frauen fähig sind!
Aber Ach! Warum entsteigt sie nicht ihrem Grab,

Diejenige, die wir erwarten? Ist denn dieser
            Kampf nicht mächtig genug,
Um den Stein eines Grabes zu sprengen?
Um die himmlische Seele der Toten wieder
            zum Leben zu erwecken?
Wenn sie lebte, würden die Tränen zu Lächeln,
Und die Gärten wären voller Blumen,
Die das Volk zu Boden streuen und dabei sagen
würde: »Ist dies vollbracht, so können wir sterben.«
Die Soldaten würden mit Freuden erkennen, daß
            die Stunde geschlagen hat, ihr zu folgen.
Die blutroten Schlachtfelder würden sich verwandeln
In eine rote Rose – noch ein Wunsch für sie.
Wenn sie lebte, dann könnte Frankreich rufen:
»Jeanne d'Arc, die uns einst gerettet hat,
Hier ist sie, ihr zu folgen sind wir bereit.«
Mögen alle Franzosen mit vereintem Herzen,
Vereintem Blick, vereinter Liebe
Rufen: »Nein, sie ist nicht zu spät gekommen.«

ANAÏS NIN
(für meinen geliebten kleinen Bruder Joaquinito.)

*(8. Dezember 1915, zwölf Jahre,
219 West 80th St., New York)*

Oh, strenger Ozean,
Deine Farben sind die des wutentbrannten Himmels,
Tag und Nacht scheinst du zu jammern,
Dein langsames Flüstern klingt wie ein fliehender Traum.
Oh, strenger Ozean,
Der du die Narrheit zu beweinen scheinst,
Die Narrheit dieser Welt, von der behauptet
            wird, sie sei so schön.
Dein langsames Grollen, deine Rache
Werden zu einer ewigen, seltsamen Klage.
Oh, strenger Ozean,
Der du eine Kraft wiegst, welche machtlos ist
Gegen diese Erde voller trügerischer, unablässiger Freuden.
Oh, strenger Ozean,
Der du in deinen Wellen einen unterdrückten
            Ehrgeiz wiegst,
Der du aufzubrausen scheinst,

Um diese Erde – Zielscheibe deines gerechten Zorns –
Im ewigen Vergessen zu verschlingen.
Oh, dann, strenger Ozean,
Werden deine traurigen Klagen verstummen,
                              deine Tränen versiegen.
Anstatt eines wutentbrannten Ozeans wirst du
                zu einer ewigen Liebkosung.

ANAÏS NIN

DER FRIEDHOF

*(9. Dezember 1915,
zwölf Jahre, in New York)*

Der Friedhof mit seinen weißen Kreuzen
Und seinen stummen Gräbern,
Da wo der Wind, wenn er weht, der Stimme
                            eines Engels gleicht,
Der Friedhof, trauriges Ende dieses Lebens,
von dem wir glauben, daß es kostbar sei,
Da, wo unter einem kalten Stein
Für immer unsere Freude und unser Unglück
                            begraben liegen.
Außer trügerischen Tränen und kalt gewordenem
Gebet bleibt nichts mehr
Unter diesem Stein, der so hart ist wie unser Herz.
Der Friedhof – manche nennen ihn Unglücksbringer,
Andere Erlösung –
Der Friedhof, Stätte des rächenden Vergessens,
Wo nichtiger Ruhm und Reichtum Schmerz
                      bedeuten und Armut Erlösung;
Der Friedhof, oh, grauenvolle und dennoch echte Schreie,
Denn hier wird es vollbracht: Als Asche bist du gekommen,
Zu Asche wirst du wieder werden, oh, schuldiger Mensch,
Der du vor Gottes sehendem Auge
Dich nicht fürchtest zu rufen: Der wahre Gott sind wir.
Oh, niederträchtiger Mensch, oh, blinder Tor.
Wißt: Der Friedhof ist euer Ende.

ANAÏS NIN

DIE NACHT

*(9. Dezember 1915,
zwölf Jahre, in New York)*

Die Nacht, Freundin der gestirnten Träume,
Stumme Vertraute der Geheimnisse des Lebens,
Die Nacht, dunkler, geheimnisvoller verhüllter Schatten,
Du, die du mit deinen schwarzen Strahlen die
lebendige Sonne umhüllst,
Die Nacht, gerührte Zuschauerin des
                unbekannten Elends,
Oh, du, die du die ferne Zukunft sorgfältig verbirgst,
Die du lautlos mit der alten, grauen Eiche sprichst,
Die laue, friedliche Nacht, die oft nicht bis
                in die Herzen dringen kann;
Oh, du, die du die Tränen sammelst
Und trauernd diesen alten, grausamen
Schmerz beweinst,
Du, die du versuchst, mit deinen Reizen unsere
                    Wunden zu heilen,
Oh, friedliche Nacht, die kein Echo hat,
Verbirgst du mir ein fröhliches oder schmerz–
                liches Geheimnis?
Bist du es, die die Helden führt,
Ihnen Mut macht, indem du ihnen die Gefahr
                verheimlichst wie eine Mutter?
Die sanfte, zärtliche, helle Nacht
Scheint dann zu antworten: Oh, nein, meine Liebe,
Ich kann keine Mutter sein,
Denn ich bin traurig, schwarz und einsam,
Aber schlafe, schlafe, ich wache,
Ich schütze dich, bis du erwachst,
Versuche nicht meine Geheimnisse zu lüften,
Denn allein die Erwartung und die Hoffnung
  machen das Leben auf dieser Erde möglich.

ANAÏS NIN

Für diejenigen, die zuviel tun,
Und es niemals richtig tun.

ANAÏS NIN

Trauriger Winterabend, an dem der Tod Trost spendet
Für mich, an manchen Tagen, finde ich seine
　　　　　　Rolle angenehm.
　　　　　　　　　　　　　　　ANAÏS NIN

(Samstag, 15. Januar 1916)

HIER RUHT

Hier ruht, ich weiß nicht was,
Denn ich war nie etwas,
Ich hatte nur meinen Glauben,
Denn selbst die Freude war nicht mein.
Hier ruht, ich weiß nicht was.
Wie ein irrendes, steuerloses Boot,
Denn nichts war ein Licht
Für mich, das mir erlaubte, einer Stimme zu folgen.
Hier ruht, ich weiß nicht was;
Wie so viele andere, voller Gram,
War ich eine kleine Welt und zuviel Unrast.
Hier ruht, ich weiß nicht was,
Etwas, was Freude haben wird, wenn es
　　endgültig vergessen.
Möge mein Schicksal eine Lehre sein.

25. Januar 1916
Das Lernen und die Arbeit für die Schule haben mich abgelenkt und die ganzen letzten Tage ausgefüllt. Ich hatte keine Gelegenheit, über die Dinge um mich herum nachzudenken. Das letzte, was ich schrieb, war mein *Hier ruht*. An diesem Tag wollte ich nichts in mein Tagebuch schreiben. Ich fühlte mich schrecklich vereinsamt und unglücklich, und es war tiefer Gram, der meine Feder führte. Ach, dieser Gram! Er ist zu meinem ständigen Partner geworden, er scheint die anderen starken Gefühle, die ich den ganzen Tag empfinde, begleiten zu wollen: den Haß gegen die Welt, die Liebe zur Einsamkeit, die Erniedrigung darüber, daß ich ein Mensch wie jene bin, deren Schwäche ich verdamme, die Machtlosigkeit, von der ich spüre, daß ich sie von mir stoßen möchte, denn ich möchte Macht genug besitzen, um Deutschland, den barbarischen Feind Frankreichs, zu verschlingen! Den Ehrgeiz, meine Gefühle in einer so reinen Sprache ausdrücken zu können, deren Sinn zu

kennen ich unwürdig bin. Die Wut, die ich wegen meines Charakters, meiner wirren Gefühle, meiner IRREN Gedanken gegen mich selbst empfinde. Zu alledem hat sich der Gram gesellt, das schreckliche Gefühl des Besiegten und der Gram läßt mich diese Worte wiederholen: Eitelkeit aller Eitelkeiten, es ist alles nur Eitelkeit. Hinzu füge ich, mit einigen meiner Gründe: Betrug, Hinterlist, es ist alles nur der gleiche feige Mensch!
Am liebsten würde ich gar nicht empfinden, denn mein Herz stöhnt unter der Last der schmerzlichen Gedanken, die es gefangen halten.
Für mich gibt es kein Glück. Ich bin ein Blatt, das am falschen Baum hängt. Ich fliege, laufe, suche, aber warum soll ich denn in diesem Baum suchen, wo sich doch mein Glück im anderen Baum verborgen hält? Ich höre auf! Da mein Tagebuch mein Schatten ist, weiß es, was mich flüchten und leiden macht: das Leben. Denn ich bin für die ewige Gruft des Vergessens geschaffen, die nicht weinen kann, ohne Gefahr zu laufen, zu zerbrechen, die nicht empfinden kann, ohne Gefahr zu laufen, sich gerade im Schatten, dessen Geheimnis sie lüften möchte, zu verlieren. Ich flüchte vor dem Leben!

ANAÏS NIN

2. Februar
Ich wollte die letzten Seiten, durch die mich viel Traurigkeit begleitete, noch einmal durchsehen. Die folgenden Seiten werden genauso sein, denn nach außen hin sehe ich zwar verhältnismäßig fröhlich, ziemlich leichtsinnig, ziemlich verrückt aus, aber im Inneren fühle ich mich sehr unglücklich. Ich denke nach und vergesse das dumme Zeug, das ich im Kopf habe. Letztesmal lauteten meine Worte: Ich flüchte vor dem Leben. Was meine ich damit? Ich glaube, ich bin fähig, es zu erklären: Lärm, Irrsinn, Freude oder Vergnügen, Gram. Da ich vor dem Leben flüchte, flüchte ich vor all diesen Dingen, ich will die Stille. Wenn kein Laut zu hören ist, wenn die Nacht ihren dunklen Mantel über die große Stadt ausgebreitet hat und mir deren trügerischen Glanz verbirgt, dann scheint mir, ich höre eine geheimnisvolle Stimme, die mit mir spricht; ich vermute, daß sie aus mir selbst kommt, denn sie denkt wie ich. Ich bleibe lange reglos, wie gelähmt, halb verschlafen, ich fühle nichts, ich träume. Ich vergesse die Welt, ich vergesse alles und

schwinge mich empor in diese Unendlichkeit, die kein Elend und kein Ende kennt. Mir scheint, ich suche etwas, ich weiß nicht was, aber wenn mein Kopf frei ist, befreit aus den mächtigen Krallen dieses Todfeindes, der Welt, habe ich das Gefühl, daß ich finde, was ich gesucht habe. Sollte das etwa das Vergessen sein? Die Stille? Ich weiß es nicht, aber wenn ich glaube, allein zu sein, spricht diese Stimme zu mir. Ich kann nicht verstehen, was sie sagt, aber ich sage mir, daß man auf der Welt nie allein und vergessen sein kann. Denn diese Stimme nenne ich »meinen Genius«, den schlechten oder den guten, ich weiß es nicht.

Das sind die Gedanken meiner Seele, aus den Tiefen meiner dunklen Gefühle von... Ich suche einen merkwürdigen Namen... für mich. Ach ja, Philanthropie. Aber nein, das bedeutet, glaube ich, jemand, der Gutes tun will, während ich... Ich gestehe es, ich fühle mich eher dazu berufen, zu strafen, zu rächen, um den Sterblichen die Augen und das Herz für das Bajonett zu öffnen. Was für ein Bajonett werde ich haben? Bin ich denn verrückt? Meine Feder natürlich!

Wenn es jedoch verrückt ist, so denke ich es immerhin; hier ist es also, denn ich habe mir geschworen, aus meinem Tagebuch das Spiegelbild meines Herzens zu machen.

11. Februar

Ich habe nicht einen Augenblick zum Plaudern, aber durch die Abschrift der folgenden Gedichte wird mein Tagebuch erkennen, wie ich denke.

MEINE LEHRERIN

(Heute)

Wenn ich eintrete in mein Klassenzimmer, sitzt meine
                  Lehrerin am Pult und arbeitet.
Ohne Rast und ohne Ruhe erklingt ihre sanfte Stimme
Und hilft uns im ersten schweren Schritt des Lebens
                  bei der Arbeit.
Wenn ich beim Lernen Erfolg habe, wundere ich mich,
Und danach kann ich es verstehen: meine Lehrerin ist da.
Und in den wenigen Tagen, in denen mir die Schule
Wie ein alter strenger Geist erscheint, der sich das Lernen
                  zum Gesetz machte,

Beneide ich die müßigen Märchenprinzen in
                      ihren Palästen,
Aber ich vergesse, daß meine Lehrerin da ist und
                      mich bewacht.
Ihre Aufgabe ist schwer und undankbar,
Denn kaum sind sie erwachsen, schon wird von vielen
                      diejenige vergessen, die am Vorabend
Noch ihr verschlossenes Herz mit lieben Rat-
                      schlägen bereicherte.

(Morgen)

Wenn mich oftmals der drückende Schmerz, das
                      Unglück umgeben,
Dann denke ich an meine Lehrerin zurück und rufe sie.
Mit der Erinnerung an sie steigt die Vergangenheit,
        oh, dieser grausame Geier, in mir empor,
Und mit der Freude über jene schönen Tage des Lernens
                      ruft die Pflicht.
Denn damals wurden meine unsicheren Schritte von
                      meiner Lehrerin gelenkt.
Alles wurde richtig getan, alles war immer vollkommen:
Und nun bin ich allein und bleibe allein mit der
                      Erinnerung, die nicht weicht.
Wie oft höre ich noch ihre Stimme,
Und glaube, sie spreche zu mir.
Mir schien, es sei ein stummer Vorwurf
In den schönen, großen Augen meiner geliebten Lehrerin.
In diesen fernen Zeiten nähert sich jedoch die
                      Erinnerung an sie,
Ich vergesse die Schule und erinnere mich nur noch
An das sanfte Gesicht meiner Lehrerin, die zu
                      lächeln scheint.
                    (Geschrieben am 1. Februar 1916
                    in New York, 219 W. 80th St.)

VOGELFREI

Der Enge des Nestes
Wollte einst ein neugeborenes Vöglein entfliehen,
Denn es fand, das Wetter sei schön und die Sonne
                      fröhlich.

Es beschloß, sein Nest zu verlassen
Und spazierenzugehen, trotz der Bitte der
　　　　　　　　　betrübten Mutter.
Wie schwierig im ersten Augenblick!
Die Flügel scheinen aus Stein, wie die Träume
　　　　　　　　　der Achillesstatue,
Aber danach lebt man, spottet und fliegt nur noch.
Jeden Tag kam auf diese Weise das Vöglein
Im Flug über die Berge, die Flüsse und Bächlein.
Unterwegs traf es vorsichtige Vögel,
Die sprachen: »Kehr zurück, kehr nach Hause zurück!«
Dann flogen sie singend davon.
Aber das furchtlose Vöglein machte sich nichts daraus.
Eines Tages kam der Schnee und das Vöglein
　　　　　　　　　sang nicht mehr.
Es wurde vom Hunger geplagt. Es suchte
　　　　　　　　　Nahrung – vergebens.
Derweil die anderen Vögel auf der Flucht immer
　　　　　　　　　wieder sagten: »Komm zurück«,
Verharrte der kleine Dickkopf auf der Suche
　　　　　　　　　nach dem Tod
Und wollte um nichts auf der Welt seinen Fehler einsehen.
Eines Tages jedoch brach er sich den linken Flügel
　　　　　　　　　und fiel zu Boden.
Der Schnee machte ihm flugs ein Grab
Und ließ das Vöglein in den Tod entfliegen.

　　　　　　　　　　　　　　　ANAÏS NIN

GEDANKEN

Die Ungehorsamen werden zu oft bestraft.
Aber die eigensinnigen Blinden schwingen sich
　　　　　　　　　hinaus in die Nacht,
Nur dem Eitlen wird das bescheidene Glück nie beschert.
　　　　　　(Geschrieben am 1. Februar 1916).

14. Februar
Ich hätte gestern schreiben sollen, um das zu beschreiben, was Mama lachend meinen ersten Auftritt in der großen Welt nennt. Am Samstag, den 12. war ich mit Madame Pausas und Monsieur Jovet zum erstenmal in meinem Leben in der Oper,

bzw. in der »Metropolitan«, wo ich »*Fürst Igor*« auf Italienisch gesehen habe. Ich habe mich wirklich gefreut, und die Musik hat mir sehr gefallen. Gegen fünf Uhr bin ich zurückgekommen: Mein Kopf war voll von der Musik, die ich soeben gehört hatte. Mehr will ich nicht davon erzählen, denn ich will nicht, daß mein Tagebuch genauso begeistert ist von der Oper wie ich. Ich brauche jemanden, der die Oper verachtet, damit ich mich nicht dazu verleiten lasse, sie über alles zu lieben, wie so viele Leute.

Auf den vorhergehenden Seiten habe ich meine letzten Gedichte abgeschrieben. Wie häßlich! Meine Feder scheint wirklich rostig zu werden (dabei habe ich gerade eine neue gekauft). Wenn sie rostet, so liegt das wohl am Müßiggang, also werde ich sie mit meinem Tagebuch zur Arbeit antreiben.

Seit fast einem Monat habe ich keinen einzigen Brief von Papa bekommen. Das macht mich traurig, denn es ist das einzige, was mir ein bißchen von der Atmosphäre im Leben meines geliebten Papas vermittelt!

Ich möchte lange schreiben, denn mein Herz ist übervoll, aber es ist erst sieben Uhr und ich glaube die Bücher zu hören, die auf Englisch rufen: *Stop thinking and come to study!* (Hör auf zu denken und komm lernen!)

Studieren! Das mache ich den ganzen Tag, denn:
1. studiere ich mein Herz
2. studiere ich das Leben
3. studiere ich meine Lektionen
4. studiere ich Joaquinito (der wirklich ein sonderbares kleines Wesen ist)
5. Schließlich studiere ich den Fortschritt der Traurigkeit, deren gutes oder schlechtes Opfer ich bin.

Und nun werde ich mein Abendessen studieren, das Mama immer köstlich zubereitet.

(Nach dem Essen)
Ich bin fertig mit dem Lernen und nun sitze ich und schreibe. Ich will mein Porträt machen, denn jetzt bin ich schon älter. Nach den Regeln des Familienwörterbuchs bin ich eine Abart einer Bohnenstange. Ich habe große Hände mit langen Fingern, von denen Papa sagte, sie seien fürs Klavierspielen sehr gut ausgebildet. Ich habe ziemlich große Füße. Man sagt, ich sei mager. Mein Gesicht ist weiß, und ich glaube, das ist der

Widerschein der Seiten aller Bücher, die ich gelesen habe. Ich habe dunkelbraune Augen. Man sagt, sie seien groß. Sollten sie dazu bestimmt sein, die Grausamkeit und die Laster dieser Welt zu sehen und zu verstehen? Ich habe einen ziemlich großen Mund und große Ohren. Ich bin überhaupt nicht hübsch, denn sogar meine Nase ist steif wie ein Lineal, aber ich wage es nicht zu gestehen, daß ich ein Ungeheuer bin, denn mein Tagebuch würde mich nicht mehr mögen. Joaquinito findet mich hübsch, Thorvald sagt, ich sei eine Fischgräte und Mama äußert sich nicht. Meinen Charakter kennt mein Freund schon zu gut: Aber er ist, soviel ich weiß, der einzige, der nicht an meinen Wutausbrüchen, meiner Ungeduld, manchmal meiner Überheblichkeit und meinen verletzenden Worten sowie an meiner Gegenwart überhaupt leidet, die für alle Leute unerträglich ist, davon bin ich überzeugt. Ich höre auf, um mein Tagebuch nicht in Schrecken zu versetzen.

22. Februar

Dreizehn Jahre! Jenes Alter, in dem die Welt ihre unermeßliche Höhle der Freuden langsam zu öffnen scheint.
Dreizehn Jahre! Das Alter, in dem die Zukunft, die gestern noch weit entfernt schien, die Träume dieses Alters aufzusuchen beginnt. Dreizehn Jahre! Das Alter, in dem das verschlossene Herz sich öffnet und das offene sich schließt!
Dreizehn Jahre! Das Alter, in dem das kleine Mädchen seine schwache Hülle aufbricht und zum jungen Mädchen wird! Ich bin dreizehn Jahre alt!
Seit gestern habe ich das Gefühl, daß ich gerade geboren bin oder daß ich gestorben bin. Ich habe das Gefühl, daß diese alte Anaïs mit der neuen nichts mehr zu tun hat. Was soeben stattgefunden hat, vor zwei Jahren, vor einem Jahr, das sehe ich jetzt wie eine alte Geschichte, an die man sich erinnert, weil das Gedächtnis wie ein Kino funktioniert, denn wenn man seinen Dunstvorhang aufzieht, werden alle Bilder des vergangenen Lebens sichtbar, tauchen alle ergreifenden Irrungen dieser einfachen und langen Geschichte auf: des Lebens.
Aber gestern ist vorbei; heute habe ich dieselben Gewohnheiten, dieselbe Routine wieder aufgegriffen – und leider auch, ich gestehe es, denselben Charakter. Ach, es ist ja so schwer, sich zu bessern!
Wenn ich dasselbe tue wie gestern, schimpfe ich mit mir, dann schwöre ich mir, daß ich damit aufhören werde. Man ruft mich, ich drehe mich um und päng! schon verschwindet alles wieder, und ich fange von vorne an, um es später wieder zu bereuen. Ach, wie leichtsinnig wir sind! Der allmächtige Gott lächelt bestimmt von seinem Himmelsthron herab und sagt: Man hätte wohl die Seele aus Blei machen sollen. Ich glaube nicht, daß sie dann so leichtsinnig, so vergeßlich wäre. Aber dann würden wir ja vollständig überflüssig und ich *nehme an*, daß es besser ist, einen wiedergutzumachenden Fehler zu begehen als gar nichts zu tun.
Aber ich maße mir an, die Leichtsinnigen zu tadeln, und dabei bin ich selbst eine. Hier ein Beweis: Am Abend nach der kleinen Feier, die Mama anläßlich dieses berühmten dreizehnten Ge-

burtstages gegeben hat, habe ich Papa geschrieben und am folgenden Tag meinem Vertrauten. Das sind die beiden Personen (einschließlich Mama), denen ich mein Herz schenke und meine Eindrücke sofort nach erfolgter Tat vermittle, denn es ist der einzige Augenblick, in dem diese Eindrücke vollkommen sind. Mein Tagebuch macht sich bestimmt lustig über mich, mit all diesem törichten Geschwätz. Ich bin ihm gnädig, ich verzeihe ihm, aber ich habe auch eine innige Bitte an mein Tagebuch: es sollte mit meinen elenden dreizehn Jahren Erbarmen haben.

27. Februar 1916

Heute abend ist Joaquinito ganz brav ins Bett gegangen und hat mich darum gebeten, mit ihm das Abendgebet zu sprechen, weil Mama ausgegangen ist. Ich habe mit ihm über sein heutiges Verhalten geschimpft. Nun ja! Er hat mir versprochen, es nicht wieder zu tun (wie üblich). Danach hat er gesagt: »Anaïs, sing mir etwas vor über die Engel, damit ich träume, ich sei im Himmel.« Natürlich mußte ich erfinden. Ich habe angefangen, Reime zu machen, und dann habe ich mich einfach von der Eingebung des Augenblicks leiten lassen: Ich starrte auf das weiße Gesicht Joaquinitos und schwang mich empor in das, was ich das Unendliche nenne. Hier sind ein paar Sätze:

Verschließe deine Ohren den häßlichen Dingen,
Öffne sie dem Gesang des Himmels.
Verschließe dein Herz der bösen Welt,
Laß nur die himmlischen Engel eindringen;
Sie werden immer mit dir reden und dich führen
             bis ans Grab
Schlaf, mein geliebtes Engelchen,
Schlaf in Ruhe, wo deine Stirn doch
Von Unschuld und Unwissen gekrönt,
Aber frei ist von der Bitterkeit des Lebens, die auch
             du kennen wirst.
Dein rosiger Mund, der noch so klein ist, kann von
             Hoffnung sprechen,
Während das Leiden dich noch nicht verfolgt.
Schlaf, mein Engelchen, denn du hast eine Mutter,
             die dich behütet,
Schlaf, mein Engelchen, und vergiß, was am
             Vorabend geschah!

Denn für dich, geliebter Engel, ist die Vergangen-
                            heit noch unbekannt,
Und gewiß berührt und verfinstert auch die Zukunft
Nicht dein blasses Gesicht, das wie ein weißer Flügel,
Rein und himmlisch, vermeidet, daß sein weißer
                            Schmuck aus lauter Sanftheit
Beschmutzt wird, und die Beschmutzung mit
                            großen Flügelschlägen flieht.
Oh! mein Engelchen, dem die geheimnisvolle Un-
                            endlichkeit vielleicht noch Fallen stellt,
Schlaf jetzt und laß dich wiegen von den süßlichen
                            Gewässern
Der fröhlichen Jugend, die dich überallhin verfolgt;
Denn später wird die See sich aufbäumen,
Und deine einzige Stütze wird sein: Gott

ANAÏS NIN

Das ist kein Gedicht, noch nicht einmal ein Entwurf, es war ein Schrei, der aus meinem Herzen drang, dem die Säumnis diese Sprache verlieh. Was meine ich mit Säumnis? Ich wünschte, man hätte es mir gesagt. Nicht etwa, daß meine Stirn nie rein und mein Gesicht nie weiß gewesen wäre, aber ich glaube halt, daß, wenn man mir diese Worte gesagt hätte: »Denn später wird die See sich aufbäumen, und deine einzige Stütze wird sein: Gott«, dann hätte ich das früher verstanden, aber ich habe es jetzt erst verstanden, weil ich es mir selber erklären mußte.

Ich würde meine Gedanken weiterspinnen, aber Mama ruft, es ist Zeit zum Schlafengehen. Bis morgen!

7. März

Diese ganzen Tage, an denen ich nicht schreiben konnte, erschienen mir wie ein Jahrhundert. Diese ganze Woche hindurch war ich traurig und voll des Grams und ich mußte meine Tränen für mich behalten. Noch nie fühlte ich mich so einsam und so unglücklich, das ist das richtige Wort. In der Schule packte mich plötzlich ein unwiderstehliches Bedürfnis zu weinen, und ich fand das Klassenzimmer kalt, meine Mitschülerinnen spöttisch, meine Lehrerin streng. Zu Hause wurde ich von meinen Brüdern gehänselt und ich hatte das Gefühl, das Maß sei voll. Mir war, als könnte ich überall um

mich herum nur Elend sehen, und ich selbst war so verbittert, daß ich alle Welt haßte. Ich wollte etwas, aber was? Mir war, als fiele ich die ganze Zeit in einen unendlich tiefen Abgrund, als hätte ich keine Kraft, mich festzuhalten.
Der Himmel erschien mir schwarz wie Tinte und der Schnee, der in den letzten Tagen gefallen ist, war wie ein reiner, freier, glücklicher weißer Schleier, der nur kam, um uns deutlich zu zeigen, was für ein elendes Leben wir führen, was für unglückliche Menschenkinder wir sind. Ach, wie recht er hat, der Schnee! Zur Zeit würde ich am liebsten langsam vor mich hinsterben in dem weißen Mantel des Schnees, damit er mich auf seine Reise ins Unendliche mitnimmt!...
Dieses Unendliche, das ich öfters aufsuche, erscheint mir wie ein riesiger Friedhof, wo die Seele unter einem Stein ruht und aufgehört hat, ums Leben zu kämpfen.
Dann würde ich nicht mehr leben! Ich würde nicht mehr fühlen! Ich würde nicht mehr wünschen! Ich würde nicht mehr leiden! Ich würde mich von den weit entfernten Wellen des verlassenen Lebens wiegen lassen. Ich würde mich in den Armen des Vergessens verbergen. Ich würde der himmlischen Musik lauschen, wenn der Herr mich in seine Unendlichkeit aufnähme. Ich würde den letzten Schlaf schlafen, den Schlaf des Friedens, des Vergessens, der Freude!...
Dies ist *meine* Unendlichkeit, und dies ist mein Schlaf. Beim Nachlesen der letzten Seiten habe ich bemerkt, daß ich meinem Freund versprochen hatte, ihm die Worte zu erklären, die ich gern früher gehört hätte: Schlaf jetzt, denn später wird die See sich aufbäumen, und deine einzige Stütze wird sein: Gott.
Was meinte ich damit? Daß der Gedanke des Betens, der Hingabe, des Vertrauens in unseren Herrn mir erst sehr spät gekommen ist. Wenn ich krank war, nur wenn ich leiden mußte, habe ich denjenigen um Hilfe gebeten, den ich in den Augenblicken der Freude hätte anbeten sollen! Ich Undankbare!
Später habe ich dann gebetet, aber da ich nicht daran gewöhnt war, mich dem Gebet hinzugeben, habe ich mich in den Augenblicken der Traurigkeit den Menschen zugewandt, wo ich dann natürlich eher Gelegenheit fand zu trösten, als getröstet zu werden. In meinem Tagebuch machte ich meinem Herzen Luft, aber ich konnte nirgendwo Hoffnung schöpfen. Bis dahin verspürte ich eine Leere in meinem Herzen, die ich

nie versucht hatte auszufüllen, und das war das Gebet, das immer in menschlichen Herzen Platz findet, manchmal unerkannt, manchmal strahlend vor Macht.
Von nun habe ich zwei Freunde: mein irdisches Tagebuch und das himmlische Gebet.
Beides tröstet, beides stärkt und beide kennen die Fehler ihrer Anaïs. Im Gebet schöpfe ich Hoffnung, in meinem Tagebuch pflanze ich die Tugend ein, die ich für immer und ewig in meine zweite Seele einprägen will, damit ich sie befolge... wenn ich es kann... Genug mit den Narrheiten! Nein, Verzeihung, ich meine, genug mit der Träumerei.
Reden wir vernünftig. Heute hat es den ganzen Tag stark geschneit, demzufolge lag ungefähr ein halber Meter Schnee, genug, um einen kleinen Jungen viele Male zuzudecken.
Man befürchtet, daß es morgen einen *blizzard* geben wird, wie man es hier nennt, bei uns nennt man das Schneesturm.
Durch die Fenster betrachtete ich die weiße Landschaft, die in ihren weißen Mantel eingehüllt ist, und ich sagte mir: Wie trügerisch die Natur! Wieviel Elend und Kampf gibt es unter diesem weißen Vorhang. Die zugedeckten Häuser scheinen zu schlafen, und dabei, welch ein Leben!
Während es schneite und schneite, dachte ich auch, daß jedes Schneeflöckchen wie eine Botschaft des Himmels sei, der uns eine Menge kleiner weißer Blümchen schickt, um uns zu sagen, daß wir ihn nachahmen sollten; und außerdem wurde ich sehr neidisch, wie ich so an das ruhige, bescheidene Schicksal eines solchen Schneeflöckchens dachte. Am liebsten würde ich zu einem ganz kleinen weißen Flöckchen, um das Unendliche, das All, den Himmel zu durchqueren und schließlich auf der Erde dahinzuschmelzen, um danach wieder den Weg zu meiner Wohnung, dem Himmel, zu gehen.
Neulich waren meine kleine Freundin und ich Schlittenfahren; irgendwann ging sie weg. Es war sechs Uhr. Der dunkelblaue, mit hübschen Sternen bevölkerte Himmel schien mit der weißen, sanften Schneedecke, die über dem ganzen Riverside lag, um die Reinheit zu wetteifern. Ich betrachtete einen Stern und fragte mich, ob es da oben eine andere Welt gibt. Waren die da oben richtig glücklich? Glücklicher als wir? Unglücklicher bestimmt nicht, das ist gar nicht möglich. Dann schaute ich zu Boden und dachte mir, daß Gottes Geschöpfe eigentlich zu groß sind, zu schön, um nicht geheimnisvoll zu sein. Oh, kleiner,

ferner Stern, erzähle mir von dem Himmel, den du zu bewohnen scheinst!
So, jetzt bin ich schon in einem Stern oder besser: dabei. Wie gut, daß ich aufgehört habe, denn mein Tagebuch würde sagen: Siehe da, meine Freundin ist ja eine Sternische (Verzeihung, liebes Wörterbuch!). Ja, eine Sternische! Warum nicht? Es gibt doch auch Launische. Jedenfalls bitte ich Dich, liebes Tagebuch, nicht über mich zu spotten, denn ich habe die Astronomie noch nicht studiert und mein Wörterbuch ist ein wenig... na ja, wie sein Erfinder, nicht wahr?

16. März

Samstag fühlte ich mich nicht gut und am Sonntag wachte ich auf mit den ersten Anzeichen von Röteln. Deshalb habe ich nicht geschrieben, obwohl ich in diesen langen Stunden der Einsamkeit, die mir die Krankheit beschert, ständig an meinen Freund denke. Zwei Tage lang durfte ich kein Licht machen und am dritten hätte ich geschrieben, wenn ich mich im Kopf nicht so leer gefühlt hätte. Heute ist der zweite Tag, an dem ich wieder aufstehe und ich wage es, mich der Länge eines vertraulichen Gespräches auszusetzen, denn mehr denn je beschreibe ich meine Seele.
In diesen Tagen habe ich mich dazu hinreißen lassen, Märchen zu schreiben, aber ich konnte das Wunderland, in dem sich mein Geist bewegte, nur unvollkommen beschreiben. Ich schwebte über dieses ferne Land, wo nichts unmöglich ist. Gestern bin ich zur Wirklichkeit zurückgekehrt: zur Traurigkeit.
Mir war, als fiele ich aus einer großen Herrlichkeit herab in ein trauriges Elend. Heute lache ich wieder über diese schwarzen Gedanken.
Ich lache mich selbst aus und will meine Geschichten nicht mehr fortsetzen, die ich »Märchen eines Spiegels« genannt hatte. Als die Narrheit überwunden war, habe ich meinen Spiegel zerbrochen, und nun schweigt er.
Ich fürchte nur, daß mich eines Tages die Sehnsucht nach Wunderbarem wieder packt, und dann wird mein Zauberspiegel wieder mit mir sprechen.
Warum? Weil ich einen Spiegel besitze: mein Tagebuch. Ist das nicht ein Spiegel, der dem Vergessen die wirkliche Geschichte einer Träumerin nacherzählen wird, die vor langer, langer Zeit

durchs Leben ging, so wie man ein Buch liest. Als das Buch dann geschlossen war, ließ es seinen Leser mit all seinen Schätzen an Belehrung wieder weggehen.
Gut! Ich höre rechtzeitig auf. Mein Tagebuch kennt das alles, ich habe es tausendmal wiederholt. Ach, wie langweilig ich bin! Ich kann nicht reden, ohne mich zu wiederholen. Dafür bin ich mir selber böse. Wenn ich nach einem Thema suche, lasse ich es unwillkürlich melancholisch werden, d. h. wie ich selbst. Für heute verabschiede ich mich von meinem Freund, denn meine Feder ist rostig, fürchte ich.
Ich schreibe ein Gedicht ab, das ich in den letzten Tagen geschrieben habe. An einem Tag, als sich mein Herz in der großen Stille bemerkbar machte. Das heißt, daß eine Stimme lautwurde inmitten des blutigen Kampfes, der sich in meinem Herzen abspielt: die Stimme des Friedensengels. Ich habe den inneren Krieg meines Herzens umgewandelt in den hundertmal blutigeren Krieg, der jenseits des Ozeans stattfindet! Ich habe die zärtliche Stimme des Friedens in eine lange Klage für diejenigen, die den Frieden rufen, umgewandelt.

DER FRIEDENSENGEL

Friedensengel! Erhebe deine Stimme
Und fordere dein Recht.
Erobere die Erde zurück, die der Krieg dir entrissen hat.
Oh! Friedensengel, muntere du die bedrückten Herzen auf,
Tröste die entmutigten Mütter
Und laß uns auf ewig dich bitten.
Wenn die Sonne untergeht, senken sich deine Blicke,
Deine Augen weinen beim Anblick des Lebens,
Das all diejenigen verläßt, die für ihr Vaterland kämpfen,
All diejenigen, die sich für ihr geliebtes Land schlagen.
Du zitterst beim Getöse der Kanone.
Wir suchen dich, o Friedensengel, aber du fliehst,
Rastlos erschauerst du in der Nacht,
Denn du setzt dich an den zerstörten Herd
Und vernimmst das leise Schluchzen der Obdachlosen.
Welch eine Traurigkeit angesichts der Städte,
Die von der Plage des Krieges zerstört!
Oh, Friedensengel, verharre trotzdem auf der Erde.
Sieh die brennenden Herzen,

Sieh, was die mutigen Soldaten aufrecht hält,
Sieh das Heldentum der Mütter, die verzeihen,
Sieh, was daran schuld ist, daß die Kanone grollt,
Sieh dir an, mit mitleidsvollen Blicken, die Kunst,
     die aufgeopfert wird
Und zwinge die läutenden Glocken des Krieges zur Ruhe.
Der Erde blutgeröteter Schatten, vor dem du fliehen willst,
Schmiegt sich an dich als die einzige Zuflucht,
    die ihm nicht schaden kann;
Begrabe dieses Blut unter der Erde mit dem Ruhm
Und laß es zu demjenigen zurück, der es verloren
    hat durch seinen eigenen Willen,
Verbreite deinen Hauch über das Schlachtfeld
Und pflanze deine Friedens- und Arbeitsfahne auf.
Aber meiner machtlosen Stimme
Antwortete der Friedensengel: Was singst du da,
Blinde Seele, selbstsüchtiger Mensch,
Der nach dem Friedensengel verlangt und ihm einen
     Wagen ohne Zügel gibt,
Den er über kein Feld führen kann,
Wo sie doch alle blutüberflutet sind?
O blinde Priesterin der Menschheit,
Du wagst es, mich zu rufen, ohne erniedrigt zu sein?
Weil du nicht verstehst, daß das flammende Heldentum
Dem Frieden gegenüber ewig gleichgültig ist.
Glaubst du, daß meine Stimme klagen kann,
Wenn jeder den Kopf sinken läßt ohne eine Klage?
Mein Platz ist nicht in den kämpfenden Herzen,
Er ist in den Seelen der Arbeitenden,
Die von meinem Todfeind nicht getroffen wurden,
Vom Krieg, vom Tod, von der Schlacht, die
  unauslöschlichen Ruhm versprachen:
Höre auf, mich zu rufen, denn ich fliehe für immer,
Ohne Hoffnung, den Krieg jemals zum Stillstand
     zu bringen,
Den Krieg, der auch Ruhm bringt für diejenigen,
welche im Herzen eines Höllenofens wirken.

        ANAÏS NIN
    (Geschrieben am 10. März 1916 in
     219 West 80th St., New York)

DER TOD EINES HELDEN

Wenn sich das Geschmetter der Kanone legt,
Kommt über das Schlachtfeld der Tod;
Er vollendet das Werk des Krieges
Und legt auf die kalte Erde
Alle halb gebrochenen Leben,
Die noch kämpfen, um wieder aufzustehen.
Sterbend versuchte ein Held zu lächeln,
Denn er spürte, daß er sterben sollte.
Ein letzter Gedanke fliegt zu dem, was ihm lieb ist,
Denn er spürt, wie das Vergessen naht.
Ein letztes Gebet, denn die Seele wird den Leib
                            bald verlassen.
Eine letzte Hoffnung,
denn der Held glaubt zu sehen,
Wie das Leben naht und ihn segnet.
Er vergißt einen Augenblick, daß er gleich sterben wird.
Eine letzte Klage bleibt ohne Antwort,
Aber sie versucht, den Schmerz, der ihn wie ein
                 Speer durchstößt, zu verdrängen.
Noch eine einzige, letzte Bewegung –
Schon hat der Tod sein Kind in die Arme genommen.
Erschallt, ihr Trompeten des Ruhms!
Denn soeben ist ein Held gefallen, bis zuletzt
               hat ihn die Hoffnung begleitet,
Zu hören, wie ihr den ruhmreichen Ausgang der
                         Schlacht verkündet,
An der er mit vielen andern gearbeitet hat.
Erschallt, ihr Trompeten des Ruhms!
Besingt, was ihr hättet sehen wollen:
Den Tod eines bescheidenen, glorreichen Helden.
Blickt zu Boden, ihr niederträchtigen Neider,
Bewundert den, den nachzuahmen ihr unfähig seid,
Den, der euch verziehen hat.
Sprüht eure Funken, tödliche Kanonen,
Aber vergeßt nicht den unsterblichen Helden,
Der euch mehr vor Bewunderung erzittern ließ
Als aus Heldenmut, den er fest zusammenhalten wollte.
Sprüht eure Funken,
Um den mutigen Helden zu feiern.

Folgt ihm, Soldaten, tut es dem Helden gleich,
Erfüllt eure schöne, ruhmreiche Aufgabe!
Folgt seinen blutigen Spuren,
Zückt euren Degen bei der geringsten Schmeichelei,
Die euren Mut und euer Glück verlockt,
Und verteidigt eure Ehre!
Sonne! Strahlende Sonne, laß deine Tugenden aufleuchten,
Bedecke seinen Leib mit den Strahlen, die ihm
                              Freude machten,
Als er noch lebte in all seiner Pracht,
Als er glühenden Herzens seinen Mut verausgabte.
Und wenn es sein muß, blende den Tod
Zu Ehren des Helden, dessen Schicksal du beklagst.

ANAÏS NIN
*(Geschrieben am 18. März 1916
in 219 West, 80th St., New York)*

24. März

Nach dem Spaziergang gab es eine Überraschung! Marian Hearn hat mir einen Strauß *sweet peas* (Wicken) gebracht. Es gibt nichts, was ich so liebe wie Blumen. Ich habe sie liebevoll auf den Tisch vor mir gestellt, dann habe ich mich nach vorn gebeugt, den Kopf über den Strauß geneigt und mit geschlossenen Augen atmete ich den Duft ein. Ich träumte wie üblich. Ich war wie berauscht von dem Zauber, der aus jeder Blume strömte. Ich habe die weißeste von allen in die Hand genommen und ich weiß nicht, wie mir geschah, aber meine Lippen berührten die zarte kleine Blume. Es gibt nichts Sanfteres als diesen Kuß, der der Natur gilt. Ich hielt die Blume noch in Händen, als ich plötzlich sah, wie sie sich sanft über meine Hand neigte und ich bemerkte, daß sie tot war! Verwelkt! Da erst fiel mir wieder ein, daß ich ein Mensch bin, daß ich der Rasse der schlechten Menschen angehöre. Arme Blume! Bei der Berührung mit meinen Lippen hat sich ihre Schönheit verschlossen, ihr Duft ist verflogen. Sie ist gestorben, als hätte sie bei der Berührung mit mir Gift geschluckt; ich hätte ihr gern in meinem Herzen ein Grab gemacht, denn sie hat mich an das erinnert, was ich bin. Eine Träne lief über meine Wange, eine Träne des Mitleids und der Scham. Mitleid für die Blume, Scham über mich selbst. Trotzdem habe ich mich nicht von der Stelle bewegt: ich betrachtete die Blumen, die unter dem sanften Hauch erzitterten, obwohl ich versuchte, den Atem anzuhalten, damit sie vergessen sollten, wer ich bin. Eine Blume ließ mich weinen, ein Strauß ließ mich träumen. Zwei Dinge, die einen ins Unendliche führen. Dieser Kuß, den ich der Blume gab, hat mich mit der Natur vereint, jetzt ist es meine Pflicht, sie zu belauschen. Bescheiden sein wie ein Veilchen, rein wie eine Lilie, schlicht wie ein Gänseblümchen, schön wie eine Rose! Eine Seele haben, die so strahlt wie eine Butterblume! Hehr sein wie die einfache Tanne, die ihren Schatten spendet, barmherzig wie die Ähre, die nährt, liebend, zärtlich, trostreich sein wie... die Natur! Ach, das ist für den Menschen unmöglich, der in seiner für ihn geschaffenen Hülle bleiben muß, die man »Geschöpf« nennt. Die Natur muß Natur bleiben und ihre Reize wahren!

Wenn der Mensch oder das Geschöpf nicht Natur werden kann, warum versucht er es denn? Das ist die Frage, die ich mir stelle, und indem ich antworte, liegt nun ein spöttisches Lächeln auf meinen Lippen: Er versucht es, weil er nie versucht hat, die Reinheit mit dem Niedrigen zu vermischen, d. h. die Natur mit dem Geschöpf! Dies sind die Überlegungen, die Träume, die Eindrücke, wozu mich eine Blume anregt. Zu welcher Art von Überlegungen, Träumen, Eindrücken wird mich das Leben anregen? Bittere Überlegungen, traurige Träume, die gleichen Eindrücke, die man auf Reisen empfindet oder wenn man barfuß auf einem rauhen Felsen steht, inmitten von Tigern und Löwen, von Bären und Schlangen, Adlern und Menschenfressern.

DAS GEBET

Wenn für die Seele, durch das Leid geschwächt,
Die Stunde schlägt, in der sie keine Hoffnung mehr kennt,
Was kann sie dann noch trösten? Das Gebet.
Wenn der Mensch, vom Ruhm verstoßen,
Von der Verachtung, die ihn fallen läßt, verletzt,
Nach Schutz und Hilfe sucht,
Wer kann sie ihm noch geben? Das Gebet.
Wenn das Boot, im weiten Ozean des Lebens verloren,
Nicht mehr vorwärts kommt, vom Neid gefesselt,
Wer kann es dann noch retten? Das Gebet.
Wenn der Mensch, ein Opfer der Leidenschaften
                     der menschlichen Natur,

Für immer in Ketten, für immer umkrallt sich fühlt,
Wer wird diese Ketten ihm brechen? Das Gebet.
Wenn die Köpfe gedemütigt sich neigen
Und Gott wie ein strafender Herrscher vorbeizieht,
Wer spricht dann mit ihm? Das Gebet.
Wenn einsam und verlassen der Mensch einen Freund sucht,
Wenn er ihn nicht findet und auf diese Weise für
                          seine Sünden büßt,
Wer wird ihm dann verzeihen? Das Gebet.
Schönes, erhabenes Gebet,
Das uns zu unserem Vater führt,
Großes, heiliges Gebet,
Das uns lenkt, uns stärkt wie eine Mutter,
Frommes, huldvolles Gebet,
Das uns vor Gottes Auge so lieb und wert macht,
Verlaß uns nicht, denn wir armen Geschöpfe
Hätten ohne dich keine Stimme mehr, unserem
                          Herrn liebend zu dienen.

ANAÏS NIN
(Geschrieben am 19. Februar 1916)

Samstag, den 25. März 1916
Ich wollte das Leben, das ich mit zwölf Jahren führte, ein wenig nachvollziehen; da bin ich in den Central Park gegangen und habe mich auf dieselbe Bank gesetzt, auf die ich mich früher so gerne setzte, um die weite Landschaft zu betrachten, die sich vor mir ausbreitete. Es hat sich nichts geändert. Ich finde dieselben Bäume, dieselben Hügel wieder. Nur der Himmel hat sich geändert, er ist hellblau. Ich sehe ihn so, denn so ist er in meinem Herzen. Mit dem Vogelgezwitscher, der warmen Sonne und der Freude, die den Frühling beseelt, ist auch die Hoffnung in mein Herz zurückgekehrt. Ich bin nicht mehr unglücklich, ich bin nur traurig. Zur gleichen Zeit wie die Blumen blühte das Vergessen in meiner Seele auf; ich habe vergessen, daß ich lebe, um zu leiden. Ich habe der Sonne ins Gesicht geschaut und ihr gesagt: Ich will dein Licht. Sie hat es mir gegeben: Ich träume. Ich träume, daß ich Frankreich im Glanz seines Sieges, seines Ruhmes sehe, ich träume, daß ich Papa und Mama wieder vereint sehe, ich träume, daß ich sehe, wie sich die Unendlichkeit öffnet, ich träume, daß ich stark bin, kämpferisch, mutig, heldenhaft wie Jeanne d'Arc. Ich träume,

daß ich lebe ... Und daß ich glücklich bin. Warum muß ich das träumen? Weil ich es nicht bin, ich bin von demjenigen getrennt, den ich am meisten liebe auf dieser Erde: von meinem Vater. Ich fühle mich überflüssig und schwach. Ich wünsche etwas und weiß nicht was. Etwas fehlt in meinem Leben. Ich übe Kritik an denen, die mir gleichen, und hinterher bin ich mir selbst böse. Dies alles läßt mich also träumen, daß ich glücklich bin, denn wenn ich nicht träume, spüre ich das alles. Wenn ich mich allein auf eine Bank setzte, vergesse ich mich. Heute nachmittag bin ich eine ganze Zeitlang sitzengeblieben und habe geschrieben. Dann bin ich mit Joaquinito zum Ausgang des Parks gegangen und habe mich da noch einmal auf eine Bank gesetzt, um diese paar Zeilen zu beenden. Der Spaziergang ist zu Ende, der Traum auch.

4. April
Seit zehn Tagen habe ich nicht geschrieben, dabei gibt es seitdem soviel Neuigkeiten!
Der unerwartete, schreckliche Tod hat sich auf Granados und seine Frau niedergestürzt. Die Gewässer des *Englisch Channel* haben wieder ein Genie verschlungen!
Monsieur und Madame Granados kamen zurück, er mit Ruhm und Reichtum versehen, um ihre Kinder zu besuchen, aber die »Boches« haben ein Torpedo abgeschossen und – wie so viele andere Opfer dieser Grausamkeit – sind das Genie und seine Frau ertrunken!
Hier in New York, wo er so großen Beifall geerntet hatte, herrschte große Trauer, unendliche Betroffenheit.
Am Abend, als ich verträumt an dieses traurige Unglück dachte, hörte ich den Beifall im Vaudeville, ganz in unserer Nähe, und ich weinte lange still vor mich hin.
Mir war, als müsse alles schweigen in Anbetracht dieser neuen barbarischen Schandtat (abgesehen von allen anderen), als dürfe keiner mehr Freude genießen. Mir war, als müßten alle schwarz gekleideten Frauen zu Schatten werden, um zu pflegen und zu trösten; mir war, als müßten alle kräftigen Männer Riesen werden, um den Tyrannen zu strafen und rächen.
Ich weinte auch, weil mir zum erstenmal die Opfer dieses blutigen Krieges deutlich bewußt wurden, weil ich das Elend und den Schmerz spürte, die in den Familien der Opfer

herrschen. Vielleicht stieg in mir auch zum erstenmal der echte Haß gegen den Urheber dieser ganzen Verbrechen empor, welche zugleich Tod, Mord, Barbarei, Unglück, Elend und Schrecken bedeuten, alles vereint in einer Seele, in einem Leib, das Leben so vieler Unglücklicher, die Zukunft des Landes und so weiter.

Und nicht ein Mensch empört sich, um diesen Leib zu besiegen, um dieser Seele das Leben zu entreißen.

Es ist das Land, das büßen muß und nicht der barbarische Kaiser! Der Tod eines Menschen würde das Ende des Krieges bedeuten; er würde dem Tod, dem Blut, die das feindliche Volk

aufzehren, Einhalt gebieten. Der Tod eines Menschen würde der Gerechtigkeit zum Sieg verhelfen.
Ach! Charlotte Corday, du bist die einzige wahre Frau, denn heute wagt es keine, nach dem Dolch zu greifen, um den Tyrannen zu ermorden, wie du es tatest. Nicht einmal ein Mann wagt es! Welche Hand wird die Gerechtigkeit lenken, wenn nicht deine? Oh! Gott der Gerechtigkeit, wirst du die Unglücklichen und die Unterdrückten leiden lassen, ohne sie mit deinem wohltuenden Strahl zu beschützen?
Zu diesen Gedanken führt mich der Tod eines großen Mannes, woran allein Deutschland die Schuld trägt.
Verlassen wir aber lieber die verwüsteten Schlachtfelder und reden wir von dem, was mich umgibt.
Letzten Samstag hat Tante Anaïs New York verlassen, und alles geht nun wieder seinen üblichen Weg. Wir gehen alle drei zur Schule, und ich glaube, daß jede von unseren Lehrerinnen mit ihrem jeweiligen Schüler zufrieden ist.
Ich habe Papa wieder einen langen Brief geschrieben und in jede an ihn gerichtete Seite präge ich ein bißchen von meiner Seele ein. Wenn ich schreibe, sage ich alles, wenn ich spreche, sage ich nichts. Das Schreiben ist meine Sprache, und mein Tagebuch kennt meine Seele gründlicher als jeder andere Vertraute es tun könnte – wenn ich andere Vertraute hätte, denn genau das will ich nicht.
Ich lese weiterhin sehr viel und lerne, deshalb schreibe ich jeden Monat an meinem »Freund des Vergessens« weiter. Papa sagt mir, ich sollte mit meinen literarischen Versuchen standhaft sein, und ich bin so vermessen, sie unter dem Namen »Gekritzel« fortzuführen, denn »Literarische Versuche« klingt wirklich zu edel für meine Art von Literatur.
Und nun verabschiede ich mich von meinem Tagebuch und verspreche wiederzukommen, um viele kleine Mißgeschicke zu erzählen, die mir jeden Tag passieren.

8. April
Ich bin nicht so bald wiedergekommen, wie ich dachte, denn wir mußten die Prüfungen für Ende März machen und ich mußte viel arbeiten. Wenn ich fertig war, bettelte Thorvald immer, ich solle doch die Geschichte des verschlossenen Hauses zu Ende erzählen, die er sehr mag. Sehr spät hatte ich dann

einen Augenblick Zeit, aber es fiel mir nichts ein. Mein Kopf war leer, nur ein einziger Wunsch beherrschte ihn: träumen! In meinem Bett einen richtigen Traum träumen!
Ich träume jeden Abend, manchmal sogar auf so angenehme Weise, daß ich tagsüber ungeduldig werde, weil ich erfahren will, was ich als Nächstes träumen werde. Heute abend ist es spät und Mama ist ausgegangen. In diesen Augenblicken fällt mir am meisten ein, denn dann läßt die Stille diese innere Stimme reden, die mich immer an der Hand führt.
Jetzt gehe ich nach der Schule immer mit Marian spielen, vor ihrem Haus bei der Nummer 79. Wir spielen Ball. Vorgestern habe ich sie gebeten, ein bißchen zu mir spielen zu kommen. Unterwegs hat sie mir gesagt, daß sie Tagebuch führt und mich gefragt, ob ich es auch tue. Um nicht zu lügen, habe ich ja gesagt, obwohl ich es hasse, etwas zu tun, was alle tun. Da habe ich überhaupt erst verstanden, daß viele Leute Tagebuch führen können. Aber ich habe auch erfahren, daß nicht alle Leute ihr Inneres beschreiben, sondern ihr Leben.
Ich sehe da sowieso keinen großen Unterschied, denn wenn ich mein Leben beschreibe, dann beschreibe ich die Vorfälle, die dazu geführt haben, daß mein Herz vor Ungeduld, vor Freude, vor Schmerz, vor Leidenschaft, vor Elend und so weiter höherschlägt. Wenn ich mein Herz beschreibe, so beschreibe ich auch das Leben, das es hat schlagen machen und auch das Leben, das es hat sterben machen.
Marian hat mir erklärt, daß sie aufschreibt, was sie jeden Tag tut, und dann hat sie mich gefragt, was ich aufschreibe. »Ich schreibe alles, was ich tue und was ich denke«, antwortete ich. »Wieviel schreibst du ungefähr jeden Tag?« fragte mich meine Freundin. »Drei oder vier Seiten«, sagte ich ganz selbstverständlich, und sie sagte: »Oh, ich schreibe nur eine halbe! Was sagst du denn alles?« »Ich sage alles«, erwiderte ich.
Als wir nach Hause kamen, bat sich mich, ihr mein Tagebuch zu zeigen. Ich würde es niemals jemandem zeigen, aber da sie kein Französisch lesen kann, ist es mir egal.
Sie blätterte eine Zeitlang in einem meiner Hefte, und da kam Thorvald plötzlich auf die Idee zu sagen: »Ja, und sie schreibt auch Gedichte!«
Marian schaute mich staunend an; Thorvald bemerkte die Wirkung seiner Worte und fügte hinzu: »Und Geschichten!«

Da wandte sich Marian zu mir um und schaute mir ganz gerade in die Augen: »*You'll be an author*« (Du wirst Schriftstellerin werden). Liebe Marian! Wenn das nur wahr wäre!
Leider schreiben nicht alle gut genug für die Welt, die Hälfte muß für sich selbst schreiben, so wie ich. Ach, es macht Spaß! Es wird einem nie geschmeichelt, man wird nie bewundert, aber immer verbessert, wenn man für sich selbst schreibt. Immer verbessert, das bedeutet, daß man jedesmal besser wird, während immer bewundert bedeutet: Jeden Tag wird man blinder, wird man mehr zum Sklaven!
Ich höre Joaquinito atmen, der neben mir liegt, und ich betrachte sein unschuldiges Gesicht; dabei frage ich mich, ob es nicht gescheiter wäre zu leben als zu philosophieren.
Ich glaube ja, denn wenn ich nicht irre, kann man nicht philosophieren, ohne zuviel gesehen und gelernt zu haben.
Das erste habe ich getan, das zweite habe ich noch nicht beendet, und ich glaube, daß es besser wäre, wenn ich vernünftig rede, weil ich nichts weiß und keine Philosophin sein kann. Ich schwebte in den Wolken, jetzt stehe ich mit beiden Füßen auf der Erde: Ich glaube, das ist es, was man vernünftig sein nennt... Dann bin ich es eben nicht.

14. April

Endlich habe ich wieder zur Feder gegriffen.
In meinem irdischen Leben hat sich nichts verändert. Ich arbeite nicht schlecht in der Schule, aber ich habe viel dazugelernt durch die Person meiner Lehrerin, Sister Gertrude, die ich schon sehr mag. Ihr wechselhafter und ein bißchen verrückter Charakter hat meine ganze Aufmerksamkeit auf sie gelenkt. Ich habe ihr Tun beobachtet, wie man sich im Spiegel betrachtet, denn Sister Gertrude ist mein charakterliches Ebenbild; so werde ich sein, wenn ich einmal groß bin, abgesehen vom Orden.
Während einer Prüfung geschieht es öfter, daß ich die Papierstöße mit den Arbeiten der Schülerinnen betrachte, was nicht beabsichtigt ist, aber die Schwester hält uns die Blätter oft unter die Nase, um uns zu zeigen, was wir tun oder vermeiden sollten. Oft sage ich mir: Diese Blätter sind so schlecht geschrieben, wenn ich die Lehrerin wäre, ich würde sie zerreißen und die Klasse auffordern, die Prüfung noch einmal zu schreiben.

Einen Augenblick später nimmt Schwester Gertrude das ganze Bündel und schmeißt es in den Papierkorb. Da ich natürlich meine Aufgabe auch noch einmal machen muß, komme ich von der Rolle der Lehrerin wieder ab und nehme die der Schülerin ein; ich sage mir: An ihrer Stelle hätte ich doch ein bißchen Mitleid mit meinen Schülern, ich würde ihnen nicht soviel Arbeit aufladen wegen einer blöden Englisch-Aufgabe.
Das sind die einzigen Vorfälle, die ab und zu die stürmischen Gewässer meines Lebens etwas aufwühlen kommen.
In dem Leben, das ich in der Unendlichkeit führe, ist das anders. Da ist alles Glück und Sonnenschein, denn es ist ein Traum. Da gibt es keine Schule mit dunklen Klassenzimmern, da gibt es... Gott...
Da gibt es keinen leeren Platz in der Familie, die immer vollzählig ist.
Da gibt es keinen Lärm, sondern Frieden spendende Einsamkeit. Da gibt es keine Sorge um die Zukunft, denn dies ist ein anderer Traum.
Da gibt es keine Tränen, denn der Traum ist ein Lächeln.
Dies ist die Unendlichkeit, in der ich lebe, denn ich lebe zweimal. Wenn ich auf Erden sterben werde, wird geschehen, was mit zwei gleichzeitig angezündeten Lichtern geschieht: Wenn das eine erlischt, geht das andere wieder an und leuchtet mit vermehrter Kraft, ich werde auf Erden ausgelöscht werden, aber im Unendlichen werde ich wieder angezündet sein.
Im Augenblick erlebe ich beides, und beides sind schwache Lichter. Denn eine Seele kann keinen Hafen haben, ebensowenig wie sie zwei Herren haben kann. Dies ist mein Denken und mein Lehrsatz. Ich will nichts mehr sagen, denn ich denke an diesen Satz von F. Kani in seiner *Seepredigt*: *Thou shalt conquer or thou shalt die.* Du wirst erobern oder sterben.
Für mich: Du wirst das Leben erobern oder des Todes sterben. Du hast das Leben erobert und du wirst den Traum erleben. Wieviele Bedeutungen hat dieser Satz! Ich überlasse es meinem Tagebuch, darüber nachzudenken, was dieser Satz seiner lieben Anaïs alles bedeutet.

16. April

Nachdem wir heute wie jeden Sonntag in der Kirche und zur Kommunion waren, bin ich mit Joaquinito zum Riverside gegangen und habe mich auf eine Bank gesetzt. Mir ist, als würde ich die Zeit, als wir noch in Barcelona wohnten, wiedererleben. Gestern, am Vorabend vom Palmsonntag, geschah nichts hier. Gestern, auch am Vorabend vom Palmsonntag, aber in Barcelona: welch ein Unterschied!

Gegen drei Uhr sind wir alle heraus und auf dem Paseo de Gracia und danach auf dem Diagonal spazierengegangen. Auf beiden Seiten der Promenade gab es fliegende Händler. Sie hatten ihre Ware ausgebreitet, große vergoldete, drei bis vier Meter hohe Palmen. Mama verhandelte einen Augenblick über den Preis, dann bekam Joaquinito sowie Thorvald eine der großen Palmen. Ich bekam einen geschmückten Palmwedel und trug ihn mit Stolz und ließ die Bänder im Wind hin- und herwippen. Alle Leute kauften ebenfalls solche Dinge. Alle Leute waren fröhlich. Gegen fünf Uhr ging man dann wieder nach Hause, ich stellte meine Palme ins Wasser, damit sie bis zum großen Festtag frisch blieb. Es wurde kaum geschlafen, denn ich glaubte immer, die Kirchenglocken rufen zu hören.

Endlich war die Nacht vorbei, und gegen neun Uhr läuteten die Glocken der großen Empfängniskirche zum Appell. Fünf Minuten später war das ganze Volk, jeder mit seiner Palme, vor der Kirche versammelt. Es wehte ein leichter Wind, und die hohen Palmen wurden sanft hin- und hergewiegt.

Es sah aus wie ein großes Kornfeld, worauf Gott seinen Blick und seine Barmherzigkeit zu richten schien.

Jedesmal, wenn die Glocken läuteten, erhob das Volk die Palmen und ließ sie ziemlich ungeduldig mit einem dumpfen Geräusch wieder zurückfallen.

Nur die großen Glocken veränderten ihren Klang nicht. Endlich schlugen sie neun: Die Tore der Kirche wurden geöffnet und die Gläubigen eingelassen.

Nach dem Hochamt gab es das Mittagessen, das meist bei den alten Großeltern stattfand.

Dies ist Palmsonntag in Spanien.

Hier geht man zur Kirche, man bekommt eine lächerliche, einen Meter lange Palme, dann geht man wieder nach Hause und der Tag verläuft wie üblich.

MARIAN HEARNS BESCHREIBUNG
VON ANAÏS NIN

Anaïs Nin ist für ihre dreizehn Jahre ein sehr großes Mädchen (stimmt). Sie hat hübsche, dunkelbraune Haare (sehr häßlich) und große braune Augen (sehr häßlich). Ihr Mund ist zwei *inches* breit (das Doppelte, glaube ich). Wenn sie lacht, werden ihre weißen (leider kaputten) Zähne sichtbar und sehen aus wie (falsche) Perlen. Sie wurde in Paris geboren (eine große Ehre für die dort Gebürtige) und ist fast durch ganz Europa gereist (stimmt). Sie ist erst ein Jahr hier und weiß erstaunlich viel (so viel wie ein Esel). Sie ist sehr begabt für das Schreiben von Aufsätzen und im Zeichnen (vielleicht). Sie hat einen bewundernswerten Charakter (man sagt hum!) und ärgert sich nie (nur wenn sie wütend wird!). Sie ist äußerst angenehm im Umgang, weil sie sehr fröhlich und überall höflich ist. Alle Leute lieben sie (und hassen sie). Die Schwestern lieben sie besonders (ich nehme an), denn sie ist so gut (böse) und weiß so viel (wie ein Esel, ich wiederhole es).

MARIAN HEARN
(19. April 1916, New York)

P. S. In dieser mittelmäßigen Übersetzung steht die Wahrheit jeweils in Klammern.

24. April
Ich schreibe in der Straßenbahn auf dem Weg nach Kew Gardens, wo wir eingelanden sind, den Nachmittag bei Tante Edelmira zu verbringen, die eine kleine *Easter-party* gibt.
Derweil sich vor meinen Augen der Hudson ausbreitet, einerseits mit hohen Schornsteinen, die beide Seiten dieses Flusses säumen, andererseits mit hübschen Landhäusern, die darauf hinweisen, daß ich mich auf dem Land befinde, überlege ich und denke nach über meine vergangenen Ferientage.
Gestern nach der Messe haben wir wie jedes Jahr die Ostereier gefunden. Am Nachmittag gingen wir dann ins Kino und kamen glücklich und zufrieden wieder nach Hause, um unser kaltes Abendessen einzunehmen.
An diesem Tag endete die Fastenzeit voller Buße und Stille. Aber wie alle Christen bin ich zur Beichte und zur Kommunion gegangen. Dann stand ich früh auf um in die Messe zu gehen.

Nach der Schule ging ich die Stationen des Kreuzweges. Schwester Gertrude, unsere Lehrerin, sprach von den Bußen und den Opfern, die wir zumindest während der Fastenzeit erbringen sollten.
Alle waren schweigsam und traurig, denn die dunklen, trauernden Kirchen flößten uns jene Hochachtung ein, die man dem Tod und dem Büßen gegenüber empfindet.
Ich allein sah kaum einen Unterschied.
Unser Herr sollte sterben. Für mich starb er jeden Tag, und ihm zu Ehren war meine Seele täglich in Trauer.
Die Kirchen sind schwarz geworden, ebenso die zugedeckten Statuen. Für mich sind sie immer so. Die schwarze Kirche schämt sich, wenn sie den großen, zerstreuten Sünder sieht und die Statuen sind tränenüberströmt in Anbetracht der Christen, die ihre Pflicht vergessen.
Die Leute sind schweigsam und bußfertig geworden.
Ich bin immer schweigsam, das Schluchzen hält meine Lippen verschlossen; ich bin immer bußfertig wegen meiner Traurigkeit. Aber zu Ostern werde ich wie alle andern, denn für mich ist Jesus zum tausendsten Mal wiederauferstanden. Diesen Tag feiere ich immer im Gebet, aber ich feiere Ostern mit Freuden. Heute bin ich nicht traurig, denn Jesus ist für mich wiederauferstanden, und zwar in Gestalt eines Spaziergangs über die Felder, wo er mir beibringt zu lächeln, um ihm Freude zu machen.
Papa hat mir ein schönes großes, rotes Buch geschickt mit dem Titel: *Histoire de la France (Geschichte Frankreichs)*. Es hat mir Spaß gemacht, wieder einmal über das Leben der mutigen alten Gallier und ihre Heldentaten zu lesen.
Ich habe noch nicht viel gelesen, aber ich errate das Weitere: entweder Sieg oder große Lehren, die wieder Mut machen, oder das Lesen aller großen Männer und großen Frauen Frankreichs. Zum Dank habe ich Papa gestern abend einen Brief geschrieben. Ich habe mich auch für das große Bild von ihm bedankt, das er mir zur gleichen Zeit geschickt hat.
Ich habe ihm von der Beschreibung erzählt, die Marian von mir gemacht hat und habe gesagt: »Ich habe vor, sie ins Französische zu übersetzen und in meinem Tagebuch aufzubewahren. Ich werde sie abschreiben und dabei immer die Wahrheit in Klammern dazuschreiben, denn leider setzt man die Wahrheit immer nur in Klammern.«

Ich habe keine Zeit mehr zu schreiben. Heute abend werde ich voraussichtlich noch ein paar Zeilen hinzufügen. ANAÏS

29. April
Hier bin ich endlich wieder. Ich habe seit dem 24. April nicht geschrieben, weil ich nichts zu sagen hatte; mit nichts zu sagen meine ich: es ist nichts Wichtiges eingetreten, was unser dreier Leben unterbrochen oder gestört hätte.
Marian hat mir ihr Tagebuch gezeigt; jeden Tag schreibt sie folgendermaßen:
»Ich bin um sieben Uhr dreißig aufgestanden, ich habe mich angezogen, um acht Uhr dreißig habe ich gefrühstückt und bin zur Schule gegangen. Die Schwester war heute sehr ärgerlich, und ich mußte fünfzehn Minuten nachsitzen und meine Lektionen aufsagen. Um vier Uhr bin ich nach Hause gekommen. Ich war mit Anaïs spazieren, es war ziemlich lustig, um sechs Uhr bin ich wieder nach Hause gekommen, ich habe meine Aufgaben gemacht und um acht habe ich zu Abend gegessen, danach habe ich angefangen, Tagebuch zu schreiben. Es ist schon neun Uhr. Jetzt gehe ich ins Bett.« MARIAN

Sie macht es besser als das, aber damit wollte ich nur zeigen, wie sie alles erzählt, die genauen Stunden, die Zeit, die sie braucht, um etwas zu tun.
Das hat mir eine Vorstellung davon vermittelt, was ein wirkliches Tagebuch ist, und ich habe vor, meines nun auch so zu machen, obwohl das eigentlich recht eintönig ist. Also gut, ich versuch's:
Heute morgen bin ich also um neun aufgestanden, denn es ist Samstag, ich habe mich angezogen und gefrühstückt. Nach dem Frühstück ist Jack gekommen und hat Thorvald abgeholt, um den Tag mit ihm zu verbringen. Ich habe Mama geholfen, die Betten zu machen, und während sie sich anzog, habe ich eine Zeitlang gelesen. Danach sind Mama, Joaquinito und ich weggegangen.
Eine Freundin von Mama, Mrs. Allen, hat ihr den Rat gegeben, Joaquinito ins Kino zu setzen, um seine Phantasie zu beruhigen und ihn ein wenig zu beschäftigen. Außerdem waren wir an drei verschiedenen Orten, überall wurde Mamas Name aufgeschrieben, und bald wird sie erfahren, ob sie engagiert wird. Danach waren wir zum Lunch in einem *Child's* und gingen

dann zu *Franklin Simon* und *Lord & Taylor*, wo Mama mir Schuhe, Strümpfe, Bänder und noch ein paar andere Sachen gekauft hat. Danach haben wir ein Photo von Joaquinito machen lassen. Es war drei Uhr dreißig, als wir wieder in der Straßenbahn saßen, die uns nach Hause brachte. Ich verbrachte den Nachmittag oder besser den Rest des Tages mit Lesen, außerdem habe ich meine Wäsche für mogen vorbereitet und Mama geholfen, die Sommerwäsche herauszuholen, danach habe ich den Tisch gedeckt und wir haben zu Abend gegessen.
Mama mußte in ein Konzert und ich bin mit Thorvald und Joaquinito hiergeblieben.
Dies war mein Tag. Ich habe vergessen zu erzählen, daß die Schule neulich mehrere halbvertrocknete Pflanzen bekommen hat, die am Gründonnerstag als Altarschmuck gedient hatten. Ich habe eine davon bekommen, und durch viel Pflege ist sie wieder aufgelebt und nun wächst sie und gibt jeden Tag mindestens drei oder vier neue Blumen.
Ich habe Mama gefragt, ob sie weiß wie diese Pflanze heißt, aber sie kennt diese Blume nicht, die so ähnlich aussieht wie eine weiße Lilie.
Ich habe sie einfach »meine Blume« getauft, und jeden Morgen freue ich mich, wenn ich sie gieße und die vertrockneten Blätter abschneide, damit die neuen mehr Platz haben und wachsen können. Ich hoffe, daß es mir gelingen wird, ein wirkliches Tagebuch weiterzuführen.
Nun schließe ich mein Tagebuch, denn es ist halb zehn, das heißt Zeit, um schlafen zu gehen. ANAÏS

30. April

Heute morgen bin ich um acht aufgestanden und in die Neun-Uhr-Messe gegangen. Als ich zurückkam, habe ich gefrühstückt und bin mit Joaquinito zum Riverside gegangen.
Ich habe mich auf eine Bank gesetzt und angefangen zu schreiben. Neulich hat Schwester Gertrude vom Weltuntergang gesprochen; dabei sagte sie: »Ich befürchte, daß es bald eintreten wird, denn es steht geschrieben: Die Nationen der Welt werden sich alle bekriegen, Bruder gegen Bruder, Vater gegen Sohn usw. Diese erste Prophezeiung ist bereits eingetreten, denn alle Nationen stehen im Krieg.«
Dieser Weltuntergang läßt mich lange nachdenken.

Mir ist, als sähe ich, wie die Erde finster wird, wie der Krieg plötzlich innehält, die Menschen laufen und schreien, die Häuser werden von den Flammen verschlungen; schließlich öffnet sich der Himmel und Jesus erscheint, strahlend vor Gerechtigkeit. Wenn die letzte Stunde geschlagen hat, öffnen sich die Gräber, die Bösen geraten in Verwirrung und die Guten werden mit Ruhm bekränzt.

Ich verspüre ein tiefes Grauen vor dem höchsten Gericht, denn diese große Gerechtigkeit mahnt mich, daß ich sie nie gesehen habe.

Wie groß das ist! Welches werden unsere Gedanken sein in diesem Augenblick, der über unser ewiges Glück entscheidet? Gott, den verachteten, vergessenen Gott, wird man dann bitten und anflehen, denn nur so lange wird unsere lange Undankbarkeit währen. Dies wird das Ende der langen Reise sein. Danach wird es nichts Tieferes, nichts Gerechteres mehr geben!

Kein Wort kann die Gefühle und die Eindrücke wiedergeben, die dieses Wort »Weltuntergang« hervorruft!

Mein Tagebuch verzeihit mir, aber das Wort kann nichts ausdrücken.

Ich muß die Seele sprechen lassen. ANAÏS

Sonntag abend:

DER SIEGER

Langsam zieht die Parade vorbei,
Die Fahne voran. Singend
Defilieren die stolzen Soldaten,
Frohen Herzens, mit erhobener Stirn.
Die Pferde, die feurigen, ungestümen Mitstreiter
                                                    der Soldaten,
Lassen ihre Hufe leicht und fröhlich klingen,
Denn sie sind auf dem Weg des Sieges.
Ihre Herren sind mit Ruhm überhäuft,
Das Volk läuft liebevoll herbei
Und wirft den stolz geschmückten Kriegern
                                                    Blumen entgegen.
Die Glocken läuten, die Stimmen vereinen sich
Zum Gesang: »Hosianna! Gott segne sie,
Die gekämpft haben, um unsere Hütten zu verteidigen,
Um das Vaterland und seinen Glanz zu verteidigen!«

Die Sonne läßt denjenigen leuchten, der den Mut
                                   der Soldaten
Anfeuert, der sie ruft, der sie begeistert.
Einen stolzen Stab zur Schau tragen,
Auf dessen schimmernder Seide zu lesen steht: »Folgen wir!«;
Ihm hat der Himmel sein Blau verliehen,
Sein helles, brennendes Weiß,
Das allein durch das Blut des Sieges in flammendes
                                   Rot überging.
In seine Richtung strecken die Kinder ihre Arme aus,
Ihm entgegen fliegen die Herzen,
Ihm entgegen blicken der Sieg und das Glück.
Der sanfte Wind singt und wiegt ihn,
Die Länder entdecken, indem sie ihn sehen, die
                                 vergessene Ehre wieder,
Die sich in dieser Fahne verbirgt, denn sie ist es,
                                die den Mut anfeuert,
Und wenn der Frieden die Nationen nach dem
                                Namen dieses Lichtes fragt,
Werden sie antworten: »Dieses Licht, das in
                              unseren Augen so teuer,
Nennt sich die französische Fahne oder...
                        der Sieger.«

ANAÏS NIN
(Geschrieben am
1. Mai 1916 in New York)

MAI

Mai! Die Natur entfaltet sich. Die Vögel singen.
                                  Zu Ende sind
Die langen kalten Winternächte. Der Mai ist da.
Dieser glückgesegnete Monat
Scheint alle Gaben seiner Mutter bekommen zu haben,
Der Jungfrau Maria: Das reine Licht
Scheint den Himmel gefärbt zu haben
Mit seinem hellblauen Mantel, der oft das Gift entfernt,
Das in den Herzen wohnt.
Der Mai ist da, seien wir glückerfüllt.
Oh, zärtliche Mutter, segne deine Kinder
In diesem Monat, den wir mit unseren Liedern preisen.

Hosianna! dem Sohn der Jungfrau Maria.
Hosianna! seinem geliebten, heiligen Herzen.
Dem Monat Mai sing ein Loblied,
So rein und schön wie die Natur, die er verwandelt.
Oh, heilige Freude, erfülle unsere Herzen mit Liebe
In diesem Monat, an diesem Tag mehr denn je!
Menschenherzen, ruft in Anbetracht all dieser Wunder:
Hosianna! dem Sohn der Jungfrau Maria!
Jesus schenken wir unsere Liebe und unser Herz.
                              Alles für Ihn.
Aber all unsere Freude gilt
Der Zuflucht der Sünder, die diese Freude sieht
Und sie mit einem lieben Lächeln segnet,
Mit einem heiligen Maienlächeln.

ANAÏS NIN
*(Geschrieben am
3. Mai 1916 am Riverside).*

DER STURM

Auf den Feldern biegen sich die Bäume
Unter der Last des Regens,
Der sich in dicken Tropfen ergießt, der Hinterlistige,
Denn er verbreitet eine zweite Nacht.
Die Blitze erleuchten einen Augenblick die Erde
Und erschrecken die verschlafenen Vögel.
Der Donner grollt, bricht plötzlich aus, und wie
                              eine bittere Träne
Vermischen sich die dicken Tropfen miteinander,
                  die bereits mit Getöse fallen.
Die erschreckte Natur versteckt sich unter den
                              triefenden Blättern,
Die Blumen verschließen sich diesem brutalen Tau
Und die nasse Erde prahlt,
Sie allein sei fähig, den Sturmwind zu ertragen.
Die Vögel fliegen schnell davon
Und flüstern sanft: »Der Sturm!«
Auf dem Meer wütet der göttliche Zorn,
Die Wellen bäumen sich auf
Und geben sich gegenseitig den Lärm und das Wasser
            des Himmels zurück, welche sie teilen.

Der schaurige Wind bläst und bewegt tosend die Segel,
Während der Ozean mit äußerster Anstrengung
Sich hin und her bewegt, sich windet und zu einer
       übergroßen Welle wird –
Eine neue Stimme,
Die mit klagendem, traurigem Ton
Neue Kraft in die Schreie der andern bringt.
Und während die erschreckten Wasservögel
       Zuflucht suchen
In den Tiefen der spärlichen Felsen und Küsten,
Nicken die Seeleute in ihren zerstörten Booten:
Sie betrachten ihre Boote und sagen: »Das ist der Sturm!«
Und Gott betrachtet sein Werk
Und lächelt in seinen weißen Bart hinein,
Indem er die Angst seiner weiß werdenden
Schwarzen Tauben betrachtet.
Während das Wetter weiterbebt,
Wiederholt auch Gott leise:
»Arme Menschen! Sie können nicht lesen
In meiner Größe; nichts leuchtet ihnen auf dem Weg
       nach vorn.
Blinde! Ungezähmte! Arme Menschen!
Es ist ein Sturm!«

          ANAÏS NIN
     (Geschrieben am 9. Mai (abends) 1916
      in 219 West 80th St., New York,
          dreizehn Jahre).

12. Mai

Seit mehr als einer Woche schreibe ich nicht. Wo ich mir doch vorgenommen hatte, Stunde um Stunde, Minute um Minute meine täglichen Beschäftigungen aufzuschreiben!
Da ich es aber nicht getan habe... Nun ja, da kann man nichts machen.
Es ist sowieso nichts Interessantes geschehen. Ich war die ganze Woche in der Schule und anschließend am Riverside. Aber jeden Tag tut sich eine Veränderung in mir.
Ich beobachte die Leute, die vorübergehen, ich beobachte ihr Handeln und denke nach. Daraus ergibt sich, daß ich mich viel ernster werden fühle.
Heute kam ich von der Schule zurück, ich war gerade bei der Beichte gewesen und fühlte mich ruhig und glücklich.

Ich ging ganz langsam mit meinen Büchern unterm Arm und ließ mich von der schönen Maisonne liebkosen. Ich träumte von der Schule, als sich meine Aufmerksamkeit plötzlich auf einen jungen, sehr gut angezogenen Herrn richtete, der einer alten hinkenden Negerin half, die Straße zu überqueren.
Er sah sehr edel aus und sein Gesicht war von diesem Strahl erleuchtet, den die Barmherzigkeit verleiht.
Als der Mann die Straße überquert hatte, ließ er den Arm der alten Frau los und kehrte um, vermutlich, um nach Hause zu gehen. Ich war stehen geblieben, und während ich diesem Mann nachschaute, dachte ich: »Gott segne diesen Menschen, denn Gott ist groß.« Danach ging ich noch langsamer nach Hause, denn ich trug eine Blume des Wissens mehr in meinem Herzen. Seit heute nachmittag habe ich gelernt, daß man sich nicht immer nur selbst helfen, sondern auch den andern helfen sollte, oder kurz gesagt: man sollte barmherzig sein.
Ach! Wie die Sonne glänzt! Wie sie die Seele dessen erleuchtet, der sie als Herrin wählt.

A. N.

13. Mai

Ich schreibe wieder in der Straßenbahn, die mich mit Mama und Joaquinito nach Kew führt. Das Wetter ist sehr schön, und ich bin sehr froh, daß meine Tante uns eingeladen hat, diesen Samstag und diesen Sonntag bei ihr zu verbringen.
Thorvald ist mit seinem Freund Jack nach Far Rockaway gefahren. Demzufolge werden Joaquinito und ich viel mehr Spaß haben, denn sonst sind der mürrische Thorvald und der stichelnde Joaquinito andauernd am Streiten.
Heute morgen waren wir um halb neun alle schon auf, und um zehn haben wir das Haus verlassen mit einem großen Karton als Gepäck. Ich habe mir mein Tagebuch angeschaut, und jetzt schreibe ich, denn ich fürchte, daß ich bei meiner Tante keine Zeit dazu habe. Mama hat mir gesagt, ich sollte mein Tagebuch gar nicht mitnehmen und mich ausruhen, aber ich habe sie ganz im Gegenteil darum gebeten, mir mein Tagebuch zu lassen, denn wenn ich müde bin, rede ich mit meinem Tagebuch, und mein Kopf entspannt sich bei diesem sanften Sich-Hingeben.
Andauernd kommt die Straßenbahn an Beerdigungen vorbei, die zum Friedhof von Long Island, nach Jamaica, fahren. Mal

sind es große, düstere, schwarz ausgeschlagene Wagen, in denen man lange Särge sehen kann, mal sind es weiße, blumengeschmückte Wagen, die fast fröhlich aussehen und winzigkleine weiße Särge befördern. Ach, wie traurig! Unwillkürlich heften sich meine Augen auf das, was das Ende dieses langen Lebens darstellt. Wie armselig! Und während ich noch den Rest des Schattens, der gerade vorbeigezogen ist, betrachte, wiederhole ich die Worte der Phantasie: Gott allein bleibt! Alles geht vorüber!
Ich werde vorübergehen, mein Tagebuch auch, denn es ist der Spiegel meiner Seele, den ich niemandem ausliefern möchte. Jetzt werde ich träumen.

17. Mai
Heute haben die kleinen Kinder der Schule ihre Erstkommunion gehabt.
Ich kam um Viertel nach acht an, ich habe mich mit den andern in einer Reihe aufgestellt; dann sind wir in die Kirche gegangen, die hell erleuchtet war, der Altar war voll von Blumen. Die Messe fing an, dann hörte man die Klänge der Orgel, und wir begannen, Lieder zu singen.
Plötzlich kamen die kleinen Erstkommunikanten, die Knaben und die Mädchen; mit gesenkten Blicken und zum Gebet gefalteten Händen setzten sie sich auf die Mittelbank der Kirche. Dann erklangen aufs neue die sanften Töne der Orgel, und ich schloß die Augen. Mir war, als wandelten lauter kleine Engel auf dem Weg zum Himmel, um den ewigen Frieden zu empfangen. Dann, nach einem kurzen Augenblick, hielt Father Myan eine Predigt, die ich überhaupt nicht hörte, so sehr waren meine Ohren von der himmlischen Musik verzaubert.
Danach gingen die Erstkommunikanten im Gänsemarsch zum Altar und knieten nieder. Ein kleines Glöckchen erklang, die Köpfe senkten sich, und ich selbst glaubte, mit gesenktem Haupt und geschlossenen Augen, diesen Augenblick, in dem sich meine Seele zum erstenmal dem Herrn hingab, wieder zu erleben!
Ich öffnete die Augen, der Anblick der in Weiß gekleideten Mädchen mit ihren reinen Kränzchen und den gefalteten Händen bot sich mir wieder und mir war, als sei ich im Himmel mit ihnen!... Ich konnte meine Tränen nicht unterdrücken, sie kullerten über meine brennenden Wangen, während ich mit

einer Hand versuchte, auf mein Herz zu drücken, denn es schlug so heftig, daß ich glaubte, die Brust zerspringt mir.
Ach, dieser liebliche, einzige Augenblick des echten Glücks! Dies war mein Ausruf!
Ich wußte nicht mehr, was mit mir geschah: Ich folgte den Mädchen meiner Klasse, und nach fünfzehn Minuten saß ich im Klassenzimmer vor Schwester Gertrude.
Hatte ich geträumt? War diese sanfte Vision einer Erstkommunion nur ein Wahn? Nein. Vom Klassenzimmer aus hörten wir noch das dumpfe Geflüster von Leuten – Mütter, Väter und Schwestern – die ihre Kinder abholten.
Ich schaute traurig zur Tür, denn sie trennte mich von der Freiheit, die ich in diesem Augenblick so dringend brauchte, wo mein Herz sich nach Jesus sehnte.
Ich konnte meine Lektionen ziemlich gut; um zwanzig nach drei verließ ich die Schule und ging in die Kirche. Ich kniete vor einer Statue der Heiligen Jungfrau nieder und betete.
Ich hatte noch den Klang der Orgel und die Töne des Priesters in den Ohren; vor allem war mir, als könnte ich noch die kleinen weißen Gestalten an mir vorbeischreiten sehen auf dem Weg zu ihrem wirklichen Herrn, dem sie sich hingeben wollten. Ich betete, ich betete zur heiligen Mutter Gottes, sie möge mir immer diesen gesegneten Augenblick meiner Erstkommunion im Gedächtnis bewahren, ich betete für die Sünder, die Dahinsiechenden, für die Seelen im Fegefeuer, für die Waisenkinder, die Witwen, die Soldaten und für mein Vaterland. Ich betete, sie möge meine Freunde, meine Feinde, meine Arbeit, mein Leben und meinen Tod segnen.
Ich betete, sie möge mich erleuchten in meiner Berufung und in meiner Arbeit.
Dann weinte ich wieder und sagte: O Maria, erbarme dich meiner! Ich weinte, weil ich in mir einen innigen Wunsch verspürte, mich ganz der Liebe für den Heiland, unseren Retter, hinzugeben. Ich weinte, weil ich zu klein war und weil ich viel leiden wollte wie die großen Märtyrer.
Dann wischte ich meine Tränen ab, blickte noch einmal zur geliebten Mutter Gottes hinauf und ging wieder.
Auf dem Weg nach Hause kam ich an der Stelle vorbei, wo ich diesen Mann gesehen hatte, der der alten Negerin geholfen hatte, und da verstand ich plötzlich, daß er es aus Liebe für Jesus Christus getan hatte.

Seit heute habe ich das Gefühl, daß ich ein neues Leben lebe, ein geistiges Leben voller Freude, denn es besteht aus lauter Beten...

20. Mai
Heute bin ich hierher gekommen und habe mich auf eine Bank am Riverside gesetzt. Das Wetter ist wunderschön. Jetzt sind die Bäume der Allee ganz mit hübschen grünen Blättern bedeckt, die die schöne Maisonne verbergen. Fröhliche Paare, die die frische Morgenluft genießen, und die amerikanischen *Nurses* mit ihren Kinderwagen gehen an mir vorbei. Auf der Straße ziehen die Autokolonnen vorüber, aber das ist es nicht, was ich beobachte, denn ich denke... Ich erinnere mich an den Eindruck, den die Erstkommunion der Kleinen in der Schule auf mich machte. Übriggeblieben ist eine große, neu entfachte Inbrunst.
Ich besuche die Heilige Maria jeden Tag, und sie unterstützt mich bei meinen Bemühungen, ordentlich, geduldig und barmherzig zu werden. Denn dies sind die Vorsätze, die ich gefaßt habe.
Gestern war ich in der Buchhandlung* und habe den *Doppelten Garten (Le double Jardin)* von Maeterlinck mitgebracht. Da Mama mir erlaubt hat, das Buch zu lesen, werde ich mich in ein philosophisches Bad eintauchen, denn Mama hat mir gesagt, daß Maeterlinck ein großer Philosoph sei.
Wenn ich auf einen interessanten Abschnitt stoße, werde ich ihn in mein Tagebuch abschreiben und mich damit auseinandersetzen. »Über den Tod eines kleinen Hundes«, Seite 3:
»Dieser undankbare, etwas traurige Kopf, dem eines überarbeiteten Kindes gleich, begann mit der Arbeit, die jedes Gehirn zu Beginn seines Lebens belastet. Er mußte innerhalb von fünf oder sechs Wochen eine Vorstellung und eine befriedigende Weltanschauung eindringen lassen und sie ordnen. Der Mensch, mit Hilfe der älteren Generationen und seiner Brüder, braucht dreißig oder vierzig Jahre, bis er sich diese Anschauung erarbeitet hat, oder genauer gesagt, bis er um diese Anschauung herum wie um einen Palast aus Wolken das Bewußtsein eines sich erhebenden Nicht-Wissens gehäuft hat, aber der

---

* Vermutlich meint Anaïs nicht die Buchhandlung (Librairie), sondern die Leihbücherei (englisch: Library). D.Ü.

bescheidene Hund muß diese Anschauung allein entwirren, und zwar innerhalb von wenigen Tagen; hat nun diese Anschauung in den Augen Gottes, der allwissend sein soll, nicht etwa das gleiche Gewicht, den gleichen Wert wie die unsere?«
Wenn ich mich an die Stelle des Hundes versetze, finde ich, daß Maeterlinck recht hat, aber wenn ich mich an die Stelle des Menschen versetze, finde ich, daß Maeterlinck den Menschen für zu weise hält. Ich fürchte, daß er um diese Anschauung herum keinerlei Nicht-Wissens häufen kann, weil er keines hat, denn er glaubt, alles zu wissen... und das ist schlecht, und da das alles ist, was man auf Erden wissen muß, um den anderen Menschen zu gefallen...
Ich kann nicht weiterlesen und nachdenken, denn es ist ein Uhr. Joaquinito erinnert mich daran, daß es Zeit ist zu essen, und ich muß mich von Maeterlinck trennen, den ich mit soviel Spaß lese.

21. Mai
Ich schreibe wieder mit dem Bleistift, weil ich wieder am Riverside bin.
Diesmal habe ich kein Buch mitgebracht, denn jedes menschliche Wort erscheint mir traurig und kalt im Vergleich zu Gottes Wort, das ich soeben empfangen habe. Ich schaue zu, wie die kleinen Kinder spielen, und mir ist mehr nach Zuhören als nach Reden. Also schließe ich mein Tagebuch vorerst. Nachher werde ich es vielleicht noch einmal aufschlagen, denn ich habe noch vieles zu sagen, aber jetzt werden all diese eitlen Worte zu einem Schatten werden, der in das Land der Träume flüchtet.

25. Mai
Ich werde jedesmal trauriger. Mein Charakter ist unerträglich, und heute war mir mehr als sechsmal zum Weinen, weil Mama mit mir schimpfte, Thorvald mir ausweicht und Joaquinito sich über mich lustig macht. Ich schäme mich, ich bin mit mir selbst böse, aber meine Ungeduld beherrscht weiterhin meine Seele, mein Handeln, mein Denken und mein Sprechen. Ach, ich bin so unglücklich darüber, daß ich so bin! Ich habe keine Lust mehr, zu lernen, Aufgaben langweilen mich, die Lehrerinnen scheinen mir launisch, ewig unzufrieden, streng und ungerecht. Das Klassenzimmer kommt mir vor wie eine schwarze

Zelle voller Spinnweben und mir ist, als würde ich auf einem wackeligen Stuhl vor einem zertrümmerten Schreibtisch sitzen und im Licht einer alten Funzel die Lehre dieser sechs steinernen Figuren entgegennehmen: die Grammatik, die Arithmetik, die Geographie, die Physiologie, den Katechismus und die Geschichte, die mich voller Haß und Verachtung betrachten. Ach, warum müssen wir lernen? Wissen wir nicht genug? Ich zumindest glaube, daß ich genügend weiß, weil ich zu sehr weiß, wie man leidet. Ich habe das Gefühl, daß man in diesem undankbaren grausamen Dasein nicht mehr braucht, um zu leben. Ich verstehe, daß es daran liegt, daß ich faul bin, aber wenn ich traurig bin, wird alles schwarz.
Vielleicht werde ich das morgen alles vergessen und wieder Freude haben am Lernen. Ich hoffe, aber im Augenblick spüre ich, wie alles in mir zerbricht... außer dem Faden, der mich an die Erde bindet...
Ich schreibe, zwei Stunden sind vergangen, und ich bin ganz anders; mir ist, als wäre all das Schwarz wie eine Wolke verflogen. Jetzt habe ich vor, eine kleine Beschreibung meiner Mitschülerinnen zu machen.
Wir sind zwölf Mädchen und zwölf Jungen:
Catherine Coughlin, Doroty Winn, Josephine Walsh, Helen Palton, Clare Enrico, Ethan Wentworth, Winifred Gillen, Alice Gillen, Pauline Ryan, Marian Hearn, Cora Lawson und ich. Sie sind alle meine Freundinnen, außer Pauline.
Als Jungen haben wir:
George Snyder, John O'Connell, Francis Wynn, George Moore, George Michael, John Breslin, Thorvald Nin, Jack Cosgrove, Michael Hauff, Harold Fox, Daniel O'Connell, Charles MacQuire. Die Hälfte sind unerzogene Jungen und völlig *tough boys*. Ein einziger hat meine Aufmerksamkeit erregt, es ist John O'Connell. Er ist neun Jahre alt, von mittlerer Größe, er hat große blaue Augen und braunes Haar. Er kann immer seine Lektionen, und sein Benehmen ist einwandfrei, er schwatzt nie und lacht nie. Er spielt, ohne Lärm zu machen und ist das höflichste Kind der Klasse, immer pünktlich, immer ordentlich. Ich habe ihn natürlich mit etwas Neugierde betrachtet. Ich habe nie einen Fehler an ihm entdeckt und habe beschlossen, daß er vollkommen ist. Das ist erstaunlich, denn ich weiß ja, daß niemand vollkommen ist; also vermute ich, daß er zu Hause hin und wieder unartig ist. Neulich hat mich

Thorvald gefragt, welchen Jungen in der Klasse ich am liebsten hätte. Ohne zu zögern habe ich geantwortet: John O'Connell, und Thorvald meinte, ich hätte recht.
Zum erstenmal ist mir klar geworden, daß man einen Jungen lieber als einen andern haben kann. Dabei glaubte ich doch, daß sie alle gleich seien!

26. Mai
Heute ist nach viertägiger Abwesenheit »Sister Gertrude« wiedergekommen. Sie hat die Klasse in schlechtem Zustand vorgefunden: Sie mußte uns wieder auf den geraden Weg führen, denn wir waren faul geworden und hatten mit Miss Stocker, der Vertretungslehrerin, den ganzen Tag nur gelacht.
Die Schwester hustete furchtbar und auf ihrem Gesicht lag eine große Blässe; sie schien schwach und von Zeit zu Zeit machte sie die Augen zu und hörte auf zu reden, als ob sie sehr leiden müßte. Heute ist mir mehr denn je aufgefallen, was das bedeutet: die Arbeit einer Lehrerin.
Mein Tagebuch kennt meine Lehrerin, die Mädchen und die Jungen aus meiner Klasse, meine Freunde und meine Feinde und die Schule, in die ich gehe. Es kennt mich, es kennt meine Seele und meine Neigungen, meine Fehler und meine Tugenden, meine Freuden und meine Schmerzen, aber es gibt etwas Neues, was mein Tagebuch nicht kennt. Ich will meine Seele

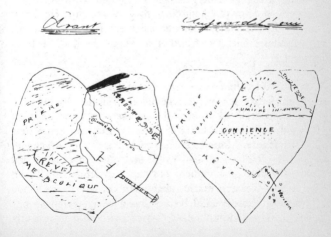

aufzeichnen, so wie sie vorher war und danach, wie sie jetzt aussieht.
Die beiden Zeichnungen zeigen den Zustand meiner Seele: gestern und heute.
Heute habe ich eine neue Entdeckung gemacht: ich bin voller Vertrauen in die Zukunft.
Ich habe gelernt, daß man nicht verzweifeln sollte und ich habe Vertrauen in das Schicksal, in das Glück in die Zukunft, in das Leben.
Bis jetzt hatte ich Angst, und ich traute mich nicht, der Zukunft in die Augen zu sehen. Aber jetzt schon, denn ich habe mich vollkommen der Vorsehung hingegeben. Das Leben ist wie eine große Welt, in der man leidet, genießt und weint. Man lebt, man arbeitet und man entdeckt.
Es gibt viele Dinge, die neu zu entdecken sind, denn jeder Mensch ist ein Geheimnis, jedes Sandkorn, jede Blume, jede Leidenschaft ist ein Geheimnis. Man muß immer entdecken und immer lernen. Ich habe folgendes entdeckt: das Vertrauen, die Einsamkeit, das Gebet, den Traum, das Unglück, die Traurigkeit, den Schmerz, die Verzweiflung, die Lüge, den Haß, die Freundschaft, die Armut, den Hochmut, den Zorn, die Ungeduld, die Barmherzigkeit, die Freiheit, die Liebe des Vaterlandes, die Ehrfurcht.
Jede Entdeckung ist eine Treppe, die langsam zur Ewigkeit führt, zum Himmel für diejenigen, die es zu nutzen wissen, zur Hölle für diejenigen, die Verbrechen begehen. Mir fehlen viele Treppen, und vor mir liegt eine große Wüste ohne Horizont, voller Fallen und deren Namen ich entdecken muß bzw. die Blätter dieser öden, vertrockneten Wüste, die man »Leben« nennt.

A. N.

Montag, den 5. Juni 1916
Und ich dachte, ich würde regelmäßig, Tag für Tag, in mein Tagebuch schreiben! Zuerst habe ich lange auf ein neues Heft gewartet, und danach hatte ich eine Woche lang keine freie Minute. Heute, Montag, bin ich nicht zur Schule gegangen, denn ich fühlte mich nicht wohl, und nun nutze ich diesen freien Tag, um zu schreiben. Wir haben in den letzten Tagen nichts Besonderes gemacht, abgesehen von ein paar kleinen Reisen nach Kew. Anläßlich einer dieser Reisen waren wir mit Nunas Kindermädchen auf dem Friedhof. In einem sechzehn

Seiten langen Brief, den ich vor zwei Wochen an Papa geschickt habe, habe ich vom Friedhof berichtet und ihm erzählt, wie ein innerer Zwang mich dazu veranlaßte, als ich an einem ganz schlichten Grab ohne Namen und ohne Blumen vorbeikam, einen dicken Blumenstrauß hinzulegen, den ich vom Grab des einzelnen Toten genommen hatte, und dann schilderte ich Papa, wie mir plötzlich war, als würde mich im Himmel jemand anlächeln. Ich weiß nicht, welchen Eindruck mir dieser Besuch auf dem Friedhof machte, aber mir ist, als hätte er eine große Kraft in meiner Seele hinterlassen, denn angesichts dieses ruhigen, sanften Schlafs spürte ich, daß man zuerst leben und arbeiten muß, um dieses Ende zu verdienen, das man den »Tod« nennt.

Dabei hatte ich mir doch geschworen, zu Beginn des achten Bandes meiner Lebensgeschichte nicht traurig zu werden! Ich will versuchen, von etwas anderem zu reden.

Da ich mich mit dem Lernen etwas entmutigt fühle, habe ich mir vorgenommen, den ganzen Juni zur Kommunion zu gehen.

Wenn ich vor dem Tisch des Herrn niederknie, denke ich an nichts mehr, nur der Gedanke an Gott, den ich empfangen werde, erfüllt meine ganze Seele. Danach, wenn ich an meinen Platz zurückkomme und wieder knie, stützte ich meinen Kopf auf die Hände, mache die Augen zu und wiederhole die Worte der Heiligen Theresa vom Kinde Jesu: »Mein Jesuskind, ich liebe Dich!« Und das wiederhole ich für Jesus mit der ganzen Inbrunst meiner Seele. Das ist alles, was ich Jesus sagen kann, denn wenn er sich mir hingibt, fühle ich mich verunsichert und bekümmert, weil ich fürchte, daß mein Herz für ihn nicht rein genug ist.

Später, im Laufe des Tages, denke ich mir oft, daß diese Nonnen, die in den dunklen Klöstern zurückgezogen leben und sich einer strengen Disziplin unterwerfen, doch sehr glücklich sein müssen, wenn sie den ganzen Tag immer wieder sagen können: »Mein Jesuskind, ich liebe Dich!« Ich möchte es auch wie Schwester Theresa machen können. Aber irgendetwas sagt mir, daß diese Stille und dieses Vergessen nicht für mich geschaffen sind. Mir scheint, daß ich nie beim sanften Geläut der Morgen- und Abendglocken auf einen Stein niederknien werde; nie werde ich meinen Rosenkranz beten, indem meine Schritte in den langen Gängen hallen, die zur Kapelle führen.

Ich kann mir auch nicht vorstellen, wie mein Kopf sich jeden Abend vor dem schwarzen Kruzifix neigt, während ein paar verspätete Vögel am kleinen Fenster vorbeifliegen, das mich von dieser Welt trennt. Nein. Eine Stimme sagt mir, daß ich Jesus dienen werde, indem ich *in* der Welt kämpfe, und daß ich die Worte »Mein Jesuskind, ich liebe Dich!« inmitten der Stürme und des Lärms um mich herum wiederholen werde, wenn ich mich schwachwerden fühle. Solche Gedanken fallen mir ein an den Tagen, an denen ich zur Kommunion gegangen bin.

Jetzt bettelt Joaquinito, ich soll ihm doch seine Französisch-Stunde geben. Für heute vormittag verabschiede ich mich von meinem Tagebuch, aber ich glaube, ich werde heute abend wiederkommen.

A. N.

6. Juni
Immer verspreche ich, am nächsten Tag wiederzukommen, und beinahe hätte ich heute abend vergessen zu schreiben. Ich bin sehr müde heute abend, denn wir waren ziemlich weit weg von zu Hause, einen Besuch machen; außerdem habe ich viel Hausaufgaben gemacht. Beim Abendessen sprach Mama von Gillermo, der diesen Monat bei uns wohnt – solange, bis er einen guten Platz gefunden hat, und dann sagte sie lachend, daß sie mich nach Kuba mitnehmen wird, wenn ich einmal groß bin und mich in der Gesellschaft vorstellen wird; und dann fügte Mama lachend und augenzwinkernd hinzu: »Und dann werde ich sie mit einem Millionär verheiraten...«

Alle am Tisch schauten mich an und lachten. Natürlich wurde ich nicht rot, und es war mir keineswegs peinlich, aber jetzt träume ich von diesem großen Wort: »Heiraten«. Ja, es wird ja wohl so sein, eines Tages werde ich heiraten müssen.

Dann träume ich von einem großen, starken Mann mit schwarzen Haaren, weißen Zähnen, mit einem blassen, geheimnisvollen Gesicht, mit schwarzen, sehnsüchtigen Augen, mit gemessenem Gang und entrücktem Lächeln. So ähnlich wie der Graf von Monte Cristo. Vor allem mit einer sanften, hellen Stimme; ich möchte, daß er mir sein trauriges Leben voller schrecklicher, grauenvoller Abenteuer erzählt. Ich möchte, daß er ein bißchen stolz und überheblich ist; daß er

gern liest, schreibt oder irgendein Instrument spielt. Da würden wir dann jeden Abend am Kamin sitzen im Winter, oder im Garten im Sommer, mit einem Buch oder einem Bleistift, seine Hand auf meiner ruhend! Sind sie nicht so, die Ehemänner?
Falls ich je heiraten sollte, suche ich mir so einen Mann aus, und dann werden wir zusammen in dieses Tagebuch schreiben. Da wird mein geliebtes Tagebuch zwei große Vertraute haben, es wird zwei Herzen aufzubewahren haben, es wird zwei Unterschriften kennen, A. N. und ... Ich weiß nicht, wer und werde es nie wissen, fürchte ich. Aber trotzdem, ich möchte, daß es ein phantastischer und unbekannter Name ist wie Anaïs... Anaïs... Anaïs ich weiß nicht was. Ich denke trotzdem noch darüber nach und werde mir einen guten Namen für mich ausdenken.
Ich weiß, daß das alles albern ist, aber ich muß einfach daran denken, wenn ich das Wort »Heirat« ausspreche, ich kann nicht anders.
Ach, mein liebes Tagebuch, wirst Du immer mein einziger »Geliebter« sein?

8. Juni

Heute hat es den ganzen Tag unaufhörlich geregnet. Da ich nicht spazierengehen konnte, habe ich alle meine Hausaufgaben gemacht und habe zum Fenster hinausgeschaut. Es regnete noch immer, und die Tropfen fielen unaufhörlich mit einem kleinen »Pluck Pluck«. Die Dächer der Häuser waren triefendnaß, und die Leute, die vorbeigingen, versteckten sich unter großen Regenschirmen.
»Pluck Pluck«. Es regnete weiter, und ich betrachtete nun den Himmel, den Himmel voller Wolken, und das machte mich ein wenig traurig, denn mir war, als seien diese Wolken extra für mich gemacht, um mir die Wolken meines zukünftigen Lebens anzukündigen. Dann verscheuchte ich diese traurigen Gedanken und ging vom Fester weg.
So verging der Nachmittag, und jetzt ist es halb zehn, und ich habe eben erst an mein Tagebuch gedacht.
Jetzt schreibe ich ganz schnell, denn Mama ruft mich. Gut, ich habe noch einen Augenblick Zeit, sagt Mama, das will ich nutzen, um etwas von der Schule zu erzählen, was vorgestern passiert ist. Schwester Gertrude sprach vom Krieg und sagte: »Natürlich wird Deutschland gewinnen, denn Gott wird Frank-

reich und England strafen und ihre hochmütigen Bestrebungen zu Grunde richten. Frankreich hat den Katholiken Leid angetan, hat die Priester weggeschickt, die Kirchen verbrannt und dem Papst nicht gehorcht. England ist protestantisch geworden. Deshalb wird die Hand Gottes diese beiden Nationen strafen und Deutschland belohnen, das ihm treugeblieben ist und Gottes Häuser in Ehren hält.« Während sie sprach, ballten sich meine Fäuste immer heftiger, das Blut stieg mir in den Kopf und meine Lippen zitterten. Unter den Trümmern glaubte ich, die Kathedrale von Reims und alle anderen Kirchen zu sehen, die die »Boches« in Brand gesteckt hatten, und eine innere Stimme ließ mich erschauern: »Du lügst, Gott ist gerecht, und er wird diese Verbrechen bestrafen und denjenigen vergeben, die sich im Gebet an ihn wenden.«

Nein, Gott hat nicht vergessen zu verzeihen, und wenn sich heute ganz Frankreich zu Gott hinwendet und betet, mit echten Tränen der Reue, dann wird Gott Frankreich vergeben, denn Gott ist gerecht. Er wird die Heuchler, die Barbaren bestrafen, die seine Altäre ausrauben und ihm anschließend eine Schale voll vom Blut der Unschuldigen opfern; aus der Tiefe der Finsternis rufen Stimmen: »Rache, Rache!«

Ich dachte an all diese Dinge und paßte auf den Unterricht überhaupt nicht mehr auf nach dieser unbarmherzigen Rede. An diesem Nachmittag konnte ich überhaupt keine Lektion, und um vier, als ich die Schule verließ, ging ich aus dem Klassenzimmer, ohne die Schwester zu grüßen; ich ging schnurstracks nach Hause mit dem Gefühl, daß ich zu klein bin, um mich Ungerechtigkeiten zu widersetzen, und zu schwach, um mein großes, schönes Vaterland in Schutz zu nehmen gegen falsche Meinungen, die im Haß gegen ein Land gefaßt wurden, das alle seine vergangenen Freuden und Genüsse durch seine Mühsal sühnt.

A. N.

11. Juni

Gestern und heute hat es den ganzen Tag geregnet, und wir waren nicht wie üblich am Riverside spazieren.

Samstag habe ich den ganzen Tag genäht, gelesen, geschrieben, nachgedacht, und während ich mit der Nadel hantierte, mit der ich meine Strümpfe stopfte, zählte ich leise vor mich hin: ein Stich für Mama, einen für Papa, einen für Großmama usw., und ich machte mir einen Spaß daraus, alle aufzuzählen, die ich kannte, auch die ganze Familie, wie ein kleines Mädchen, das die Zeit totschlagen will. Ich machte es, um an nichts Trauriges zu denken und zugleich, weil ich nicht wußte, woran ich denken sollte.

Wenn ich meinen Rosenkranz bete, sage ich vor jedem Abschnitt: »O Jungfrau Maria, diesen Abschnitt schenke ich dir für diese ganz bestimmte Sache«, und dann nenne ich meinen Wunsch. Seit einiger Zeit bete ich immer einen Abschnitt und sage: »Ich schenke dir diesen Abschnitt, o Jungfrau Maria, damit du mich erleuchten mögest auf der Suche nach dem richtigen Weg.« Und nach dem Rosenkranz fühle ich mich gestärkt, als ob Maria mir den einzig möglichen Weg gezeigt hätte, den es zu wählen gibt, während ich zuvor glaubte, die Wahl zwischen einer ganzen Reihe von Wegen zu haben.

Heute morgen ging ich zur Kommunion, und danach sagte ich immer wieder: »O Herr, ich bin dein Staubkorn, trete mich mit Füßen!« und freute mich. Und danach war mir, als wirbelte ein starker Wind eine Riesenstaubwolke auf, und ich lief und lief auf das Ende eines geheimnisvollen Unbekannten zu, aber trotz der Staubwolke um mich herum war mir, als könne ich ein strahlendes Licht sehen, und ich erkannte Jesus Christus. Nach der Messe kam ich zum Frühstück wieder nach Hause und verbrachte den restlichen Morgen, indem ich Mama half.

Danach haben wir zu Mittag gegessen, und Mama nahm uns mit ins Kino. Nachdem wir drei hübsche Filme gesehen hatten, kamen wir wieder nach Hause; es war sechs Uhr. Dann haben wir zu Abend gegessen: ein kaltes Essen mit Sandwiches, Kuchen und Milch. So ging der Sonntag vorüber.

Jetzt denke ich an morgen, Montag, und ich bin ganz traurig, wenn ich mir vorstelle, wie sich die Schultore öffnen, gerade weit genug, um uns einzulassen, und dann verschließen sie sich wieder hinter uns und sperren unsere Freiheit ein. Dann kommen die ernsten, traurigen Unterrichtsstunden, die finsteren, strengen Gesichter und vor allem diese große schwarze Tafel, deren kleine Kreidezeichen vor meinen Augen tanzen wie kleine Teufel, die nur dazu da sind, einem das Gehirn zu zermartern und die Augen unter dem Vorwand von Prüfungen müde zu machen.

Dann verschwindet das alles, und ich bleibe traurig da sitzen und schaue auf die Uhr. Zehneinhalb Stunden trennen mich von diesem Unterricht, den ich ja ganz gern mag, vor dem ich

aber auch Furcht habe wegen der Lehrerinnen, die oft schimpfen und die so schwer zufriedenzustellen sind.
Ich verabschiede mich von meinem Tagebuch. Es hat die ganze Zeit geregnet, und ich fürchte, daß morgen auch noch schlechtes Wetter sein wird. Dann nutze ich die Gelegenheit und schreibe. A. N.

19. Juni
Wie schnell die Zeit vergeht! Jeden Abend wollte ich schreiben, aber mir fielen unwillkürlich die Augen zu, so müde war ich, und dann ging ich schlafen und dachte, ich könnte ja morgen schreiben. Und am nächsten Tag war es dann genauso. Heute abend ist es nun zwanzig nach neun, und ich habe keine Lust zu schlafen.
Wir haben unsere mündlichen Prüfungen gemacht und morgen machen wir die schriftlichen. Ich habe mich nicht verändert, und in der Schule geht alles seinen gewohnten Weg. Ich habe mich dabei ertappt, daß ich John O'Connell anstarrte, und hinterher frage ich mich dann, warum ich ihn anschaue. Das liegt wohl daran, daß ich sein Gesicht so hübsch finde, und wenn er lacht, habe ich das Gefühl, daß seine Augen wie ein großes Buch sind, aus dem man alles ablesen kann. Er hat etwas, einen Ausdruck der Höflichkeit, einen Blick, den außer ihm kein Junge in der Klasse hat. Er scheint über seinem Milieu zu stehen, und man könnte meinen, daß er darüber hinaus ein anderes Leben führt, was ihm dieses zarte Aussehen gibt; ich frage mich, ob er nicht einer der Prinzen aus den Bretonischen Legenden sein könnte, die einst verschwanden. Sie hatten rotbraunes Haar und blaue Augen, wie John O'Connell. Danach habe ich dann über mich selbst gelacht, ich muß mich einfach lustig machen über diese dumme Gans, die einen ganz normalen kleinen amerikanischen Jungen mit einem zarten kleinen Märchenprinzen vergleicht.
Immerhin sollte sich mein Tagebuch nicht über mich lustig machen, wenn ich sage, daß er über seinem Milieu zu stehen scheint, denn das ist wahr. Immerhin habe ich ständig dieses klare Gesicht vor mir, und seine großen blauen Augen erscheinen mir wie ein Ozean, aus dem man Wissen und Kraft schöpft oder wie eine Quelle, an der man sich gesundtrinkt.
Ich habe genügend Dummheiten gesagt. Adieu! A. N.

4. Juli

Nun bin ich wieder glücklich, fröhlich, unbesorgt und verträumt. Selbstverständlich fragt sich mein geliebtes Tagebuch, woher diese ganzen neuen Freunde kommen, deretwegen ich ihm vor nahezu zwei Wochen die Tore meines Herzens verschloß.

Das ist so: Die Schule ist zu Ende. Sobald ich dieses kalte Klassenzimmer verlassen hatte mit der schönen Aussicht, zwei Monate lang nicht mehr hingehen zu müssen, fühlte ich mich so frei, so glücklich, daß ich mich fragte, wie ich es geschafft hatte, dieser Klasse drei Monate Widerstand zu leisten, ohne zu sterben. In diesem Augenblick waren mir die Bücher, meine Lehrerin und ihre Brille, meine Schulbank und mein Klassenzimmer völlig egal.

Frei war ich, frei!

Von nun an konnte ich um neun aufstehen, in aller Ruhe frühstücken und den ganzen Tag lesen oder spielen, je nachdem, wonach mir gerade war. Letztes Jahr verachtete ich die Ferien, so wie ich alles verachtete, was alle Leute mögen, aber dieses Jahr ist das zu Ende, und ich heiße diese geliebte Freiheit mit dem gleichen Lächeln und dem gleichen Glück willkommen.

Ich zähle die vorübergehenden Tage und ich möchte sie noch einmal erleben können, denn ich finde, sie gehen viel zu schnell vorüber.

Vor genau einer Woche, einem Tag und zwölf Stunden habe ich die Schule verlassen, und wieviel wunderschöne Spaziergänge und Ausflüge habe ich in dieser Zeit schon gemacht! Sonntag im Kino, Montag eine Autofahrt, letzten Freitag im Vaudeville und Samstag ein Besuch, von dem wir vollbeladen mit Komplimenten und Bonbons zurückkamen.

Und nun heute.

Heute morgen um zehn haben wir das Haus verlassen mit einer Tasche voll Proviant und vielen Büchern unterm Arm. Wir sind mit einem Schiff, das man hier *ferry* nennt, über den Hudson nach New Jersey gefahren.

Ich lehnte an der Brüstung und betrachtete das glitzernde, von der Sonne angestrahlte Wasser; ich fragte mich, ob sich in seiner zarten, hellblauen Farbe nicht eine mit Diamanten behängte Fee versteckte, die mir erscheinen und mich fragen würde, ob ich ihr folgen wolle; und ganz leise sagte ich: »Ja, oh,

ja...« Das muß so unendlich weich sein, wenn man sich in dieses goldenblaue Wasser hineinlegt ohne Furcht vor dem Leben, das eine solche Stille und eine solche Unbeweglichkeit nicht zerstören kann. Aber ich habe nicht die ganze Zeit geträumt, denn nach einer kurzen Überfahrt landeten wir vor einem wunderschönen Wald, der den eigenwilligen Umrissen von großen Felsen folgte, die manchmal so hoch emporragten, daß einem von da oben ganz New York zu Füßen liegt; dann ist man von der Stadt nur durch den großen Fluß, den Hudson, getrennt.
Wir sind lange zu Fuß gegangen, und als wir uns auf einem der großen Felsen niedergelassen hatten, die die ganze Welt zu beherrschen scheinen, haben wir angefangen zu essen, Sandwiches und Obst. Wir haben einen wunderbaren Nachmittag verbracht. Mama hat mir erlaubt, einige Werke von George Sand zu lesen, und auf dem Rückweg betrachtete ich das tiefe Wasser mit neuen Gefühlen, denn ich hatte soeben erfahren, was Liebe ist...
Als wir hier ankamen, haben wir zu Abend gegessen, und ich habe angefangen, in mein Tagebuch zu schreiben, das mir hoffentlich verzeihen wird, daß ich es so lange vernachlässigt habe. Außer diesen Ausflügen hat sich in meinem Leben nichts verändert. Papa schreibt mir regelmäßig, aber nie spricht er davon, daß er hierher zu uns kommen möchte, und wenn er mal davon redet, dann so unbestimmt, daß es mich ganz traurig macht. Marraine ist krank und glaubt nicht, daß sie in diesem Sommer kommen kann. Auch Tante Antolina sagt, sie kann nicht. Tante Edelmira ist nach Newport gefahren, das heißt also, daß wir in diesem Sommer allein bleiben.
Der Krieg mit Mexiko hat eine Zeitlang den Frieden getrübt, den wir hier genießen.
Aber die Nachrichten werden günstiger, und ich hoffe, daß wir demnächst von diesen Verbrechen nichts mehr hören werden. Europa blutet noch immer, und ich fühle mich jeden Tag unglücklicher werden beim Gedanken, daß ich für mein Vaterland nichts tun kann. Ich habe noch immer jene Worte auf den Lippen: »Ach, wenn ich ein Mann wäre...«
Ich habe das Mama erzählt, und Mama sagt, wenn ich ein Mann wäre, würde ich es auch nicht anders machen als alle Männer. Ich würde für mein Vaterland kämpfen, ja, aber danach würde ich wieder nach Hause kommen und mich über

den Krieg und die Härte der Mühen beklagen, zu denen man mich zwingt.
Aber in meinem Innern sage ich mir, daß das bedeuten würde, daß ich ein ganz feiger Mann wäre; es gibt aber auch welche, die nicht feige sind, und so einer wäre ich. Natürlich gewinnen die Alliierten andauernd, und nicht einen Augenblick höre ich auf zu denken, zu hoffen, zu glauben, daß Gott ihnen den Sieg geben wird, denn Gott ist gerecht. Manche Leute werden sagen, daß es das gleiche ist, wenn man sagt, Herr Sowieso wird den Armen Geld geben, weil er reich ist. Nein, es ist nicht das gleiche, denn der Mensch ist ein Mensch, und Gott ist Größe, Gott ist die höchste Gerechtigkeit.
Ich will heute abend nicht zuviel erzählen, denn ich bin müde. Ich werde versuchen, morgen zu schreiben.

19. Juli
Mama war auf einen Ball an Bord der *New Hampshire* eingeladen, dem Kriegsschiff, auf dem sich Onkel Gilbert befindet. Sie ist weggegangen, und ich bin mit Thorvald und Joaquinito zu Hause geblieben. Ich liege im Bett und habe beschlossen zu schreiben. Die Ferien verlaufen weiterhin ziemlich glücklich trotz dieser schrecklichen Krankheit, der *infantile paralysis*. Es ist eine Kinderlähmung, die nach einer Woche unbeschreiblicher, schrecklichster Schmerzen zum Tode führt. Das *Board of Health* hat hier Informationsblätter gedruckt über die Mittel, die Entwicklung der Seuche einzudämmen. Die Fliegen und der Dreck! Man darf nicht ins Kino, an den Strand oder außerhalb von New York gehen. Im Park spielen die Kinder getrennt. Mama hat *screens* gegen die Fliegen an den Fenstern angebracht. Ich helfe ihr, das Haus ganz sauberzuhalten, und im Gebet wende ich mich an die Heilige Anna, die zur Schutzheiligen gegen diese Seuche geworden ist, und ich glaube nicht, daß wir für Joaquinito, Thorvald und mich etwas zu befürchten haben, denn man sagt, die Krankheit sei allgemein bei den Kindern unter sechzehn Jahren.
Folgendes Gebet sage ich immer: Mein Gott, befreie uns von dieser Plage und vor allem halte diese Krankheit fern von unserem Haus. Dein Wille geschehe, wenn Du willst, daß ich sterbe, Herr, aber ich flehe Dich an, laß mich leben und nützlich sein. Mach die Kranken gesund und gib den Sterben-

den das ewige Leben. Amen. Jeden Tag gibt es viele neue Fälle; ich bin sehr traurig und frage mich, wieviele von uns zu Schulbeginn fehlen werden. Mein Gott! Wie traurig ist der Tod, wenn er einen umgibt, ohne einen zu berühren! Ist es nicht so, als wolle er einen zwischen seinen Krallen erwürgen, ohne einen zu verletzten? Ich habe keine Kraft, jeden Abend zu schreiben, denn ich fühle mich traurig. Mama tut alles für unser Vergnügen, und ich finde es auch sehr lustig, aber wenn der Abend kommt, möchte ich am liebsten weinen, ich weiß auch nicht, wieso.
Wenn ich die Musik im Theater nebenan höre, mache ich die Augen zu und sage verächtlich: »Wie können sie sich amüsieren?«
Wenn ich die Vögel sehe, die heimlich ihr Nest suchen, weine ich und frage: »Warum suchen sie es?«
Wenn ich die Sterne betrachte im dunklen, dunkelblauen Himmel, sage ich mir: »Was tun sie?«
Wenn ich um mich herum nur Schwarz sehe, nur Dunkelheit und Nacht, frage ich mich: »Was verbirgt die Nacht?«
Wenn ich mich schließlich so sitzen sehe am Fenster, den Kopf traurig über die Schulter geneigt, denke ich: »Warum lebe ich?«
Laut George Sand, um zu lieben.
Laut Nachfolge Christi, um Gott zu dienen.
Laut Menschheit, um zu leiden.
Laut Biene, um zu arbeiten.
Laut Gesetzen der Barmherzigkeit, um nützlich zu sein.
Wem soll man glauben? Ich möchte schon nützlich sein, aber falls es mir eines Tages wie allen anderen passieren sollte, daß ich liebe, könnte ich dann diese beiden Aufgaben vereinbaren? Oder wenn ich eines Tages wie alle anderen leiden muß, kann ich dann nützlich sein und zugleich leiden? Mein ganzes Wesen antwortet ja, aber etwas Winziges in mir sagt nein, nein, nein. Und eine Stimme sagt mir:
»Nichts von alledem ist richtig, außer dem ersten.«
Was? Lieben?
Ach ja, stimmt ja. Aus Liebe zu meiner Mutter will ich nützlich sein. Aus Liebe zum Schöpfer will ich arbeiten. Aus Liebe zum ewigen Frieden will ich leiden. Aus Liebe zu Gott will ich ihm dienen. Und aus Liebe zu mir selbst will ich meine Pflicht erfüllen.

So einfach ist das. Danke, kleine Stimme, kleines Gewissen. Wenn ich wie alle wäre, würde ich aufhören, mich zu fragen: »Warum lebe ich?« Denn anderswo, weit, weit weg im Land der Zukunft, glaube ich etwas anderes zu sehen, was ich meiner Alltagspflicht hinzufügen muß, und immer, solange bis ich die Zukunft erreiche, werde ich fragen: »Warum lebe ich?«

Mein liebes Tagebuch, diejenige, die hier spricht, ist Anaïs und nicht jemand, der denkt, wie alle denken sollten. Liebes Tagebuch, hab Mitleid mit mir, aber hör mir zu. A. N.

21. Juli
Heute haben wir Onkel Gilbert an Bord der *New Hampshire* besucht, die sich in Brooklyn Naval Yard befindet. Nach einer einstündigen Straßenbahnfahrt sind wir dort angekommen. Onkel Gilbert erwartete uns auf Deck. Wir haben uns hingesetzt und uns auf dem Deck eine Zeitlang unterhalten, dann hat Onkel Gilbert einen Seemann gebeten, uns das Schiff zu zeigen. Wir haben die großen Kanonen, die Speisesäle, die Offizierskajüten, den Salon, die Bibliothek usw. besichtigt.

Das war sehr lustig. Wir stiegen auf eine Art Turm aus Eisen, und dabei lachten die Seeleute und erzählten uns vom Leben an Bord. Dann sind wir wieder an Deck gegangen und haben uns bei unserem Führer bedankt.

Auf dem Deck fand gerade ein kleiner Ball statt. Es gab fünf junge Mädchen und fünfzehn Offiziere, natürlich konnten sie nicht alle auf einmal tanzen mit den fünf Mädchen. Ich und Mama, Onkel Gilbert, Thorvald und Joaquinito, wir schauten zu, wie die andern tanzten, und da kamen plötzlich zwei oder drei Offiziere und baten darum, uns vorgestellt zu werden. Natürlich erinnere ich mich nicht mehr an ihre Namen, aber einer von ihnen, ein ziemlich großer junger Mann mit blauen Augen, verneigte sich vor mir und sagte lächelnd:

»*May I have this dance?*«

»Ich kann nicht tanzen«, antwortete ich schüchtern und ich freute mich, als Mama bestätigte, daß ich nicht tanzen kann.

Dann verneigte er sich wieder. »*I am awfully sorry*«, sagte er und forderte Mama auf.

Einen Augenblick später kam ein anderer auf mich zu, und dieselbe Zeremonie fing von vorne an. Diesmal lächelte ich und erklärte höflich, daß ich nicht tanzen könne. Daraufhin

forderte er Mama auf. Aber kaum war der Tanz zu Ende, schon kam ein anderer, der dritte.
»*May I have this dance?*«
Zum Glück war Mama da; sie erklärte ihm, ich könne nicht tanzen, denn ich sei ein sehr zartes Kind gewesen und hätte noch keine Gelegenheit gehabt, es zu lernen...
Da Mama den nächsten Tanz schon Onkel Gilbert versprochen hatte, zog er sich höflich grüßend zurück.
Da drehte ich mich zum Fluß und heftete meine Blicke auf das Wasser, das in der Sonne glänzte; ich flüsterte vor mich hin: »Tanzen? Mit dreizehn Jahren schon? Was für eine komische Welt!« »*May I have this dance?*« (Der Vierte!!!)
»Ich kann nicht tanzen, es tut mir leid.« Der hat es kapiert. Er lädt mich zu einer Limonade ein, die ich annehme, grüßt und geht wieder.
Aber der fünfte kommt sogleich. Auf meine Antwort hin bietet er mir an, es mir beizubringen. Was soll man da antworten? Mama tanzt gerade, Onkel Gilbert unterhält sich mit Offizieren. Nein danke, das ist nicht sehr höflich.
In diesem Augenblick kommt eine der Tänzerinnen vorbei und sagt ihm: »Kommen Sie, jetzt bin ich dran!« Da grüßt der junge Mann höflich und geht weg.
Wie lange soll das weitergehen?
Nein, das war der letzte, inzwischen wissen alle schon, daß ich nicht tanzen kann. So verging der Rest des Nachmittags. Ich habe zugeschaut, wie die jungen Männer in Weiß mit den jungen Mädchen in Blau oder Rosa tanzten, aber ich hatte überhaupt keine Lust, auch zu tanzen. Danach haben wir am Offizierstisch gegessen und sind schließlich wieder weggegangen.
»Wie ist das denn, Mama, sag, wenn ich hätte tanzen können, hättest du es mir erlaubt?«
»Ja, warum denn nicht, mein Kleines? Du hättest viel Spaß gehabt. Das waren sehr junge Männer, die keine Tänzerinnen hatten, und sie wären sehr froh gewesen, wenn sie eine mehr gehabt hätten. Siehst du, so ist die Welt. Mit dreizehn Jahren konnte deine Mutter ausgezeichnet tanzen. Du mußt es auch bald lernen.«
»Mit dreizehn?« fragte ich zweifelnd.
»Aber natürlich, auch mit sieben!«
»Das ist ja komisch!«

»Aber das ist so!«
Ich sagte nichts mehr, aber jetzt, während ich schreibe, sehe ich nur Weiß und Blau scharenweise um mich herumwirbeln, und ich sage mir immer wieder: »Jetzt schon?« A. N.

1. September
Ein Monat und zehn Tage, seit ich nicht geschrieben habe!
Ein Monat und zehn Tage, seit mein Herz sich niemandem anvertraut hat!
Was ist nicht alles passiert in dieser Zeit! Mrs. Thayer, Jacks Mutter, hat mich eingeladen, eine Woche bei ihr in Cedarhurst auf Long Island zu verbringen, aber dann hat sie mich drei Wochen behalten. Ich habe mich ungeheuer amüsiert dort. Wir gingen am Strand von Far Rockaway baden. Mrs. Hedrick, eine Freundin von Mrs. Thayer, hat mir das Schwimmen beigebracht, und Thorvald und ich sind ziemlich weit hinausgeschwommen. Abends machten wir gemeinsam Ausflüge mit dem Auto: Mrs. Thayer, Mr. Hedrick, Mrs. Hedrick und Aline Hedrick, Mr. Hayes, Thorvald und ich. Oft haben wir unterwegs gesungen, und ich fing an zu träumen, wenn ich unsere Stimmen hörte, Mrs. Thayers, Charlie Hayes' und meine, die sich manchmal in der Stille der Nacht erhoben, während die großen Bäume sich vor uns zu verneigen schienen und die Straße länger, immer länger zu werden schien, als führte sie ins Unendliche. In der Schönheit der verschlafenen Natur fand meine Seele eine große Ruhe, ein unendliches Glück und vor allem ein absolutes Vertrauen und eine völlige Gelöstheit. Nach solchen Ausflügen kamen wir immer sehr spät zurück, auf dem Rückweg träumten wir stumm vor uns hin. Danach gingen wir fröhlich schlafen, kaum lagen wir im Bett, schliefen wir auch schon ein.
Tagsüber hatte ich auch ein Fahrrad, und Thorvald und ich fuhren in den Wald, um Blumen, Heidelbeeren und Himbeeren zu pflücken. Auch in den Wäldern fühlte ich mich zu Hause. Ich blieb oft hinter den andern zurück; ich blieb stehen und schaute mich um; seufzend dachte ich dann: »Nein, niemand kann verstehen, niemand wird es jemals verstehen können, was ich beim Betrachten des Himmels, der Wälder, der Natur und vor allem des Meeres empfinde!« Danach brach ich langsam einen grünen Zweig ab. Das ist etwas Dunkles, Trauriges, Unendliches. Es ist größer als ich und als die Welt!

Ich weiß nicht, was in diesem Augenblick über mich kam, aber ich weinte und weinte wie ein flehendes Kind, wie ein verletzter Vogel, wie jemand, der seinen Platz sucht und ihn nicht findet! Aber da kam Thorvald!
»Was hast du?«
»Nichts, ich habe mich zerkratzt«, mußte ich antworten.
Dann schüttete er seine Ernte in den großen leeren Korb, den ich trug, und während die Heidelbeeren hineinkullerten, seufzte ich. Wird es jemals jemanden geben, der mich versteht? Ich verstehe mich selbst nicht!!!

So habe ich also diese drei Wochen verbracht. Zum Glück fast die ganze Zeit, außer wenn ich wieder *ich selbst* wurde. Am Montag, den 24. August, bin ich zurückgekommen.
Ich wollte gerade Tagebuch schreiben, als ein Brief von Marraine eintraf, der ihre Ankunft ankündigte. Da haben Mama und ich mit der Küche angefangen und haben alles gefegt, geputzt, geschrubbt und gewaschen. Aber bevor wir bis zum Zimmer vordrangen, das wir für Marraine vorbeiten wollten, war Mama dann zu müde. Die Woche ist sehr schnell vorübergegangen, und in der Erwartung – soll ich das gestehen? – habe ich mein Tagebuch ein wenig vergessen.
Schließlich kam Marraine am Dienstag, den 29. Das Zimmer war zur Hälfte fertig, denn Mama mußte vieles einkaufen. Ich war sehr froh, sie wiederzusehen; sie fand, ich sei größer und dicker geworden und Thorvald und Joaquinito auch. Als sie ihre Koffer aufmachte, machte sie mir viele Geschenke, zum Beispiel einen Sonnenschirm, sechs Paar Hemden, einen Hut, Haarbänder und ein Weihwassergefäß.
Am Mittwoch hatte Mama Namenstag. Ich schenkte ihr eine Tasche aus violetten Bändern, mit einem goldenen Band und einem kleinen Täschen innen drin, das an einem feinen Silberkettchen befestigt ist, das ich zwei Tage zuvor gemacht hatte.
Tante Antolina schenkte ihr fünfzehn Dollar.
Gillermo schenkte ihr eine Flasche Wein und Thorvald eine Flasche Sarsaparilla.
Marraine hat ihr nichts Besonderes geschenkt, aber sie hat für Mama schon soviel getan!
Wir sind nicht viel ausgegangen. Nur heute abend waren Mama und Marraine im Theater.

Leider verläßt sie uns morgen wieder, um mit Tante Edelmira nach Jamestown zu fahren, aber sie hat vor, in einem Monat wiederzukommen. Sie bleibt jetzt nicht länger, weil in den Zeitungen steht, daß am Montag der Eisenbahnerstreik beginnt, und das kann sehr ernst werden!
Mit der Kinderlähmung hat sich nichts geändert, aber die Ärzte sagen, es würde vor dem Winter aufhören.
Es ist spät und ich glaube, ich werde für heute abend aufhören zu schreiben.

2. September
Marraine ist wieder weg! Es tut mir sehr leid, und ich werde mich sehr freuen, wenn sie wiederkommt. Ich habe schreckliche Kopfschmerzen und schreibe nicht mehr. Bis morgen!

6. September
Ich will hier einen Brief abschreiben, den ich am 1. September an Papa geschrieben habe.
»Mein allerliebster Papa.
Erst heute morgen habe ich Deinen Brief vom 14. August erhalten, und ich stelle fest, daß Du sagst, Du hättest von uns seit vierzehn Tagen keine Nachricht bekommen, da ist mir erst aufgefallen, wie schnell die Zeit vergeht!
Ich habe drei wunderschöne Wochen in Cedarhurst auf Long Island verbracht bei Mrs. Thayer, Jacks Mutter, von der Thorvald Dir schon erzählt hat. Es ist so ähnlich wie in Kew Gardens, aber es ist näher am Strand, und wir sind fast jeden Tag baden gegangen. Es gibt dort auch ein Auto und wir haben wunderschöne Ausflüge gemacht. Ich bin viel Fahrrad gefahren und kam immer mit großem Appetit zurück. Alle waren sehr nett zu uns, und Mrs. Thayer, die keine Tochter hat, möchte, daß ich sie öfter besuche. Ich bin viel stärker und etwas dicker wieder nach Hause gekommen, und wie Du siehst, bekommt mir das Landleben und das Baden gut. Jetzt ist meine Gesundheit in bester Ordnung. Thorvald hat viel Bewegung gehabt, und da er gerade wächst, ist er nicht dicker geworden, aber er ist sehr stark. Dort sind alle begeistert von ihm und von seinem hilfsbereiten, fügsamen und ruhigen Charakter.
Am Dienstag hat uns Marraine die Freude ihrer Ankunft bereitet, aber heute packt sie schon ihre Sachen zusammen, um morgen nach Jamestown auf Rhode Island zu reisen, wo sich

Tante Edelmira aufhält. In ein paar Wochen wird Tante Antolina hierher kommen, um den Winter hier zu verbringen und meine Vettern hier zur Schule schicken; Du kannst sicher verstehen, daß ich für uns alle sehr froh darüber bin, daß wir unsere Tanten in New York haben.
Die Kinderlähmung geht mit dem nahenden Winter zurück, und wir hoffen alle, daß diese schreckliche Seuche demnächst zu Ende geht. Gott sei Dank, in der Umgebung ist nichts passiert, und es sieht so aus, als würde die Seuche in unserem Viertel nicht mehr in Erscheinung treten. Vor einem Monat hatten wir hier, genau gegenüber, einen Fall, aber das Kind wurde sofort hinweggerafft und das Haus wurde daraufhin desinfiziert. Die Familien, die von dieser schlimmen Plage getroffen wurden, tun mir sehr leid. Im übrigen wird nächste Woche ein sehr ernsthafter Streik beginnen bei allen Eisenbahnen der Vereinigten Staaten. Vielleicht gibt sich das, viele Leute haben ein blindes Vertrauen in die Regierung, aber die vorsichtigen Familien haben Vorräte eingekauft, denn mehrere Leute, die viel mit dem Streik zu tun haben, sagten, es könnte sein, daß New York Hunger leiden müsse. Wir haben auch Vorräte angeschafft.
Das Leben hier wird furchtbar teuer. Alles kostet das Doppelte, und viele Leute müssen in diesem großen New York verhungern, wo jeder sich nur um seine Sachen kümmert, ohne nach dem Nachbarn zu schauen! Unlängst hat es einen Streik der Straßenbahnen gegeben, und wenn er sich nicht gelegt hätte, hätte es in der ganzen Stadt kein Verkehrsmittel mehr gegeben. Wenn der Eisenbahnerstreik tatsächlich stattfindet, können Millionen Menschen, die auf dem Land wohnen, nicht nach New York zur Arbeit kommen.
Der Schulbeginn wurde wegen der Seuche verschoben, und ich nehme an, wir werden am 25. September wieder anfangen. Solange werde ich Privatunterricht in Arithmetik nehmen und versuchen, meine Lücken zu stopfen.
Ich habe zwei *Qui? Pourquoi? Comment? (Wer? Warum? Wie?)* bekommen und ich danke Dir sehr herzlich.
In Deinem Brief fragst Du, ob es in New York heiß ist. Wir hatten Tage, an denen die Hitze entsetzlich war. Es bewegte sich kein Hauch. Die Luft war brennend heiß, und um atmen zu können, mußten wir den Tag in der Straßenbahn verbringen, denn sonst wären wir krank geworden. Das einzig Angenehme

ist, daß es nach diesen furchtbar heißen Tagen anfängt, stark zu regnen, und die Luft wird dann viel kühler. Diese Wechsel sind sehr gefährlich, aber wir sind immer darauf vorbereitet.
Die Gerüchte, die man hört über das Kriegsende, machen mich sehr glücklich. Ich glaube nicht, daß ich umsonst auf die Ergebnisse gewartet habe; etwas sagt mir, daß ich nicht so viel Grund haben werde wie *die andern*, mich zu freuen, denn ich konnte nichts tun für mein geliebtes Vaterland. Ich schäme mich über die Rolle, die Spanien in diesem großen europäischen Krieg gespielt hat, und ich bin sehr glücklich darüber, daß ich dieses Land nicht genauso bewundern und lieben muß, wie ich Frankreich liebe, und vor allem bin ich wie Du glücklich, daß ich im Herzen eine Französin bin! Ich schreibe immer noch, aber ich möchte gerne viel wissen und gut schreiben können, um Mama zu helfen.
Papa, es hat mir jemand gesagt, die Männer seien alle sehr egoistisch. Stimmt das, Papa? Wenn das wahr ist, warum muß das so sein? Gibt es nicht einen einzigen Mann auf Erden, der nicht egoistisch ist? Und auf jeden Fall, wenn sie alle egoistisch sind, glaubst Du, daß ich dann trotzdem heiraten soll, wenn ich einmal groß bin?
Antworte mir bald. Ich umarme Dich ganz fest, auch von Thorvald und Joaquinito. ANAÏS

P.S. Es ist eine Woche vergangen, und ich habe den Brief noch immer nicht zur Post gebracht, ich hatte ihn einfach vergessen. Ich war ganz sicher, daß er schon längst auf dem Weg war, die Entfernung zu überwinden, die uns trennt, als ich ihn zufällig im Bücherschrank fand. Einerseits bin ich ganz froh darüber, denn ich kann Dir noch einmal Nachricht geben, aber andererseits hoffe ich, daß Du Dir über mein Schweigen keine Sorgen gemacht hast. Es hat keinen Eisenbahnerstreik gegeben, denn Wilson hat eingewilligt und die Bestimmung über den achtstündigen Arbeitstag unterzeichnet. Aber gestern haben die Zeitungen angekündigt, daß am Montag bei den *Subways*, den *Elevators* und den Straßenbahnen gestreikt wird, aber das ist nicht sicher, und es ist zu erwarten, daß alles gutgehen wird. Du verstehst sicher, daß in einer Großstadt wie New York immer irgendwas los sein muß.
Heute haben wir Tante Antolina erwartet, aber sie ist nicht gekommen und ich hoffe, daß sie morgen kommt. Tante Jeanne

ist schon weg. Joaquinito ist acht Jahre alt; sein Geburtstag wurde gestern, am 5. September, im Kreise der Familie gefeiert. Trotz seiner acht Jahre verändert er sich überhaupt nicht, und es sieht so aus, als würde er sein Leben lang ein kleiner Schelm und ein großer Teufel bleiben – aber ich würde mich doch freuen, wenn er sich ein wenig ändern würde.
Langsam sehe ich den Herbst herannahen, und ich betrachte die vergilbten Blätter, die von den Bäumen fallen; ich sehe zu, wie die Bäume zu schwarzen Gestalten werden und bin ganz traurig; dabei sage ich mir, daß sich die Natur verändert, aber meine Seele und mein Leben verändern sich nicht. Es gibt weder Frühling, noch Sommer, noch Herbst, noch Winter für mich, nur Traurigkeit. Warum ist mein Schicksal denn so verschieden vom Schicksal der andern? Jeder ist mal traurig, mal unglücklich, ich weiß es, aber mir scheint, daß es für die andern ein Heilmittel gibt, während es für meine Traurigkeit nur eine Heilung gibt, die ich bisher für unmöglich hielt und die ich nur im Traum erahnte. Du weißt, was ich meine, Papa, nicht wahr? Du weißt auch, was mir fehlt, Papa, und Du weißt, daß nur Du meine Heilung wahrmachen kannst. Muß ich es immer wieder sagen? Nein, ich habe es schon so oft gesagt! Geliebter Papa, es ist Deine Tochter, die mit Dir spricht und die nach Dir verlangt! ANAÏS

7. September
Es ist zwanzig nach acht. Mama liest, Thorvald auch, Joaquinito schläft. Ich höre nichts außer der Theatermusik nebenan, aber das stört mich nicht.
Ich bin ein bißchen benommen durch diese plötzliche Stille nach all den Tagen, an denen ich nicht einen Augenblick zur Ruhe kam und an denen ich nicht einen Augenblick Zeit fand zum Denken. Gestern abend fiel mir nichts ein, und da habe ich den Brief an Papa abgeschrieben, in dem ich kurz erzählt habe, wie ich diesen Monat verbracht habe. Und dann mußte ich plötzlich den Staub abwischen, der auf meinen »Freunden des Vergessens« lag, um sie Marraine zu zeigen, die sich sehr dafür interessiert hat. Sie hat mir versprochen, sie will sie für fünfzig Cents im Monat abonnieren, und wir haben ausgemacht, daß ich es ihr jeden Monat schicken werde, nachdem ich es Thorvald und Joaquinito vorgelesen habe; auf diese Weise brauche ich es nicht zweimal zu schreiben. Was mich betrifft,

ich könnte den Tag schreibend verbringen und wäre dabei restlos glücklich und keineswegs müde, aber Mama achtet auf meine Gesundheit; sie läßt mich nicht und sagt: »Beeile Dich nicht so, Du hast Zeit, Mädchen!«
Miss Mary Devlin, eine Freundin Mamas, ist gestern abend gekommen, und ich mußte ihr mein neuestes Gedicht vorlesen: *Geburt*, und ich glaube, sie hat es sehr gutgefunden. Sie hat Mama gesagt, ich könnte für den *Courrier des Etats-Unis (Kurier der Vereinigten Staaten)* schreiben. Ach, wenn ich nur könnte! Mein Gott! Welch ein Glück für mich, wenn ich aus meinem Gekritzel etwas Nützliches machen und für Mama ein wenig Geld verdienen könnte. Aber leider habe ich keine großen Hoffnungen.
Mama hat heute einen Besuch gemacht, und als sie zurückkam, hat sie uns die netten Kinder ihrer Freundin beschrieben. »Eines davon spielt sehr gut Klavier, und als ich dem Jungen erzählt habe, daß du schreibst, sagte er, daß er sich sehr freuen würde, wenn du ihm etwas in sein Album schreiben könntest.«
Ach, wenn das nicht Mama gewesen wäre, die da gesprochen hätte, ich hätte nichts sagen können, aber da sie es war, fragte ich: »Aber was soll ich denn hineinschreiben?«
»Schreib etwas Nettes. Das ist doch nicht so schwierig, oder?«
»Vielleicht nicht, wenn ich den Jungen kenne.«
Ich überlege und versuche es. Wäre das gut?:

Wozu können uns
Ein paar Worte von mir nutzen,
Über die Sie vielleicht lachen werden,
Aber was soll's? Wenn ich Ihnen
Mitteilen soll, was ich denke, will ich sagen:
Der Ruhm wartet immer auf den, der ihn
                                                      gesucht hat.

Ich habe es soeben vorgelesen, und Mama findet es nicht schlecht. Ich werde noch andere schreiben, aber fürs erste bin ich nun soweit.
Emilia Quintero hat mich auch gebeten, etwas in ihr Album zu schreiben, aber in diesem Fall war das einfacher. Ich hoffe, daß ich das nicht allzuoft machen muß, denn ich finde, manchmal ist es sehr schwierig, in die Alben zu schreiben, das heißt eine Art Kompliment zu machen, zumal ich das noch nie gemacht

habe. Ach, mein liebes Tagebuch, ich bin sehr froh, daß Du kein Album hast, aber falls Du jemals eines hättest, würde ich schreiben:
  Meine Seele gehört Dir,
  Stummer Freund meines Lebens!
  Du birgst meine ganzen Tränen
  In Deinem bescheidenen Schicksal!

A. N.

27. September, New York

Am 25. September, am Montag, ging ich wieder zur Schule und erfuhr, daß ich von diesem Tag an in eine neue *Stufe* kommen sollte, die 7 A. Das neue Klassenzimmer hat keine Fenster zur Straße hinaus. Das Tageslicht kommt von oben durch drei Fenster in der Decke, durch die ich den schönen blauen Himmel sehen kann. Die Bänke sind dunkelgelb wie in den anderen Klassenzimmern. Der Raum ist mit Bildern geschmückt, und gegenüber von uns befinden sich ein großes schwarzes Kreuz und zwei Heiligenfiguren, die eine von der Jungfrau Maria, die andere vom Herzen Jesu.

Das große Pult der Lehrerin beherrscht die ganze Klasse.
Aber anstatt einer Schwester sehe ich eine Dame von ungefähr 30 Jahren vor mir, eine Kubanerin, Mademoiselle Pomares. Sie ist mittelgroß, hat sehr große, schwarze Augen, eine leicht gebogene Nase, einen ziemlich kleinen Mund und schwarzes, sehr dichtes Haar. Ihre Haut ist von der Sonne gebräunt. Ihr ganzes Gesicht drückt Güte und Nachsicht aus. Sie ist ziemlich mager, und wenn sie lacht, sieht man ganz weiße Zähne, aber ich finde, sie sieht sehr melancholisch aus.

Als ich sagte, daß sie so aussieht, als sei sie sehr gutmütig, hatte ich recht, denn bisher habe ich sie nur sehr geduldig und sehr nachsichtig erlebt. Sie hat uns erklärt, daß wir in dieser Klasse viel Erdkunde lernen sollten, denn wir würden die staatlichen Prüfungen in diesem Fach ablegen. Ich habe sofort gute Vorsätze gefaßt für die Zukunft: Ich betrachtete zunächst die große *map* von der ganzen Welt (die Weltkarte), die an der Wand hängt, und danach schaute ich auf das Kruzifix; anschließend ließ ich die Lehrerin nicht mehr aus den Augen, solange sie sprach. Bisher habe ich 100/100 bekommen, und ich hoffe, daß ich so weitermachen werde. Für heute abend höre ich auf.

ANAÏS

1. Oktober
Hier bin ich wieder. Am Freitag habe ich die Schule verlassen für die wöchentlichen Ruhetage.
Als ich nach Hause kam, war Marraine wieder da, sie war am Vormittag aus Jamestown zurückgekommen. Ich habe mich sehr gefreut, sie wiederzusehen. Sie hat mir gesagt, sie hätte Tante Edelmira und Onkel Thorvald von meinem Tagebuch erzählt. Ab nächsten Monat werde ich fünfundzwanzig Cents im Monat von Marraine, fünfundzwanzig von Onkel Gilbert, fünfundzwanzig von Tante Edelmira und fünfundzwanzig von Onkel Thorvald bekommen, das heißt also, daß ich einen Dollar im Monat bekomme und zwölf Dollar im Jahr. Mein Gott, wenn das nur so weiterginge!
Tante Antolina ist heute gekommen, um ihre Koffer zu packen, denn sie wird aus dem Hotel St. Andrew ausziehen und eine Wohnung in der 119. Straße mieten oder so was Ähnliches. Sie hat mir einen Muff geschenkt, eine hübsche kleine Figur der Jungfrau Maria und eine ganze Schachtel Schreibmaschinenpapier mit mehr als fünfhundert Blättern. Ich habe mich sehr bedankt und bin danach mit Marraine auf dem Broadway in der schwachen Herbstsonne spazierengegangen, denn das Haus war eisig. Es ist sehr kalt, und da die Heizung noch nicht an ist im Haus und die Teppiche noch nicht liegen, frieren wir den ganzen Tag. Mama hat beschlossen, eine andere Wohnung auf derselben Etage zu mieten, aber zur Straße hin; dort fällt die Sonne ein und wärmt alles. Jetzt bin ich sehr müde, gute Nacht also! ANAÏS

13. Oktober, New York
Ich hätte schon lange schreiben sollen, denn ich hatte viel zu erzählen, aber mit dem Durcheinander des Umzuges habe ich mein Tagebuch nicht mehr gefunden, und jetzt, wo ich schreiben will und kann, bittet mich Mama, ihr zu helfen, also muß ich mein Tagebuch bis morgen beiseitelegen. A. N.

22. Oktober, New York
Heute ist Sonntag, und ich habe einen Augenblick Zeit zum Schreiben. Wir sind schon in unserer neuen Wohnung, und mit viel Arbeit ist es Mama gelungen, eine gemütliche Wohnstätte nach unserer Art daraus zu machen, das heißt, daß wir nun ein hübsches Büffet im Eßzimmer haben, ein wunderschö-

nes Bett aus Bronze und eine Kommode im Schlafzimmer. Tante Antolina hat Mama einen sehr hübschen Teppich dagelassen, den Mama ins Wohnzimmer gelegt hat solange, bis meine Tante wieder weggeht. Vorgestern waren wir in Kew zu Nunitas Namenstag,* aber Tante Edelmira fühlte sich nicht wohl; wir haben ein kleines Familienfest gefeiert.
Wir gehen wie üblich zur Schule. Jeden Morgen, wenn ich ankomme und dasselbe Gesicht von Miss Pomares und dieselben Gesichter meiner Mitschülerinnen sehe, frage ich mich, ob die Zeit meinen Mitschülerinnen nichts ausmacht.
Aber nein! Sie haben immer den gleichen Charakter, das gleiche Lächeln. Auch die Jungen verändern sich überhaupt nicht. Es sind immer die gleichen Faulenzer, die nichts gelernt haben und immer die gleichen Fleißigen, die alles wissen.
Für mich jedoch ist jeder Tag etwas Neues, und ich habe das Gefühl, daß mein Charakter sich andauernd verändert. Wenn ich immer zur gleichen Zeit aufstehe, habe ich trotzdem jedesmal andere Eindrücke. Sogar wenn ich eine Woche lang das gleiche Kleid anziehe, habe ich das Gefühl, daß es sich jeden Tag verändert. Auch wenn ich ein ganzes Jahr lang das gleiche Gebet bete, bringe ich jedesmal eine neue Idee mit hinein und jedesmal verstehe ich das Gebet anders. Warum? Ich weiß es nicht. Aber ich stelle mir vor, daß ich deshalb nicht merke, daß mein derzeitiges Leben, die Wirklichkeit, recht eintönig ist, denn natürlich ist das Leben jenseits der Wirklichkeit immer voll von verschiedenen Geschehnissen; seitdem ich George Sand gelesen habe und *Pêcheur d'Islande (Islandfischer)* von Pierre Loti, bringe ich in den Traum die Vorstellung einer idealen Liebe mit ein, und in meinen Kopf hat sich ein geliebtes Gesicht fest eingeprägt, das jetzt immer mein Traum sein wird; aber, was ich ahne und befürchte, existiert nicht, denn es ist zu zart, zu zerbrechlich, zu weit entfernt und verschwommen, um wirklich zu existieren. In meinem Traum heißt diese Gestalt André, denn ich kenne niemanden, der diesen Namen trägt. ANAÏS

26. Oktober 1916, New York
Heute habe ich eine neue Geschichte angefangen, *Cœur d'Or (Das Goldene Herz)*, in die ich viel Geheimnisvolles hineinbringen werde, denn das ist meine einzige Zerstreuung. Wenn

* Vermutlich meint Anaïs den Geburtstag. D. Ü.

ich aus der Schule zurückkomme, möchte ich mich unterhalten, aber Thorvald ist sehr mürrisch, Joaquinito ist zu klein und Mama ist zu beschäftigt, also mache ich es jetzt so: Ich setze mich jeden Nachmittag hin und schreibe oder lese und habe viel Spaß daran. Die öffentliche Bücherei ist geöffnet, und gestern nach der Schule habe ich mir ein Buch über Ägypten geholt: *La Chanson du Carillon (Das Lied des Glockenspiels)* und: *Ausgewählte Werke großer Schriftsteller: Turgenjew.*
Und jetzt tut es mir leid, daß ich es gesehen habe, denn in *Eaux printannières (Frühlingsgewässer)* habe ich die Illusion der Liebe wieder verloren, die eines der Bücher von George Sand in mir erweckt hatte. Ich fand Turgenjew kühl und trocken. Seine Helden sind alltäglich. Allen Gesetzen des schönen Romans zum Trotz erfindet er einen Mann, der innerhalb von drei Tagen seine Leidenschaft und seine Gefühle verändert, und aus diesem Grund finde ich ihn abscheulich und ganz einfach »blöd«. Um mich ein wenig über die traurigen Gefühle hinwegzutrösten, die mir das Lesen dieses Buches eingeflößt hat, sage ich mir, daß es ja nur eine Geschichte ist, und ich bin ganz sicher, daß ich nie wieder etwas von Turgenjew lesen werde; ich glaube weiterhin an das einfache Glück und außerdem glaube ich, daß die Seele nur einen Weg haben kann, uns zum Handeln zu veranlassen, denn sie kann sich nicht verändern. In dem Buch *Chanson du Carillon* habe ich eine Heldin, genau wie ich sie mir vorstelle, in ihrer ganzen Schönheit und Naivität, vorgefunden. Ja, und ebenso stelle ich mir einen kleinen Geist vor, der die ganze Zeit um mich herumschwebt und mir ins Ohr flüstert: »Träumen ist Leben, leben ist träumen...«
Und ich träume... und ich träume...
Vor mir ist ein großes, bodenloses Loch, und ich frage mich, wie lange das dauern wird, bis ich unten ankomme, wenn ich weiterhin so hinunterfalle? Ich stelle mir vor, daß dieses Loch das Leben ist, und an dem Tag, an dem ich den Boden erreiche, werde ich aufhören zu leiden. Eines Tages werde ich sagen müssen: Mein Tagebuch, ich bin unten angekommen. Dann wird sich mein Tagebuch auf das Loch legen, um mich vor dem Licht zu schützen, und ich werde auch nicht mit Staub bedeckt werden.
Zunächst werde ich aber nun ins Licht tauchen. Gute Nacht!

A. N.

4. November

Ich fange an zu schreiben, aber ich weiß nicht, ob mich Joaquinito in Ruhe lassen wird, denn er wird jeden Tag unerträglicher, und ich bin am Ende meiner Geduld mit ihm. Nachdem er mich anständig gehänselt hatte, um mir meine Farbstifte zu entlocken, die ich gerade zum Malen brauchte, da ist ihm nichts Besseres eingefallen, als sie zu nehmen und ins Waschbecken ins warme Wasser zu legen, weil er sehen wollte, wie sie sich auflösen!

Schließlich hat er sich hingesetzt, um sich mit Ausschneiden zu beschäftigen, und obschon er dabei ist, mir das ganze Eßzimmer mit Papierschnipseln zu übersäen, bin ich fest entschlossen, ihn machen zu lassen... ich schreibe. Ich sitze am Eßzimmertisch. Vor mir steht eine Blumenvase voller Rosen. Ich atme den Duft ein und freue mich, hin und wieder schaue ich auf, um sie zu betrachten. Ich bemerke auch, daß sich hin und wieder ein paar Blütenblätter von einer Rose lösen und auf die Spitzendecke fallen. Eine große Liebe zu diesen abgefallenen Blütenblättern ergreift mich, und ich lese sie auf und halte sie in der Hand.

Dabei denke ich, daß sich mein Leben auf die gleiche Weise entblättert und ich frage mich, wer die Blätter aufliest, die von meinem Herzen abfallen.

Ich glaube, es ist mein geliebtes Tagebuch. Oh, ja, denn sonst erzähle ich nie jemandem, was ich denke. Ich schreibe alle meine Gedanken, meine Eindrücke, meine Gefühle auf. Mein Tagebuch hat Mitleid mit mir, weil ich im Begriff bin, mich zu entblättern, und es liest meine Blätter auf, um sie aufzubewahren. Eines Tages werde ich mein Tagebuch darum bitten, mir die aufgelesenen Blätter wiederzugeben.

Sie werden ganz vertrocknet und nutzlos sein, und das wird »Altsein« heißen. Wenn ich einmal alt bin, wenn ich vertrocknet bin, werde ich zu nichts mehr nutzen... Aber ach, jetzt auch nicht!... Mein Gott, bin ich denn schon so alt, daß ich zu nichts mehr nutzen kann? Hat mein Tagebuch schon alle meine Blätter aufgehoben, wartet es darauf, daß ich sie von ihm zurückverlange? Ach nein, ich will noch leben, ja, ich will noch ein bißchen mehr leiden, aber ich will nicht schon tot sein. Mir ist, als könnte ich sehen, wie der liebe Gott von seinem Himmelsthron herab über das Kind lächelt, das ihn darum bittet, noch nicht zu sterben. »Allmächtiger Gott, du hast

recht, wenn du lächelst, denn ich bin das unwürdigste aller deiner Geschöpfe!«
Aber trotz allem gehe ich zur Schule; ich spiele, gehe spazieren, schlafe wie alle Leute, trotzdem! Aber bin ich wie alle Leute? Das ist die Frage! Aber ich glaube nicht, weil ich ja langsam meine Blätter verliere. A. N.

Für Madame Quintero.
Vielleicht ist es ein Traum, aber ich glaube, es ist wahr: Wenn Sie spielen, glaube ich, in der dunklen Finsternis des Todes ein lächelndes Gesicht zu sehen; das Lächeln gilt Ihnen. Ist es der ferne Schatten Mozarts? Oder der große Beethoven, der nicht sterben kann durch Ihr großes Genie? Oder ist es vielleicht Chopin, der sich aus der Tiefe seines stillen Grabes bei Ihnen bedanken will? Ich weiß es nicht. Aber wenn ich in Ihrer Nähe etwas leuchten sehe, dann ist es »der Ruhm«, der Sie umgibt. A. N.

11. November, New York

Ich bin gereizt, traurig, und mein Kopf ist schwer. Ich habe den ganzen Tag gelesen – drei Bände von Alexandre Dumas, *Das Halsband der Königin (Le Collier de la Reine)*; und nun möchte ich es am liebsten nicht gelesen haben. Mein Kopf ist übervoll von Geheimnissen, Intrigen, Verfolgungen; die verschiedensten Figuren wirbeln in meinem Hirn herum und regen mich auf. Von Marie-Antoinette träume ich, der Kardinal langweilt mich, die Gräfin de la Motte erschreckt mich, der Graf Calisteo oder so was Ähnliches kommt mir wie ein Gespenst vor. Ich habe so schnell gelesen, daß mir die Augen weh tun, aber ich habe mir gesagt, daß ich meinem Tagebuch erzählen muß, was ich vom ersten Roman Dumas' halte.
Mama sagt, das seien Trivialromane, aber nachdem ich darüber nachgedacht habe, bin ich ganz begeistert von diesem Buch, denn eigentlich ist das mein erster Roman. Ich nehme an, daß ich mit der Zeit wählerischer werde, aber zunächst einmal haben mir George Sand und Alexandre Dumas als erste das Tor zum unbekannten Garten der Liebe geöffnet. George Sand hat es mir in der Maske eines Mannes gezeigt und Alexandre Dumas in der einer Frau.
Ach, wie großartig sie beide sind! Oh, ich laß mich zu sehr mitreißen, ich fürchte, dieses lange Lesen ist mir in den Kopf gestiegen. Dann werde ich eben träumen!

Ach, mein armes Tagebuch! Du mußt mich sehr komisch finden, wenn Du mich plötzlich von ganz anderen Dingen reden hörst als sonst. Wird Dich das langweilen? Willst Du mein Held sein? Nehmen wir einmal an, Du seist ein Musketier wie d'Artagnan in *Zwanzig Jahre danach (Vingt ans après)*. Du wirst edel sein wie Athos, stolz und schön wie Monsieur Charny, und mir gegenüber wirst Du mutig und höflich sein. Nehmen wir an, ich sei hübsch, und ich liebe dich ebenso, wie Marie-Antoinette du Charny liebte. Nehmen wir an, daß ich mich jeden Abend aus dem Versailler Palais hinausstehle und daß ich Dich im Garten aufsuche. Da werde ich dann eine Rose Dir zu Füßen fallen lassen. Nehmen wir an, der eifersüchtige Kavalier sei meine Feder; er versteckt sich, um Dich umzubringen.

Was macht Dir das aus, geliebtes kleines Tagebuch, wo ich ja Herrn Feder überhaupt nicht liebe? Du wirst nun ganz einfach André heißen, denn, nehmen wir an, daß ich den Rest Deines werten Namens nicht kenne. Würdest Du Dich dann bitte immer auf meinem Weg aufhalten, damit ich Dir hin und wieder ein Lächeln schenken kann! O Gott! Ich bin verrückt. Ach, mein liebes Tagebuch, Du glaubst daran und schimpfst nicht mit mir? Oh, Verzeihung, es stimmt ja, ich bin die Königin, und anstatt mit mir zu schimpfen, machst Du... machst Du... Dich lustig über mich!

Wo aber ist denn Athossens Edelmut, wenn Du Dich über mich lustig machst? Ah, hier ist er, wo Du mir doch in diesem Augenblick sagst, daß es meine Pflicht ist und vor allem meine Ehre, Dich zu verlassen. Also verlasse ich Dich mit diesem Satz voller Hoffnung: »Bis morgen! Morgen zur selben Stunde, nicht wahr?«

Wirst Du auch kommen?

23. November, New York

Bevor ich angefangen habe zu schreiben, habe ich das, was ich letztes Mal geschrieben habe, wiedergelesen, und nun sage ich mir, daß ich das in einem dieser Augenblicke des Wahnsinns geschrieben habe. Heute bin ich schlecht gelaunt und traurig. Ich spüre, daß ich ein schlechter Mensch bin, ein sehr schlechter sogar. Wenn Mama mit mir schimpft, bereue ich es und weine innerlich, aber ein unerträglicher Stolz gibt meinem Gesicht einen so bösen Ausdruck der Gleichgültigkeit, daß

Mama mich »böser Strolch« nennt. Und Gott allein weiß, was ich leide, wenn ich lange Zeit danach Mama um Verzeihung bitte, denn eine innere Stimme flüstert mir noch immer ein, daß ich ja recht habe.
Ich weiß, daß ich unordentlich, verlogen, hinterlistig und böse bin, das Allerschlimmste, was es gibt auf der Welt.
Ich weiß, daß ich das nichtswürdigste aller Geschöpfe bin.
Ich weiß, daß ich alles nur denkbare Leiden verdiene.
Ich weiß, daß mich niemand liebt.
Ich weiß, daß alle etwas an mir auszusetzen haben, alle beschimpfen mich, und dann fühle ich mich von dieser unbeschreiblichen Scham überströmt. Wenn ich daran denke, hasse ich mich und vergieße unzählige Tränen, und trotzdem hält mich ein grausamer Hochmut gefangen, und Mama erfährt niemals, welche Reuegefühle ich aus Stolz verberge. Einmal möchte ich sterben, wenn ich sehe, wie Mama böse auf mich ist, wenn Thorvald sich von mir abwendet, Joaquinito sich über mich lustig macht und Marraine mit mir schimpft, das alles, weil ich böse bin, so schrecklich böse! Ich kämpfe mit mir selbst und ich verstehe, daß ich mich nicht zähmen kann, denn Mama hat recht, wenn sie mich »nichtswürdige Tochter deines Vaters, du böser Strolch, du« nennt.
Ich erinnere mich an Papas festen, unbeugsamen, ja sogar strengen Charakter. In meinem Innern gibt es etwas, was mich ungeduldig macht, was mir eine Wut gibt, gegen die ich nicht ankämpfen kann, und ich leide entsetzlich, o ja, ich leide ganz schrecklich! Und wenn niemand mich mehr liebt, wird mein Tagebuch mein einziger Freund auf dieser Welt und sogar im Himmel bleiben, denn ich befürchte sehr, daß auch Gott seine Blicke von mir abwenden wird. Oh, mein Gott! Ich bin allein auf dieser Welt, denn ich weiß, daß Mama nicht versteht, was in mir vorgeht, und ich weiß, daß meine Brüder wegen mir leiden. Es wird mich nie jemand verstehen, wo ich mich ja selbst nicht verstehe. Wenn mir Mama im Zusammenhang mit meinem Charakter sagt, daß ich später leiden werde, verstehe ich das und kann voraussahnen, welch schreckliche Zukunft mir bevorsteht, weil sich in meine Freuden immer Hochmut einmischt, weil ich in meinem ganzen Innern nichts als eine undefinierbare, unverständliche, tiefe Bitterkeit spüre. Manchmal glaube ich, ich sei schon vierzig, soviel *scheint* mir, habe ich schon gelitten. Ich schäme mich über mich selbst,

wenn ich mich zu Träumen des Glücks hinreißen lasse, denn ich weiß, ich verstehe, daß ich nur Unglück verdiene; und doch, was habe ich nicht gelitten, was leide ich auch weiter, wenn es Abend wird und ich mir darüber klar werde, daß ich nur noch einen wirklichen Freund habe, nämlich mein Tagebuch, das mich dazu zwingt, einen Teil meiner selbst zu verstehen. Ach dann, geliebtes Tagebuch, bist Du eben nicht mehr mein Held, mein Traum, denn ich muß diese zarten Liebes- und Glücksträume aufgeben, um meinen Geist auf mich selbst zu konzentrieren, und nur noch an die Scham denken, die ich vor mir selbst habe, und an meinen einzigen Freund, der mir noch bleibt.

25. November (New York)
Ich will den Brief abschreiben, den ich heute morgen an Papa geschrieben habe.
»Liebster Papa,
Ich habe soeben Deinen Brief vom 8. November bekommen und ich beeile mich, ihn zu beantworten, wo ich nun weiß, daß Du diesen Brief bei der Rückkehr von Deiner Spanienreise erhalten wirst, von der ich sehr froh bin zu hören, denn ich kann mir im voraus die Freude meiner lieben kleinen Großmama vorstellen. Ich sehe, daß dieser Sturz Dir noch immer Schwierigkeiten bereitet und Deine Gesundheit schwächt, und ich nehme mir vor, diesen Brief nicht zu lang werden zu lassen, um Dir nicht die Zeit zu rauben, die im Augenblick so kostbar für Dich ist, denn ich verstehe, wieviel Zeit Du für Deine Schüler und die übrige Arbeit brauchst.
Ach, lieber Papa, ich bin leider zur Zeit sehr faul, denn ich widme der Schule die ganze Zeit, die ich eigentlich dem Lesen und dem Studieren der französichen Literatur widmen möchte. Ich spüre, daß der Weg, den ich einschlagen will, nicht leicht sein wird, er wird voller Dornen sein. Ich weiß, daß ich viel arbeiten muß, daß die Augen darunter leiden werden, daß ich mir den Kopf mit Wissen füllen muß, um in der Lage zu sein, mit der Feder auszudrücken, was ich denke: meine Eindrücke, meine eigenen Gedanken, so wie ich mir die Dinge vorstelle. Aber das ist es, was ich tun will. Ich werde nie etwas Gutes machen, das weiß ich, aber ich tröste mich, indem ich mir einrede, daß ich glücklich sein kann und glücklich sein werde mit meiner Feder und einem Stück Brot, tägliches Brot, selbst

wenn ich nicht berühmt und nicht reich werde. Alles andere ist mir egal, mir ist egal, was man sagen wird. Wenn ich Geld verdienen will, so bestimmt nicht für mich. Du siehst, Papa, wie ich mir die Dinge vorstelle.
Ich habe sehr wenig von Rousseau gehört, dem großen Philosophen, aber ich habe ein paar Zeilen über sein Leben gelesen: ›Er ließ es regnen, ohne darauf zu achten, und danach wurde er selbst zu Blitz und Donner, mächtig und bösartig.‹ Recht hatte er. Ich werde zwar auch den Regen der Geschehnisse regnen lassen, aber ich werde nie Donner werden. Wozu denn auch, Papa, da ich nur Staub bin, dazu geschaffen, mit Füßen getreten zu werden. Aber ich bin ein wenig ehrgeizig, und als Staub möchte ich mich auf viel Papier ausbreiten, ich möchte zu vielen Sätzen und vielen Wörtern werden, damit man mich nicht mit Füßen tritt.
Ach, Papa, aus der Ferne sehe ich Dich lächeln, Du hebst den Kopf, um einmal tief Luft zu holen, denn jetzt fragst Du Dich, ob ich verrückt geworden bin, und das ist ganz natürlich, denn ich fürchte, daß alle Leute so über mich denken.
In wenigen Worten will ich zum Ausdruck bringen, was ich gerne möchte: Ich möchte gerne schreiben können und meinen Namen gedruckt sehen am Schluß von etwas Gutem, von etwas anständig Geschriebenem. Und deshalb erzähle ich Dir allerlei Dinge, die Du sicher *blöd* findest. Aus diesem Grund höre ich manchmal auf zu träumen, zu denken und halte meinen Kopf mit beiden Händen, mache die Augen zu und sage mir: ›Wozu auch diese ganzen Eindrücke, diese ganzen Gedanken, wenn niemand, überhaupt niemand mich versteht?‹
Manchmal habe ich Empfindungen, die ich mir nicht erklären kann, Regungen, die ich nicht zähmen kann, Eindrücke, die ich nicht beherrschen kann, Träume und Gedanken, die das Gegenteil von allem sind, was es bisher gegeben hat. Wenn ich ein Buch lese, diskutiere ich mit mir selbst darüber, ich beurteile es, finde Fehler und Vorzüge und beginne über so tiefgründige Dinge nachzudenken, daß ich mich völlig verirre, müde werde und mich selbst nicht mehr verstehe. Dann ärgere ich mich; ich frage mich, warum ich nicht wie alle Leute denke, warum ich die Bücher nicht wie alle Leute lese, das heißt ohne sie zu ergründen, ohne in Gedanken damit zu spielen; warum fange ich an, an andere Dinge zu denken, die es gar nicht gibt, anstatt das Leben leichtzunehmen, naiv und einfach, so wie es gerade

kommt, ohne zu versuchen, seine Geheimnisse, seine Irrwege und seine Abgründe zu verstehen. Ach, ich stelle mir so viele Warum-Fragen, und ich kann sie nie beantworten, weil ich es ja selbst nicht weiß.
Jetzt höre ich auf, es ist mir ganz peinlich, weil ich Dir soeben meine häufigsten Eindrücke, meine tiefsten Gedanken mitgeteilt habe, und ich befürchte, daß Du wieder lächeln mußt, wenn Du diese Zeilen siehst, die ich ganz spontan in einem Zug hingeschrieben habe – ein bißchen habe ich dabei den Atem angehalten, um das Geräusch meiner Feder, die auf dem Papier kratzt, besser zu hören, meiner Feder, die immer, immer schreibt, die viel geschrieben hat und die Dir noch sehr, sehr viel schreiben wird! ...«
Mein Brief enthielt zum Schluß noch ein paar andere Dinge, aber ich bin müde und die Augen tun mir weh, also höre ich auf.

3. Dezember, New York

An diesen ganzen letzten Abenden habe ich vergessen zu schreiben, weil ich gelesen, Bücher verschlungen habe. *La Comtesse de Charny (Die Gräfin von Charny), Joseph Balsamo, Le Collier de la Reine (Das Halsband der Königin)* und *Les deux Reines (Die beiden Königinnen)*. Es hat mir viel Freude gemacht, diese glühenden Bücher zu lesen, die so romantisch waren, daß ich an der Glut ihrer Leidenschaft fast verbrannt bin. Vor allem bei *Joseph Balsamo*, in dem ich den Mann meiner Träume gefunden habe, den geheimnisvollen Mann mit dem entrückten Lächeln, der unendlichen Kraft, groß und stark – dies ist der Mann, den es vielleicht einmal gegeben hat, den es aber für mich nicht mehr geben wird.
Ich habe plötzlich eine große Leidenschaft für die Medizin entdeckt. Ich habe versucht, die Katze zu magnetisieren, das einzige, arme Opfer meiner Versuche, das noch nicht einmal mir gehört, denn es ist die Katze eines meiner Nachbarn. Ergebnis meiner Liebe zur Medizin: Ich habe ein Gift hergestellt, dessen Rezept ich behalten habe. Um es auszuprobieren, habe ich ein Brotkrümel genommen, habe es in das Ergebnis meiner langwierigen Forschungen eingetaucht, und heute morgen habe ich es zusammen mit anderen Brotkrümeln den Vögeln gegeben. Ein Vogel hat den Krümel aufgepickt, den ich die ganze Zeit im Auge behalten hatte. Dann ist er auf einen Baum geflogen, hüpfte mehrmals von Ast zu Ast, dann ist er

wieder auf den Boden gekommen, um andere Brotkrümel zu suchen. Daraufhin habe ich mit großem Erstaunen zugesehen, wie er in seinem Hüpfen zögerte, den Kopf etwas zurückwarf und schließlich vor meinen Augen umfiel: er war auf der Stelle tot. Ich bin ganz sicher, daß ich nie wieder an diese Stelle zurückkommen werde, entweder aus Scham oder aus Angst.
Dies also zum Thema Medizin. Als ich zuerst versucht hatte, die Katze zu magnetisieren, haben mir die Augen weh getan vor lauter Hinschauen, und danach hat sie sich trotz meines starren Blickes und meines auf sie gerichteten Fingers nicht bewegt, sie ist nicht eingeschlafen, wie ich es mit der ganzen Kraft meiner Seele und meines Körpers wollte. Alles in allem ist es mir gelungen, als ich versuchte, sie mit einer Geste zu mir herzulocken, mir einen tiefen Kratzer auf der Hand einzuheimsen.
Thorvald hat sich über mich lustig gemacht, und er hatte recht. Ich habe ein Glas Wasser genommen und versucht, etwas darin zu sehen. Dabei bin ich sehr erschrocken, denn wegen meiner überschwenglichen Phantasie oder auf Grund einer Wahnvorstellung habe ich einen großen Blutfleck gesehen. Ich habe das Glas Wasser angeschaut, aber mir wurde klar, daß ich den Blutfleck nur in meinem Kopf hatte. Ich will so was nicht wieder versuchen, denn ich weiß, daß ich keinerlei Macht habe, und demzufolge muß ich meinen gestörten Geist für meine Visionen verantwortlich machen; und ich will jetzt lieber noch nicht zugeben, daß ich verrückt bin.
Jetzt lache ich über meine Torheiten, und ich nehme mir fest vor, Joseph Balsamo in keiner Weise mehr nachzuahmen. Egal, ich möchte trotzdem gern alle Leute einschläfern können, am liebsten gleich mich selber.
Wenn ich an die Zukunft denke, werde ich traurig, und eine dicke Wolke zieht in der Ferne auf. Was ist los? Ich weiß es nicht, aber mir ist klar, daß ich unglücklich sein werde, sehr unglücklich sogar, und manchmal sage ich mir schluchzend: »Ach, am liebsten möchte ich sterben!« Das ist eine Sünde, ich weiß es, aber was soll ich tun auf dieser Erde, schlecht wie ich bin, wo mich ja doch keiner braucht!
Ich bin das, was man »überflüssig« nennt, ich spüre es.
Ich bin nutzlos und schädlich; ich weiß es. Ich werde gehaßt und vergessen, ich verstehe es. Warum lebe ich also? A. N.

16. Dezember

Gestern morgen beim Aufwachen war alles weiß, denn es hatte die ganze Nacht geschneit. Auf dem Weg zur Schule hatten wir viel Spaß mit dem Schnee, und mir fiel es schwerer denn je, mich in die dunkle Klasse einsperren zu lassen; den ganzen Tag über war ich furchtbar zerstreut. Ich habe meine Lektionen nicht gekonnt, zur großen Verwunderung der Lehrerin, und alles, was ich gemacht habe, war schlecht gemacht. Zwei- oder dreimal hat mich die Lehrerin dabei erwischt, wie ich in die Luft starrte bzw. zum Fenster hinaus, wo ich blauen Himmel und Schnee sah. Um drei war ich die erste, die draußen war, und trotz meiner Ungeduld beschloß ich, meinen täglichen Gang zur Kirche nicht auszulassen. Ich kniete vor dem Altar der Heiligen Jungfrau nieder und begann zu beten, als plötzlich die Orgel erklang. Es war ein Weihnachtslied, das von mehreren Jungen geübt wurde, aber ich habe nur auf die Orgel gehört und bin in eine tiefe Träumerei verfallen. Plötzlich merkte ich, daß vor mir John O'Connell ebenfalls betete, mit gefalteten Händen, die Augen auf die Statue der Heiligen Jungfrau gerichtet. Im Augenblick, als ich ihn ansah, drehte er sich um, und unsere Blicke begegneten sich; ich entdeckte an ihm eine große Ähnlichkeit mit de Charny, von dem ich eine Art lebendiges Bild meines Traumes hatte, nachdem ich die Geschichte gelesen hatte. Er hat sich nicht mehr umgedreht, er hat weitergebetet, und ich habe lange geträumt, die Augen auf ihn gerichtet, in meinem verschwommenen Gebet von der Orgel begleitet, deren Klang mir von weit, weit her zu kommen schien! ...

Den Schnee habe ich gestern nicht einmal mehr berührt, denn meine Lust war geschmolzen, dafür habe ich den Rest des Tages nur noch an John O'Connell gedacht! ...

Alles kündigt die Größe des kommenden Festes an. Unruhe und Freude sind auf allen Gesichtern zu lesen. Die Schönheit der Schaufenster. Was mich betrifft, so habe ich sehr viel gearbeitet, denn ich habe sechs Kalender gemalt, ich habe vier Memorandi gemalt und verfaßt und vier Weihnachtskarten gemalt und gezeichnet. Für Mrs. Thayer habe ich ein kleines Täschchen für die Handarbeiten gemacht, und für die Familie habe ich mehrere kleinen Karten gemalt. Heute morgen waren wir in den Geschäften, und Mama hat mir ein dunkelrotes Samtkleid und einen Hut gekauft. Für Marraine hat Mama ein kleines Spitzentäschchen gekauft und außerdem noch mehrere andere Dinge. Danach hat sie uns zum Augenarzt geführt, der Thorvalds und meine Augen untersucht hat, denn in der letzten Zeit hatten wir uns beim Lesen die Augen sehr angestrengt. Er hat uns untersucht und Mama erklärt, daß Thorvald und ich kurzsichtig seien, und er hat uns beiden eine Brille verordnet, die wir um fünf Uhr abholen werden. Jetzt ist es erst vier. Ich wollte noch einmal ohne Brille in mein Tagebuch schreiben; ich muß sie ungefähr drei Jahre tragen. Jetzt kann ich lesen und lesen, und Mama kann mir nichts mehr sagen. Ich werde weiterhin Dumas lesen, denn jetzt habe ich denjenigen gefunden, der den Platz aller Helden einnehmen wird. Leider heißt er nicht André, und ich werde noch suchen müssen. Werde ich einen besseren finden? Ich hoffe... nein. A. N.

17. Dezember

Tante Edelmira, Onkel Gilbert, Coqui und Nuna haben den Nachmittag bei uns verbracht, und wir haben viel gespielt. Jetzt sind sie gerade weggegangen, und bevor ich angefangen habe zu schreiben, habe ich mich ein wenig vor mein Tagebuch gesetzt, denn ich wollte ein bißchen nachdenken. Heute morgen in der Kirche haben mich alle Mädchen angeschaut wegen der Brille, und nachdem ich ihre natürliche Neugierde befriedigt hatte, habe ich angefangen nachzudenken. Ich fühle mich merkwürdig traurig mit dieser Brille, denn ich habe das Gefühl, daß nicht *ich* die Dinge anschaue, die durch die Brille sichtbar werden, und außerdem finde ich mich doppelt so häßlich wie vorher, ich weiß nicht warum. Das heißt, daß ich mich jetzt schäme, mich in die Rolle der Hauptfigur der Bücher, die ich lese, zu versetzen.

Heute morgen am Tisch hat Mama von mir gesprochen und gesagt: Mein Mädelchen war wirklich einmal sehr hübsch, als es noch ganz klein war, und es macht nichts, wenn es jetzt nicht mehr so niedlich ist, denn in drei Jahren ungefähr wird es die Brille wieder abnehmen, seine Haare werden schöner sein, und dann wird es wieder mein niedliches Püppchen aus Saint-Cloud sein!

Ich habe gelächelt und viel geträumt, als ich darüber nachdachte, ob es eines Tages dazu kommen wird. Nach und nach hat sich dieser Gedanke in dem bißchen Geist, das ich besitze, entwickelt, und plötzlich habe ich gedacht, daß... wenn ich eines Tages hübsch würde, dann...

Ich weiß nicht, wie ich es erklären soll, was ich dann machen würde, aber dann wird derjenige, von dem ich bisher nur den Schatten kenne, keine Angst mehr vor mir haben, und dann werde ich glücklich sein, wenn ich unter dem blauen Himmel inmitten von Blumen spazierengehen werde, mit meinem Tagebuch unterm Arm, den geliebten Namen auf den Lippen, wie er auch lauten mag. Ach, aber man muß hübsch sein, um so geliebt zu werden wie Marie-Antoinette, Catherine Baillot und viele andere geliebt wurden, in den Büchern, die ich gelesen habe. Mama behauptet, es genüge, gut zu sein, um glücklich zu werden, aber ich habe ja nicht die geringste Spur von Güte in mir. Ich weiß, daß in mir alles schlecht ist, ich muß diese Ecke Unendlichkeit bewahren, die ich mir mit dem Schlüssel der Träume geöffnet habe, diese Ecke Unendlichkeit, wo alles nur Liebe, Glück, Vereinigung und Schönheit ist. Nun sehe ich da oben ein kleines, schneebedecktes Haus, und wenn ich zum Fenster hinausschaue, sehe ich mich selbst: Ich bin hübsch, ich sitze neben einem schönen jungen Mann mit tiefen blauen Augen, rotbraunem Haar, mit einem verträumten, entrückten Lächeln, er hält meine Hand in der seinen, und mir gegenüber sitzen Papa und Mama auf einem Sofa, glücklich und vereint. Mama ist noch jung und schön, Papa auch, Thorvald und Joaquinito spielen in einer Ecke mit vielen Spielsachen, ohne zu zanken. Der Weihnachtsbaum ist groß und schön, und da uns gerade niemand anschaut, drücke ich die Hand des starken jungen Mannes, und er gibt mir den Druck zurück und schaut mich aus seinen schönen blauen Augen mit großer Zärtlichkeit an, denn er liebt mich, weil ich hübsch bin, und ich liebe ihn, weil er schöner ist als Charny, edler als Athos, mutiger als d'Artagnan, seine Liebe zu mir ist wahrhaftiger als die Liebe in allen Büchern, allen Geschichten, allen Märchen der Welt. In einer solchen Welt lebe ich zur Zeit, aber wenn ich hierher zurückkehre, sehe ich das große schmutzige rote Haus gegenüber, Thorvald und Joaquinito zanken, Mama arbeitet und sieht so erschöpft aus, und wenn ich mich dann erinnere, daß Papa weit weg ist, daß ich häßlich und böse bin, daß es keinen jungen Mann mit tiefen blauen Augen gibt, dann lasse ich meine Feder fallen und bitte den lieben Gott, er möge mich sterben lassen, weil ich *unfähig bin, glücklich zu sein*, weil ich unfähig bin, seine Gaben zu nutzen. Er antwortet nie, o nein, er straft mich, weil ich es verdiene, und ich sehe mich gezwungen, weiterhin meinen wolkenlosen Himmel zu betrachten, wo sich so viele glückliche Dinge abspielen; und das ist der Grund, weshalb man mir den Spitznamen »zerstreute Mamsell« gegeben hat, weil ich den ganzen Tag Salz statt Zucker in meinen Kaffee tue, meine Kleider im Küchenschrank suche, Salz in die Zuckerdose fülle, jede Frage mit Ja oder gar nicht beantworte, die Betten falsch herum mache, die Teller in den Backofen statt in den Küchenschrank räume, drei Tassen Zucker über die Kartoffeln statt über das Apfelkompott streue, die Dinge falsch herum annähe, die Bücher unters Bett anstatt auf den Tisch lege, das Besteck in einen Blumentopf lege, die Kartoffeln anbiete, wenn Salz verlangt wird, meinen Teller reiche, wenn nach meinem Löffel gefragt wird, den Reis, wenn um meine Tasse gebeten wird; weil ich meinen roten Sonnenschirm mitnehme, wenn es schneit, Joaquinito Mamas Gummistiefel anziehe, das Tintenfaß in die Schublade räume und dabei die Tinte über das Papier gieße, mich auf den Boden setze, indem ich mich auf einen Stuhl zu setzen glaube und so weiter. Aber dann, dann erst fühle ich mich glücklich, denn dann träume ich und vergesse alles, alles, sogar meinen eigenen Kopf!...

1917

Mittwoch, den 17. Januar
Ich greife wieder einmal zur Feder und schäme mich dabei; ich öffne das neunte Heft, das einen großen Teil meines Lebens beinhalten wird und halte einen Augenblick inne, um nachzudenken, mit mir zu schimpfen, um zu finden, was ich suche. Ein neues Jahr voller Hoffnungen hat begonnen, aber trotz aller guten Vorsätze, aller Sehnsüchte, aller Gebete und Wünsche für die Zukunft, die ich ausgesprochen habe, bemerke ich, daß sich nichts geändert hat, weder in meinem Charakter noch in meinem Leben. Am Weihnachtstag, den wir bei Tante Edelmira verbracht haben, als ich müde wieder nach Hause kam und in meinem Bett angefangen habe nachzudenken, da entglitt mir ein tiefer Seufzer. Ich war den ganzen Tag glücklich gewesen, ich hatte an Papa wie an einen geliebten Abwesenden gedacht – das war alles. Aber als ich am Abend allein war, fielen mir so viele traurige Dinge zu überlegen ein. Mein eigenes Glück hat mir nicht genügt, ich habe für die andern geweint, für meine unbekannten Brüder und Schwestern, die Kriegswaisen. Anstatt mich damit zu begnügen, Gott für seine Wohltaten zu danken, habe ich noch mehr verlangt, noch viel mehr. Diese seltsame Traurigkeit, die mich ergreift, die ich manchmal wie Undankbarkeit von mir weise, hindert mich daran, an das Glück zu denken, sie zwingt mich, etwas zu suchen, worüber ich mich beklagen könnte.
Am Neujahrstag habe ich mir geschworen, fröhlich zu sein, mich nicht zu beklagen, nicht grundlos zu leiden das ganze Jahr über. Und nun sitze ich schon wieder da mit meinen »schwarzen Gedanken«! Schwarz wie Tinte, denn es ist lange her, seit meine Feder sie nicht mehr auf dem weißen Papier meines lieben Tagebuches ausgebreitet hat, das mich tröstet, indem es diese schwarzen Gedanken vertilgt.
Es hat einen Grund, daß ich so lange nicht geschrieben habe: ich war sehr verschnupft und konnte nicht aus dem Haus, um ein neues Heft zu kaufen, und Thorvald auch nicht. Ich habe das mit dem Heft von Tag zu Tag verschoben und erst heute nachmittag nach der Schule hat mir Mama die Erlaubnis

gegeben, rauszugehen, um mein Heft zu kaufen. Jetzt werde ich versuchen, den abgebrochenen Faden wieder aufzunehmen, und mit Hilfe meines Gedächtnisses will ich wieder etwas Ordnung hineinbringen und die kleinen Geschehnisse in ihrer Reihenfolge aufschreiben, die sich sofort häufen im Leben aller Geschöpfe! Am 21. Dezember habe ich die Schule für zwei Wochen verlassen. Miss Pomares schien sehr glücklich, uns zu verlassen, und was uns betrifft, fürchte ich, daß wir auch nicht gerade unglücklich darüber waren. Gewiß, es war für alle eine Freude, vierzehn Tage lang nicht in dieses dunkle, kalte Klassenzimmer zurückkehren zu müssen. Zwei Wochen lang werden wir nicht ein einziges Schulbuch mehr öffnen, zwei Wochen lang werden wir diese etwas zu hohe Stimme von Miss Pomares nicht hören, die schimpft, bestraft und schließlich auch ihre Pflicht als Lehrerin erfüllt. In meiner Freude ist mir eingefallen, daß auch sie vielleicht in ihre Familie zurückkehren wird, um das Weihnachtsfest zu feiern. Beim Abschied habe ich ihr gesagt: »Ich hoffe, daß Sie ein frohes Weihnachten haben werden!« Zum erstenmal hat sie gelächelt, diese strenge Maske abgelegt, die ihr Amt erfordert, und sie antwortete mit sanfter, gar nicht schriller, lieber Stimme: »Auch Ihnen ein frohes Weihnachten, Anaïs.« In diesem Augenblick habe ich den wahren Charakter von Miss Pomares verstanden, und ich habe bemerkt, wie schwer es ihr fallen muß, ärgerlich zu erscheinen, wenn sie es gar nicht ist, in scharfem Ton zu sprechen, wenn ihre Stimme eigentlich sanft ist, strenge Blicke auf die Schüler zu werfen, wenn sie sie eigentlich streicheln möchte. Das ist es also, was die armen Lehrerinnen tun, von denen man sooft glaubt, sie seien böse. Ich habe allen Mitschülerinnen frohe Weihnachten gewünscht und bin leichten Schrittes nach Hause marschiert. Seit dem 21. Dezember habe ich nichts anderes getan als nähen, malen und zeichnen, schreiben und träumen.

Nach dem *Lunch* am 24. sind wir nach Kew gefahren. Am Abend sind Joaquinito, Nuna, Coqui und Thorvald ins Bett gegangen, und ich bin aufgeblieben, um beim Baumschmücken zu helfen. Ich habe kleine bunte Pappschächtelchen für den Tisch und mehrere andere Dinge gemacht, und um zehn Uhr bin ich ins Bett gegangen und habe Mama und Tante Edelmira in Ruhe gelassen, damit sie den großen Berg verschieden großer Pakete verteilen konnten, den ich flüchtig gesehen hatte. Am anderen Morgen fand die gleiche Szene wie letztes Jahr statt. Mit dem Unterschied, daß ich niemanden erwartete. Das bißchen Erfahrung, das ich habe, genügt es nicht, um mir diese blinde Hoffnung zu nehmen, die mich mit Träumen... und Enttäuschungen erfüllte?

Wir sind um den Baum herumgegangen und haben *Venite et adoremus* gesungen, und da ich es diesmal konnte, habe ich aus voller Kehle gesungen, die Augen auf den hübschen goldenen Stern gerichtet, der, anstatt am Baum zu hängen, ganz, ganz weit weg zu sein schien, am Ende eines öden, langen Weges, den ich mir vornahm zu gehen. Danach haben wir gefrühstückt, ohne das Spielzeug zu berühren, denn Tante Edelmira hatte darum gebeten zu warten, bis Tante Antolina, Rafael und Carlos mit Marraine kommen. Wir gingen in die Messe, und als wir zurückkamen, waren sie da und erwarteten uns. Da hat mich Marraine gerufen, einen Augenblick mit mir gesprochen und ist mit mir hinaufgegangen. Einen Augenblick später bin ich als Weihnachtsmann verkleidet zurückgekommen und habe alle Geschenke vom Baum genommen und jedem gegeben, für den sie bestimmt waren. Danach haben wir noch einmal *Venite et adoremus* gesungen, und da mich alle erkannt hatten, habe ich meine Maske und das rote Gewand ausgezogen, und danach konnte ich mir meine Geschenke in aller Ruhe anschauen: eine schöne, große Schachtel Papier von Marraine, ein hübsches Buch von Tante Edelmira, noch ein Buch von Tante Antolina, sechs Taschentücher von Onkel Gilbert, ein hübscher Rosenkranz von Mama mit einem kleinen Lederetui. Von mir hatte Marraine einen Kalender bekommen, ein Memorandum und ein kleines Täschchen für Wattebäuschchen für den Gesichtspuder; Tante Antolina hat einen Kalender bekommen, Tante Edelmira und Onkel Gilbert jeder ein Memorandum. Von Marraine hat Joaquinito einen Farbkasten bekommen, von Tante Edelmira einen Satz Abziehbildchen. Taschentücher von Marraine und Tante Edelmira. Thorvald hatte von Marraine Zinnsoldaten bekommen, von Onkel Gilbert Taschentücher und Krawatten, von Tante Edelmira ein Buch und ein Paar Schlittschuhe und ein Zauberspiel von Mama. Mama hat von Tante Antolina Taschentücher bekommen, einen Baumwollschal von Tante Edelmira, einen Kalender und ein Memorandum von ihrem Mädelchen; es wurden noch viele andere Geschenke empfangen und gegeben, aber ich kann mich nicht an alle erinnern.

Danach hatten wir ein großes, gutes Essen. Der Tisch war sehr hübsch gedeckt, ein dicker Schneeball hing über dem Tisch. Da wir vierzehn am Tisch waren und alle glücklich, haben wir die ganze Zeit gelacht und geredet. Nach dem Essen sind alle aufgestanden, und da hat Tante Edelmira verkündet, jeder sollte eines der roten Bänder halten, die aus der großen Baumwollkugel herausschauten, und daran ziehen. Das war eine lustige Überraschung, denn als wir gezogen hatten, hatte jeder eine hübsche Kleinigkeit an seinem roten Band. Den übrigen Tag haben wir alle zusammen gespielt mit den verschiedenen Spielsachen. Am Abend nach einem kalten Essen ist jeder wieder nach Hause gegangen. Wenn alle Menschen ein so glückliches Weihnachten verbracht hätten, wieviel Dank und wieviel Gebete hätte der allmächtige Herr erhalten müssen, vor dem wir uns täglich verneigen, indem wir ihn Vater Unser nennen.

Aber ach, wieviele Tränen werden vergossen an diesem schönen Tag, irgendwo weit in der Ferne – angedenk derjenigen, die nicht mehr da sind, um diesem großen Fest das doppelte Glück von Freude und vollzähliger Familie zu verleihen, vereint mit dem Vater als König, der Mutter als Schutzengel und den Kindern als Schäfchen. Darüber habe ich viel nachgedacht, und da habe ich mir gesagt, daß ich gern mein Glück opfern würde (ja, mein Glück, denn es fehlt mir ja nur mein Vater), um den anderen ein wenig Glück zu geben!

Aber als der Weihnachtstag vorbei war, habe ich aufgehört zu weinen für diejenigen, die leiden; ich habe die Erde wieder verlassen und mich wieder da oben niedergelassen, wo jeder Tag für mich ein Weihnachtstag ist!

Aber jetzt muß ich aufhören, denn es ist schon halb zehn. Ach, wie schnell die Zeit vergeht, wenn man redet oder vielmehr, wenn man schreibt und sich mit einem Freund unterhält, der geduldig zuhört, was man ihm sagt, ohne sich zu beklagen – denn ich mache ja alles so lang! Lach nicht, mein Tagebuch. Glaub nicht, daß ich verrückt genug bin, um zu glauben, daß Du weder Dich beklagen noch mich rügen noch reden noch... mich bewundern kannst – hmm! Aber eines Tages werde ich Dir das Bild beschreiben, das vor meinen Augen auftaucht, wenn ich glaube, gerügt zu werden; diese Gestalt, die ich dann sehe, trägt auf der Stirn die Inschrift: »mein Leben« und hält ein Heft in den Händen, in das ich hineinschreibe. A. N.

18. Januar
Ich greife mein Gespräch wieder auf und erzähle von den paar Ferientagen, die wir nach Weihnachten hatten. Ich war mehrmals im Kino mit Antolinita, und fast jeden Nachmittag bin ich mit ihr spielen gegangen, denn meine kleine Kusine, die meist ein bißchen einsam ist und sich nicht gern mit Freundinnen und Kameraden umgibt, hat für mich jedoch ein wenig freundschaftliche Gefühle entwickelt, und wir haben uns nicht ein einziges Mal gezankt, denn sie ist sehr lieb, sobald man mit ihr die Spiele spielt, die sie mag. Am Neujahrstag sind wir nicht nach Kew gegangen, denn es hatte geschneit und es war so kalt, daß jeder brav zu Hause geblieben ist. Ich hatte Zeit zum Nachdenken und tausend gute Vorsätze zu fassen, wovon ich dann nur einen verwirklicht habe: meinen Charakter unter Kontrolle zu halten. O Gott, wie schwierig das ist! In den zwei folgenden Tagen schien Joaquinito meinen Vorsatz erkannt zu haben, und um mir dabei in die Quere zu kommen, hat er sich unerträglich benommen. Einmal hat er meine Schuhe unter der Kommode versteckt, und ich mußte eine halbe Stunde erfolglos danach suchen. Als er plötzlich ganz scheinheilig sagte, sie seien vielleicht unter der Kommode, hätte ich mich am liebsten auf ihn gestürzt, um ihn zu verhauen, aber kraft einer großen Selbstüberwindung hielt ich mich zurück; ich konnte jedoch nicht verhindern, daß ich rot wurde und eine Träne aus meinen Augen rann, die ich schnell abwischte. Das war noch lange nicht alles, den ganzen Tag ging das so weiter, und am Abend, als er mir Gute Nacht sagen wollte und mich um einen Kuß bat, konnte ich es mir nicht verkneifen, ihn heftig abzuweisen und ihn »Böser Junge!« zu schimpfen. Als er schlief, huschte ich leise an sein Bett, betrachtete ihn einen Augenblick und dachte: »Ach, Joaquinito, wie sehr muß ich wegen Dir leiden! Es ist so schwer, sich zurückzuhalten, wenn du böse bist.« Aber das war das einzige Mal, glaube ich, wo ich mich zurückhalten konnte, denn unwillkürlich lasse ich mich sehr schnell von einem heftigen Zorn beherrschen, der leider soviel Macht über mich hat, daß ich immer einen Fluch auf der Zunge bereit habe, und in meinem Herzen habe ich immer einen großen schwarzen Fleck: Schon bei der geringsten

Hänselei fange ich an, von Kopf bis Fuß vor Ungeduld zu beben.
Aber genug jetzt von meinem Charakter. Auf diese Weise vergingen zwei Wochen, und erst am Mittwoch der dritten Woche gingen wir wieder zur Schule. Miss Pomares hatte ihre Maske der Strenge und Kälte schon wieder aufgesetzt, und es fiel mir schwer, diese Maske anzusehen, nachdem ich mich an fröhliche Gesichter gewöhnt hatte. Bis zum Dienstag, dem 16. gab es nichts Neues. Aber Dienstag, das muß ich erzählen, wie ich diesen Tag verbracht habe! Mama kennt seit einiger Zeit Madame Sarlabous, und da sie wußte, daß Madame Sarlabous sehr gut schreibt, hat sie ihr meine Gedichte gezeigt; da hat Madame Sarlabous gesagt, daß ich offenbar Einfälle habe und daß sie gerne bereit wäre, mir zu zeigen, wie man schreibt, und ich sollte doch Dienstag um acht zu ihr kommen. Ungeduldig und ganz begeistert, etwas lernen zu können, was man (wie so viele andere Dinge) allein nicht lernen kann, habe ich am Dienstag um acht mit Thorvald bei ihr vorgesprochen. Zum ersten Mal spürte ich, was man Schüchternheit nennt. Diese Schüchternheit, die Thorvald mir immer verständlich machen wollte und worüber ich mich immer ein wenig lustig gemacht habe. Ich fragte mich, wie Madame Sarlabous mich empfangen würde, und ich fragte mich auch, ob ich in der Lage sein würde, mich auszudrücken, wenn sie mich etwas fragt. Aber ich brauchte nicht lange zu warten, denn einen Augenblick später kam Madame Sarlabous selbst auf mich zu und schüttelte mir lächelnd die Hand. Ich bemerkte, daß sie eine hübsche Dame war mit einem sehr sanften Blick. Sie bat mich, hinaufzukommen in die Bibliothek, und einen Augenblick später fühlte ich mich in ihrer Gegenwart völlig frei. Ich dachte nicht mehr daran, daß ich geradesitzen und keine ungeschickten Bewegungen machen sollte. Als ich ihre Erklärungen hörte über den Rhythmus in der Poesie, fühlte ich mich vollkommen in meinem Element. Nach einer soliden Erklärung über bestimmte Regeln der Poesie zeigte sie mir die Fehler meiner Gedichte, »denen es nicht an Einfällen, sondern an Regeln fehlte«. Danach haben wir über Bücher gesprochen. Mademoiselle Sarlabous hat sich auch zu uns in die Bibliothek gesetzt, ebenso die Mutter von Madame Sarlabous, und dann haben wir uns unterhalten. Madame Sarlabous hat alle bekannten Schriftsteller genannt: Hugo, Verne, Dumas, Daudet usw., und als ich ihr

sagte, daß sie alle nannte, die ich gelesen hatte, meinte sie, ich hätte viel gelesen für mein Alter. Ich sagte ihr meine Meinung über manche Bücher; wir haben Shakespeare bewundert, dessen Werke ich fast auswendig kenne. In Madame Sarlabous begegnete ich der ersten Person, die einen Großteil meiner Ideen und Eindrücke versteht, und daraufhin erzählte ich ihr von meinem Tagebuch, meinen Neigungen, von meinen Gedanken im allgemeinen, meinen Meinungen, meinen Eindrücken, von allem. Als ich merkte, daß sie mich verstand und meine Einstellung guthieß, fiel es mir schwer, meine Freude zu bändigen. Ich erzählte ihr, daß ich Legenden über alles liebe; da sagte sie: »Aber mein liebes Kind, Sie mögen Legenden, weil Sie eine poetische Seele sind!« Ach! Ich freute mich so, das zu hören. Ich gestand ihr, wie wenig ich New York mag, wie kalt ich diese Stadt finde. Und während ich sprach, mußte ich immer wieder die schönen Bücher bewundern, deren bunte Einbände und goldene Titel mir Lust machten, sie alle zu besitzen. Madame Sarlabous folgte meinem Blick, stand auf, öffnete die großen Schränke und zu meiner größten Freude zeigte sie mir einige Bücher. Da mußte ich ihr gestehen, daß es mein Traum ist, wenn ich einmal groß bin, alle Wände in meinem Haus mit Büchern zu bedecken. Um ganz ehrlich zu sein, muß ich schließlich gestehen, daß ich noch nie jemandem einen so großen Teil meiner Traumwelt, meiner Gedanken, Eindrücke und Wünsche geöffnet habe wie Madame Sarlabous. Am liebsten hätte ich vor Freude getanzt, denn ich sah, daß sie sich nicht lustig machte über mich, sie sagte nicht wie Mama: »Aha, nun bist du mal wieder dramatisch!«, mit diesem Tonfall, mit dieser spöttischen Stimme, die *fast* jeder um mich herum hat, wenn ich nur ein paar Worte rede, und nun sagte ich Madame Sarlabous Tausende von Worten und sie spottete nicht!

Erst um elf Uhr, als ich bemerkte, daß Thorvald gähnte, sah ich mich gezwungen zu gehen, dabei tat es mir so leid! In der Tat konnte ich an diesem Abend bis ein Uhr ungefähr nicht schlafen, ich dachte mir die ganze Zeit: »Ich bin nicht verrückt, ich denke nicht an unmögliche Dinge, ich bin nicht so dumm, ich werde vielleicht doch nützlich sein. So ein Glück!« Danach bin ich eingeschlafen und habe geträumt, daß Thorvald und Joaquinito sich nicht mehr über mich lustig machen und vor allem, daß Mama nicht mehr sagt, ich sei »dramatisch« geworden.

Am Tag darauf in der Schule hätte ich am liebsten andauernd über alles gelacht; mir war, als müßte die ganze Klasse und sogar Miss Pomares so glücklich sein wie ich, dabei hatte sich überhaupt nichts geändert! Seitdem sehe ich alles durch eine rosa Brille, denn ich fühle mich glücklich, wenn ich sagen kann: Es hat mich jemand verstanden.
Ach, es ist ja so schwer, sich gestehen zu müssen, daß man falsch denkt, daß man immer alles falsch macht, daß man einfach verrückt ist, und ich bemühte mich, ich versuchte, mich daran zu gewöhnen, daß ich sehr falsch dachte und daß ich unverbesserlich sei. Und da ist Madame Sarlabous gekommen. Sie hat alles zurechtgerückt, alles in Ordnung gebracht in meinem völlig verwirrten Kopf. Sie hat mir verständlich gemacht, daß jeder seine Meinung haben kann, Hauptsache, diese Meinung ist begründet. Ohne es mir ausdrücklich zu sagen, hat sie mir jedoch zu verstehen gegeben, daß ich ruhig weiter so denken kann, wie ich denke, denn es ist nicht »verrückt«, wie ich glaubte. Und jetzt habe ich das Gefühl, daß ich anstatt eines schwarzen, wirren, unordentlichen, unverständlichen Lochs ein helles, sauberes, ordentliches Zimmer sehe, in dem alles seinen Platz hat. Den Nutzen, den ich davon habe, wenn ich lese, vermische ich nicht mehr mit meinen eigenen Ideen usw. Es gibt vieles in mir, was ich nicht verstehe, aber es gibt auch viele andere Dinge, die ich jetzt verstanden habe. Wenn ich für nichts und wieder nichts traurig werde, so liegt das daran, daß in mir eine »dramatische Seele« wohnt, wie Mama sagt, die sich eben leichter der Traurigkeit als der Freude hingibt. Wenn ich die Poesie liebe, so liegt es daran, daß meine Seele für die Poesie geschaffen ist. Diese ständige Träumerei, diese Ungeduld haben nichts mit meiner Intelligenz zu tun, sondern mit meinem Charakter. Demnächst werde ich einmal von Dingen reden, die ich nicht verstehe in mir. Zum Schluß will ich jetzt noch sagen, daß sich seit diesem großen Tag und bis heute nichts geändert hat, ich tue jeden Tag das gleiche, obwohl ich jeden Tag an etwas Neues denke.

26. Januar 1917
Es ist sehr kalt heute, und Mama hat mir erlaubt, zu Hause zu bleiben; ich werde soviel wie möglich schreiben.
Am 24. Januar habe ich die staatlichen Prüfungen in Erdkunde gemacht. Ich kam morgens um acht zur Schule, und nach

letzten Empfehlungen hat uns die Lehrerin zur Schwester geführt. In einer Zweierreihe haben wir die Schule verlassen und sind zum *elevator* gegangen. Meine Nachbarin Catherine Coughlin redete viel, aber ich antwortete ihr kaum, denn ich dachte gerade an alles, was uns Miss Pomares beigebracht hatte. Da der *elevator* (die Hochbahn) schon voll war, mußten wir uns trennen und jeder einsteigen, wo er konnte; ohne es zu wissen, stand ich plötzlich neben John O'Connell. Er sprach als erster nach einem Augenblick und sagte: »Wenn jeder getrennt hingefahren wäre, hätte ich die Straßenbahn genommen.«
»Ich auch«, antwortete ich.
»Können Sie Ihre Erdkunde?«
»Ein bißchen.«
»Ich ziemlich gut, es ist nicht schwer.«
Als er mir diese wenigen Worte sagte und mich dabei ansah, spürte ich, wie ich rot wurde, sehr rot sogar, und ich war ganz froh, als ich Thorvald und mehrere andere Jungen kommen sah, die mit John O'Connell ein Gespräch anfingen. Im selben Moment kam Catherine Coughlin und sagte mir, es gebe zwei freie Plätze hinter mir; also setzte ich mich mit ihr hin. Von meinem Platz aus konnte ich unbeobachtet John O'Connell beobachten, und ich begann, ihn mit de Charny zu vergleichen, den ich so bewundert habe. Plötzlich erhob Catherine die Stimme und sagte: »Anaïs, du bist die einzige, die ihren »boy« in der Klasse noch nicht ernannt hat. Hast du einen?«
»Ich glaube nicht«, sagte ich und begann, an dieser Unterhaltung Geschmack zu finden.
»Ist es vielleicht Jack Cosgrove?«
»O nein«, antwortete ich und war fast ärgerlich über diese ebenso absurde wie unwahrscheinliche Idee.
»Michael Hauff?« fuhr meine langweilige Nachbarin fort.
»Oh, nein!«
»John O'Connell?«
Unwillkürlich errötete ich und antwortete nicht. Ich hätte nein sagen sollen, aber Catherine hatte meine Verlegenheit schon bemerkt; sie stand auf und erzählte einem anderen Mädchen, daß mein »boy« John O'Connell sei. Als ich ausstieg, bemerkte ich auf mehreren Gesichtern ein Lächeln, das mir galt, denn seit langem hänselten mich die Mädchen und sagten, ich sei die einzige, die keinen »boy« hat. Eigentlich hatte ich bisher an

John O'Connell nur als lebendes Porträt meines viel bewunderten Helden de Charny gedacht. Jetzt ist er zwei Dinge für mich: das lebende Porträt eines großen Helden aus meinem Lieblingskapitel der Geschichte der Französischen Revolution, und für die Klasse ist er mein »boy«. Zum Glück ist das zweite nur ein Spiel, das in amerikanischen Schulen so üblich ist.
Aber fahren wir fort. Wir stiegen also aus und gingen etwa eine Viertelstunde zu Fuß, bis wir zur Holy Cross School oder Heilig-Kreuz-Schule kamen. Dort mußten wir sechs Stockwerke hinaufsteigen, um das für uns vorgesehene Klassenzimmer zu erreichen. Es war ein sehr helles, sehr großes Klassenzimmer. Wir durften uns hinsetzen, wie wir wollten, und fingen an, die Prüfung zu schreiben, die ziemlich schwierig war. Eine Schwester beaufsichtigte uns die ganze Zeit. Um zwanzig nach elf war ich fertig und bin mit ein paar anderen Mädchen weggegangen, die auch schon sehr früh fertig waren. Nach dem Lunch sind Thorvald und ich mit Marraine in die Stadt gegangen; Marraine half mir beim Aussuchen von Schlittschuhen, die Mama mir zur Prüfung geschenkt hat. Später bin ich mit Joaquinito zum Roten Kreuz arbeiten gegangen, und somit war dieser Tag zu Ende, über den ich vor dem Einschlafen viel nachdenken mußte.
Von diesem Tag an und bis heute ist alles wie üblich verlaufen. Morgen, Samstag, gehe ich zu Eleanor Flynn, von der ich nächstes Mal erzählen werde, denn jetzt muß ich Ordnung in meine »Papiere« bringen, wie Mama großzügigerweise meine bekritzelten Fetzen nennt.

29. Januar
Bei Eleanor Flynn habe ich den Samstag verbracht, und hier will ich nun erzählen, was ich getan habe und wer Eleanor Flynn ist. Eleanor Flynn ist ein kleines Mädchen von zwölf Jahren. Sie hat sehr hübsches, langes, gelocktes blondes Haar und blaue Augen, sie ist schlank und hochgewachsen. Sie ist sanft, lieb, geduldig und ordentlich, und ich für meinen Teil finde, sie ist die entzückendste und beste Freundin, die ich je hatte. Sie ist sehr bescheiden und sehr einfach in ihrem Handeln, und alle Lehrerinnen mögen sie, ebenso ihre Freundinnen. Vor allem aber entsprechen ihre Neigungen sehr den meinen.
Am Samstag morgen waren wir zusammen Schlittschuhlau-

fen; sie hat mir gezeigt, wie man's macht und hat mich festgehalten. Es war schon meine zweite Unterrichtsstunde; nach und nach habe ich angefangen, alleinzulaufen, ohne mich auf sie zu stützen, und während wir übers Eis glitten, redeten wir. Ihre Unterhaltung war so verschieden von dem, was ich bisher gehört hatte, es war mir eine Freude, ihr zuzuhören. Sie hat mir erzählt, was sie von manchen Mädchen denkt, und da ich sie so offen und so ehrlich sah, gestand ich ihr, daß auch ich sehr schlechte und falsche Freundinnen gehabt hatte.
Als es ein Uhr wurde, hatten wir nicht einen Augenblick zu reden aufgehört, so sehr waren wir uns in unseren Gedanken nahe. Dann bin ich zum Lunch zu ihr nach Hause gegangen. Ihre Mutter war nicht zu Hause, und da hat sie das Essen zubereitet, während ihre Schwester Gertrude und ich den Tisch deckten. Weil sie so offen zu mir war, fühlte ich mich richtig wohl. Ihr Vater kam, und die ganze Zeit während des Lunchs hat er uns viele sehr geheimnisvolle Geschichten erzählt. Eleanor hielt mir die Hand, und an gefährlichen und grausamen Stellen drückte sie sie. Danach ist M. Flynn wieder weggegangen, und wir haben angefangen, Theaterstücke zu spielen: Genau, was ich mag! Ich machte mir einen Spaß daraus, alle Theaterstücke, die ich gelesen hatte, zu inszenieren, so daß Eleanor hocherfreut war über mich, fast ebensosehr wie ich über sie. Wir hatten den ganzen Tag große Freude, und wenn Thorvald und Joaquinito ihre »Ernste« hätten sehen können, wie sie von ganzem Herzen lachte und wie ein kleines Mädchen spielte, hätten sie sicher geglaubt, daß Eleanor eine Fee sein muß, um mich auf diese Weise zum Lachen, Spielen, Laufen und Lustigsein zu bringen. Um fünf bin ich wieder nach Hause gegangen, zuvor habe ich aber versprochen, nächsten Samstag wiederzukommen.
Am Sonntag waren wir nachmittags im Kino, das war alles. Heute hat die Schule wieder angefangen, und ich bin wieder die »Ernste« geworden. Aber ich habe etwas entdeckt: Thorvald und Joaquinito lieben Geschichten. Und nun, wenn ich sie zur Ruhe zwingen will, fange ich an, Geschichten zu erfinden. Ich erfinde geheimnisvolle Autos, Reisen auf den Mond, Geisterschlösser, denn das lieben sie, und wenn ich sehe, daß sie mir beim geringsten Zeichen gehorchen und ständig betteln, ich soll weitererzählen, wird mir klar, daß entweder der Zauber der Worte oder die Handlung die einzigen Mittel sind, ihr Herz zu

beherrschen, und ich habe das Wort gewählt (ohne den Zauber). Ich erfinde soviel, daß Emilia (der Mama hier ein Zimmer vermietet hat) sagt, mein Kopf sei wie die Niagarafälle, weil es ständig in ihm sprudelt und weil er soviel Einfluß hat und nützlich ist! Auf diese Weise habe ich jetzt ein Mittel gefunden, mit Thorvald und Joaquinito zu tun, was ich will, und es ist eine wahre Freude zu sehen, wie gehorsam sie sind. Aber ich weiß ja sehr wohl, daß sie mich nicht lieben würden, wenn es nicht wegen dieser Geschichten wäre, und sie würden sofort wieder böse mit mir. Ja, der Mensch bewundert, was man ist, und nicht, was man sein möchte oder was man gewesen ist. Da kann man nichts machen, sie sind selber schuld! Ich versuche, keine Kritik mehr zu üben und »das Leben zu leben«, wie die Hohen Herren der Académie Française sagen würden, und mit großer Mühe versuche ich, wie ein Neugeborenes die Worte neu zu lernen, ohne nach ihrem wahren Sinn zu suchen, und vor allem versuche ich zu lernen, wie man Glück genießt und wie man seine Fehler, seine zukünftigen Mißerfolge und seine Moral vergißt! A. N.

13. Februar
Samstag abend um halb sechs haben uns Monsieur und Madame Sentenat besucht; Papa hat sie hierhergeschickt, und sie haben uns mehrere Geschenke mitgebracht: eine Briefmarkensammlung und eine Brieftasche mit drei Dollar für Thorvald, eine Geldbörse mit zwei Dollar für Joaquinito und fünf Dollar für mich mit einem Gebetbuch und einem hübschen patriotischen Rosenkranz und einem Brief von Papa.
Ich habe diese Geschenke mit Freunden empfangen und gedacht, daß Papa doch immer an uns denkt, auch wenn er weit weg ist.

17. Februar
Am 13. Februar mußte ich plötzlich aufhören zu schreiben, denn es hatte an der Tür geklingelt; als ich öffnete, sah ich, daß es Marian war, die mich besuchen wollte. Seitdem hatte ich nicht einen einzigen Augenblick Zeit zum Schreiben.
Seit dem Besuch von Monsieur und Madame Sentenat ist nichts Außergewöhnliches passiert. Ich gehe wie üblich zur Schule, nachmittags gehe ich raus, abends mache ich meine Hausaufgaben, und so vergehen die Wochen. Die wenigen

Augenblicke des Lesens, die ich genießen kann, wenn es regnet, sind die einzigen wilden Freunde, die mir noch bleiben, denn abgesehen von den Erlebnissen in den Büchern passiert mir nichts Unmögliches, nichts Übernatürliches, nichts Außerordentliches, und ich bemühe mich, mit diesem ruhigen Leben zufrieden zu sein, das mir zuviel Zeit zum Denken übrig läßt. Mein Geburtstag rückt näher, es sind nur noch wenige Tage bis zum 21., und da ich den Beginn eines neuen Alters für mich nahen sehe, denke ich nach; manchmal macht es mich traurig, manchmal glücklich. Ich bin traurig, wenn ich an die Zeit denke, die so schnell vergeht, während ich nichts tue. Manchmal fühle ich mich glücklich, wenn ich daran denke, daß diese vierzehn Jahre mich ein wenig dem Zustand eines jungen Mädchens näherbringen, wovon alle Abenteuerromane handeln: vom wahren Unglück, von Neuheit und Liebe. Denn ich hoffe, daß ich den jungen Mann meiner Träume finde, wenn ich größer werde. Außerdem denke ich manchmal ganz vage über meine Pflichten nach, die mit dem Alter zunehmen werden. Es war sehr kalt in den vergangenen Tagen und es hat zweimal geschneit. Emilia Quintero, der Mama ein Zimmer vermietet hat, hat uns im schneebedeckten Park photographiert, und ich habe vor, ein Bild an Papa zu schicken, damit er eine Ahnung hat, wie ich aussehe.

4. März

Am 21. Februar wurde mein Geburtstag* gefeiert. Ich habe mich ungeheuer amüsiert, denn alle meine Vettern und Kusinen waren da, Eleanor und ihre Schwester, Marian, Jack, Marraine und Tante Edelmira. Wir haben nachmittags Kaffee getrunken, es war wunderbar, und ich habe viele Geschenke bekommen. Marraine hat mir fünf Dollar geschenkt und Tante Edelmira auch, worüber ich mich sehr gefreut habe. Von Jack habe ich einen Füllfederhalter bekommen, von Eleanor und ihrer Schwester ein Buch, eine Brosche und ein Band, von Emilia ein Photoalbum, von Marian eine hübsche Tasche und ein Taschentuch, von Can und Rafael ein Buch und von Mama einen hübschen Rosenkranz. Alle waren so nett zu mir, und ich fühlte mich so glücklich, daß Tante Edelmira sagte, ich hätte

---

* Anaïs schreibt »Namenstag« – vermutlich meint sie immer Geburtstage, wenn von Namenstagen die Rede ist. D. Ü.

ein *heavenly Smile* oder ein himmlisches Lächeln. Jetzt bin ich vierzehn Jahre alt! Es ist zu Ende; der Lärm, das Fest sind vorbei, und alles ist wieder ruhig. Aber ich versuche, meinen Charakter zu ändern, und als Vorbild habe ich mir die sanfte Eleanor genommen, meine beste Freundin, an der ich alle Tugenden entdeckt habe, die mir fehlen.

Wenn ich mit ihr zusammen bin, spüre ich große Lust, gut zu werden. Wenn ihre blauen Augen mich ansehen und in meine Seele tauchen, wünsche ich mir innigst, die Leute mit einer solchen Ehrlichkeit anschauen zu können, denn sie verbirgt nichts. In ihrem Blick kann man ihre Seele ablesen, die für jedermann offen ist und die ich gern lese, weil sie so schön ist. Die Leute, die mir Freude machen wollen oder glauben, sie könnten mir Freude machen, sagen, ich würde vielleicht berühmt werden, weil ich voller Einfälle bin, weil ich eine natürliche Neigung zur Poesie, fürs Schreiben habe. Eleanor tut das nicht, niemand sagt ihr, daß sie berühmt werden könnte. Sie ist bescheiden, ruhig und so lieb; gerne würde ich all das, was ich später vielleicht einmal haben werde, gegen ein kleines bißchen von ihrer Güte tauschen. Aber man soll nicht das Fell des Bären verkaufen, ehe man es hat. Ich habe keinerlei Genie, ich schreibe nichts, ich bin zu nichts nutze, und außerdem bin ich schlecht. *Vielleicht* werde ich später einmal gut schreiben, gute Einfälle haben, aber wozu hilft mir das jetzt? Es macht mich nicht besser, und urteilen kann ich nur über die Gegenwart, nicht über die Zukunft. Ich bemühe mich!

Ich mache den größten Teil der Arbeit: ich bemühe mich.

Ich mache den größten Teil meiner Pflicht: ich bemühe mich.

Ich mache die ersten Schritte, die schwierigsten, denn ich bemühe mich.

Ich bemühe mich und ... komme so gut wie nicht voran. Ich will jetzt eine Art Treppe zeichnen. Links zeichne ich meine Mißerfolge ein, rechts meine Siege; auf diese Weise kann mein Tagebuch den steinigen Weg verfolgen, den ich gehen werde, und wenn ich es schaffe, werde ich mir in einem Jahr ein Quäntchen Güte erarbeitet haben. A. N.

13. März

Ich würde es gern schaffen, daß ich nicht so lange warte, bis ich wieder in mein Tagebuch schreibe, aber in der Stufe, in der ich

mich jetzt befinde, muß ich täglich den ganzen Nachmittag Arithmetik lernen.
Es ist zehn Uhr. Mama ist ausgegangen und Emilia spielt

Chutes	Victoires
Mauvaise Lecture	Sacrifice
Faux rapport	Sacrifice
Colère	Charité
Colère	Sacrifice
Impatience	Prière du soir
Impatience	Prière du soir
Mensonge	Vanité
Fausse Modestie	Sacrifice
Vanité	Ordre
Impatience	Sacrifice
Mensonge	Chemin de la Croix
Mensonge	Chemin de la Croix

Klavier. Da ich nicht einschlafen kann, habe ich mein Tagebuch genommen, und ich habe vor, so lange zu schreiben, bis ich einschlafe. Die neue Lehrerin, die wir jetzt haben, Schwester Dolorita, hat mich mit ihrer Strenge sehr entmutigt. Das passiert mir wirklich zum erstenmal: ich spüre, daß ich sie hasse. Sie ist sehr ungerecht mit mir, und da wir außerdem hauptsächlich Arithmetik durchnehmen in dieser Stufe – was just mein allerschlimmster Feind ist! – bin ich völlig entmutigt und erschöpft, und manchmal ist mein Kopf vor lauter Arbeit an einer Aufgabe so schwer und so voll, daß ich fürchte, er zerspringt mir.
Ach, ich werde gewiß nie die Zeit, die ich in der Schule verbringe, als die schönsten Jahre meines Lebens bezeichnen. Das Lernen nach meiner Art ist sicherlich angenehm, interessant, aber in dieser Schule und in fast allen Schulen hier ist das Lernen zu einer schweren Last geworden, zu einem unaufhörlichen Alptraum, einer Pflicht, einer Qual. Und das hasse ich; mit Freude sehe ich den Tag herannahen, an dem ich nicht mehr zur Schule gehen muß; da werde ich wieder damit

anfangen können, alles durch das Lesen zu lernen, anstatt durch Regeln, Drohungen, grausame, sinnlose Strafen. Jetzt werden uns die Dinge beigebracht, wie man sie Eseln beibringt, aber ich werde die Dinge wie ein Mensch lernen, ohne geschlagen und gequält zu werden. Einst hieß es: »O Freiheit! Welche Verbrechen geschehen in deinem Namen!« Jetzt müßte man sagen: »O Studium! Wieviele Köpfe werden in deinem Namen zerstört.« Meiner zum Beispiel! Aber ich will dieses Thema lieber beiseite lassen, um mich nicht weiter zu beklagen.

Zwei- oder dreimal habe ich darüber nachgedacht und mich gefragt, warum wir eigentlich geboren werden, um zu gehorchen. Warum muß denn unser Leben eine lange, schwere Kette von Gehorsamkeit sein? Oft habe ich mich gefragt, warum uns Gott nur dazu geschaffen hat, zu gehorchen. Alle Welt gehorcht immer. Den Gesetzen Gottes, den Gesetzen der Natur usw. Es gibt nur Gesetze, nur Gebote. Warum? Wir hätten frei geschaffen werden können, aber warum mußten unsere Urelter durch ihre Schuld uns den Zwang, die Sklaverei der Gehorsamkeit aufbürden? Man muß gehorchen; jetzt gehorchen, später gehorchen, immer gehorchen, überall gehorchen, auf Erden und im Himmel.

Könnte die Welt denn ohne Gehorsam nicht bestehen? Ohne daß die Könige Gott gehorchen, ohne daß der Mensch dem Staatsoberhaupt gehorcht, ohne daß das Tier dem Menschen gehorcht, ohne daß die Natur ihren Gesetzen gehorcht, ohne daß Tausende und Abertausende von Menschen immer einem Vorgesetzen, Höheren, gehorchen müssen? Warum nicht? Was würde geschehen?

Ich würde gern jemanden finden, der mich über diesen Punkt erleuchtet, der mir diese Zweifel nimmt. Ich werde jemanden suchen, und wenn ich keinen finde, werde ich versuchen, selbst zu antworten: Ich werde mir diese entscheidende Frage vornehmen, denn ich will wissen, kurz gesagt, warum dieses Wort »Gehorsam« in diese Welt gesetzt wurde. A. N.

17. April

Ich war krank, sehr krank, im Kopf und überall. Wenn ich aus der Schule zurückkam, hatte ich immer entsetzliche Kopfschmerzen. Ich hatte keinen Hunger, ich hatte nicht einmal mehr Lust zu lesen. Der Arzt sagte, daß ich Ruhe und frische

Luft brauche. Daraufhin hat mich Mrs. Thayer eingeladen, eine Woche in Far Rockaway zu verbringen, aber das Haus war sehr kalt, und ich bin mit einem bösen Schnupfen zurückgekommen. Ich konnte heute nicht zur Schule gehen, weil ich mich so schlecht fühlte. Ich habe Kopfschmerzen und bin gezwungen, mich von meinem Tagebuch zu verabschieden.

30. April

158 West 75th St. Phone 4261 Columbus
Verzeih mir, geliebtes kleines Tagebuch, daß ich so lange nicht geschrieben habe, aber hast Du noch nie etwas von einem Menschen gehört, der eine Zeitlang den Kopf verliert und alles, alles vergißt, wenn ihm etwas Wunderbares passiert? Ich war einer dieser Menschen, und ich wagte es nicht, mein Tagebuch aufzuschlagen, denn es fiel mir kein einziges Wort der Erklärung ein. Das letzte Mal, als ich schrieb, erzählte ich davon, daß ich mich krank fühlte. Fangen wir also damit an. Ja, ich war krank, ich hatte einen heftigen Schnupfen und ich hustete so schrecklich, daß ich Angst bekam. Ich war mager geworden, sehr mager sogar, und ich hatte überhaupt keinen Hunger mehr. Mama behielt mich zu Hause, pflegte und verwöhnte mich. Am Ende der ersten Woche fühlte ich mich besser; aber dann passierte etwas, was mich auf andere Gedanken brachte. Mama sah besorgt und traurig aus, was ihr nicht allzuoft passiert, und mir war klar, daß es ihr nicht sehr gut ging. Eines Tages nahm Mama ihr großes Mädelchen auf den Schoß und sagte: »Mädelchen, ich habe eine Idee. Ich bin es leid, ununterbrochen zu arbeiten, ohne je den Erfolg zu sehen; weißt du, was ich gemacht habe? Ich habe nach einem Haus gesucht und habe auch eines gefunden in der 75. Straße, ein großes Haus mit einem kleinen Garten dahinter. Ich werde Zimmer vermieten; vielleicht wird deine Mutter auf diese Weise Geld verdienen, zumindest werde ich es versuchen. Was hältst du davon, Mädelchen?«

Ich habe Mama hier gewiß nicht wortwörtlich zitiert; aber ihre Stimme war ganz sanft, als sie mir das sagte; sie klang voller Ruhe und Hoffnung. Mama sprach lange mit mir darüber, und als ich sie so mutig, so voller Hoffnung sah, erinnerte ich mich an das Buch, das ich gerade gelesen hatte, *L'idée de Jean Têterol (Jean Têterols Einfall)*, und in dem es hieß: »Der Einfall macht die Menschen.« In diesem Augenblick war Mama gewiß

stärker als ein Mann, denn sie war zugleich energisch und gütig, mutig und schön, stark und sanft, sie war mehr als ein Mann mit dem Einfall, mit dem sie ihre Kinder ernähren wollte: Sie war ein Schutzengel, eine unvergleichliche Frau.
Am nächsten Tag sprachen wir vom Umzug. Ich ging mit Mama das Haus besichtigen und stellte fest, daß Mrs. Lyns sehr nett zu Mama war; sie schenkte ihr allerlei Besen, Küchenstühle, Eimer, Schaufeln, Gartengeräte, ein paar Teppiche, Kaminaufsätze und zahlreiche andere Kleinigkeiten, was sehr nett war von ihr. Schließlich wurden der Vertrag unterzeichnet und die Koffer gepackt. Ich lief von einem Koffer zum andern, ich küßte Mama, denn ich war glücklich, ebenso glücklich wie Mama. Am Samstag, den 28. April 1917, nahmen wir das neue Haus in Besitz. Und was für ein Haus das war, das neue Haus!
Es gibt fünf Etagen. Im ersten Stock befinden sich die Küche und das Eßzimmer und die Treppe zum Keller hinunter. Im zweiten Stock gibt es ein Wohnzimmer, ein Eßzimmer und eine *pantry* (das ist ein kleines Zimmer mit vielen Wandschränken und einem Waschbecken) und die Treppe, die zur Küche führt. Die Lampen im Wohnzimmer und im Eßzimmer sind prachtvoll. Wenn wir nun die breite, helle Treppe hinaufgehen, finden wir zwei große Zimmer und ein großes Bad vor. Das eine Zimmer ist ein Wohnzimmer und das andere ein Schlafzimmer. Das Bad ist ganz weiß, luxuriös ausgestattet und sauber. Gehen wir weiter hinauf, so finden wir zwei Schlafzimmer und ein Bad. Und schließlich im fünften Stock gibt es noch einal ein großes und zwei kleine Schlafzimmer und ein Bad. Alles ist groß und sauber mit großen Schränken überall, mit Spiegeln, wunderschönen Lampen, riesigen Teppichen, und mehrere Zimmer sind bereits mit sehr teuren und sehr schönen Möbeln ausgestattet.
Joaquinito war ganz verrückt. Er rannte rauf und runter, faßte alles an und brüllte vor Freude; er hielt es nie zwei Minuten auf einem Fleck aus. Thorvald war ganz benommen und sagte immer wieder: »Ist das schön!« Ich für meinen Teil konnte mich nicht vom Garten trennen und betrachtete ihn voller Begeisterung, ich machte schon Pläne, wie ich ihn bepflanzen, harken, jäten und zurechtmachen würde. Unser Lunch fand in der Küche statt und bestand aus kaltem Braten, Konfitüre, Käse, Kuchen, Brot und Butter.

Der Rest des Tages verging mit Auspacken und Einräumen, und als der Abend kam, waren Mama und ich vollkommen erschöpft. Wir haben wahllos ein paar Betten hergerichtet und haben uns schlafen gelegt.

Am anderen Tag, am Sonntag, waren wir alle in der Kirche, und als wir zurückkamen, fanden wir einen schönen Nelkenstrauß von Mrs. Lyns, die Mama viel Glück und Freude in ihrem lieben alten Haus wünschte. Angesichts dieser neuerlichen Geste der Freundlichkeit und Feinfühligkeit hat Mama geweint. Wir haben die Blumen in eine hübsche Vase auf den Tisch gestellt, und dann haben wir Marraine, die eben gekommen war, unser Haus gezeigt, auf das wir so stolz sind. Ich habe fast den ganzen Tag im Garten gearbeitet, Blumen gegossen und die Geranien umgesetzt, die mir Mama geschenkt hatte, als ich krank war. Der Sonntag verlief schön und gemütlich, und als wir ins Bett gingen, hat uns dieser ruhige Tag allen ein bißchen Hoffnung gemacht bezüglich der Ergebnisse von Mamas Idee. Als wolle uns der Himmel seine Zustimmung geben, waren diese beiden Tage strahlend schön und fast heiß.
Heute war ich wieder in der Schule. Ich habe das muffige, unerträgliche Gesicht meiner Lehrerin wiedergesehen, und ich habe es mit diesem Schulleben wieder aufgenommen, das mich anwidert, weil es nur noch aus Tadel, Beschimpfungen und Forderungen besteht. Wir haben jedoch die Schule gewechselt; wir gehen jetzt in die Dreifaltigkeitsschule in der 83. Straße, weil unsere Schule abgerissen wird, denn an dieser Stelle soll eine große, schöne Kirche gebaut werden, und in der 70. Straße wird eine neue Schule entstehen. Bei all diesen Veränderungen war ich ganz verwirrt, und deshalb habe ich nicht Tagebuch geschrieben, jetzt habe ich Lust, große Lust sogar, zu schreiben, und ich bin bereit zu versprechen, daß ich von nun an jeden Tag schreiben werde. Das ist ja auch ganz normal. Mit einem so großen Haus werden meine Gedanken weiter, leichter, weil ich nicht mehr so viele Mauern durchbrechen muß.

1. Mai
Was für ein Wetter! Es hat den ganzen Tag ununterbrochen geregnet. Der Garten ist durchnäßt, der Himmel ist düster und es regnet weiter.

Ich war wie üblich in der Schule. Schwester Dolorita hat mich zweimal ungerechterweise gerügt, ohne meine plötzliche Röte und meine wütende Geste zu bemerken. Das passiert schon seit einiger Zeit, daß ich eine wütende, ungeduldige Bewegung mache, wenn sie mich auf ungerechte Weise beschimpft. Die Wahrheit ist, daß ich sie jedesmal unerträglicher finde, launischer und ungerechter. Ich kann arbeiten, soviel ich will, sie ist nie zufrieden; ich kann auf mein Verhalten achten, soviel ich will, sie schimpft immer.

Mama hat mir gesagt, daß ich nicht zur Schule gehen brauche, wenn ich nicht will, aber ich wollte doch nicht weg von der Schule, bevor ich meine Arthmetik-Prüfung abgelegt habe; also übe ich mich in Geduld oder vielmehr in Ungeduld, um ehrlich zu sein.

Gestern habe ich vergessen, meinem Tagebuch zu erzählen, daß Onkel Henri hier ist. Er wurde aus Kuba ausgewiesen, weil er an einem Komplott gegen die Regierung beteiligt war, und Mama hat ihm gesagt, daß er bei uns bleiben kann. Er hat eines der kleinen Zimmer im fünften Stock, Emilia Quintero hat das andere. A propos Emilia Quintero, ich muß meinem Tagebuch diese merkwürdige Person vorstellen, in deren Leben sich zu ihrem Genie auch Irrsinn gesellt.

Emilia ist alt, glaube ich, und da es mit meinem Tagebuch keine falsche Rücksichtnahme gibt, füge ich hinzu: sie ist häßlich. Sie ist sehr großzügig und lieb, aber sie ist auch sehr anspruchsvoll und ziemlich neidisch. Sie hat einen ganz großen Fehler: sie redet zuviel! Sie redet mit allen Leuten, sie redet die ganze Zeit. Sie betäubt einen, sie macht einen ganz verrückt, und alle leute ertragen sie zunächst aus Mitleid, aber nach einer gewissen Zeit geht man ihr aus dem Weg, man spottet über sie und übt Kritik an ihr. Sie kann einem leid tun. Es gibt nichts, was ihr gefällt, sie hat immer etwas, worüber sie sich beklagen muß. Sie ist nie glücklich, nie zufrieden mit ihrem Schicksal. Sie spielt jedoch sehr gut Klavier und sie schreibt auch. Sie führt ihr Tagebuch, sie schreibt ihre Eindrücke auf, alles, worüber man überhaupt schreiben kann, und sehr gut sogar, aber ansonsten hat man den Eindruck, daß sie ein bißchen verrückt ist. Sie redet von ihrem baldigen Tod und zwingt uns, sie zu bemitleiden; außerdem übertreibt sie die Schönheit der unwichtigsten Kleinigkeiten. Nun ja, so ist sie halt, aber mir scheint, man kann sehr wohl seinen Charak-

ter ändern, um nicht den Eindruck zu vermitteln, man sei verrückt.
Genug für heute abend. Ein großes Bett und Mamas Gute-Nacht-Kuß erwarten mich.
A. N.

2. Mai
Es ist zwanzig vor neun. Onkel Henri liest seine Zeitung, Mama und Emilia auch. Thorvald und Joaquinito spielen mit den Murmeln. Wir sind alle im Wohnzimmer.
Es war ein sehr schöner Tag heute. Ich bin spät aufgestanden, ich habe gefrühstückt und anschließend den Vormittag mit Nähen, Lesen und Vorbereitungen für die Schule verbracht, wo ich nach dem Lunch war. Jedesmal, wenn die Schwester grundlos mit mir schimpfte, habe ich mich damit begnügt, ein bißchen mit den Schultern zu zucken und mir einzureden: Es ist mir völlig egal! Hinterher kannst du mich sowieso nicht an meinem Vergnügen hindern, also!
Als es vier Uhr wurde und ich die Schule verließ, habe ich mich mit Eleanor getroffen, die ich nicht mehr gesehen hatte, seitdem ich krank war. Wir haben geredet und geredet und sind mittlerweile vor unserem Haus angekommen; da habe ich sie gebeten, hereinzukommen. Ich habe mein Butterbrot gegessen und danach habe ich Eleanor unser Haus gezeigt. Dann haben wir im Garten gespielt mit der Schaukel, die Onkel Henri für uns gebaut hat. Wir haben bis halb sechs gespielt, und dann ist sie wieder weggegangen. Dann habe ich angefangen, in meinem Garten zu arbeiten. Das erste, was ich entdeckt habe, ist, daß drei Viertel von meiner Erde aus Regenwürmern besteht; ich habe das folgendermaßen in Angriff genommen: Ich habe einen Eimer mit Wasser gefüllt, und eine Stunde lang habe ich die Erde mit einer kleinen Schaufel bearbeitet, nach eineinhalb Stunden war der Eimer voller Würmer, die sich erfolglos dehnten, drehten und wanden. Fünf Minuten später waren all diese armen Biester im Müll. In diesem Augenblick erst erfuhr ich, daß Würmer sehr gut sind für die Erde. Aber es war zu spät! Meine Erde ist jetzt ganz sauber: Ich habe die Steine und allen möglichen Unrat entfernt; dann habe ich den Grund mit kleinen Steinen in saubere, gleichmäßige kleine Vierecke aufgeteilt, die jetzt darauf warten, allen möglichen Samen aufzunehmen. Hin und wieder fand ich einen Wurm, der meinem Massaker

entkommen war, aber die Überlebenden habe ich dann in Ruhe gelassen: sie sind nützlich, habe ich gerade erfahren, aber es fällt mir schwer, daran zu glauben; sie sind widerlich und blöde; wenn sie sich nicht unter meiner Schaufel befunden hätten, hätte ich sie nicht weggeworfen.
Nach all der Arbeit habe ich mit großem Appetit zu Abend gegessen, und nach dem Essen habe ich angefangen zu schreiben, weil ich mir ja vorgenommen habe, jeden Tag zu schreiben.
Wenn mir nichts einfällt, was ich Dir von mir berichten könnte, liebes kleines Tagebuch, werde ich Dir von meinen Regenwürmern erzählen. Ist das nicht ein gutes Thema? Unglaublich interessant, nicht wahr? A. N.

3. Mai
Heute morgen bin ich wie üblich aufgestanden, habe gefrühstückt und den Vormittag im Garten verbracht. Dann ging ich zur Schule mit Eleanor und Catherine Coughlin. Danach waren wir beichten, und jeder ging wieder nach Hause. Den ganzen restlichen Nachmittag habe ich im Garten verbracht und habe umgegraben und geharkt, und bei der ganzen Arbeit sieht der Garten nun langsam nach etwas aus.

5. Mai
Am Donnerstag mußte ich unterbrechen, weil Mama müde war und sie mich gebeten hat, ihr zu helfen, das Bett zu machen, und da es spät war, hat sie uns ins Bett geschickt. Ich hatte sowieso nichts Besonderes mehr zu erzählen.
Am Freitag hatte Mama entsetzliche Kopfschmerzen, und da ich sie gepflegt habe, hatte ich keine Zeit zum Schreiben. Heute war ich mit Antolinita im Kino, und als ich zurückkam, habe ich festgestellt, daß Marraine hier war, um von nun an bei uns in einem der großen Zimmer im dritten Stock zu wohnen. Onkel Henri hat Tomaten, Radieschen und Kraut gepflanzt und er hat angefangen, das Gras aus dem Beet zu entfernen.
Ich habe beschlossen, daß ich mein Tagebuch im Telegrammstil schreiben werde, wenn ich nur einen Augenblick Zeit habe. Heute hätte ich schreiben sollen: Marraine angekommen. Kino mit Antolinita. Tomaten, Radieschen, Kraut im Garten gepflanzt. Mama Kopfschmerzen. Gute Nacht. A. N.

8. Mai
Zu beschäftigt mit Brief an Papa, von dem ich gerade Brief erhalten habe. Neue Lehrerin in der Schule. Spaziergang mit Eleanor. Schule immer abscheulicher. Der heutige Schüler stumpft unter den Schlägen ab. Mich berührt man nicht, aber wehe, sie wagen es: ich habe Revoluzzer-Blut, ich bin ja Französin! ANAÏS

11. Mai
»Geliebter Papa,
Ich habe lange auf einen Brief von Dir gewartet, umsonst. Warum schreibst Du nicht? Seit genau eineinhalb Monaten habe ich keine Nachricht von Dir bekommen, und jeden Tag habe ich mir gesagt: Morgen werde ich schreiben, vielleicht wird Papas Brief heute abend kommen.
Heute abend habe ich mich dazu entschlossen, aber ich hoffe, daß ich einen Brief von Dir bekomme, bevor dieser bei Dir eintrifft. Hier sind die Wirkungen der großen Kriegserklärung überall spürbar. Bei den beiden großen Worten »Gerechtigkeit« und »Freiheit« hat sich ganz Amerika erhoben, und in einer gemeinsamen Regung haben sich alle Herzen hier mit dem französischen Herzen verbündet, das jenseits des Ozeans leidet. Überall sind rote Kreuze sichtbar, Soldaten, Aufrufe und das Schönste: überall Fahnen. Und vor allem, Papa, stell Dir meine riesige Freude vor, meinen Stolz, wenn ich unsere Fahne gemeinsam mit der amerikanischen in der Luft flattern sehe, wie sie sich im sanften Wind der Hoffnung wiegt, der alle Herzen hier aufbegehren läßt. Und die schöne belgische Fahne! Ebenso glorreich, ebenso edel, findet sie immer ihren Platz zwischen meiner Fahne und der Fahne der Neuen Welt, wenn ich dieses große Land so nennen darf, das nun an diesem Krieg teilnehmen wird, der fast die ganze Welt erschüttert und gemartert hat. Die Zeitungen berichten von den Grausamkeiten des Kaisers und spotten über die »Boches«. Die Kinder hier nehmen Abstand von den kleinen Deutschen; in der Schule schaut man sie mit mißtrauischen Augen an, und bei allen Spielen werden sie erniedrigt. Die Mädchen singen beim Seilhüpfen:

»Eins, zwei, drei,
Wieviel Hiebe braucht es, um den Kaiser zu töten?

Vier, fünf, sechs,
Und um ihn in China zu begraben?«

Kurz, er hat das bißchen Freundschaft, das man für ihn hatte, endgültig verloren. Aber genug mit dem Krieg.
In einer Woche ziehen wir um. Ich habe das Haus noch nicht gesehen (denn wir werden nicht mehr in einer Wohnung wohnen), aber ich glaube, es ist sehr groß, und außerdem gibt es einen kleinen Garten hinter dem Haus, das so ähnlich ist wie das Haus, das wir in Brüssel bewohnten. Die Adresse ist: 158 West 75th Street. Wenn ich das Haus gesehen habe, werde ich es Dir beschreiben. Ein Freund von Mama hat mir gesagt, er hätte ein neues von Dir geschriebenes Buch in der großen öffentlichen Bücherei in der 42. Straße gesehen, und die größte Freude, die Du mir machen könntest, Papa, wäre, wenn Du mir ein Exemplar schicken würdest. Ich mußte meinen Brief unterbrechen; seit dem Beginn des Umzuges fand ich nicht einen Augenblick Zeit, um Dir zu schreiben. Samstag, den 28. April (Hier folgt die Beschreibung des Hauses, wie ich sie in meinem Tagebuch gemacht habe). Ich fahre fort. So beschrieb ich meinem Tagebuch unser Haus, und ich habe Dir die Stelle abgeschrieben, um Dir meinen ersten Eindruck zu schildern. Glaubst Du nicht auch, daß es höchste Zeit wird, daß Erfolg, Glück und gutes Gelingen sich bei meiner geliebten Mama einfinden, die sich, wie Du siehst, immer bemüht, unermüdlich, ohne zu verzweifeln, immer mit dem gleichen Mut?
Wir bewundern sie, Papa, aber zu wenig. Für mich ist Mama unvergleichlich, aber wie kann ich ihr nur zeigen, daß ich es spüre? Es nur zu sagen, ist nichts. Viele bewundern Mama, aber wenige zeigen es ihr. Hier höre ich auf, Papa, denn wenn ich mich hinreißen lasse, würde ich ein ganzes Heft über Mama vollschreiben. Mit Freude teile ich Dir mit, daß ich soeben einen Deiner Briefe mit Datum vom sechzehnten April bekommen habe, und gleich danach kam ein Paket mit drei *Qui? Pourpuoi? Comments? (Wer? Warum? Wie?)* Was diese Zeitschriften betrifft, Papa, muß ich Dir sagen, daß Du keine mehr schicken solltest, denn zu Weihnachten hat uns Mama einen ganzen Jahrgang auf Englisch geschenkt, und es tut mir leid, sie zweimal zu haben, obwohl ich mich auch wieder freue, diese Dinge auf Französisch noch einmal zu lesen.
In Deinem Brief sagst Du, Du hättest ihn vom Meerwasser

durchnäßt erhalten, das tut mir leid, denn es erinnert mich an den Zustand, in dem die Dinge zur Zeit sind. Was die Photos betrifft, mußt Du mich entschuldigen, lieber Papa, es war eine Schlamperei von mir: ich habe sie auf dem Tisch gefunden, nachdem ich den Prief zur Post gebracht hatte.
Du erzähltst mir auch, Du hättest über Großmama von Joaquinitos Erstkommunion erfahren. Er hat sich nicht verändert, aber die paar Tage vor und nach dem großen Ehrentag war er offenbar sehr beeindruckt von dem Respekt, den man ihm beigebracht hatte, und vom grandiosen, wunderbaren Augenblick, der ihm bevorstand. Er hatte eine sehr hübsche Erstkommunion, und die schöne Erinnerung an diesen Tag wird ihm später nur Freude bereiten.
Aber er hat sehr bald sein übliches Leben wieder aufgenommen, ein Leben, das unglaublich närrisch und bewegt ist. Er tut die Dinge noch immer, ohne zu überlegen, ohne böse Absicht. Seine außerordentliche Intelligenz ist andauernd damit beschäftigt, neue Mittel herauszufinden, um andere zu hänseln und wütend zu machen. Das einzige, womit man ihn jemals zur Ruhe bringen konnte und was ihn auch heute noch und in Zukunft immer bändigen wird, das ist das Klavier.
Das Instrument ist zu klein für ihn. Alles Lebhafte, alle Kraft, die er in seinem Charakter vereint, überträgt er auf das, was er spielt. Wenn man ihn dasitzen sieht, wo er doch nie irgend etwas *lernen wollte*, mit erhobenem Kopf, feurigen Augen, mit leichten, gelenkigen Händen, ist man fast beeindruckt von ihm. Es kostet ihn nicht die geringste Mühe. Alles ist Geräusch für ihn, und vor ihm wird das Klavier zu einem riesigen, beeindruckenden Orchester. Es gibt nie falsche Töne, wenn er spielt, und man könnte ihm lange zuhören, wenn er es erlauben würde. Vor zwei Tagen habe ich folgendes Gespräch mit ihm geführt:
»Anaïs, magst du, was ich spiele?«
»Ja natürlich.«
»Dann werden wir eine Oper machen«, sagte er, weil er sich an eine Erklärung erinnerte, die ich ihm über eine Oper gegeben habe. »Erfinde eine Geschichte, und ich werde die Musik dazu machen.«
Also setze ich mich zwei Stunden lang hin und schreibe; meine Feder lege ich nur hin, um auf dem Tisch herumzuhämmern, wenn ich nach dem Rhythmus suche.

Was soll ich Dir sagen, Papa, Du wärst ziemlich erstaunt gewesen, wenn Du hiergewesen wärst! Stelle Dir Jaoquinito vor, wie er mit dieser stolzen Miene am Klavier sitzt, und neben ihm Deine Anaïs, die Schauspielerin geworden war und alle Rollen in dieser Art Oper gleichzeitig spielte. Ab und zu flüsterte ich Joaquinito ein: »traurig!« und schon wird seine Musik traurig, so traurig, daß ich wirklich die Klagen der Figur, die ich gerade darstelle, zu spüren glaube.
Dann kommt der Schluß, ich bin ein Prinz, ich soll mich vergiften; ich flüstere Joaquinito ein: »Tod!«
Er versteht. Es erklingt etwas Ähnliches wie Donner, lebhaft, die richtige Beschreibung der Seele, die im Begriff ist, den Leib zu verlassen. Ich trinke das Gift, Joaquinito hält inne, und in dem Augenblick, in dem ich schlucke, berührt er eine Taste, die einen sehr hohen Ton von sich gibt wie ein zartes Glöckchen. Ich falle um – Schweigen. Dann beginnt der Todeskampf, und das Klavier ersetzt alle Klagen, die in diesem Augenblick aus der Kehle des sterbenden Prinzen kommen. Ich brauche nur die Bewegungen zu machen, schließlich falle ich tot um, Joaquinito hört zu spielen auf und dreht sich weinend zu mir:
»Ich habe geglaubt, du bist wirklich tot!«
Und so was wiederholt sich immer wieder. Joaquinito und ich werden zu einer einzigen Person, wenn unsere Ideen zu Bewegungen und Musik werden; in einem Wort: wir werden Künstler.
Ich bin natürlich nichts: Ohne Joaquinito kann ich nichts machen, während Joaquinito sehr wohl auf mich verzichten kann.
Sag mir in Deinem nächsten Brief, was Du davon hältst. Ich erlaube Dir, Dich über mich lustig zu machen, aber Joaquinito mußt Du bewundern, meinst Du nicht?
Ich hatte das Glück, den Marschall von Frankreich zu sehen, den großen General Joffre, der hier mit Freudengeschrei empfangen wurde; ihm zu Ehren haben die Vereinigten Staaten ihre größte und schönste öffentliche Kundgebung veranstaltet. Als ich ihn in seiner schönen französischen Uniform sah, die von einer so edlen Schönheit ist, schlug mein Herz höher. In diesem großen Mann sah ich ganz Frankreich verkörpert, dieses edle, schöne, tapfere Land, das einen so großen Platz in meinem Herzen einnimmt! Ich habe nur eine kleine französische Fahne, aber ich brauche kein äußeres

Symbol, um mich daran zu erinnern, daß ich das allerschönste Vaterland habe.
Brauche ich eine riesengroße Fahne, wenn sowieso keine Fahne so groß ist wie meine Liebe für dieses Frankreich, das so weit entfernt ist von mir? Nein, ich brauche keine, ich habe mehr als das Emblem, ich habe das Vaterland selbst, seine Leiden, seine Freuden, alles ist in meinem Herzen; und diese Stelle wird es nie verlassen!
Du hast es sowieso schon gewußt, Papa, aber es macht mir Freude, es zu sagen; aber jetzt höre ich auf, sonst wird der Briefumschlag zu dick. Trotzdem ist der Brief nicht so lang wie der zärtliche Kuß, den Dir Deine Tochter schickt.   ANAÏS«

13. Mai
Verzeihung, mein Tagebuch.
Man sagt, daß, wenn man mit Entschuldigungen anfängt, gleich eine Bitte folgt: das ist aber bei mir nicht der Fall. Ich bitte Dich nur um Verzeihung, mein kleines Tagebuch, und ich erlaube Dir, mir Fragen zu stellen. Was habe ich Dienstag gemacht? Nichts. Was habe ich Mittwoch gemacht? Nichts. Was habe ich Donnerstag gemacht? Nichts. Was habe ich Freitag gemacht? Nichts. Was habe ich Samstag gemacht? Nichts als Schreiben und Gartenarbeit.
Ja, was ich getan habe, kann man mit »nichts« vergleichen, es hat mich jedoch am Schreiben gehindert. Ich habe nachgedacht, ich habe mir eine ganze Woche lang den Kopf zerbrochen. Warum? Ich weiß es wirklich selbst fast nicht, aber es hat mit einer Frage angefangen, die ich mir ganz plötzlich selbst gestellt habe.
Was tue ich?
Das erste Wort, das mir einfiel, war: nichts. Nach einigem Überlegen antwortete ich mir dann: Ich helfe Mama im Haus, ich kümmere mich um Joaquinito, ich schreibe, ich lese, ich lerne, ich arbeite in der Schule ...
Und außerdem?
Da gab es ein großes Schweigen in mir, ich hätte fast meinen können, daß mein Herz zu schlagen aufgehört hatte nach diesem »und außerdem?«, das so kurz und bündig war und doch so viel bedeutete. In diesem Augenblick war ich wie ein Reisender, der sich nach langer Zeit plötzlich fragt: »Wohin führt eigentlich die Reise?«

Ich bin lange auf einer Straße gegangen und habe das Ende dieser Straße gesucht, und plötzlich frage ich mich: »Wohin gehe ich eigentlich? Was ist mein Ziel?« Das ist die reine Wahrheit. Ich habe mich vorher noch nie gefragt, ob ich eine Vorstellung habe, irgendein bestimmtes, ernsthaftes Ziel, das stark genug ist, mein Handeln zu lenken. Da habe ich gesucht. Kurz, ich habe meine Berufung ernsthaft in Frage gestellt, und nun stehe ich dem Nichts der »Zukunft« gegenüber. Ich sehe nichts, es ist finster, schrecklich finster, ein nicht endenwollender Tunnel, ohne Mauern, um mich zu leiten, ohne Decke, um mich zu schützen, ohne festen Boden, auf dem ich gehen könnte. Und plötzlich taucht in der Ferne ein schwaches kleines Lichtlein auf. Langsam kommt es näher, und in meinem zermarterten Hirn entsteht eine Vision. Es ist etwas Weißes, Reines, etwas Himmlisches, Schönes, Wunderbares, es ist eine Ordensschwester!

Eine Traumschwester, eine wirkliche Schwester, wie es nur wenige gibt, von Licht umgeben, strahlend in ihrer Opferbereitschaft. Das Licht entfernt sich, die Schwester verschwindet, und dann sehe ich ein junges Mädchen mit einem Lorbeerkranz auf dem Kopf, die linke Hand ruht auf einem Bücherstapel, in der rechten Hand hält es eine Feder. Ein sanftes Lächeln liegt auf den Lippen des Mädchens, ihre Augen glänzen vor Ruhm, aber hin und wieder erkennt man darin einen Strahl von Bitterkeit. Es ist dieser Strahl der Wissenden, der Strahl derjenigen, die gelernt haben!... Dann kommt nichts mehr, und ich warte und warte und zögere. Und da verstehe ich, daß es für mich nur diese beiden Dinge gibt. Meine beiden Ziele, und ich muß mich entscheiden.

Ich will über das Leben der Nonnen lesen und mich mit den Ergebnissen befassen, zu denen der Kampf um den Ruhm führt, und ich verspreche Dir, geliebtes Tagebuch, daß ich mich am 1. Januar 1918 entscheiden werde. Ich nehme mir deshalb soviel Zeit, weil ich, falls ich mich für die Aufopferung entscheide, mein Gewissen untersuchen möchte; und falls ich mich für den Kampf entscheide, will ich meine moralischen Kräfte auf die Probe stellen. Alles in mir sagt mir, daß ich in meinem Kampf nie einen Mitstreiter finden werde, und ich verstehe, daß es *zwei Wesen gibt in mir*. Wenn sich mein Traum nicht erfüllt und ich meinen de Charny oder meinen Joseph Balsamo nicht finde, und falls ich Dir jemals mitteilen sollte, daß ich einen Mann heirate, der keinem von beiden gleicht, dann geliebtes Tagebuch, hat das zu bedeuten, daß ich nicht mehr Anaïs Nin bin, diejenige, deren Seele Du zur Zeit kennst, diejenige, die Dir verspicht, niemals eine solche Torheit zu begehen.

ANAÏS NIN

P. S. Ich habe *Soeur Philomène (Schwester Philomena)* von Marcel gelesen. Gut geschrieben. Schlechter Geschmack und keine guten Meinungen.

19. Mai

Ich habe soeben ein neues Heft aufgeschlagen, das ich in der Schule bekommen habe, und bevor ich meine Feder in die Tinte eingetaucht habe, mußte ich einen Augenblick überlegen. Mehrere Tage sind vergangen, und ich habe nicht geschrieben. Ich hatte kein Heft, und außerdem habe ich die ganze Zeit nur gelesen. Es ist ein wunderschöner Tag. Ein schöner, fast heißer Frühlingstag. Ich schreibe an einem hübschen Schreibtisch, den Mama gekauft hat, und ich brauche nur ein wenig aufzuschauen, um am Fenster eine Reihe von hübschen Geranien zu erblicken, rosafarbene und rote mit blasseren Tönen.

Ohne aufzuhören habe ich *Horace* von Corneille gelesen, *Après fortune faite (Reich geworden)* von Cherbuliez, *Le Château des Airelles (Das Blaubeerenschloß), L'Ami des mauvais jours (Der Freund der schlechten Tage).*

Das erste wage ich nicht zu beurteilen, aber es gefällt mir nicht. Das zweite hat mir zum zweitenmal zu spüren gegeben, daß Cherbuliez unpräzise und eintönig ist. Da ich gerade *L'idée de Jean Têterol (Jean Têterols Einfall)* gelesen hatte, füge ich hinzu, daß er die gleichen Geschichten zweimal schreibt. Wahrscheinlich hat er in seiner Familie jemanden, der wie Jean Têterol und Monsieur Trayaz ist, denn er denkt zuviel, und nachdem dieser Charakter mir nun schon zweimal beschrieben wurde, bewundere ich ihn nicht mehr.

In *Le Chateau des Airelles (Das Blaubeerenschloß)* habe ich die alte Geschichte, die ich jeden Tag lese, wiedergefunden, jedoch sehr gut geschrieben. Ich habe Olivier mit de Charny verwechselt, und das ist alles. Ich habe lange daran gedacht, und es hat mich traurig gemacht, aber ich habe nichts gelernt.

L'Ami des mauvais jours hingegen *(Der Freund der schlechten Tage)* habe ich an die Wand geknallt und mit Füßen getreten.

Beim Tod des Kaisers habe ich geweint, Napoleon tat mir aus ganzer Seele leid, aber ich fühlte zuviel Wut gegen seine Umgebung, seine Gefängniswärter, diejenigen, die ihn gefangenhielten, und als ich wie nach einem Alptraum die jämmerliche, viel zu traurige Geschichte des Verbannten, den ich so bewundere, weglegte, sagte ich voller Bitterkeit zum Buch: »Du bist nichts, wie wagst du es, von etwas so Schönem zu reden?« Wie ich diese kleinen schwarzen Figuren auf dem weißen Papier sah, dachte ich: »Er ist tot, weil seine Geschichte in Büchern steht«, und ich habe hinzugefügt: »Alle großen Männer sind verschwunden.« Später erinnerte ich mich an die Vision, die ich von einem großen Mann in einer französischen Uniform gehabt hatte, von dem man mir gesagt hatte: »Er ist ein Held, ein großer Mann der Moderne.«
Ich dachte an Napoleon, dessen Leben ich in- und auswendig kenne, und fügte hinzu: »Ihre Schatten bleiben bestehen.«
Als ich meinen Schrank öffnete, stand ich einem Porträt von »Papa Joffre« in seiner ganzen Größe gegenüber; neben ihm die französische Fahne. Ich erinnerte mich an meine vorhergehenden Worte und änderte plötzlich meine Meinung: In einem Anflug von »modernem« Heldenmut sagte ich mir: »Nein, sie bleiben.« . . . .
Ich habe meine Feder hingelegt und verfiel in eine tiefe Melancholie, nachdem ich diese Pünktchen gemalt habe; sie bedeuten, daß die letzten Worte ihren Urheber zum Träumen veranlaßt haben. Während ich mir meine verschiedenen Eindrücke anläßlich meiner Lektüren vergegenwärtigte, fühlte ich mich traurig, weil ich bemerkt habe, daß ich immer meine Meinung ändere, ohne es zu wollen. Nun ja, da kann man nichts machen.
Um keine Pünktchen mehr machen und meine Feder nicht mehr ablegen zu müssen, werde ich nicht mehr philosophieren.
Anstatt nachmittags zur Schule zu gehen, gehen wir jetzt vormittags. Wir haben Schwester Miriam wieder verlassen, die wir ungefähr eine Woche lang hatten, und haben uns in der halb abgerissenen Schule niedergelassen mit Miss Hebrume.
Was die abgerissene Schule betrifft, so wurde letzten Sonntag verkündet, daß die Kirche insgesamt zwanzigtausend Dollar bekommen hat, um die neue Schule zu bauen. Da kann man nichts sagen, die amerikanischen Taschen sind offenbar tief;

warum sollten sie nicht auch groß genug sein, um den Sieg zu enthalten? Diesen Sieg, der von der zivilisierten Welt so sehr gewünscht wird. Ich frage mich, wer mit meiner Feder geschrieben hat. Alles, was ich heute abend sage, drückt überhaupt nicht aus, was ich eigentlich wollte, und ich sehe mich gezwungen, gute Nacht zu sagen! A. N.

22. Mai
Es ist ungefähr neun Uhr. Mama ist einen Augenblick weggegangen, um Briefmarken zu holen. Ich schreibe im Bett, aber heute abend bin ich im Gegensatz zu sonst nicht schlecht gelaunt.
Um halb sechs heute nachmittag war ich gerade beim Schaukeln im Garten. Mama hatte mir Locken gemacht, und meine Haare bedeckten abwechselnd mein Gesicht und dann schienen sie wieder um mich herumzutanzen. Ich dachte wirklich an gar nichts, als Thorvald mich plötzlich rief. Er saß unweit von der Schaukel und war damit beschäftigt, mit seinem Taschenmesser ein Boot zu schnitzen.
»Anaïs!«
»Was?«
»Ich muß dir was Wichtiges sagen!«
»Sag schon, ich hör' dir zu.«
»Glaubst du, daß du hübsch bist?«
»Ach, Thorvald, du machst dich wohl lustig. Du weißt ganz genau, daß ich es nicht glaube, und außerdem habe ich dich auch davon überzeugt, daß ich nicht hübsch bin. Also, was willst du?«
»Aber ich kenne jemanden, der dich hübsch findet«, sagte Thorvald etwas spöttisch.
»Wer?«
»John O'Connell, er hat es mir gesagt.«
Ich errötete, und Thorvald, der mich wahrscheinlich beobachtete, fügte hinzu:
»Er hat mir auch gesagt, daß er dich als sein »girl« gewählt hat.« Vor Schreck bin ich fast von der Schaukel gefallen, und wenn Thorvald mich nicht festgehalten hätte, wäre ich ganz schön durch die Gegend gepurzelt. Thorvald mußte es mir dreimal sagen, und ich konnte es nicht glauben. Jetzt ist es passiert. Ich habe John O'Connell lieber als die anderen Jungen meiner Klasse, und nun sagt er meinem Bruder, daß er mich als

sein »girl« gewählt hat. Während ich das schreibe, lächle ich. Ich lächle in aller Ruhe, zufrieden, aber etwas spöttisch. Mein Gott! Was für ein kleines Mädchen bin ich noch! Ist das möglich? Ein Mädchen mit vierzehn Jahren! Ja, mein liebes kleines Tagebuch, es ist wahr! Deine närrische kleine Vertraute hat ihren Kavalier gesucht, ihren winzigen, lieben, kleinen (amerikanischen) Kavalier ... Aber er hat schöne blaue Augen, so nette Manieren, und er ist lieb, mehr will ich nicht. Wenn ich jetzt Luftschlösser baue, wenn ich von Märchenreisen träume usw., dann werde ich an John O'Connell denken. Komme, was kommen mag! Es ist ein Spiel in der Schule, ein kleiner, närrischer Einfall von kleinen Mädchen, die zuviel lesen, so wie ich, und die – leider! – zu sehr das lebendige Abbild der Helden suchen, deren Leben sie gelesen haben. Ich lächle noch immer... Ich lächle, wie ich immer über solche Spielchen lächeln werde, die später einmal ernst werden. Mein Lächeln bedeutet nichts für denjenigen, der es nicht versteht, aber wenn mein Tagebuch mich sehen könnte, würde es sagen: »Immer, nie; nie, immer«, weil es verstanden hätte, was ich damit meine: »nie verstehen, immer lächeln.«
Ich lächle, weil ich nicht verstehe, was ich nicht fühle, und wenn ich es eines Tages verstehe, dann werde ich nicht mehr lächeln.

A. N.

3. Juni
Schließlich, liebes Tagebuch, habe ich in mir selbst genügend Mut geschöpft, um Dich aufzuschlagen und deinen weißen Seiten gegenüberzusitzen, die nach Geständnissen rufen und in mein Herz tauchen, um es so weiß zu machen wie die Seiten, auf die ich gerade schreibe.
Seit meiner letzten Eintragung, seit dem 22. Mai also, ist etwas geschehen, etwas, was in mir ein neues Gefühl geweckt hat. Ich bin sehr ungeduldig, aber ich halte mich zurück und erzähle der Reihe nach.
23. Mai: Ich beschäftige mich im Garten, lese, arbeite, aber schreibe nicht, da ich mir selbst gegenüber schlecht gelaunt bin, ich fürchte die weißen Seiten meines lieben Tagebuches. Ebenso am 24. und am 25. Mai. Am 26. Mai gehe ich in die öffentliche Bücherei und leihe mir ein *housekeeping*-Buch (Haushaltungsbuch). Mich packt eine plötzliche Liebe zur Ordnung, zur Küche, ein plötzliches Bedürfnis, nützlich zu

sein und das Träumen aufzugeben. Ich lege meine Bücher weg, binde mir eine Schürze um und sperre mich in der Küche ein: ich backe Plätzchen, und sie gelingen mir. Thorvald und Joaquinito probieren sie, kurz danach Mama auch. Ich entdecke einen völlig neuen Spaß: Ich freue mich, wenn man mich »Köchin« nennt und darüber, daß ich etwas kann. Nun ist es also soweit. Ich werde ordentlich, ruhig und nützlich. Jeden Morgen nehme ich mir vor, tagsüber an etwas zu denken, was mich glücklich macht. Mama nennt mich lächelnd ihren kleinen *housekeeper*, und ich merke natürlich, daß sie denkt, es wird nicht lange anhalten.

26. Mai: Mein Schrank ist vollkommen aufgeräumt, ich backe wieder einen Kuchen, der ebenfalls gelingt und ich bin glücklich. Ich schreibe nicht, aber das liegt daran, daß Thorvald mein Tagebuch versteckt hat, um mir einen bösen Streich zu spielen, und ich kann es nicht wiederfinden.

27. Mai: Ich gehe wie üblich zur Schule, ich lese das Leben von Jean de la Fontaine und stelle fest, daß er von der Schule das gleiche denkt wie ich. Aber ich verstehe, warum. Er ist ein Träumer, er denkt nicht ständig an die Dummheiten, die man an diesen Orten lernt, und da er sensibel und sanft ist, leidet er darunter. Ich bin auch eine Träumerin, ich leide, aber nicht, weil ich sensibel und sanft bin, sondern weil ich zu ehrgeizig bin, ich habe zuviele Idealvorstellungen, und die Brutalität der Lehrer und der Lehrerinnen verletzt mich, ärgert mich, und ich leide darunter.

27. Mai: Mama hat es verboten, die Glastür zur *pantry* zuzuschlagen; zufällig ist sie mir an diesem Nachmittag aus der Hand gerutscht und ist zugeknallt. Ich bin trotzdem die Treppe rauf, aber als ich oben war, dachte ich, daß Mama schimpfen würde, und da bin ich wieder runter: leise habe ich die Tür noch einmal auf- und wieder zugemacht und habe mich auf diese Weise selbst bestraft. Als ich das Mama erklärt habe, hat sie mich so komisch, so erstaunt und merkwürdig zugleich angeschaut, daß ich in diesem Augenblick dachte, daß sie meinen Charakter wohl sehr merkwürdig findet.

28. Mai: Wir waren im Kino mit Mama und hatten sehr viel Spaß.

29. Mai: Nach und nach wird die Schule abgerissen. Die Klasse wurde jetzt in die Kirche verlegt, wo wir mit Miss Hebrume als Lehrerin Unterricht haben.

30. Mai: Ich finde mein Tagebuch wieder in einer Schachtel voller Papiere. Ich bin wütend auf Thorvald, aber in dem Augenblick, in dem ich mich zum Schreiben hinsetze, kommt Besuch, und Mama läßt uns allein. Natürlich fängt Joaquinito an, er läßt mich nicht in Ruhe, und es ist unmöglich zu schreiben. Onkel Henri ist vom Land zurückgekommen, wo er ein paar Tage verbracht hat. Tante Edelmira wurde am Blinddarm operiert, gestern, glaube ich. Sie ist gerettet, die Operation ist gelungen. Onkel Gilbert wartet in Kew Gardens auf seinen Stellungsbefehl, denn jetzt, wo Amerika Deutschland den Krieg erklärt hat, halten sich alle bereit.

31. Mai: Madame Carlo Polifeme ruft Mama an und bittet sie, mich morgen abend um halb neun zu ihr zu bringen. Ich erinnere mich sehr gut an diese Dame, die mir vor eineinhalb Jahren ein Buch mit Widmung geschenkt hat, das sie selbst geschrieben hatte:

»Mutter, segne mich, ich liege
Dir zu Füßen.«
Für Mademoiselle Anaïs Nin.

Ich bin bereit und freue mich.

1. Juni: Ich bin dort gewesen. Wir haben gesungen und getanzt. Ich soll als Tänzerin in *Jeanne d'Arc à Domremy* mitwirken.

2. Juni: Ich war wieder da. Es war Generalprobe. Ich bin ziemlich aufgeregt, wenn ich daran denke, daß ich zum erstenmal einem *Publikum* gegenüberstehen werde. Mama hat mir schöne Lackschuhe, Strümpfe und seidene Handschuhe gekauft.

3. Juni: Es ist gelaufen, es ist vorbei; folgendermaßen: Um halb drei ist Marraine gekommen, denn Mama hatte weggehen müssen. Wir sind mit dem *Subway* gefahren, und zehn vor drei waren wir in der 14. Straße. Wir sind in das Union Square Theater durch eine kleine niedrige Tür eingetreten, an der ein Schild hing: »Bühneneingang«. Marraine und ich befanden uns in einem großen Saal. Überall saßen auf Stühlen halb angezogene Frauen herum, die rauchten und redeten. Na ja, wir hatten es da mit Leuten von der schlimmsten Sorte zu tun, solche Leute eben, die das Vaudeville ausmachen. Aber wir haben uns das nicht lange angesehen, Madame Polifeme ist auf uns zugekommen; sie gab mir mein Kostüm und führte uns in einen niedrigen kleinen Raum voller roher Holztische, einigen

fehlten sogar Beine. In diesem Raum waren schon mehrere
junge Mädchen und zogen sich um. Es roch nach Wein und
Zigaretten, und alle fanden den Raum ekelerregend.
Mit Hilfe von Marraine habe ich mich angezogen. Ich hatte
mein Kleid ausgezogen und mußte nun eine kleine weiße Bluse
anziehen, einen langen, dunkelgrünen Rock mit einem schmalen, schwarzen Samtband am Saum, und ein Mieder aus
schwarzem Samt, das vorne zugeschnürt wurde. Als ich auch
noch die kleine schwarze Schürze anhatte, sah ich wirklich aus
wie ein Bauernmädchen aus Lothringen; das sollte so sein. Ich
habe meine Haare gelöst und ein weißes Häubchen mit einem
schmalen schwarzen Samtband aufgesetzt. In diesem Augenblick kam Mama mit Madame de Sola, und im selben Moment
kam auch eine der Damen herein mit einer Dose roter und einer
Dose blauer Paste und bot mir an, mich zu schminken, denn,
sagte sie lachend, im grellen Theaterlicht würde ich sonst wie
ein Gespenst aussehen. Sie hat mir Rouge auf die Wangen und
auf die Lippen aufgetragen und blaue Schminke auf die Augen,
damit sie größer wirkten. Ich habe sehr gelacht, denn ich sah
sehr komisch aus. Ich fand mich komisch, aber Emilia, die auch
gerade gekommen war, sagte, ich sei sehr hübsch; Mama
lächelte auf eine Weise, die sagen wollte: »Vielleicht!«, Marraine auch, und Madame de Sola sagte, ich sei wirklich sehr
hübsch. Ach, mein Tagebuch, was hättest Du gedacht, wenn
Du mich gesehen hättest, wie ich plötzlich errötete und voller
Scham lächelte auf eine Weise, die sagen wollte: »Ich möchte ja
gern!« Weißt Du, an wen ich gedacht habe? An John O'Connell! Gut so, es genügt, jetzt habe ich gesagt, was mir am
schwersten fiel, also weiter. Als ich fertig angezogen war, war
es erst halb vier, und das Stück begann um halb fünf. Mit einem
Mädchen, das sehr hübsche Haare hatte, die so lang waren wie
ihr Kleid, und mit der Gesangslehrerin, Mademoiselle Victor,
sind wir ein bißchen herumgegangen. Nach einer Weile befanden wir uns plötzlich hinter der Bühne. Es wurde gerade eine
kleine Komödie gespielt. Stell dir vor, mein Tagebuch, ein
riesiger, dreckiger Vorhang, nur alte, verschossene Farbe auf
der anderen Seite der Bühne. Und der Hintergrund, der von
weitem so hübsch aussieht, ist von einer scheußlichen, abge-
bröckelten, verblichenen alten Farbe. Die Möbel sind alt und
die Seidenstoffe zerschlissen, aber von all dem sieht das
Publikum nichts. Eine Dame bricht in Tränen aus, wie es das

Stück vorschreibt, und geht dann von der Bühne ab; kaum ist sie hinten, fängt sie einfach an zu lachen! Dann die Aufregung des Mannes, der den Vorhang zieht, beim geringsten Zeichen des Mannes, der alles dirigiert; die Vielzahl der Leute in Kostümen, die immer wieder hinter der Bühne vorbeigehen und dabei leise etwas vor sich hinflüstern, was keiner versteht, was aber wahrscheinlich der Text ist, den sie in ein paar Minuten zu sagen haben; das Hin und Her derjenigen, die dirigieren, und wenn der Vorhang fällt, wenn man sich beeilt, um die Bühne zu verändern, wenn etwas kaputtgeht und der Schreiner herbeieilen muß; die Momente, wo plötzlich kein Licht mehr ist, weil der Mann, der sich ums Licht kümmern muß, sich geirrt hat, die Aufregung, all diese verschiedenen Geräusche, diese Leute, die es immer eilig haben und nur an sich und an das, was sie gleich tun werden, denken; all das erweckt in mir eine seltsame Empfindung, die mit Erstaunen, Bewunderung und Verwirrung zu tun hat.

An dieser Stelle hinter der Bühne schaute ich mir die Augen aus dem Kopf; vielleicht werde ich eine Bühne nie wieder von hinten sehen; ich fühlte mich plötzlich von dem gleichen Fieber ergriffen, von der gleichen allgemeinen Aufregung, die das Leben der Menschen hinter der Bühne beherrschen. Manchmal neigte ich mich ein bißchen vor und sah das Publikum, das lachte und applaudierte, aber ohne Aufregung, denn diese Leute haben keine Ahnung von diesem Fieber, das diejenigen ergreift, die arbeiten, um das Publikum zum Lachen, zum Weinen, zum Klatschen zu bringen. Ich dachte mir, daß auch ich oft auf diese Weise geklatscht und gelacht habe, weil ich alles für ganz leicht hielt und mir vorstellte, daß dies alles ganz leicht herzustellen sei, aber in diesem Augenblick nahm ich mir vor, nie mehr ausschließlich für das, was ich sehe, zu applaudieren, sondern auch für das, was ich nicht sehe hinter der Bühne. Nun kenne ich die Geheimnisse aus den Kulissen und ich glaube, es wird mir in Zukunft unmöglich sein, einer langen Rede zuzuhören auf dem Theater, wenn ich weiß, was diese Rede an Arbeit gekostet hat; anstatt dieser Rede zuzuhören, weiß ich, daß ich mich von nun an hinter die Bühne versetzen werde, wo diese Person einen Augenblick vor sich hin geflüstert und aufgeregt mit der Hand oder mit dem Fuß auf etwas herumgetrommelt hat.

Nun bin ich in der Lage, hier alles aufzuschreiben, was ich im

Augenblick dachte, als ich einen kleinen Teil des Publikums beobachtete und ein bißchen dem Stück zuhörte und ganz in meiner Nähe allerlei geheimnisvolle Geräusche wahrnahm, die Geräusche der Kulissen!...

»Meine Damen, halten Sie sich bereit!« Das war Madame Polifemes Stimme, die nun auch etwas nervös klang.

Wir machen uns fertig. Ein grüner Rock, ein roter Rock usw., und auch wir flüstern aufgeregt den Text unseres Liedes. Ich nahm mir vor, während meines Auftrittes das Publikum nicht anzusehen, denn ich hatte Angst, Lampenfieber zu bekommen, wie Mama das nennt.

Jeanne d'Arc tritt auf; was sie sagt, dringt wie ein undeutliches Geräusch zu meinen Ohren, ich höre nichts; mir ist sogar, als sähe ich nichts mehr. Ich weiß nur, daß ich in diesem Augenblick in den Tanz mitgerissen wurde.

»Je ne suis pas si vilaine
Avec mes sabots
Puisque le fils du roi m'aime...«
»Ich kann nicht so häßlich sein
Mit meinen Holzschuhen,
Wenn der Sohn des Königs mich liebt« usw.

Ich singe, aber sehe nichts, ich singe, aber ich weiß nicht mehr, wo ich bin. Ich weiß, daß wir einen Fehler gemacht haben, aber keiner hat es bemerkt. Endlich sind wir wieder hinter der Bühne! Ich bin völlig betäubt. Wenn man mich in diesem Augenblick nach meinen Eindrücken gefragt hätte, ich hätte geantwortet: »Leere! Nichts! Absolut nichts!« Einen Augenblick aber, glaube ich, wagte ich es aufzuschauen, und in Richtung *Zuschauer* habe ich... ein großes, schwarzes Loch gesehen und nur ein paar Gesichter, das ist alles.

Beim zweitenmal bin ich mutiger und schaue, da sehe ich Beifall klatschende Hände. Als wir abgingen nach dem Gebet, verfolgte mich dieses Geräusch des Beifalls noch lange. Es war nicht für mich, es war für uns alle, aber eine innere Stimme flüsterte mir zu: »Diesen Beifall möchtest du für dich haben!« Wieder einmal wurde mir klar, daß ich geschaffen bin, um Beifall zu hören, ich mag das, und es kamen mir Zweifel.

Ist es der Ruhm, den ich haben will?

Offenbar ist es zu Ende, aber ich träume noch von diesem Augenblick, in dem ich nur applaudierende Hände und Lichter gesehen habe und an Stelle der Zuschauer eine undefinierbare, geheimnisvolle, undeutliche Finsternis. Marraine, Felo, Thorvald, Joaquinito, Onkel Henri, Madame de Sola sind da. Man begrüßt mich, man beglückwünscht mich, Felo gibt mir einen *shake-hand*, Marraine umarmt mich, Joaquinito streicht mir über das Haar, Thorvald bindet sich meine kleine Schürze um, aber ich träume noch immer...

Erst in der Stille des kleinen Raumes, beim Umziehen, bin ich aufgewacht. Dieses Aufwachen war sehr fröhlich, denn ich hatte geglaubt, es sei alles gar nicht wahr...
Ich habe mein Kostüm ausgezogen, mich von Madame Polifeme und den anderen jungen Mädchen verabschiedet und bin mit Mama weggegangen, die das »mein Debüt« nannte.
»Hat es dir Spaß gemacht, Mädelchen?«
»Oh, ja!«
Ich habe das einfach so dahingesagt, denn ich dachte noch immer an diesen Augenblick, als ich mich zum erstenmal auf der Bühne befand, taub, blind, betäubt, gefühllos, außer für dieses große schwarze Loch mit Händen, die applaudierten.
Geliebtes Tagebuch, ist das nicht wieder ein Zeichen dafür, daß meine Berufung mich dazu führt, den Beifall zu suchen? Ich glaube schon, und ich habe wieder angefangen zu träumen...

7. Juni
Als ich meinem Tagebuch diesen Zwischenfall zu Ende geschildert hatte, der die Haushälterin, die nicht mehr träumen wollte, für einen Augenblick verwirrte, wollte ich noch etwas anderes schreiben, aber Mama rief mich zum Essen, und eine Freundin von Mama besuchte uns mit ihrer Tochter Rita. Ich fand Rita sehr nett. Sie hat mir viel von Caridad Sanchez, meiner Kusine, erzählt. Als sie wieder ging, d. h. ungefähr um vier, sind wir ins Kino gegangen. Als wir zurückkamen, war es sieben. Wir haben zu Abend gegessen, ich habe meine Hausaufgaben gemacht, und schon war es Zeit zum Schlafengehen.
Montag, Dienstag und Mittwoch hatte ich keine Zeit. Wirklich wahr, mein liebes Tagebuch, du mußt mir glauben, denn jetzt habe ich echte Beschäftigungen. Am Montag habe ich den Nachmittag in der Küche verbracht, ich habe einen schwierigen Kuchen gebacken, mit Erfolg. Den übrigen Tag habe ich

Strümpfe gestopft, und als es Abend wurde, war ich mit Stopfen noch immer nicht fertig, also habe ich bis neun genäht und bin anschließend ins Bett gegangen.
Am Dienstag hatte das Hausmädchen Ausgang, ich habe das ganze Haus gefegt, die Betten gemacht, alles in Ordnung gebracht und den Lunch vorbereitet. Mama war ausgegangen, und ich mußte mit Thorvald und Joaquinito bis fünf Uhr spielen, damit sie sich nicht zankten. Als Mama zurückkam, ging ich in den Garten, ich habe gegossen, gefegt, meine Pflanzen gepflegt bis sieben. Dann habe ich zu Abend gegessen, meine Hausaufgaben gemacht, und die Stunde, die mir dann noch an Zeit übrigblieb, habe ich genutzt, um Strümpfe zu stopfen. An diesem Abend passierte es mir zum zweitenmal, daß ich mit dem Gefühl ins Bett ging, daß ich mich richtig beschäftigt hatte und daß ich das einen guten Tag nennen konnte.
Mittwoch: Vormittags Schule, nachmittags habe ich Knöpfe angenäht, die Strümpfe zu Ende gestopft und dann bin ich nach oben gegangen. Ich habe den Entwurf für ein Theaterstück ausgearbeitet, das ich oben aufführen werde; in den Schubladen bewahre ich die Sachen auf, die ich für die Aufführung brauche: einen Kommunionschleier, über den ich ein hübsches goldenes Netz gezogen habe, einen Hut mit diesem goldenen Schnee, der sehr glänzt, ein ebenfalls goldenes Zepter für die Königin, ein weißes Spitzenkleid, ein breites, rosafarbenes Band für den Gürtel, einen Medici-Hut, der mit einer schwarzen Spitze bedeckt ist, die von der Hutspitze bis auf den Boden fällt, noch ein weißes Kleid, ein blaues Band für die Taille und einen schwarzen, mit Perlen besetzten Mantel für eine zweite Königin, einen Hut mit Federn für den Pagen, einen schwarzen Mantel für den Prinzen, ein weißes, mit rosa Perlen besetztes Spitzenkleid für die Prinzessin und eine Krone aus Pappe, ebenfalls für die Prinzessin.
Ich schreibe das Stück, die Idee ist von Eleanor, ich habe schon die Programme und die Einladungen gemalt. Das soll für Mama eine Überraschung sein, die wir ihr ein paar Tage nach Schulschluß machen wollen.
Aber genug Theater. Ich will ein bißchen von meinem Garten erzählen. Ich habe meine Maispflanzen gezählt: ich habe 156 davon und ungefähr gleich viel Erbsen; ich habe 102 Salatköpfe, zehn Karotten, einen Fliederbaum, sechs Geranien, eine

Kletterpflanze, von der ich nicht weiß, wie sie heißt, eine Hyazinthe, ungefähr zweihundert Radieschen und dreißig Gelbe Rüben, elf Krautköpfe, einen Rosenstock und drei chinesische Lilien. Auf der nächsten Seite will ich Mais, Kohl, Erbsen usw. nach der Natur zeichnen, so wie sie zur Zeit in meinem Garten zu sehen sind.

10. Juni
»Mein lieber, kleiner Papa,
Was ist los, warum schreibst Du nicht?
Ich versichere Dir, ich bin von Tag zu Tag besorgter. Noch nie mußte ich so lange auf Nachricht von Dir warten, und dies ist nun der dritte Brief, den ich Dir innerhalb von drei Monaten schreibe, die beiden ersten blieben unbeantwortet, und nachdem ich ungefähr drei Wochen nach dem letzten Brief gewartet habe, habe ich nun wieder angefangen zu schreiben in der Hoffnung, es wird ein Brief eintreffen, bevor ich diesen hier wegschicke. Beim jetzigen Zustand der Dinge, glaube ich, daß Du vielleicht schreibst, aber Deine Briefe nicht ankommen, das vertieft nur den Haß gegen dieses grausame Untier, das schuld ist an allem; an allem, was los ist und an allem, was los sein wird. Also finde ich mich damit ab und erwarte Deine Briefe, die das einzige sind, was mich hoffen läßt, daß der Traum, Dich in meiner Nähe zu haben, sich verwirklichen könnte.
Ich muß Dir etwas mitteilen, geliebter Papa, etwas, was vor kaum einer Woche stattgefunden hat. Das hätte mich nicht so sehr beschäftigt, wenn ich nicht zur Zeit so viel an meine Berufung denken müßte und alles als Zeichen und Hilfe deuten würde. Du weißt, daß ich alles in mein Tagebuch schreibe, also ziehe ich es vor, einfach die ganze Geschichte von A bis Z abzuschreiben.
›31. Mai: Madame Carlo Polifeme... dieses große schwarze Loch mit Händen, die applaudierten.‹
Während ich das für Dich abschreibe, Papa, wenn ich diese Beschreibung wiederlese, empfinde ich genau dasselbe wie an diesem Abend. Ich glaube, Du wirst mich verstehen, Du wirst diese Gefühle und Eindrücke verstehen. Deine Idee, die Arbeit, die Du leistest, sind sie nicht verwandt mit der Arbeit, die ich machen möchte? Wenn Du Dich mit Deiner Aufgabe beschäftigst, ist das nicht so, wie ich auch einmal arbeiten möchte, aus Liebe zur Kunst, aus Liebe zu allem, was schön ist, im Namen

dieser anderen Sache, die hinter dem Leben steht: dieser Sache, welche diejenigen erkennen, die in ihrer Phantasie das doppelte Leben durchquert haben, das alltägliche Leben und die andere Seite der Welt, das andere Gesicht des Lebens, das so wenige kennen?

Ich glaube ja, Papa, und ich bin sicher, daß Du das erstemal, als Du einen Beifall gehört hast, der ein bißchen Dir galt, daß Du auch das Bedürfnis in Dir gespürt hast, noch mehr davon zu hören, weil Du daran erkanntest, daß Du arbeitest und weil das bedeutete, daß Du den Leuten ein wenig Glück geschenkt hattest, ein wenig Himmel, den zu sehen Dir gelungen war auf der wunderbaren Reise; und auch, weil Du daran erkanntest, daß, wenn Du diesen Leuten ein wenig von dem Glück, ein wenig von dem Himmel schenkst, den zu sehen Dir gelungen war, sie noch mehr davon haben wollen, sie Dir folgen würden: Somit würdest Du neue Anhänger gewinnen, neue Mitstreiter, die für die Kunst kämpfen und Dir dabei helfen, diesen engen Weg breiter zu machen, der zu jenem wunderbaren Land führt, wo alles schön, rein und unbekannt ist.

Bitte, Papa, belehre mich, wenn meine Vorstellungen falsch sind, belehre mich, wenn ich mir falsche Gedanken mache, wenn ich das Ziel Deiner Arbeit und der Arbeit, die ich unternehmen möchte, falsch verstehe. Wenn ich mich irre, wirst Du mir erklären, wieso, nicht wahr, Papa? Denn das ist meine Vorstellung, das ist, was ich glaube, und vielleicht weiß ich nicht genug und täusche mich. Eine sehr undeutliche Vorstellung ist mir aus Deinem *Pour l'art (Für die Kunst)* zurückgeblieben, aber mir scheint, Du sagtest, die Kunst ist alles, was schön ist: ich glaube auch, Du sagtest, Du arbeitest im Namen der Kunst, Du wolltest sie bekannt machen, Du wolltest, daß man sie versteht und daß man an sie glaubt.

Halt! Ich sehe, daß mein Brief länger und länger wird, und ich habe noch so viele andere Dinge zu erzählen. Jedesmal, wenn ich Dir schreibe, vergesse ich, Dich zu fragen, ob Du findest, ich sei schwatzhaft, und ob Dich meine Erzählungen langweilen, geliebter Papa? Ich habe Angst vor einem ›Ja‹, aber wenn es zutreffen würde, könnte ich nur eins tun: Dir Briefe im Telegrammstil schreiben, denn ich kann mich einfach nicht bremsen, den Menschen, die ich mag, viele Dinge über die geringsten Kleinigkeiten zu schreiben. Je länger meine Briefe sind, desto mehr liebe ich den, dem ich schreibe. Großmama und Du, geliebter Papa, ihr seid die einzigen, denen ich gerne solche langen Briefe schreibe, aber ich fürchte doch sehr, daß sie Dich langweilen und ich möchte, daß Du es mir sagst: Dann mache ich sie eben kürzer.

Da wir nur morgens zur Schule gehen, verbringe ich einen großen Teil meiner Tage in meinem Garten. Wir haben 156 Maispflanzen und genausoviel Erbsen, eine große Menge Kopfsalat, Kraut, viel Radieschen, Karotten, einen kleinen Fliederbusch, einen Rosenstock, eine Kletterpflanze, deren Namen ich nicht kenne, zwei Hyazinthen, Geranien am Eßzimmerfenster, Veilchen und vor allem, was ich am meisten liebe, Kapuziner, diese Kletterblumen, die mich an mein geliebtes Uccle erinnern, an unser Häuschen, das Häuschen von Clairette, von Monsieur und Madame Hostelé, die viele von diesen Blumen in ihrem Garten hatten. Dieselbe Blumensorte schmückte die Klinikkapelle, als ich zum erstenmal lernte, wie man die Hände zum Gebet faltet wie diese opferbereiten Nonnen. Übrigens, hast Du noch immer nichts von unseren Freunden aus Uccle erfahren, die ich nie vergessen werde? Falls ihnen irgend etwas Schreckliches zugestoßen ist, Papa, werde ich einmal mehr nicht den Krieg, sondern denjenigen, der dafür verantwortlich ist, hassen.

Aber reden wir nicht vom Krieg; ich muß wie Jeanne d'Arc sagen:
›Mein Herz ist voll von Frankreichs Schmerzen,
Bis in diese öden Stätten, in der Dunkelheit und Stille
Des trauernden Vaterlandes, verfolgt mich das Unglück.‹
Plötzlich habe ich meine große Liebe zur Küche, zur Ordnung, kurz, zu allem, was mit Haushalt zu tun hat, entdeckt. Solange ich mich nicht auf andere Weise nützlich machen kann, versuche ich es so, und es macht mir Spaß, Desserts zuzubereiten, Strümpfe zu stopfen, die Wäsche und andere Dinge zu kontrollieren, von denen ich bisher überhaupt nicht wußte, daß es sie gibt, weil ich immer nur träumte. Jetzt träume ich nicht mehr, weil ich verstanden habe, daß ich nichts tun werde, wenn ich immer träume. Nichts hindert mich jedoch daran, während ich den Kuchenteig rühre, an viele Dinge zu denken, und vor allem erinnere ich mich immer daran, daß Du diesen Kuchen nicht mit uns essen wirst!

Du siehst schon, daß es manchmal recht schwierig ist, nicht zerstreut zu sein, aber ich versuche es und sage mir immer, indem ich an Dich denke: »Bald!« Dieses Bald bedeutet vielerlei; Du wirst bald kommen, bald werde ich *vollkommen* glücklich sein, aber dieses Bald scheint manchmal sehr weit entfernt. Glaubst Du nicht, Papa, daß es doch eines Tages eintreten wird, dieses Bald? Ich warte darauf, und da mein Brief unerträglich lang wird, küsse ich Dich tausendmal sehr zärtlich und verabschiede mich, Deine Dich immer liebende ANAÏS

P. S. Ich habe vom Tod von Madame Carreño erfahren, und genau wie bei Monsieur Granados ist diese große Leere, die man »Tod« nennt, uns sehr nahegegangen; dabei erfüllt es mich mit einem undeutlichen Eindruck des Mitleids angesichts dieser Welt, die nichts anderes tut als weinen... A. N.«

28. Juni
Als ich mein armes, staubbedecktes Heft aus dem Bücherschrank holte, habe ich versprochen, es nie wieder so lange zu vernachlässigen. Aber mein allerliebstes Tagebuch, diesen schändlichen Staub habe ich mit meiner Hausfrauenschürze abgewischt, und diese Schürze, von der ich rede, wird Dich daran erinnern, daß nicht Anaïs Nin dich vernachlässigt hat, sondern die neue Hausfrau, Mamas neue Köchin, die die Feder zur Seite gelegt hat, um sie gegen einen Staubwedel oder eine Nadel zu tauschen, um ihr Heft gegen Kuchenteig zu tauschen. Ich habe mich sehr angestrengt, nicht zu träumen, mich nützlich zu machen, nicht einen Augenblick untätig zu sein, und es fiel mir nicht leicht. Mein Tagebuch erscheint mir wie ein verbotenes Land, in das ich solange nicht eindringen darf, bis ich sagen kann: alle Arbeit ist getan.

Ich habe so viel gekämpft, so viel gearbeitet, daß dieser Augenblick nun gekommen ist. Im Augenblick gibt es nichts im Haus, was nicht getan wäre. Die Strümpfe sind gestopft, der Hof im Garten ist sauber, der Garten ist völlig hergerichtet, die Wäsche hat nicht ein einziges Loch, mein Schrank ist in Ordnung, meine Bänder und meine Kragen sind sauber und gebügelt, meine Bücher sind aufgeräumt, das ganze Haus ist sauber, Mama hat heute einen Morgenmantel anzuziehen, der Nachtisch für heute abend ist fertig, ich habe mir Arbeit vorbereitet, die ich in den Park mitnehmen werde, mit Joaquinito habe ich Frieden geschlossen, meine Briefe sind geschrieben und weggeschickt. Jetzt kann ich mich also hinsetzen und

schreiben. Seit dem zehnten Juni, dem Tag, an dem ich Papa geschrieben habe, gibt es eigentlich nichts Neues, aber ich war sehr beschäftigt. Ich will hier einen weißen Zettel abschreiben, liebes Tagebuch, den ich jede Woche ändere:
Montag: Putzen, waschen, bügeln, kochen, den Hof im Garten fegen, Eleanor besuchen, Näharbeit für Dienstag aussortieren, Gartenarbeit, Bücherei.
Dienstag: Flicken, nähen, ein bißchen lesen, Gartenarbeit, zeichnen.
Mittwoch: Schreiben, ein bißchen lesen, besondere Gartenarbeit, eine Geschichte schreiben, in meinem Schrank Ordnung machen.
Donnerstag: Schreiben, Hof im Garten saubermachen, Gartenarbeit, flicken, malen, ein bißchen lesen.
Freitag: Kirche, lesen, mit Joaquinito spazierengehen, nähen, Gartenarbeit, Hof im Garten saubermachen, schreiben.
Mich zum Nähen hinzusetzen, ist mir am schwersten gefallen. Ich kam mir sehr komisch vor, wie ich ruhig dasaß und nähte, als ob ich das schon immer getan hätte. Das einzige, was mir richtig Spaß machte, war, wenn ich mich in den Finger stach: Das erheiterte etwas mein eintöniges Gesicht, denn ich mußte lachen. Ach, ich dachte, ich könnte schreiben! Jetzt fällt mir plötzlich ein, daß Madame de Sola, eine frühere Freundin von Mama, mich heute nachmittag mit ihrer Tochter Elise abholen kommt, ich werde drei Tage bei ihr in Brooklyn verbringen. Ich habe Elise, die so alt ist wie ich, unlängst kennengelernt. Es klingelt! Sie sind da! Auf Wiedersehen. A. N.

Ach, mein Tagebuch! Ich muß dich also wirklich verlassen! ich gehe drei Tage nach Brooklyn.

4. Juli
Wir waren im Theater und auf Coney Island, aber es hat nicht viel Spaß gemacht, weil ich Elise nicht mag. Sie ist ungezogen und sehr albern, und ich kann mich nicht an den Gedanken gewöhnen, sie als Freundin zu haben. Am Sonntag haben wir Ritalia Betancourt besucht in dem Kloster, wo sie jetzt ist. Ich werde später von ihr erzählen. Montag und Dienstag fühlte ich mich gar nicht wohl und konnte nicht schreiben. Heute waren wir im Kino und sind um zehn zurückgekommen, aber ich schreibe diese Zeilen trotzdem, um zu beweisen, daß ich mein

Versprechen zu halten bereit bin. Ich nehme an, daß ich mich hinterher schämen muß über das, was ich geschrieben habe, denn ich bin so müde und mein Kopf ist so schwer, ich weiß, daß ich nur Dummheiten sage. Bis morgen also! Diesmal wird »Anaïs Nin« wiederkehren und nicht der Wirrkopf, der es immer eilig hat, nein, die ernste Anaïs, die einen ganzen Tag vor sich hat, um mit ihrem geliebten Tagebuch zu reden. A. N.

5. Juli
Ich war mit Mama und Joaquinito am Riverside. Ich habe angefangen zu sticken und Mama hat gelesen. Den übrigen Tag habe ich meine Hausfrauenarbeit getan, ich hätte gern geschrieben, aber Mama will sich vor die Tür setzen, und ich muß mich verabschieden.

13. Juli
Schimpf diesmal nicht, liebes Tagebuch. Am 6. Juli ist Tante Edelmira nach New York gekommen und hat Mama gebeten, sie soll mich doch nach Kew gehen lassen. Ich bin hingegangen und erst gestern abend zurückgekommen; ich war so erschöpft, daß ich nicht mehr schreiben konnte. Ich habe viel Spaß gehabt, aber worüber ich mich am meisten freue, ist, daß ich mit einer Idee zurückgekommen bin, einer Idee für eine Kinogeschichte, die mir eingefallen ist, während ich auf die Straßenbahn wartete und dabei auf einer Bank saß, gegenüber von einem alten, kleinen Holzhäuschen, das verlassen schien.
Ich will sie sofort schreiben. Ich möchte, daß sie gut wird, denn seit langem wache ich jeden Tag damit auf, daß ich mir verspreche, einen Schritt vorwärts zu machen, einen Schritt zu dem hin...was einen Autor ausmacht. Aus meinem Leben gibt es nichts zu erzählen, nur daß ich entdeckt habe, daß ich sehr leide, wenn ich weg bin von zu Hause und weg von Mama, auch wenn es nur ein paar Tage dauert. Als ich aus Kew zurückkam, habe ich gespürt, daß Mamas Kuß und alles, was mein Leben zu Hause ausmacht, mir sehr fehlen, mir sogar so sehr fehlen, daß ich jetzt gestehen will, daß ich jeden Abend vor dem Einschlafen geweint haben, wenn ich an meine geliebte Mama dachte, die vielleicht auch gerade im Begriff war, ins Bett zu gehen, ohne daran zu denken, daß ihr Mädelchen weint, weil es den täglichen Gute-Nacht-Kuß vor dem Einschlafen nicht bekommen hat. Heute morgen beim Aufwachen habe ich mich

gefreut, die Glocke zu hören, die jeden Tag um neun läutet, das Geräusch, das Monsita, das Hausmädchen, beim Ofenanzünden macht. Die Sonne schien strahlend und warm durch ein Fenster herein, das ich beim Aufwachen in Kew oft vermißt habe... Ich habe mein übliches Leben wieder aufgenommen, ruhig und einsam, denn ich gehe mit keiner Freundin weg, da Eleanor auf dem Land ist, ebenso Marian Hearn. Ich will jetzt schreiben...Bis morgen!

14. Juli 1917
Es ist ziemlich spät. Ich habe viel an meiner Geschichte gearbeitet, die sich entwickelt und zu der mich Mama ermuntert, denn ich habe sie ihr gezeigt. Mama verbessert mich und gibt ihr Urteil ab, und somit hilft sie mir. Ich schreibe sehr schnell, ohne aufzuhören, ohne dabei müde zu werden, mit einem unsagbaren inneren Fieber. Ich habe mir fest vorgenommen, sie fertig zu machen mit der fixen Idee, ein Ergebnis, ein Ziel zu erreichen. Und vor allem möchte ich, daß sie »zu etwas nutzt«...Ich spüre, daß ich aufwachen muß, arbeiten muß, denn mein fünfzehnter Geburtstag kommt näher, und ich habe noch nichts getan, um die erste Stufe, die zum »Ziel« führt, hinaufzusteigen. Etwas Unerwartetes hat mich sehr zerstreut in den vergangenen Tagen. Vor ungefähr zwei Wochen ist ein katalanischer Maler, M. Francisco Pausas, den Emilia Quintero Mama vorgestellt hatte, hierhergekommen und hat sie besucht. Ich habe ihn zum erstenmal gesehen. Mama war sehr beschäftigt, und nach einer Weile bat sie mich, M. Pausas mit hinauszunehmen, um ihm den Garten zu zeigen. Ich habe ihm meinen Mais gezeigt, er schaute mich an, ich habe ihm meine Erbsen gezeigt, er schaute mich an, und die ganze Zeit, während ich mit ihm sprach, schaute er mich an. Es war mir nicht unangenehm, aber ich war erstaunt: Ich verstand nicht, was Besonderes an mir war. Als er wieder ging, sagte er Mama, ich sei vom *biscantino*-Typ, das heißt von katalanischem Typ, und nachdem er mich noch einmal betrachtet hatte, fügte er hinzu, ich wäre ein gutes Modell für ein Bild. Gestern abend ist er wiedergekommen. Wir saßen auf dem *stoop* (Außentreppe), und Mama hat ihn aufgefordert, sich da mit uns hinzusetzen. Ich erzählte Joaquinito eine Geschichte, aber ich wußte, daß M. Pausas mich wieder anschaute, aber das machte mir nichts aus, denn ich nahm an, daß er vielleicht meinen katalanischen Typ studierte, da Mama

mir gesagt hatte, die Maler würden oft die verschiedenen Typen studieren. Plötzlich kam die Unterhaltung auf die Malerei, und Pausas sagte, er hätte eine Idee für ein Bild. Später, bevor er ging, bat er Mama, mich für ihn sitzen zu lassen, und er sagte ihr noch, sie solle mich schlicht anziehen, so, wie ich immer angezogen bin, und mich Montag vormittag zu ihm führen. Mama sagte ja. Ich bin ungeduldig auf den Montag und ich weiß nicht, warum, aber ich bin froh.
Mir scheint, es ist etwas Seltenes, für ein Bild Modell zu sitzen, und ich träume davon. Gewiß, vor zwei Wochen hätte ich nie an so etwas gedacht. Der Gedanke, daß ich einen besonderen Typ habe, war mir noch nie gekommen. Aber ich war immer sehr stolz, wenn ich hörte, ich sähe meinem geliebten Vater ungewöhnlich ähnlich.
Ich verstand zwar nicht, warum, denn in meinen Augen ist mein Vater schön, von dieser stolzen, edlen Schönheit meiner Träume. Ich sage sehr stolz, weil das der richtige Ausdruck ist für das, was ich fühle, wenn man mir das sagt; mein Stolz besteht darin zu denken, daß ich überhaupt etwas gleichsehe. Von katalanischem Typ zu sein freut mich, weil ich denke und annehme, daß Papa sehr froh sein wird, denn ich weiß, daß er auf seine Rasse sehr stolz ist.

15. Juli
Ich war ja sooo ungeduldig auf Montag! M. Pausas ist zum Lunch gekommen und hat uns gesagt, er gehe aufs Land und das mit dem Bild wolle er verschieben. Jetzt werde ich mit Mama weggehen, und da wir ins Kino gehen, werde ich die Sache schnell vergessen.

16. Juli
Thorvald hat geschrieben. Er sagt, wir könnten ihn am Donnerstag besuchen. Ich bin sehr froh, denn jetzt, wo Thorvald weg ist, habe ich schreckliche Sehnsucht nach ihm, und ich erkenne seinen Wert. Er ist so sanft, so lieb, so gut zu mir, und das fehlt mir mit Joaquinito, der so ungeduldig und böse ist mit mir.

17. Juli
Ich beschäftige mich noch immer damit, ein perfekter *housekeeper* zu sein, aber, ach Gott, es ist ja so schwer. Es ist gewiß

nicht meine Gewohnheit, mir Sorgen zu machen, wenn ich eine Schranktür offenstehen lasse, und es ist auch nicht meine Gewohnheit, immer daran zu denken, mein Haarband an den richtigen Platz zu räumen, wenn ich es abnehme, oder eine einfache Nadel aufzuheben. Aber nur Mut! Ich glaube, es geht jeden Tag besser.

18. Juli
Es ist so heiß, daß ich keinen Mut habe zu schreiben. Ich glaube, ich werde mich vor die Tür setzen, aber es ist unmöglich, im Mondschein Tagebuch zu schreiben.

19. Juli, neun Uhr
Ich war in Far Rockaway, Thorvald besuchen. Er ist ganz braungebrannt von der Sonne, aber er hat ungeheuer viel Freude daran, mit seinem Freund Jack im Meer zu baden. Auf dem Hinweg hat Mama versucht, mich mit einer halben Fahrkarte in den Zug zu schmuggeln, was nur für Kinder bis zwölf Jahre gültig ist, glaube ich, und es ist gelungen. Als Mama es Mrs. Thayer erzählt hat, meinte sie, vielleicht sei Mama mit der halben Fahrkarte in den Zug reingekommen. Wir haben sehr gelacht. Ich hätte Thorvald gern wieder mitgenommen, Mama auch, aber als sie ihn so glücklich gesehen hat, meinte Mama, es sei besser, sich ein bißchen zu opfern und ihm seinen Spaß zu lassen. Das Haus sieht ein wenig traurig aus ohne Thorvald, und wir haben alle Sehnsucht nach ihm. Wenn ich Thorvald gerade gesehen habe, lächelnd, ruhig, mit seinem lieben Gesicht, und wenn ich dann Joaquinito zu Hause wiedersehe (er war gerade ein paar Tage krank) mit seinem mürrischen Gesicht, seinem Geschrei und seinen Launen, muß ich seufzen, denn der Unterschied ist gewiß sehr groß! Joaquinitos Augen funkeln vor List, und daneben scheinen Thorvalds blaue, unschuldige Augen wie zwei ganz andere Lichter.

31. Juli, acht Uhr
Der heißeste Tag, den ich je erlebt habe. Die Leute sind wie betäubt, völlig niedergeschlagen, und leiden entsetzlich.

1. August
Weiterhin gräßliche Hitze. Ich habe Kopfschmerzen und kann kaum denken.

2. August
Man muß sich Tücher mit Eis auf die Stirn legen, und man verbringt den Tag mit seinen Fächern.

3. August
Es ist zu Ende! Dieser entsetzliche Alptraum, diese tödliche Hitze ist vorbei. Heute morgen hat es geregnet, und nun ist es kühler. Das Ergebnis sind zweihundert Tote, dreihundertsiebenundsiebzig tote Pferde, und vierhundertsieben Menschen liegen im Sterben. Am Dienstag waren wir am Strand, weil wir versuchen wollten, ein bißchen Luft zu schnappen: Die Menschenmassen stürzten sich auf die fahrenden Straßenbahnen und ließen die Leute gar nicht aussteigen. Am Strand verbrannte man sich förmlich auf dem Sand. Erst im Wasser merkte man, daß man überhaupt noch lebte. In den Kabinen, in denen man sich umzog, war die Wäsche brennend heiß. Die Leute saßen auf den Bänken und blickten völlig betäubt ins Leere, der Schweiß rann ihnen ununterbrochen von der Stirn. Im Umkreis der Limonadenstände schlugen sich die Leute ums Trinken. Das Wasser kostete fünf Cent das Glas und es gab nur ganz wenig; ein Mann hatte den Kopf in einen Eimer voll Eis gesteckt, und auf dem Rückweg stapfte die Menge über die Ohnmächtigen und kämpfte um die Plätze in der Straßenbahn. Sogar auf dem Schiff, wenn es voll in Fahrt war, konnte man kaum atmen. Mama hat geschworen, nie wieder nach Midland Beach zu fahren, und alle sagten dasselbe. Die Männer bekamen Platz, weil sie schoben und drängelten, und die Frauen mit den kleinen Kindern und den Säuglingen warteten verzweifelt auf die nächste Bahn. Viele Leute haben die Nacht im Park verbracht, auf dem Gras liegend, aber es half nichts. Heute ist jeder heilfroh über diesen Wechsel, und die Abkühlung hat sicherlich viele Sterbende gerettet. Mama ging es sehr schlecht, und ich hatte ziemlich Angst, denn sie leidet entsetzlich an solchen Hundstagen. Aber es ist zu Ende! Wenn es wiederkommt, werden wir wieder leiden, aber im Augenblick leben wir. Der Kopf tat mir wirklich weh, und die Feder zitterte in meiner Hand, wenn ich zu schreiben versuchte. Es ist zu Ende. Zum erstenmal werde ich wieder schlafen nach drei Nächten!

4. August
Ich habe Eleanor besucht. Wir haben jetzt einen Club, der sich

Club des Geheimdienstes nennt. Gertrude hat ihn gegründet, und ich bin sofort Mitglied geworden und dann Präsidentin. Ich habe die Gelegenheit genutzt, um vieles zu ändern und interessanter zu gestalten. Zum Beispiel müssen wir jeden Tag eine gute Tat vollbringen, sonst werden wir bestraft und verlieren das Recht, während zwei Versammlungen unsere Meinung zu sagen. Wir haben eine Versammlung in der Woche. Ich habe ein Motto gefunden: »Leben wir, um nützlich zu sein und seien wir nützlich, um zu leben.« Wir werden jeden Monat eine Zeitschrift herausbringen mit Geschichten und Bildern, Gedichten und anderen Sachen. Bei jeder Versammlung zahlen wir zwei Cents, und mit diesem Geld kaufen wir das Papier für die Zeitschrift und für die Dinge, die wir brauchen, wenn wir ein Theaterstück aufführen. Mit dem Geld der Zeitschrift und der Theateraufführungen wollen wir Ausflüge machen und Spenden. Ich hoffe in der Tat, daß dieser Club lange halten wird!

5. August, ein Uhr
Das Wetter ist weiterhin erträglich. Wir haben heute nicht vor auszugehen, deshalb habe ich angefangen zu schreiben.
Ich habe vergessen, meinem Tagebuch zu erklären, wie ich jede Woche einen Dollar fünfzig verdiene. Die Dame, die in dem großen Zimmer im dritten Stock wohnt, das Zimmer, das zum Garten hinausgeht, Miss Nooman, ist fünf Wochen nach New York gekommen, um während des Sommers in einer Schule Spanisch zu lernen. Eines Tages hat sie mich gefragt, ob ich einen Dollar fünfzig verdienen wolle, indem ich an drei Tagen in der Woche eine halbe Stunde mit ihr Konversation mache. Sie hat schon sechs Unterrichtsstunden mit mir genommen, und ich habe drei Dollar verdient, worüber ich mich sehr gefreut habe. Ich arbeite viel an meiner Geschichte, diejenige, die »zu etwas nutzen« soll. Ich lese viel und denke über meine Berufung nach. Ich bin nach wie vor Mamas *housekeeper*.
Das sind meine Beschäftigungen. Ich höre jetzt schnell auf mit meinem Tagebuch, denn ich muß Papa schreiben.
»Mein lieber, kleiner Papa,
Da ich mich ohne Nachricht von Dir sehe, will ich Dir trotzdem schreiben, damit Du nicht die große Sorge empfindest, die ich empfinde...«

6. August, sieben Uhr
Am Sonntag habe ich meinen Brief unterbrochen, um mit Mama auszugehen, die plötzlich ihre Meinung geändert hat, weil das Wetter so schön war.
Heute habe ich nichts Besonderes getan. Keine Neuigkeit von M. Pausas' Bild, ich kümmere mich nicht mehr darum.
Mama erwartet mich vor dem *stoop* (Außentreppe), und ich muß gute Nacht sagen. A. N.

7. August, halb neun Uhr
Ich war am Riverside mit Joaquinito und Thorvald, der aus Far Rockaway zurück ist, aber Joaquinito wird jeden Tag schlimmer mit seinen unerträglichen Launen, und ich mußte zurückkommen. Jetzt hat er eine Katze, eine ganz süße, die gerade geboren wurde. Sie hat kleine blaue Augen, und ihr Fell ist schwarz und weiß. Sie sieht sehr klug aus, und vor allem ist sie überaus niedlich, wenn sie mit jedem spielt. Sie ist meine kleine Freundin, und ich mag sie sehr. Wir lachen sehr über Joaquinitos Bemerkungen zur Katze. Hier sind einige:

BEMERKUNGEN ÜBER EINE KATZE
von Joaquinito Nin

Sie hat einen Zwillingsbruder...Es ist ein Junge...Er ist älter als seine Mama, nicht wahr?...Man sagt, daß die Katzen hundert Jahre leben, dann kann sie auch mit meinen Kindern spielen, nicht wahr?...Wird sie seekrank?...Ich glaube, sie hat Kopfschmerzen...Wenn sie schläft, schnarcht sie...Es ist ihr zu warm mit ihren Haaren!...Ich will sie mal tüchtig abseifen, damit sie ganz weiß wird...
Ich muß aufhören und gute Nacht sagen, denn da Joaquinito im Bett ist, können wir aufatmen.

8. August, halb neun Uhr
Ich fühle mich nicht sehr gut. Da ich einen meiner Anfälle von allgemeinem Unwohlsein voraussahnte, bin ich in die Leihbücherei gegangen und habe mir einen Vorrat an Büchern geholt.
Ich habe einen Brief von Marian Hearn bekommen, die in Ferien ist und von der ich lange nichts gehört hatte. Meine Kusine Caridad Sanchez hat mir auch geschrieben, und ich

freue mich sehr, wenn ich diese Kusine mal wirklich kennenlerne, denn bisher kenne ich sie nur aus Briefen. Das Wetter hält sich zu meiner großen Freude, und Mama fühlt sich viel besser.

Marraine erwartet mich, um einen kleinen Spaziergang zu machen, bevor sie zum Roten Kreuz arbeiten geht, wo sie den größten Teil ihrer Zeit verbringt. Ich muß gehen. A. N.

9. August, halb neun Uhr
Ich hatte es doch gewußt! Heute mußte ich im Bett bleiben, aber ich konnte mich nicht beklagen. Zum Frühstück habe ich meinen Morgenmantel angezogen, und danach habe ich mich mit vielen Kissen wieder ins Bett gelegt; das Bett war voll von Büchern, und die Katze war auch dabei. Ich begann zu lesen und streichelte sie nebenbei. Laut Mama war ich »abwesend«, laut Thorvald habe ich »die Nase ins Buch gesteckt« und laut Joaquinito bin ich »Madame Störenfried«. Ich habe bis Mittag gelesen, und Monsita, das Hausmädchen, hat mir einen schönen großen Lunch auf einem Tablett gebracht, denn dieses allgemeine Unwohlsein wirkt sich nie auf meinen Appetit aus.

Um halb drei sind Eleanor und Gertrude gekommen. Wir haben geredet und gelesen, danach ist Belica Tallet gekommen, und ich mußte meine Märchen beiseite legen, die mich zufällig in diesem Augenblick sehr interessierten.

Um dreiviertel sechs hat mir Mama erlaubt, einen Augenblick aufzustehen, und ich habe so sehr gebettelt, daß sie mich hat hinaufgehen lassen für meine Unterrichtsstunde. Übrigens verdiene ich zwei Dollar diese Woche. Ich habe mit der Familie zu Abend gegessen und habe mich eine Zeitlang auf den *stoop* gesetzt, und dann bin ich rein zum »Plaudern«.

Mama hat einen Brief von Tante Antolina bekommen, die ihre Ankunft am Sonntag ankündigt. Ich freue mich, meine Tante wiederzusehen, auch Antolinita, die ich sehr mag, trotz ihres launischen Charakters. Sie sagt, sie würde mir Bonbons und eine Überraschung mitbringen und kubanische Desserts für die ganze Familie. Wie immer hat ihre Ankunft tausend großzügige Geschenke zur Folge. Mama hat die Zimmer im zweiten Stock hergerichtet.

Wir warten.

M. Pausas ist gekommen, ich glaube vorgestern abend, aber von dem Bild hat er gesagt, er wolle warten, bis es kühler wird,

denn er sagte, ich sehe so schwach aus, daß er Angst hat, es würde mich zu sehr ermüden. Wenn ich einen Schnurrbart gehabt hätte, dann hätte ich in meinen Schnurrbart hineingelacht, wie man auf Spanisch sagt, aber da dieses graziöse Attribut nicht Zierde meines Geschlechtes ist, habe ich höflich gelächelt.
Als dieser Herr wieder gegangen war, schaute Mama mich an und sagte: »Du bist wirklich die Tochter deines Vaters, wenn du immer aussiehst, als würdest du gleich sterben!« Ich habe lange gelacht und Mama noch mehr als ich, denn das gehört zu den üblichen Witzen, die man über »Frau Bohnenstange« macht.
In der Hoffnung, daß es ihr morgen bessergeht, verneigt sich die Bohnenstange mit Schnurrbart vor ihrer geliebten Majestät.
A. N.

10. August, halb neun Uhr
Ich habe Mama versprochen, nur ein paar Zeilen zu schreiben, damit sie nicht auf mich warten muß, um sich vor dem *stoop* hinzusetzen.
Ich bin heute aufgestanden, und da ich mich besserfühlte, habe ich sogar eine Zeitlang in meinem Garten gearbeitet. Der Mais ist wunderschön, und in eineinhalb Wochen werden wir welchen essen davon. Es macht mir Spaß, alles zu beobachten und zu pflegen. Das Kätzchen folgt mir überallhin, während ich arbeite, und einmal ist es sogar ausgerutscht und in ein Loch gefallen, das ich gerade gegraben hatte, um einen Rosenstock zu pflanzen. Ich richte alles schön her, damit Tante Antolina meinen Garten in tadellosem Zustand findet, wenn sie kommt. Verzeihung, ich habe doppelt soviel geschrieben, als ich es sollte, aber ich habe soviel zu sagen, und was sind schon die paar Zeilen für mein Tagebuch? Nächstesmal werde ich recht lange schreiben. Gute Nacht.
A. N.

16. August, zwei Uhr
Am Sonntag ist Tante Antolina um halb fünf angekommen. Mama hat sie oben im zweiten Stock untergebracht, in dem Zimmer zum Garten hinaus. Wir essen unten. Tante Antolina hat mir ein hübsches Armband mitgebracht. Aber ich muß mich fast den ganzen Tag um Antolinita kümmern und kann nichts Sinnvolles machen. Zum erstenmal ist mir das Ange-

nehme der Freiheit klar geworden, und ich leide sehr darunter, mit Antolinita spielen und meine Zeit verlieren zu müssen. Meine Tante ist sehr nett zu mir, und ich sage nichts, aber ich gestehe, daß ich mich wohler fühlte, als Antolinita nicht hier war. Ich hatte kaum Zeit, diese wenigen Zeilen hier und einen kurzen Brief an Eleanor zu schreiben, die in Far Rockaway ist. Auf Wiedersehen! Ich werde versuchen, einen anderen Augenblick dieser heißgeliebten Freiheit zu finden, ohne die ich nicht lange leben könnte, fürchte ich. Zum Glück wird das nicht lange dauern.

A. N.

17. August, halb neun Uhr
Du bist zur Zeit mein einziger Freund, liebes kleines Tagebuch, denn aus reiner Bosheit, Undankbarkeit und Lüge ist es ihm gelungen, Mama von seiner Meinung zu überzeugen, und nun ist Mama böse auf mich, Thorvald auch, und Marraine glaubt sicher, daß ich noch boshafter bin bis Joaquinito, und Charlie und Antolinita sind böse, daß ich nicht mit ihnen Karten spielen will. Außer meinem Tagebuch bleibt mir nur noch die kleine Katze, die zum Glück an Joaquinitos Lügen nicht glaubt. Nein, mein liebes Tagebuch, du kannst dich glücklich preisen, daß du den launischen Lügner, den undankbaren bösen Teufel, gar nicht kennst, den ich als Bruder habe. An einem anderen Tag werde ich in aller Ruhe von mir selbst reden, denn im Augenblick zittern meine Hände vor Empörung und vor Wut. Gute Nacht.
Das Kätzchen beißt an meiner Feder herum.

A. N.

19. August
Wir waren im Kino: Mama, Joaquinito, Antolinita und ich. Die Geschichte eines romantischen jungen Mädchens hat mich sehr beeindruckt: Sie war unglücklich und wurde von allen getadelt, verstoßen und verbannt, alle machten sich lustig über sie. Ich bewunderte ihre Gefühle und sie tat mir leid, aber als am Schluß ihr Traum, ihre Idealvorstellung in Erfüllung ging, habe ich sie aufrichtig bewundert und ich habe mir fest vorgenommen, es ihr gleichzutun.
Es war mir jedoch eine Lehre. Wenn man jemanden, der träumt, romantisch nennt, dann bin ich romantisch, aber mein Geheimnis wird nicht preisgegeben, ich werde immer nur mit meinem Tagebuch träumen. Wir zwei allein, wir werden in

aller Ruhe träumen, wenn die Zeit zum Träumen gekommen ist. Außerhalb dieses wertvollen Augenblicks werde ich keinen Schritt von der Küche weichen oder von den anderen Stellen, wo man realistisch, feierlich, ernst oder vielleicht mürrisch sein muß.

Wenn es Zeit ist zum Träumen, werde ich fröhlich sein oder traurig, je nachdem, wie ich es will. Ich will nicht, daß man von mir sagt: »Sie träumt die ganze Zeit!« Nein, dazu bin ich ein bißchen spät gekommen, man kann nicht mehr *immer* träumen. In dem Jahrhundert, in dem ich lebe, müssen die Leute, die träumen, ihre Träume nehmen, sie aufschreiben, sie verkaufen und Geld damit machen.

Hirngespinste? Man wird sie nehmen, sie eine »Idee« nennen, und dann werden sie zu einer »Sache«. Damit meine Träume und meine Hirngespinste mir gehören können, damit sie nie wahr werden, damit ich sie immer zurückrufen kann, sie mögen mich begleiten, mir eine Lebenshilfe geben, werde ich sie im tiefsten Innern meiner Seele oder in den verborgensten Seiten meines Tagebuchs aufbewahren.

Verlassen wir schleunigst unsere Gedankenkrone, unseren Mantel des »Was-ich-Glaube« und binden wir die schmutzige Schürze des »Was-Geschieht« um. Meine Wut gegen Joaquinito ist verflogen, und jetzt schäme ich mich über das, was ich über ihn geschrieben habe, wenn ich es nachlese. Einmal mehr verstehe ich, wie wenig ich mich selbst beherrsche, aber anstatt diese Seite aus meinem Tagebuch herauszureißen, will ich sie drin lassen als Zeugnis meines hitzigen Charakters, der mich sogar dazu bringt, Böses über meinen Bruder zu schreiben. Ach, dieser Charakter ist sogar dazu in der Lage, mich zu schlimmeren Dingen zu verführen, aber ich werde mich beim Anblick dieser Seite daran erinnern und mich in acht nehmen.

Vor ein paar Tagen habe ich mein Tagebuch wiedergelesen, aber anstatt zufrieden zu sein, war ich oft gegen mich selbst verärgert wegen der Dummheiten, die ich geschrieben habe, und ich wollte diese Seiten herausreißen, aber Mama hat meine Geste gesehen und hat mich nach den Gründen gefragt; als ich sie ihr erklärte, sagte sie mir, ich sollte sie nicht herausreißen, ich würde später über diese Dummheiten lachen, und ich würde auch lernen, sie nicht wiederzumachen. Vielleicht ist das, was ich im Augenblick sage, auch eine Dummheit oder gleich mehrere, die ich erst in ein paar Jahren erkennen werde, aber wenn ich sie alle herausreißen würde, was würde dann von meinem Tagebuch noch übrigbleiben, von meinem Leben, das selbst eine Dummheit ist in seiner ewigen Eintönigkeit? Sie werden bei mir Gnade finden, meine verflossenen Dummheiten, und ich werde sie wieder lesen, wenn ich einmal Lust habe zu lachen. Was hat mich zum Beispiel vor zwei Jahren dazu verleitet, zu glauben, daß Papa am Weihnachtstag kommen würde? Die Hoffnung? Nein. Der Glaube? Nein. Ich glaube, daß ich damals naiv war und daß ich der Meinung war, Weihnachten müsse sich wirklich durch ein wunderbares Ereignis vom Alltag unterscheiden wie in den Märchen, diesen naiven Märchen, an die ich glaubte. Ich war davon überzeugt, daß mein Leben so sei wie in diesen Geschichten, und ich fand es natürlich, daß etwas Wunderbares geschehen sollte. Was geschieht jetzt? Ich habe die Schönheit, das Wunderbare, den Traum, aus denen diese Märchen bestehen, verstanden, und ich habe auch verstanden, daß mir nichts Schönes, nichts Wunderbares, überhaupt nichts, nicht einmal eine Spur von Traum, passieren könnte, mir, einer normalen Sterblichen, die höchstens an diese Märchen *glauben* kann. Das Ergebnis ist einfach. Ich mache es wie alle Leute: Am Tag, an dem ich meinen geliebten Vater tatsächlich wiedersehen werde, werde ich ganz einfältig dastehen und sagen: »So ist das Leben!«, anstatt wie in den Träumen fröhlich zu sagen: »Es ist ein Traum!«

Arme Welt! Wenn die Märchen wahr wären, glaubst Du, liebes Tagebuch, daß wir gut genug wären, um sie zu verstehen und zu erleben, wie es die mutigen Helden und die herzensguten Heldinnen tun? Die Märchen können nicht wegen *einem selbst wahr* sein, denn alles, was schön ist, hat man nicht behalten können, man hat es in ein Buch einordnen und es »unmöglich« machen müssen.

Ich höre plötzlich auf, weil ich meine Schürze der »vorübergehenden Dinge« zerfallen sehe. Morgen werde ich sie wieder aufgreifen.

A. N.

31. August 1917

158 West 75th St., N. Y.

»Mein lieber, kleiner Papa,
Da ich mich ohne Nachricht von Dir sehe, will ich Dir trotzdem schreiben, damit Du nicht die große Sorge spürst, die ich wegen

dieses langen, unendlichen Schweigens spüre. Bist Du krank? Wenn das der Grund Deines Schweigens ist, bitte, bitte, schicke mir wenigstens ein paar Worte und laß mich wissen, ob ich mich irre. Da ich lange gewartet habe, bis ich diesen Brief zu schreiben angefangen habe, gibt es viel zu erzählen, aber ich wünschte, Du könntest es erraten, denn es entmutigt mich, von mir zu sprechen und von dem, was passiert, wenn ich bedenke, daß ich nichts, absolut nichts von Dir weiß...

Ich mußte meinen angefangenen Brief einen Tag lang unterbrechen; welch eine Freude, als ich heute morgen Deine Ansichtskarte bekam? Ich bin sehr froh, daß Du nicht krank warst, wie ich geglaubt hatte, und daß dieses Schweigen auf Deine vielen Beschäftigungen zurückzuführen ist. Wenn Du mir schreibst, erzähle mir bitte von Deiner Tournee, Deinen Erfolgen und den Ergebnissen. Glaubst Du, daß Du weiterhin reisen mußt? Schreib mir einen ganz langen Brief, um alle diejenigen zu ersetzen, die ich hätte bekommen sollen, um meine Sorgen zu beruhigen. Genau in derselben Zeit habe ich auch keinerlei Nachricht von Großmama bekommen, aber schon sehr lange, und weder Mama noch ich wußten irgend etwas von dort.

Was hältst Du von den Amerikanern, die zu Euch hinübergekommen sind? Gewiß, wenn Du sie alle auf Grund dieser wenigen beurteilst, wirst Du Dich in mehreren Punkten irren, denn es wurden die Besten dorthin geschickt, die es hier gibt. Als sie ausgerückt sind, habe ich sie ganz ehrlich beneidet. Sie sollten mein Vaterland kennenlernen, sie sollten für mein Vaterland kämpfen, ich hingegen, ich kenne es kaum und ich kann nichts tun. Aber nie, nie, nie werden sie es so lieben können, wie ich es liebe...

Beiliegend findest Du zwei Gedichte: ›Auf dem Schlachtfeld sterben‹ und ›Mama‹. Du wirst feststellen, daß es mir jetzt nach und nach gelingt zu reimen; Madame Sarlabous habe ich es zu verdanken, daß ich meine Gedichte mit mehr Berechtigung ›Gedichte‹ nennen kann. Ich habe eine kurze Geschichte geschrieben, und wenn sie mit der Maschine getippt ist, werde ich versuchen, sie in einer Kinderzeitschrift zu veröffentlichen. Ich versuche es halt mal, denn ich will das, was ich bin, nutzen in diesem großen Land, wo es Platz für alle gibt, ich will lernen, meinen Weg zu gehen. Ich greife meinen Brief wieder auf nach einer Unterbrechung, die eine Woche gedauert hat. Heute, am

7. September, sind Marraine und ich wieder zurückgekommen nach einer Woche Urlaub, die wir in Norwalk (Norovok), Connecticut, verbracht haben. Marraine hat mich eingeladen, und Du kannst Dir nicht vorstellen, wie angenehm diese Woche war und wie sehr sie uns wohlgetan hat. Ich würde Dir gern den Ort beschreiben, der sehr schön ist, aber mir ist klar, daß es unmöglich ist, in einen Brief alles hineinzupacken. Jetzt erst fällt mir auf, daß ich Dir Unmengen erzählt habe, denn es ist ungefähr drei Monate her, seitdem ich Dir zum letztenmal geschrieben habe, weil ich immer auf Deinen Brief wartete. Wir gehen schon wieder in die Schule, aber in eine andere, eine öffentliche Schule, solange an der neuen katholischen Schule gebaut wird. Der Schulwechsel hat sich als sehr gut für uns erwiesen, was Mama wieder einmal vollkommen beruhigt in Bezug auf unsere Erziehung.

In dieser Schule lerne ich sehr ernsthaft und sehr gut: Zeichnen, Turnen, Kochen und Handarbeit zusätzlich zu den anderen Dingen. A propos Schule, ich war sehr froh neulich, als die Aufsatzlehrerin mich sehr gelobt hat wegen eines Aufsatzes. Sie hat ihn vor der Klasse vorlesen lassen, die höflich applaudiert hat; danach hat sie gesagt, daß sie sich sehr freuen würde, wenn ich mich an sie erinnere, wenn ich einmal berühmt bin und wenn ich ihr meine Werke zu lesen gebe; sie meinte auch, daß ich dann stolz sein könnte auf meinen Namen. Dieser Erfolg, der meinen Namen in der Schule berühmt gemacht hat, hat mich sehr ermutigt, abgesehen davon, daß es auch der Grund dafür war, daß alle Mädchen, um mir eine Freude zu machen, gelernt haben, meinen Namen auszusprechen, wie es sich gehört. Aber, lieber Papa, ich habe sehr schnell bemerkt, was der Erfolg, und sei er noch so gering, bewirkt: er zieht immer diese Prozession von Schmeichlern an, die mich jetzt wie die Schmeißfliegen umgeben; aber es gibt ein Mittel dagegen: den Fliegenfänger aus Klebepapier; ich habe also folgendes getan: Ich habe sie reden, reden, reden lassen, dann habe ich etwas sarkastisch gelacht und habe ihnen, freundlich dankend, auf Wiedersehen gesagt. Aber ich habe nichts ernst genommen; ich habe sehr gelacht, als zum Beispiel ein fünfzehnjähriges Mädchen, das in einer Klasse über mir ist, von einer Lehrerin zur Präsidentin der ›Betragenspunkte‹ ernannt wurde, und als sie dann ihr Privileg ausnutzen wollte und überheblich und ungerecht gegen alle anderen Mädchen wur-

de. Ohne böse Absicht ließ ich eines Tages ein Buch fallen, und sie gab mir fünf Minuspunkte im Betragen. Ich habe nichts gesagt. Als drei Tage später mein Aufsatz meinen Namen in der ganzen Schule bekannt machte und das gleiche Mädchen, diese überhebliche, ungerechte Präsidentin, mich während der Pause mit einem offenen Schuhband sah, kniete sie sich lächelnd vor mich hin, um es mir zu binden. Ihr Verhalten verschlug mir die Sprache. Armes Mädchen! Hinterher habe ich sehr gelacht, und als sie sich wegen der fünf Punkte entschuldigte, habe ich es auch sofort getan, und darüber hinaus habe ich ihr dann, als ich an der Reihe war, Präsidentin zu sein, zwei *Bonus*-Punkte geschenkt. Seit diesem Tag bin ich doppelt so aufmerksam, und in der gleichen Schule, die oft so eintönig erscheint, habe ich viele kleine Vorfälle, Handlungen und Charakterunterschiede beobachtet, die für mich Grund zum Nachdenken, Stoff zu seltsamen Überlegungen liefern. Ich beobachte und ich höre zu jetzt, reden werde ich später, wenn ich groß bin...Meinen Brief habe ich noch einmal unterbrochen, aber dank dieser Unterbrechung konnte inzwischen Dein Brief, Dein langer Brief, hier eintreffen, der voll ist von guten Nachrichten, über die ich mich unendlich freue. Du hast viel geschrieben, der angenehme Augenblick hat lange gedauert, und ich danke Dir tausendmal für die Arbeit, die Du mit dem Schreiben dieses langen Briefes auf Dich genommen hast zwischen zwei Unterrichtsstunden oder während Deiner kurzbemessenen Freizeit.
Jetzt können wir fröhlich und unbesorgt weiterplaudern, da Du nicht krank bist. Ich sehe, daß Du Dich hast ausruhen und ein bißchen amüsieren können und daß Du wieder Kraft geschöpft hast, um wieder anzufangen. Bravo für das Orquesta de Cámara Valenciana, das schließlich Herrn J. J. Nin als überaus würdig anerkannt hat, als Solist engagiert zu werden; und weißt Du, diesen Erfolg, an dem ich nie zweifle, ich wünsche ihn Dir von ganzem Herzen und doppelt so groß wie üblich.
Du sagst, das Vorhaben, hierherzukommen, sei auf unabsehbare Zeit verschoben, die Garantien genügten nicht. Ach, wenn ich doch Manager sein könnte, ich würde New York vollkleben mit Plakaten, überall würde ich herumposaunen, wer Du bist, Du würdest bei mir Millionen von Dollars verdienen und außerdem...bekämst Du alles, was Du willst, nur damit Du kommst und bei uns bleibst. Lach nicht, es ist nicht komisch,

das versichere ich Dir, es ist das einzig Gescheite, was ich bisher sagen konnte, auch wenn es so unmöglich erscheint. Aber da ich nichts tun kann, werde ich Dir eben weiterhin ab und zu ein paar Schnappschüsse von Madame Quintero schicken. Deine Tochter wächst sehr, nicht wahr? Was hältst Du von Thorvald, dem Erfinder dieses militärischen Grußes, den wir für Dich machen? Du sprichst von den Preiserhöhungen in Paris, das verstehe ich; hier wundert man sich über den Butterpreis: fünfzig Cents das Pfund und neunundvierzig Cents das Dutzend Eier; ich frage mich, wie das in Paris werden soll. Sprich nicht von Geschenken, Papa, mach Dir keine Sorgen, denn es würde mir keine Freude machen zu wissen, daß Geld für Nichtigkeiten ausgegeben wird, wo ich mir doch wünsche, daß Du Frankreich all das gibst, was Du uns allen sonst geben würdest.

Sicher hast du vom amerikanischen ›Liberty Bond‹ gehört, der auf ungefähr fünf Billionen Dollar gestiegen ist. Mama hat tapfer und großherzig hundert Dollar gegeben und einen verkauft. Neulich hat sie uns einen von fünfzig Dollar für Joaquinito, von fünfzig Dollar für Thorvald und von fünfzig Dollar für mich gekauft. Unsere Pflicht hier wird erfüllt, und gut erfüllt, glaubst Du nicht?

Um auf das zu antworten, was Du über meine ›Episteln‹ schreibst, muß ich Dir etwas versprechen, nämlich, daß ich nicht mehr so lange warten werde, bis ich Dir schreibe; aber Du mußt mir versprechen, daß Du nicht glaubst, daß ich zu schreiben aufhöre, wenn *Du* nicht schreibst. Du sagst, daß Du es in diesen Augenblicken am meisten brauchst, und ich werde immer daran denken und nicht mehr auf Deine Briefe warten; aber glaube bitte nicht mehr, daß ich Dir deshalb böse bin, mein lieber, kleiner Papa. Mir ist jetzt erst klar geworden, wie wenig Zeit Du zum Schreiben hast, und Du machst mir Freude, wenn Du ein paar Zeilen schreibst, ein wenig... oft!

Du sprichst von Deinen grauen Haaren. Du bist traurig und bedauerst es. Ach ja, das Alter verschont leider niemand, aber versuche es zu vergessen, mein geliebter Papa, denn jemand anderer noch zählt die Jahre, die vorübergehen, diese Jahre, die die Liebe zum Vater festigen, diese ach so traurigen Jahre, in denen die langen Tage der Trennung langsam, aber traurig vorübergehen! Vielleicht habe ich mich nicht richtig ausgedrückt, vielleicht hast Du anhand meiner Erzählungen

geglaubt, ich wolle auf dem Theater Karriere machen; aber das eine Mal wollte ich nur Madame Polifeme einen Dienst erweisen, die aus ihrer *Jeanne d'Arc* einen Erfolg machen wollte, damit dann anschließend ein Manager die Sache in die Hand nimmt. Das Theater ist weit davon entfernt, mir als Beruf zu gefallen, glaube mir.
Ich kann Dir die Noten nicht schicken, die ich in der Schule habe; letzten Monat waren sie nicht sehr befriedigend, denn ich wußte über diese Schule und die Art des Unterrichts nicht Bescheid. Diesen Monat habe ich nur zwei Dinge, zwei Themen, die mir sehr schwierig erscheinen und die mir nicht viel Erfolg bringen, zumindest nicht genügend, um meine Arithmetik-Lehrerin und meine Grammatik-Lehrerin zu befriedigen, aber die Lehrerinnen sind sehr nachsichtig, sehr geduldig, und im Juni wird es mir gelingen, graduiert zu sein.
Nun hat sich mein Brief doch wieder unendlich in die Länge gezogen, aber egal! Ich habe diesmal ja auch so lange nicht mit Dir geredet. Schreib mir ein paar Zeilen, sobald Du kannst, und sag mir, was Du von meinem kleinen Photo hältst.
Epilog:
Ich umarme Dich sehr heftig und lange
Dein Anaïs-Mädelchen.«

1. Dezember 1917*
»Geliebter Papa,
Das erste, woran mich alles um mich herum erinnert und was ich von ganzem Herzen für Dich wünsche, das ist ein ›frohes Weihnachten‹!
Der Lärm, die Hektik und alle anderen lauten Emotionen, die mich umgeben, verstummen langsam und werden zu einem undeutlichen Gemurmel, wenn ich Dir gegenüberstehe. Meine Feder wird hier die innigsten Wünsche meines Herzens niederschreiben, aber sie zögert...
Ach, wie schwer es ist, Dein Gesicht in mir hervorzurufen, zu versuchen, mich an Deine Gesten, an Dein Lächeln zu erinnern, wenn ich vergessen will, daß Du nicht da bist. Irgendwo ist eine Leere; niemand außer Dir kann sie ausfüllen, und das fröhliche, das prachtvolle Weihnachtsfest, wenn alle kniend

---

* Vermutlich ist diese dreimonatige Unterbrechung auf den Verlust eines Heftes zurückzuführen. D. H.

ihre Blicke und ihr Herz zum Himmel wenden, erinnert mich, anstatt mir Vergessen zu bringen, an Deine schmerzliche, ewige Abwesenheit! Mehr noch als während des übrigen Jahres. Anstatt Dir um den Hals zu fallen, Dich zu küssen, mich auf Deinen Schoß zu setzen, muß ich meine Feder über dieses häßliche Papier führen und schreiben: ›Frohe Weihnachten!‹
Glaubst Du, daß diese beiden Worte etwas bedeuten, wenn sie auf dem Papier geschrieben stehen? Nein. Ich hasse sie, ich betrachte sie mit überheblicher Miene, diese beiden Worte, die mein ganzes Wesen Dir zurufen möchte, das Herz vor Freude und Dankbarkeit überquellend. Aber da Du nichts tun kannst, Papa, lies diese Worte und bemühe Dich zu verstehen, daß sie ernst, sehr ernst gemeint sind. Sicher wirst Du Freunde haben, gute Freunde, die es Dir auch sagen, aber sie werden es Dir nicht so sagen wie ich. Du wirst Weihnachten mit ihnen feiern, vielleicht wirst Du glücklich sein, aber glaubst Du nicht, daß es besser wäre, wenn Du mit Deiner Tochter und Deinen Söhnen zusammen wärst?
Nein, ich kann mir nicht vorstellen, daß Du glücklich bist; jedesmal, wenn ich versuche, mir Dein geliebtes Gesicht zu vergegenwärtigen, gelingt es mir nicht, Dich lächeln zu sehen; im Gegenteil, Dein Blick ist traurig, Dein Mund verzerrt sich und Du versuchst zu lächeln, und mir steigen die Tränen in die Augen...Antworte mir, sag mir, ob es wahr ist, daß Du zu Weihnachten weinen wirst, einsam, verlassen, traurig und vielleicht unglücklich? Wenn dies Dein Zustand ist, glaubst Du nicht, daß Du kommen und getröstet werden könntest, denn der Wille wirkt oft Wunder? Warum muß man wegen eines Mißverständnisses, wegen eines unpassenden Wortes so lange leiden, manchmal sogar für immer? Du wirst mir, was ich im Augenblick schreibe, verzeihen, Papa, aber ich bin groß, ich verstehe und ich würde, ohne zu zögern, mein Leben hergeben, wenn es Dich und vielleicht auch Mama glücklich machen könnte.
Das Leben ist so kurz, so undankbar, so bitter, warum sollte man sich nicht ein wenig anstrengen, um es für die anderen und für sich selbst angenehm und fröhlich zu machen? Das dumpfe Geräusch hat sich gelegt, nach und nach haben die fröhliche Betriebsamkeit, die verschiedenen Geräusche wieder eingesetzt, und langsam verschwindet Dein schwermütiges

Gesicht und taucht im Schatten unter. Unser Zwiegepräch ist zu Ende. Geliebter Papa, frohe Weihnachten! Ich erwarte Deine Antwort, da Du nicht lächelst, hoffe ich. A. N.«

16. Dezember
Ich stand vor dem Fenster und betrachtete den Baum, die gegenüberliegenden Häuser und den völlig verkleideten, veränderten Garten, der sich unter einer schönen Schneedecke, dem ersten Schnee des Jahres, verbirgt. Unwillkürlich verlagerten sich meine Gedanken in eine andere Umgebung, eine Umgebung der Not, des Leidens, des Jammers: den Krieg. Neben mir lag die Zeitung unordentlich auf einem Stuhl verstreut, und ich konnte ganz leicht die fettgedruckten Überschriften der neuesten Meldungen lesen:
»Bürger, spart Zucker, es gibt keinen mehr!«
»Die Kohlequellen sind versiegt!«
»Eier werden fünf Cents teurer!«
»Die Deutschen sind in Italien eingefallen!«
»Kaufen Sie einen ›Liberty Loan‹!«
»Die Engländer wurden zurückgedrängt.«
»Die Franzosen verlieren zwanzig Kanonen.«
Und zum Schluß eine einzige tröstliche Zeile, siegreich strahlend: »Jerusalem von den Engländern erobert!«
Jerusalem! Dieser Name scheint sich plötzlich aus einem Jahre, Jahrhunderte alten Grab zu erheben, den Staub der Geschichte abzuschütteln und im strahlenden Licht der leidenden Zivilisation zu erscheinen. Der Rest der Zeitung liegt zerknittert auf dem Boden; sie ist völlig zerlesen. Ich seufze, tausend sehnsüchtige Gedanken, traurige Erinnerungen bewegen meinen Geist und umschlingen meine Seele.
Ich wende mich von meinem Tagebuch ab, und mein Blick richtet sich auf den Bücherschrank. Die Sonne, die bisher von einer Wolke bedeckt war, schaut wieder hervor, und ein Strahl fällt auf den Bücherschrank und läßt die roten und goldenen Buchrücken meiner Bücher aufleuchten. Als würde ich das Alphabet auswendig hersagen, flüstere ich die Titel aller meiner Bücher vor mich hin. Beim fünften mache ich eine Pause: zwischen den *Großen Frauen Frankreichs (Les Grandes Femmes de France)* und der *Schönen Nivernaise (La belle Nivernaise)* entdecke ich mein Tagebuch, das Spiegelbild meines Lebens. Beinahe erfaßten mich die gleichen Gedanken, die

auch die Engländer erfaßten, als sie Jerusalem sahen, denn mein Tagebuch schien sich, so wie Jerusalem, aus einem Jahre alten Grab (ohne zu zögern, füge ich Jahrhunderte alten Grab hinzu) zu erheben. Nach wenigen Sekunden saß ich an meinem Schreibtisch, mein Tagebuch lag vor mir, die Feder war feucht und mein Tintenfaß (dem ich meine Einfälle entnehme) bereit, mir sein Wissen zu leihen.

ERSTES UND LETZTES KAPITEL

Mein Tagebuch ist nicht blind, sondern in einem Bücherschrank eingesperrt, zwischen zwei selbstsüchtigen Nachbarn; ich nehme an, daß es keine Ahnung hat von den Leuten, den Umständen, der augenblicklichen Lage der Dinge, der Zeit, in der wir leben und dem Ort, an dem wir uns befinden.
Bei den »Leuten« hat sich etwas verändert, denn Marraine hat uns verlassen, um nach Kuba zurückzukehren, und sie hat eine große Leere hinterlassen. Die Umstände sind nicht verändert. Die Lage der Dinge im Augenblick ist traurig, zu traurig, um beschrieben zu werden. Wir sind noch immer in New York, aber die Tatsache, daß wir den 16. Dezember haben, acht Tage vor Weihnachten, spielt eine große Rolle (für meine Brüder vor allem). Eine große Traurigkeit hat mir diesen imaginären Brief an Papa diktiert; das ist nur, was ich fühle, aber so ehrlich ausgedrückt, daß ich über meinen Mut erschrocken bin und den Brief in seinem Grab und seiner Wiege zurückgelassen habe: in meinem Tagebuch.
Dieses Jahr hat Mama Karten, Bändchen, Briefmarken gekauft, und wir machen uns einen Spaß daraus, an alle unsere Freunde zu schreiben und allerlei Geschenke vorzubereiten. Ich muß nur noch von drei Dingen berichten: Ich muß meinem Tagebuch von Miss Storms, von Gertrude, Eleanors Schwester, und schließlich von meinem Schreibpult erzählen.
Ich fange also an: Gemeinsam mit mir wirst Du, mein liebes Tagebuch, den Brief an Papa gelesen haben, in dem ich versuchte, ihm zu schildern, wer Miss Storms ist. Um das nun genauer auszuführen, nehmen wir einmal an, Du seist ein kleines Mädchen, und wir gingen Hand in Hand zur Schule. Kurz eine Beschreibung der Schule und der Lehrerinnen. Aber bevor wir in dieser Schule ankommen, gehen wir am Broadway entlang, an einem Dezembertag wie heute zum Beispiel, so

gegen halb neun. Eine Tasche voller Bücher unterm Arm, eine Blechdose mit ein paar dünnen Broten zum Mittagessen unter dem anderen. Es ist kalt, der Wind bläst und schubst uns nach allen Seiten, aber wir gehen immer weiter. Meistens marschieren wir fröhlich; wir treffen Freunde, wir reden und lachen auf dem ganzen Weg, aber sobald die »Schule« in Sichtweite kommt, hören wir auf ...
Dieses große Haus aus rotem Ziegelstein mit seinen riesengroßen offenen Toren sieht streng und unvergeßlich aus wie ein Gefängnis, und obgleich viele Mädchen es nicht wissen (die unglücklichen Opfer der täglichen Rügen), ist es die äußere Erscheinung dieses schaurigen Gebäudes, das sie stumm macht, das so oft das Lächeln erstarren läßt, welches auf ihren Gesichtern zu erblühen versucht. Aber Du und ich, liebes Tagebuch, wir lachen immer, immer weiter. Was habe ich mit dieser Schule zu schaffen? Ich gehe da hin, um zu lernen, aber ich werde sie bald verlassen und mit meinen Freunden zusammen *das* lernen, was *ich* will, mit meinen liebsten Wegbegleitern: *den Büchern*. Gehen wir also durch eines dieser Tore hinein. Siehe da, wir sind sehr erstaunt, wir lachen schon wieder, und die Atmosphäre verändert sich einmal mehr. Warum? Weil wir die Lehrerinnen gesehen haben: lächelnd, fröhlich und wohlgelaunt (wie sie es morgens immer sind). Außer den Lehrerinnen sehen wir die großen, hellen, sehr hübsch geschmückten Klassenzimmer und die gelben Bänke. Wir haben keine Angst mehr, also fange ich an.
Mein Klassenzimmer ist wie alle Klassenzimmer: ein großer, viereckiger Raum, die Wände mit weißen Tapeten, voller Bilder, die verschiedene Landschaften und ein paar Präsidenten der Vereinigten Staaten darstellen. Zwei große amerikanische Flaggen, ein Photo von George Washington und ein paar Blumentöpfe am Fenster vervollständigen die Innendekoration dieses Raumes, der uns eigentlich allen gehört. Was die Möbel anbelangt, so gibt es etwa vierzig Bänke, alle gleich, und ein Pult, das größer ist als die anderen, das sehr viel Ähnlichkeit mit dem Pult in einem Gerichtssaal hat. Um zwanzig vor neun sitzen wir in unserem Klassenzimmer an unseren Bänken.
Unsere »sarkastische« Lehrerin für Erdkunde, Geschichte, Handarbeit und Schönschreiben (hat man mir gesagt) heißt Martha Jackson – ein Name, auf den sie stolz ist und den sie mit einer Würde zu tragen scheint, die ihrer Vorfahren würdig

ist, die aus einem bestimmten, aber unbekannten Geschichtsbuch über berühmte Männer und Frauen entsprungen zu sein scheint. Blaue, listige, aber äußerst nachsichtige Augen, graues, aber üppiges Haar, ein Mund, der weder schön noch häßlich ist, sehr weiße Zähne, die wir oft zu bewundern Gelegenheit haben, denn Miss Jackson lacht oft, dies sind die äußeren Eigenschaften dieses interessanten Fräuleins. Was die inneren Eigenschaften betrifft, so sind sie tausendmal besser, denn der Stempel des Charakters, der ihrem Gesicht einen so angenehmen und interessanten Ausdruck verleiht, vervielfacht sich in ihren Handlungen, die auf eine große Kraft der Intelligenz und ein sehr großzügiges Herz hinweisen. Obwohl uns ihre Vorfahren nicht bekannt sind und sie eine Lehrerin mit einem Stock ist (verstanden?), mögen wir sie alle sehr, denn sie ärgert sich nie, außer wenn sie wütend wird, und diese Eigenschaft wird in unserer Zeit sehr geschätzt. Mit einem Wort: Martha Jackson hätte sehr wohl die Rolle des Präsidenten der Vereinigten Staaten übernehmen können, denn sie verfügt nicht nur über eine große Kraft des Geistes, sondern ihre Gesundheit scheint dazu in der Lage, ganz allein einen Krieg zu verkraften, um die Deutschen auszurotten. Es ist eine komische (ehrlich!) Lehrerin, aber ich bin froh, daß ich sie habe.
Eine andere Lehrerin in der Schule, die Aufsatz, Diktat und Lesen unterrichtet, heißt Mademoiselle Estelle Storms. Wenn ich ein anderes Mädchen wäre, würde ich sie vielleicht nicht so gerne mögen, denn sie ist ernst, zu ernst, und schwer zu verstehen, aber da Gott es so gewollt hat, daß die Feder für mich keine Geheimnisse kennt, mag ich sie eben; ich verstehe sie und bin ihr dankbar für die außerordentliche Liebenswürdigkeit, die sie mir entgegenbringt.
Wir verstehen uns sehr gut, seitdem sie das entdeckt hat, was sie großzügigerweise mein »Talent« nennt.
Sie ruft mich oft auf, wir reden viel miteinander, und vor allem sprechen wir viel von Büchern, und angesichts ihrer tiefen Kenntnisse all dessen, was ich gelesen habe, tut sie mir leid, denn ich verstehe sehr wohl, daß es schwierig für sie sein muß, den ganzen Tag mit den Klassen auf so einfache Art zu reden, daß alle sie verstehen, wo doch die schwierigeren Worte auf ihrer Zungenspitze tanzen und darauf warten, daß sie jemand aufnimmt. Ohne es zu beabsichtigen, hat sie mich nachdenklich gemacht, und aus diesen Überlegungen habe ich einen

großen Stolz auf meinen Namen gewonnen und ein Vertrauen zu mir selbst, das mir oft wohlgetan hat und meinen Charakter und meine Meinung über mich selbst spürbar verändert hat. Es ist nicht wirklich Hochmut, sondern etwas, was mich in meinen eigenen Augen größer gemacht hat und was vielleicht meinem Ehrgeiz geschadet hätte, wenn ich es nicht erkannt hätte. Ich kann sie nicht beschreiben, ihr Gesicht hat etwas, das ich nicht benennen kann, ihre Augen strahlen ein mir unbekanntes Licht aus, ihr Charakter ist zu zurückhaltend, ihre Handlungen zu betont, als daß ich sie ehrlich beschreiben könnte; also gebe ich meinen Plan auf, meinem Tagebuch zu beschreiben, wer Mademoiselle Storms ist.

Die anderen Lehrerinnen sind alle wie die der anderen Schule, einfach nur Lehrerinnen, nichts weiter; Maschinen, die aufhören zu funktionieren und zu Frauen werden, wenn sie bei sich zu Hause sind.

Von der Schule gibt es weiter nichts zu erzählen, abgesehen von der Klingel. Diese wunderbare Klingel ist eine kleine Glocke in der Mitte der Schule, die alle vierzig Minuten läutet und uns daran erinnert, daß wir auf ein anderes Thema übergehen müssen; es geschieht nicht selten, daß in dem schrecklichen Augenblick, in dem die Grammatiklehrerin, Miss McClave, mir eine Frage stellt, diese heißgeliebte »Klingel« läutet, und schon müssen wir in ein anderes Klassenzimmer eilen; ihre Frage muß auf die Antwort warten – die ich übrigens nicht wußte. Sie läutet auch um drei, und wir verlassen die Schule, sie läutet oft und immer zu einem guten Zweck! Ich versichere Dir, daß ich die Klingel sehr gern mag, und ich finde sie bewundernswert. Das ist alles. Gewiß, die Schule hat für mich jeden Tag ein anderes Gesicht, je nach den Ereignissen und meinen Eindrücken; und die Mädchen, meine Mitschülerinnen, werde ich in einem anderen kleinen Extra-Heftchen untersuchen, denn es würde zuviel Zeit kosten, alle diese Mädchen zu beschreiben, die für mich jetzt aufrichtige, treue Freundinnen sind.

Ich habe meinem Tagebuch versprochen, von Gertrude zu erzählen. Gertrude ist zehn Jahre alt. Sie ist ein unglaublich intelligentes und sehr hübsches Mädchen. Sie ist mir aufgefallen wegen ihrer außerordentlichen Sensibilität und ihrer Kunst, Dramatisches zu singen und zu tanzen. Angeblich habe ich Gertrude sehr beeindruckt, sie ist sehr romantisch und hat

ihrer Schwester gesagt, sie habe noch nie ein Mädchen wie mich gesehen; mit einem Wort, ich bin ein »Original«, und ich war sehr froh, dies zu erfahren. Sie scheint mich sehr zu mögen, und es beruht auf Gegenseitigkeit. Ich verstehe nicht warum, aber wenn sie mich anschaut, leuchtet in ihren Augen ein lebhaftes, aber staunendes Licht auf, und manchmal drückt ihr Blick eine große Bewunderung aus, deren Grund ich nicht verstehe. Sie ist ehrgeizig, und ich sehe, daß sie eine bestimmte Vorstellung hat, ein festes Ziel, aber sie redet sehr wenig und nie von sich selbst, außer wenn wir alleine sind; dann ist sie naiv und schüttet ihr Herz vor mir aus, ich sehe in ihr nichts als ein liebevolles, sensibles Wesen, eine fruchtbare Phantasie, eine große Intelligenz, ich wiederhole es. Unlängst versuchte sie mir zu erklären, was sie traurig macht. Sie sagte mir folgendes:
»Ich weiß nicht, was mit mir los ist, wenn ich all die schönen Geschenke in den Geschäften sehe und ich zuschauen muß, wie die Leute kaufen; sogar Eleanor hat Geld, aber ich habe nichts, und dabei würde ich so gerne allen Leuten Geschenke machen, alle Leute glücklich machen, ich möchte so gerne reich sein, und abends im Bett denke ich daran und weine, am liebsten würde ich sterben, weil ich so leide. Ich verstehe nicht warum...«
Sie schaute mich mit ihren schönen blauen Augen an, und zwei dicke Tränen rollten wie Perlen über ihre Wangen, zwei glitzernde Tränen, die aus dem tiefsten Innern ihres Herzens kamen und viel mehr aussagten als das, was sie mir gerade gesagt hatte. Da habe ich mit ihr gesprochen, ich habe ihr erklärt, daß ich so etwas auch sehr oft fühle; ich habe meine ganze Kraft daran verwendet, sie zu trösten, indem ich mit ihr so sprach, wie ich es sonst mit mir selbst tue, dann habe ich ihr fünfundzwanzig Cents gegeben. Sie antwortete:
»Anaïs, jetzt bin ich getröstet, Sie sind so lieb, so wunderbar! Niemand versteht mich so wie Sie!«
Da habe ich gelächelt: Ist es denn nicht selbstverständlich, daß ich einen Kummer trösten kann, dessen Grund *manchmal* derselbe ist wie bei mir?

MEIN SCHREIBPULT

Als Marraine weggegangen ist, hat sie mir ihr kleines Schreibpult hiergelassen, und Thorvald hat es mir heruntergetragen. Ich habe es gleich ans Fenster gestellt neben Mamas; meine

Papiere habe ich in der großen Schublade verstaut, auch meine Briefe habe ich eingeräumt, und meine Freude war unbeschreiblich, als mir Mama als Weihnachtsgeschenk ein rosa Löschblatt, einen Kalender, einen Federwischer, ein Tintenfaß, einen Federhalter usw. gab; alle Teile sind rosa.
Madame Quintero hatte die gute Idee, mir ein sehr schönes Buch als Tagebuch zu schenken; am 1. Januar werde ich anfangen, hineinzuschreiben.

27. Dezember
Mehrere Tage sind vergangen, mehrere schweigsame Tage für mich. Weihnachten ist vorbei. Wir hatten genausoviel Spaß wie letztes Jahr; ich werde keinen Versuch unternehmen, diesen schönen Tag zu beschreiben und zu erzählen, wie wir ihn verbracht haben. Ich habe ein silbernes Portemonnaie von Tante Edelmira bekommen, und das hat die Liste meiner Wünsche abgeschlossen; im Augenblick wünsche ich mir nichts, absolut nichts mehr.
Ich habe mir den Spaß erlaubt, mein Tagebuch fast von Anfang an wiederzulesen, und von Zeit zu Zeit will ich unterbrechen und ein Urteil abgeben. Ich habe gerade ein paar Seiten wiedergelesen aus jener Zeit, als die Leidenschaft der Religion mich packte, und beim Anblick dieser Worte der Liebe für unseren Herrn und dieses blinden Vertrauens in das Gebet mußte ich tief seufzen. Ach, warum muß ich mich denn so verändern? Ich fühle nichts. Ich bin kalt und verstehe die Religion zur Zeit überhaupt nicht, aber ich weiß, ich verstehe, daß es mein überspanntes Wesen ist, das an dieser plötzlich eintretenden Kälte schuld ist, den Dingen gegenüber, die ich zwar heiß und innig geliebt habe und für die ich die ganze Kraft meiner Leidenschaft einsetzte. Ich schäme mich, ich leide, aber Gott weiß, daß ich ihn liebe, ich verehre ihn genauso wie vorher, und er wird mir, dem armen, schwachen Geschöpf, verzeihen, das unfähig ist, es ihm zu sagen, es zu wiederholen. Ja, ich bin oberflächlich, ich habe keine Ausdauer, ich bin leidenschaftlich, aber ich hoffe auf die barmherzige Gnade des Herrn, obwohl ich zur Zeit unfähig bin, mich im Gebet an ihn zu wenden. Ich sagte, daß ich beim Lesen von George Sand gelernt habe, was die Liebe ist. Seitdem habe ich meine Meinung geändert, ja, ich meine, daß ich das noch nicht verstehe, denn sonst muß ich glauben, daß ich diesem Gefühl

immer gleichgültig gegenüberstehen werde. Ich stelle mir vor, ich sei ein Philosoph und ich spüre, daß ich nur für meine Feder und meine Bücher Liebe werde empfinden können, denn mein Herz ist sehr klein, und es gibt keinen Platz mehr, für »nichts« anderes. Ich sage »nichts« anderes, denn ich betrachte einen Mann als eine »Sache« (übrigens tun das alle kleinen Verrückten meiner Art).

Ich habe gerade auch die Seiten wiedergelesen, auf denen ich meine Abenteuer auf Onkel Gilberts Schiff beschrieben habe, als ich noch nicht tanzen konnte, und dabei habe ich sehr gelacht. Ohne es zu bemerken, habe ich in der Schule tanzen gelernt, und nach und nach ist mir die Vorstellung, mit vierzehn Jahren tanzen zu können, als eine Selbstverständlichkeit erschienen. Zu Mamas großer Freude übrigens, denn als ich ihr das erklärt habe, sagte sie mir ganz lieb mit dieser Engelsstimme und diesem außerordentlich sanften Blick, deren nur sie fähig ist: »Du wirst langsam zivilisiert, mein Kleines, Du wirst auf diese Weise viel glücklicher sein, wenn Du einmal groß bist.«

Der Rest der Heftes ist voll von Träumereien und Gedanken über Dumas' Romane; mit der Zeit ist die glühende Bewunderung für diese Geschichten, die die Eintönigkeit des Alltags erschüttern, erloschen; mir scheint, daß ich etwas vernünftiger werde mit der Zeit. Ich träume weniger und denke viel mehr nach: ich überlege und diskutiere mit mir selbst über die kleinen Ereignisse, die ich mit gutem Willen als »interessant« bezeichnet habe und die meinem Leben etwas von seiner Eintönigkeit zu nehmen *scheinen*. Übrigens glaube ich mit der Zeit, daß mein Leben überhaupt nicht eintönig ist, wenn ich guter Laune bin; ich weiß die geringsten Ereignisse zu nutzen, was ich früher nicht getan habe, als ich tagaus, tagein jammerte und mich bemühte, meine »Traurigkeits-Anfälle« zu überwinden.

In diesem Heft bemerke ich, daß ich viel von angefangenen Geschichten erzähle mit der fixen Idee, sie zu »etwas Nützlichem« zu machen; darüber muß ich lachen, denn diese armen, angefangenen Geschichten liegen zur Zeit in meiner Schublade und können nur als Papier bezeichnet werden. Dies ist das unvermeidliche Ende aller meiner Geschichten, und um dir zu beweisen, daß ich vernünftig werde, habe ich beschlossen, keine Geschichten mehr zu schreiben.

1. Weil ich keine Zeit habe.
2. Weil das einzige Zimmer, über das wir verfügen, ständig ausgefüllt ist mit zwei jungen Männern, Thorvald und Joaquinito, die niemals Hemmungen haben, wenn es ums Lachen und Reden geht.
3. Das Papier ist sehr teuer.
4. Sie bringen keinen Nutzen.
5. Meine Schreibweise ist von einer so bewundernswerten Klarheit, daß sie außer mir sowieso niemand lesen kann.

Und so weiter.

28. Dezember

Gestern abend habe ich geseufzt und aufgehört, in meinem Tagebuch zu lesen. Je größer ich werde im Laufe der Jahre, desto mehr ändern sich meine Meinungen, scheint mir. Es steht jedoch alles zum besten, denn ich bin sicher, daß sich diese »Meinungen« verbessern und etwas vernünftiger werden (hoffe ich!).

Diese Woche haben wir Ferien, und mein Tagebuch ahnt, daß ich Lust habe, mich zu amüsieren. Ich bin sehr gut gelaunt, und ich werde versuchen, immer so zu sein, denn ich stelle fest, daß es mir selber genauso gut tut wie den andern.

Vor einer Woche habe ich in Englisch *Der Dichter beim Mittagstisch* gelesen, von Oliver Wendel Holmes, einem amerikanischen Schriftsteller, den ich sehr bewundere. Die Art, wie er die Leute am Mittagstisch beschreibt, schien mir sehr interessant und äußerst witzig, und außerdem hat es mich auf eine Idee gebracht. Da ich mein Tagebuch vom 1. Januar an jeden Tag schreiben *will*, nehmen wir einmal an, daß ich jeden Tag einen kleinen Teil der Unterhaltung aufschreiben werde, mit dem Unterschied, daß es die beim Abendessen sein wird, denn nur zu dieser Tageszeit essen wir in aller Ruhe wie echte amerikanische Bürger, die wir nach und nach werden.

Heute hat Jack Thorvald kurz besucht, und es ist mir plötzlich eingefallen, daß ich meinem Freund noch nie von diesem kleinen Menschen erzählt habe, der Thorvalds bester Freund ist. Zunächst einmal ist er nicht klein. Er ist fünfzehn Jahre alt, scheint jedoch größer als ich. Blaue Augen, rote Haare, das Gesicht dicht besät mit Sommersprossen; insgesamt ist sein Äußeres recht angenehm. Er spricht ziemlich gut Französisch, er hat es in Brüssel gelernt; ein merkwürdiger Zufall: sein

Vater, der Maler ist, hat das Haus der Gesangslehrerin von Mama in Brüssel gemietet, ein Jahr, nachdem wir weggezogen sind. Jack hat zwei Fehler: Er ist unbeholfen und schüchtern, aber das verzeiht man ihm leicht, ich vor allem. Aber seine Schüchternheit wird wirklich immer schlimmer. Er schaut mich nie an, wenn er mit mir spricht, und wenn er mir überhaupt etwas sagt, wird er sofort ganz rot. Wenn ich ihn anschaue, fällt ihm jedesmal das, was er gerade hält, aus der Hand oder er irrt sich bei dem, was er gerade tut; es geht so weit, daß ich beinahe glaube, er hat Angst vor mir.
Heiligabend ist er gekommen, um uns Geschenke zu bringen. Thorvald und Joaquinito hat er die Geschenke gegeben, danach hat er sich verabschiedet und sich entschuldigt, weil er noch zu seiner Tante mußte. Ich habe ihn bis zur Tür begleitet, und im letzten Augenblick hat er ein kleines viereckiges Schächtelchen aus der Tasche gezogen; als er es mir gab, sagte er:
»Oh, Entschuldigung, ich hätte beinahe vergessen, Ihnen das zu geben. Ich hoffe, daß es Ihnen gefällt. Ich habe es selbst ausgesucht und ich möchte gern...«
Er stockte und wurde ganz rot, dann sagte er: »Auf Wiedersehen!« und ging. Noch nie hatte Jack so viel mit mir gesprochen, und ich war sehr erstaunt, obgleich ich gerne gewußt hätte, was er von mir wollte. Das Geschenk war eine hübsche kleine Brosche, die einen kleinen blauen Schmetterling darstellte, und natürlich habe ich mich bedankt, als er heute wieder gekommen ist. Er hat nicht geantwortet, aber er war mutig genug, mich anzuschauen, etwas erstaunt über sich selbst und das, was ihm geschah. Armer Jack! Ich verstehe nicht, was mit ihm los ist.

UNTERHALTUNG

MAMA: Joaquinito, warst du es, der mit einem Rasiermesser oder so ähnlich die Gardine und die Decke zerschnitten und zerrissen und den Tisch des oberen Zimmers zerkratzt hat?
JOAQUINITO: Ja, Mama.
THORVALD: Das ist ja nett, wirklich!
ANAÏS: Bewundernswert.
MAMA: Du wirst bestraft, wie du es verdienst. Du wirst jeden Tag schlimmer, vielleicht wird der liebe Gott dich eines Tages strafen.

JOAQUINITO, spöttisch: Jesus hat den Menschen, die ihn gekreuzigt haben, ja auch verziehen, da wird er mir doch wohl auch verzeihen können, wo ich ja gar nichts *sehr* Böses getan habe, oder? Allgemeine Verblüffung.
THORVALD kommt als erster wieder zu sich, legt seine irreführende Logik dar: Die Menschen, die Jesus Christus gekreuzigt haben, wußten nicht, was sie taten, während du es sehr wohl weißt!
JOAQUINITO, völlig ruhig: Nein, ich weiß nicht, was ich tue, ich bin noch zu klein.
ANAÏS denkt nach; Ergebnis: Joaquinito, du bist sehr dumm.
Darauf weiß keiner etwas zu antworten. Zwei Minuten lang allgemeines Schweigen; danach nimmt die Unterhaltung eine andere, interessantere und ruhigere Wendung. Joaquinito, dem nichts Besseres einfällt, streut Salz in Mamas Glas, die es nicht bemerkt. Komisch-tragisches Ergebnis: Joaquinito muß auf den Nachtisch verzichten.
Um seine Serviette nicht zusammenfalten zu müssen, versteckt er sie unterm Tisch, Monsita findet sie und sagt nichts; sie ist wirklich sehr nett.
Als Nachtisch haben wir *turron**, was ich sehr mag.
MAMA: Du kannst nicht leugnen, daß du die Tochter eines Katalanen bist, mein Kind.
Es wird gelacht. Ich nehme noch ein Stück und antworte nicht.
Das Telephon klingelt, und wir verlassen den Tisch, jeder kehrt zu seinen Beschäftigungen zurück. Nach dem Telephongespräch (es war für einen unserer Kunden) habe ich angefangen zu schreiben.
Es ist erst halb zehn, aber alle schlafen schon fest und tief. Und ich gähne. Adieu!
A. N.

29. Dezember
Mama fühlt sich nicht wohl und liegt im Bett. Ich habe den ganzen Tag gelesen, dann haben wir unten in der Küche zu Abend gegessen, aber die Unterhaltung war nicht sehr interessant, vor allem ohne Mama. Heute abend sind wir in das leere Zimmer hinaufgegangen und haben Theater gespielt. Als uns dann nichts mehr zu spielen einfiel, habe ich ihnen eine Geschichte erzählt, meinen beiden Teufelchen! Wenn ich

---

* Eine Art türkischer Honig mit Pinienkernen. D. Ü.

ihnen etwas erzähle, nutze ich die Gelegenheit und mache mir einen Spaß daraus, meine Miene dem, was ich gerade erzähle, anzupassen, und zugleich beobachte ich auf ihren Gesichtern die Zeichen der Aufmerksamkeit und des Interesses. Manchmal gelingt es mir, manchmal bemerke ich auch Langeweile auf ihren Gesichtern, aber heute waren sie die ganze Zeit interessiert, und ich war sehr zufrieden.

Ich bin heute nur einen Augenblick hinausgegangen, und auch ohne die Hilfe eines Barometers habe ich bemerkt, wie schrecklich feucht und kalt es ist. Die Temperatur (die amerikanische) lag den ganzen Tag bei Null bis ein-zwei Grad laut Zeitung, die ich soeben kurz angeschaut habe.

Morgen gehe ich zur Kommunion, ich bemühe mich sehr, meine Seele so fromm und religiös zu stimmen, wie sie es früher war, ich versuche es eben. Morgen werde ich beten, daß Gott diese »Sache« aufhalten möge, von der ich in der Zeitung soeben eine Beschreibung gelesen habe, ich werde für diesen Krieg beten, für diese Unglückskrise.

Ich habe auch noch zwei Tage Zeit zum Nachdenken, denn ich habe meinem Tagebuch versprochen, ihm am 1. Januar mitzuteilen, welcher Berufung ich nachgehen werde, in welchem Kleid ich diese lange Pilgerreise machen werde; ihm zu sagen, womit ich die Jahre ausfüllen will, die vorübergehen, vorübergehen müssen, und wohlausgefüllt vorübergehen müssen.

Mama ruft mich. (Ich höre auf, denn es ist Viertel nach neun, und ich gähne; du siehst, ich bin ehrlich.) Bis morgen! A. N.

30. Dezember
Dreizehn Grad unter Null! Hm, hm, verflixt nochmal!

31. Dezember
Was für eine Kälte! Wir haben ein paar Scheite angezündet und wir sitzen hier am Kamin und verbringen so den Tag. Wir können froh sein, daß wir überhaupt Kohle haben, denn es herrscht eine große Not an dieser wertvollen Kohle; das Elend, das sich vielerorts breitmacht, tut einem in der Seele weh. Die Leute erfrieren, sie verlassen ihre Häuser, in denen sie nicht leben können und gehen auf der Straße herum auf der Suche nach einem warmen Platz für sich und ihre Familie. Manche Familien verbrennen sogar ihre Möbel im Kamin, um den Säuglingen Wärme zu geben, und zugleich sind sie arm und

haben fast nichts zu essen. Es ist bedauerlich, es ist entsetzlich. Man munkelt, daß Millionen von Menschen tränenüberströmt gebetet haben, Gott angefleht haben, Mitleid mit ihnen und ihrem Elend zu haben. Trotzdem hält die Kälte an. Die Zeitungen berichten nur von Feuersbrunst, vom Krieg, von den Toten...
Wir werden uns immer erinnern, immer!
Morgen beginnt ein neues Jahr, 1918.
Wie sieht unser Schicksal aus? Was hat der Herr mit uns vor? Werden wir immer und ewig leiden?
Ist Gott noch dort oben in seinem Himmel? Werden sich Seine Milde, Seine Gerechtigkeit, Seine Gnade über unsere Herzen ergießen? Werden sie unsere kleine Welt voller Blut, Feuer und Verbrechen besänftigen, die unter der Mühsal nachzugeben scheint, vielleicht sogar zu sterben? Oh, allmächtiger Gott! Willst Du uns auf ewig blind machen vor den wachsenden Grausamkeiten, die Du nicht zu bemerken scheinst? Erbarme Dich unser, o Gott! Ja, hilf uns, wir haben alles gesühnt, die Buße geht über unsere Kräfte, wir sterben; sei uns gnädig, wir werden später büßen; wir alle werden leiden, aber rette uns, rette uns in diesem allerhöchsten Augenblick, wir ertrinken im vergossenen Blut, wir ersticken darin, rette uns! Oh, Herr, Erbarmen im Namen unseres Herrn Jesus Christus! Amen.

1918

Wir wenden uns zu dir!
Neues Jahr!
Deine Stimme hören wir;
Neues Jahr!
Laß aufleuchten in deinen Augen jetzt
Neues Jahr!
Einen Blick der Hoffnung doch zuletzt,
Neues Jahr!
Für uns sei voll des Lichts,
Neues Jahr!
Voll des teuren Glücks,
Neues Jahr!
Gib uns den Sieg, den reinen,
Neues Jahr,
Und eine finstere Hölle unseren Feinden,

Neues Jahr!
Sei du das letzte,
Das sie erleben!
Deine frohen Lieder wollen wir singen,
Unseren Spott nur sollen sie den Feinden bringen!
Lächelnd möge der Tod sie bald bezwingen,
Neues Jahr!

ANAÏS NIN

Ich war mit Mama einkaufen, und für die zehn Dollar, die mir meine Kusine Caridad geschickt hat, habe ich mir ein Paar Schuhe gekauft.

An dem Abend, als es so kalt war, gestern, war das Gespräch beim Abendessen nicht interessant. Wir haben fast nichts gesagt, weil die Kälte uns zwang, schweigend zu essen, denn jeder mußte versuchen, sich zu wärmen, um einigermaßen lebendig auszusehen.

Morgen werde ich in mein neues Tagebuch schreiben, meinen neuen Freund, und heute ist der letzte Tag, an dem ich Dummheiten sagen darf. Mein Bleistift spaziert über das Papier, hält manchmal inne, um ein paar kleine Zeichnungen auf das Löschblatt zu kritzeln, und manchmal, um mit dem Kopf zuerst ins Tintenfaß zu tauchen. Aber was ist denn los? Was für ein merkwürdiger Bleistift!...Aha! Jetzt verstehe ich! Ich habe ihn soeben ins Tintenfaß getaucht, um das gesprochene Wort wahr zu machen. Soll ich darüber lachen? Ich glaube schon, hi hi hi hi hi ha ha ha ha ha! Fertig? Ich schon lange; fahren wir also fort: Ich sprach von meinem Bleistift, der über das Papier spaziert und in meinem Tagebuch alle Dummheiten aufschreibt, die mir in den Sinn kommen. Ach, dieser Kopf! Im Augenblick ist er leer, an manchen Tagen ist er voll. Das ist das außerordentlichste Ding, das Gott mir auf die Schultern gesetzt hat: ein langer Kopf, der den Umständen entsprechend länger wird oder auch kürzer, derweil eine Seite rot oder blau oder grün wird, je nachdem. Ein Kopf, der teilweise mit braunem Haar bedeckt ist, das anderswo hätte angebracht sein sollen, damit es leichter zu frisieren geht. Von der Nase will ich nichts sagen, die zu schroff auf der wechselhaften Seite hervorragt, auch nichts von den Kaninchenaugen, die wie alle dreisten Frechlinge die ganzen Nachbarn etwas zur Seite gedrängt haben, um sich auszubreiten; ebensowenig von diesem Mund, der sich ewig öffnet (zum Gähnen) und der sich in derselben

Halbkugel befindet; auch von diesen beiden Ohren will ich nicht sprechen, die immer munter und etwas geöffnet sind, immer bereit zu lernen und die sich wie zwei wohlerzogene Mädchen benehmen, mit interessanter Miene, aber geheimnisvoll stumm! Ach, dieser Kopf! Das ist alles gar nichts, wenn man versucht, ins Innere hineinzublicken: es sind weder die Augen noch die Nase noch der Mund noch die Ohren noch die Haare, die einen erschrecken, es ist das Gehirn! Dieses Gehirn! Aus einer unbekannten Substanz, von einer ebenso unbekann-

ten Krankheit befallen wie die Kranke, die auf einem elend leeren Bett ruht, das seiner vier tragenden Instrumente beraubt wurde.
Ach! Das Chaos ist leider zu finster, schließen wir die Augen und schauen wir nicht mehr hin...
Ach, dieser Kopf! Warum müssen wir auch diese kleine launische Welt auf unseren ehrlichen Schultern tragen, unseren armen, ehrlichen Schultern, die sich so oft mit ihren Nachbarn zanken (mit Fußtritten!). Ach, dieser Kopf! Immer wach, nie eingeschlummert, ein Grab von Worten, eine Wiege von Einfällen, wie ein armer Vogel ohne Flügel! Ach, dieser Kopf! Ich nutze gewiß meine letzte vertraute Unterhaltung mit meinem Tagebuch sehr gut aus. Jetzt nehme ich mein altes, altes Heft, meinen alten Freund, und küsse ihn, einmal, zweimal, dann schließe ich das Heft langsam, lasse eine künstliche Träne auf seine alten Seiten fallen...und verabschiede mich von ihm!
Deine treu ergebene, denkwürdige, zärtliche Freundin   ANAÏS

Morgen sitze ich meinem schrecklich ernsten Freund gegenüber, meine Hand zittert...

1918

8. Januar
»Liebster Papa,
Ich weiß wirklich nicht, wie ich meinen Brief anfangen soll, denn schon wieder einmal werde ich nur von mir erzählen und davon, was ich tue, wenn ich von Dir nichts weiß!
Ich habe die beiden hübschen Bücher erhalten, die Du uns geschickt hast, *Märchen meiner Großmutter* und *Japan*, für die ich Dir sehr, sehr herzlich danke. Danach habe ich einige Tage auf einen Brief gewartet und es ist keiner gekommen. Ich tröste mich, indem ich Dir schreibe.
Die Weihnachtsferien sind vorbei, und wir gehen natürlich wieder zur Schule.
Hast Du meinen letzten Brief bekommen, den von Weihnachten? Wie hast Du das Weihnachtsfest verbracht? Ich habe während der Feiertage oft an Dich gedacht, noch öfter, um es genau zu sagen, denn ich denke jeden Tag an Dich, das ganze Jahr über.
Ich werde Dir nicht erzählen, wie wir Weihnachten verbracht haben. Wir hatten genausoviel Spaß wie im letzten Jahr, wir haben viele Geschenke bekommen, alles war gleich, aber wir haben uns trotzdem sehr gefreut.«

19. Januar
»Liebster Papa,
Mit großer Freude beginne ich, Dir diesen Brief zu schreiben, die Antwort auf Deine Karte, ein kleiner Beweis meiner Dankbarkeit für die Bücher, die wir bekommen und geteilt haben; vor allem aber soll es ein Beweis dafür sein, daß ich Dich nicht vergesse.
Ich fange also damit an, Dir von diesen Büchern zu erzählen. Du hast sie wunderbar ausgewählt, die Bücher sind sehr schön und interessant und ich für meinen Teil danke Dir hunderttausendmal. Das Bild von Dir hat mich auch sehr gefreut, und über das Kärtchen mit der Aufschrift: ›Franzosen, vorwärts!‹ mußte ich lächeln voller Stolz und Hoffnung.
Wie hast Du Weihnachten verbracht? Um auf die Frage zu

antworten, die ich in meiner Vorstellung zu hören glaube, sage ich Dir, daß unser Weihnachtsfest genauso angenehm und genauso lustig war wie letztes Jahr. Ich brauche Dir den großen beleuchteten Baum nicht zu beschreiben, der seit unserer Geburt nie gefehlt hat; er war mit vielen hübschen kleinen Dingen behängt. Auch die strahlenden Gesichter, die glänzenden Augen, das Glück, von dem wir alle erfüllt waren, die vielen Geschenke, die wir gemacht und erhalten haben, brauche ich Dir nicht zu beschreiben, denn dies würde heißen, jenes schöne Bild zu beschreiben, auf dem Dein Platz leer ist, und Du würdest Dir vielleicht ein schöneres Weihnachten vorstellen, als ich es Dir vermitteln kann... Von unserem Kriegsschauplatz (der Schule) sind folgende Ereignisse zu verzeichnen:

I. Die Schlacht der Prüfungen, und die Deutschen haben sie gewonnen; sie ließen uns alle in entsprechend schlechter Verfassung zurück.

II. Die Schlacht gegen den Kohlenmangel. Der General hat seinen Soldaten erzählt, er gäbe eine schwache Hoffnung auf baldigen Frieden (die Ferien), Ergebnis: es kommen drei Wagen mit Kohlen und die Schlacht wird von den Deutschen gewonnen (von den Lehrerinnen), das heißt also, weiterhin Unterricht wie üblich.

ALLGEMEINE VERZWEIFLUNG

Oh, Papa, was wirst Du nun von mir denken? Es ist aber wirklich das, was hier passiert, genau beschrieben, wie sich die Dinge mir darstellen; damit Du aber siehst, daß ich nicht nur Unsinn sage, werde ich jetzt ganz, ganz ernsthaft mit Dir reden. Ach, ich werde Dir eine kleine Geschichte erzählen, die Du glauben mußt, aber sie braucht eine Einleitung.

Kannst Du Dich um ein paar Jahre zurückversetzen und versuchen, Dich an Deine Schulzeit zu erinnern? Warst Du immer ganz brav? Hast Du immer Deine Aufgaben gekonnt? Hattest Du immer Lust zum Lernen? Ich weiß nicht, was Du antwortest, aber wenn Du nicht immer sehr brav warst, wird es Dir nichts ausmachen, wenn Du aber immer ein ›Musterschüler‹ warst, wirst Du über das, was ich Dir erzählen werde, beschämt sein. Joaquinito und ich, wir überlassen perfekt gemachte Hausaufgaben und das ›vorbildliche‹ Betragen unserem Bruder Thorvald, dem Weisen, und ich kann nicht sagen, woher es kommt, daß ich meine Lektionen nicht immer kann (auch Joaquinito nicht); oft habe ich große Lust, unartig zu sein und denke mir viele Gemeinheiten für meine Lehrerinnen aus, die mir mit ihrem Gleichmut und ihren ewigen Predigten wie Marionetten aus Pappmaché vorkommen, aber ich beherrsche mich ganz gut und wie Du siehst, hält man mich für ein sehr braves Kind, das fleißig ist und sehr gut lernt. Nur, Du siehst, daß ich ehrlich bin und daß es mir nichts ausmacht, daß mein Papa weiß, daß seine Tochter ein Muster an Folgsamkeit, an Güte und besonders an Sanftmut ist.

Weil gerade von Sanftmut die Rede ist, Papa, macht es Dir Freude zu wissen, daß ich Dir sehr, sehr ähnlich bin, und zwar, um es genau zu sagen, in fast allem.

Ich jedenfalls bin sehr zufrieden darüber.

Dennoch, Papa, warte noch mit Deinem Urteil über mich. Es läßt sich nicht vermeiden, die Verbindung zwischen meiner Feder und meinem Gehirn ist zu vollkommen. Meine Feder ist seinen tausend Windungen gegenüber zu gefügig.

Kommen wir jedoch zu der kleinen Geschichte zurück. Über meine Arbeit in der Schule weißt du bereits Bescheid, und Du kannst Dir nicht vorstellen, wie gut mir das tut, ich werde Dir nachher erklären, warum. Diesen Monat hatte ich ein C (das ist die Art der Noten*, die es an den öffentlichen Schulen gibt, A, B, C). Nun gibt es aber zwei Buchstaben, die vor dem C kommen, die aus verschiedenen Gründen sehr viel hübscher sind, und da das C der Buchstabe ist, den man am leichtesten bekommt, hatten ihn zwei Drittel der Klasse. Ein Mädchen kam nach der Schule auf mich zu und fragte mich, welche Note ich bekommen hatte. Ich antwortete sehr stolz mit ein wenig Bedauern: C.

Daraufhin wischte sich das Mädchen eine Träne ab, die ihr an der Nasenspitze hing und sagte zu mir mit einem Lächeln, das ihr häßliches Gesicht aufblühen ließ: ›Wenn Sie auch ein C haben, macht mir meines nichts aus, ich werde es meiner Mutter erzählen, und sie wird nicht schimpfen, weil Sie ja auch eins haben.‹ Jetzt kommt die Erklärung. Ich habe bemerkt, daß die Mädchen, die ein A hatten, die Bewunderung der Marionetten aus Pappmaché genießen, aber es war nur eine

---

* Anaïs übersetzt das englische Wort »Marks« mit dem französischen »marques« (Marken), »notes«. D. Ü.

kleinere Gruppe abseits von der übrigen Klasse; ernste, eigentlich sogar muffige Schüler, die von den anderen Mädchen gehaßt werden wie übrigens alle Musterschüler. Nimm eine Klasse her und stell Dir vor, es sei eine Nation, diese Mädchen sind die Könige, die Herrscher, die den Respekt der Massen genießen, manchmal auch die Freundschaft und die Furcht des Pöbels. Wenn Du einen König genau ansiehst, stellst Du fest, daß er nichts anderes besitzt als seine Klugheit und seinen Säbel, seinen Titel und vielleicht seinen Patriotismus. Das ist alles. Wende Dich nun zu den Massen und Du stellst fest, daß dies die Menschen sind, von denen Du lernen kannst, Du siehst Tränen und Lachen, Leiden, Unwissenheit, Elend und Reichtum, den Kampf des Ehrgeizigen, den Untergang des Nichtsnutz, das reine und wirkliche Leben, die wahre Seele des Landes, das Kind, das man großziehen muß, das Volk.
Wo würdest Du gern leben? Was mich betrifft, so würde ich mit dem Volk leben, und da ich den Menschen etwas sagen möchte, würde ich dazu beitragen, dieses Volk großzuziehen, aber ich würde mich sehr davor hüten, wie ein König zu handeln.
Du fragst Dich, was das mit der Schule zu tun hat. Mit einem C gehöre ich zur Mehrheit der Klasse, ich bin eine Schwester und gewinne nach und nach das Vertrauen meines kleinen ›Volkes‹, ich helfe ihm, ohne daß es davon weiß; es glaubt, daß ich auch nicht mehr weiß, es hat recht, aber langsam erhebe ich mich über das Volk und es wird mir in meinem Flug folgen, und wenn ich dort angekommen bin, wo ich ankommen möchte, wird es denken: ›Das war ein Mädchen, das ein C hatte und doch, wenn es heute zur Schule gehen würde, bekäme es ein A. Es war nicht intelligenter als wir, ich kann es ihm gleichtun, ich werde es tun.‹ Und es werden die Ohren meiner Freunde sein, die ich mit Worten fülle; hätte ich aber ein A gehabt, würde das Volk sagen: ›Sie war die Intelligenteste der Klasse, deshalb ist das so.‹ Kein Wunder! Also würden sie nicht auf mich hören, sie würden mich behandeln, als wäre ich ein König, der nur seine Klugheit und seinen Säbel, seinen Titel und vielleicht seinen Patriotismus besitzt. Aaaamen.
Sei unbesorgt, Papa, was ich hier von mir gebe, ist nicht meine Totenrede. Sokrates hat gesagt: ›Die Vernunft des Herzens ist mit der des Geistes nicht vereinbar (La raison du coeur ne

s'accorde pas avec celle de l'esprit).‹ Aber der Grund*, den ich Dir dafür nennen, macht beides miteinander vereinbar, selbst wenn es sich wie eine Totenrede anhört, das versichere ich Dir. Nun aber genug mit dem Unsinn.

Vorgestern waren wir in der Aeolian Hall, um uns Joseph Bonnet an der Orgel anzuhören. Als ich aus der Schule kam, fand ich Deinen Brief und steckte ihn in meine Tasche; danach (sei mir nicht böse), als wir uns Monsieur Bonnet angehört hatten, der großartig gespielt hat, mußten wir eine Sängerin ertragen, die Halsweh hatte, sowie eine Begleiterin mit Rheuma in beiden Armen, und da habe ich ganz leise Deinen Brief hervorgeholt. Ich habe ihn geöffnet und gelesen und auf diese Weise habe ich eine angenehme Viertelstunde verbracht; ich habe ihn erst wieder in meine Tasche gesteckt, als Monsieur Bonnet mit einer Gruppe von Streichern erschien. Anschließend waren wir im Konversationszimmer der Künstler, und Mama hat uns vorgestellt; Monsieur Bonnet hat zu Joaquinito gesagt: ›Du magst also die Lieder aus Katalonien?‹ Und Jaquinito, der auf alles eine Antwort weiß, sagte, daß er sie gern hat.

Der Brief wird zu lang, obschon ich nur Unsinn erzählt habe, ich umarme Dich also ganz fest und verspreche Dir, daß ich Dir bald einen ernsthaften Brief schreiben werde.

Trotz äußerst schlechtem Zustand meines Gehirns, alles Liebe

ANAÏS.«

---

* »La raison« (die Vernunft – der Grund) ist hier Gegenstand eines unübersetzbaren Wortspiels. D. Ü.

1919*

22. März

158 West 75th St., New York

Soeben habe ich ein neues Heft aufgeschlagen und mir damit einen Freund geschaffen; das alte Heft, das schon vollgeschrieben ist, habe ich geschlossen, und da sitze ich nun einem Heft gegenüber, das voll ist mit weißen Blättern, die ich vollschreiben werde; ich wünsche mir von ganzem Herzen, hierhinein immer nur Dinge schreiben zu können, über die ich mich nie zu schämen brauche. Du wirst in einigen Tagen schon sehr gut über mich Bescheid wissen, liebes Heft, und die Irrungen meiner verrückten Phantasie und meiner Einfälle bald kennenlernen. Ich werde versuchen, täglich zu schreiben, regelmäßig und aufrichtig, und Du wirst so Deinen Platz zusammen mit den anderen Heften erhalten, vollgeschrieben mit der gleichen Feder, unter dem gleichen Namen eingeordnet neben dem alten roten Heft, das ich soeben verlassen habe. Ich muß damit anfangen, Dir die Lage der Dinge zu erzählen, die mich heute umgeben und Dir über meine Beschäftigungen berichten.

Monsita, die in diesen Tagen krank war und einen bösen Schnupfen hatte, ist heute das erstemal aufgestanden, und im Haus läuft alles wieder normal. Draußen war ein herrlicher Tag, und Thorvald und ich, wir sind in den Park gegangen; wir sind ungefähr fünfzig Minuten lang bei strahlendem Sonnenschein spazierengegangen und haben uns unterhalten. Nach dem Lunch waren wir mit Joaquinito im Kino, und den übrigen Nachmittag habe ich mit meinem kleinen Kanarienvogel gespielt. Nach dem Abendessen habe ich angefangen zu schreiben, so wie ich es jeden Abend tue. Eben hat mich Frances angerufen. Wir werden am Dienstag miteinander ausgehen: Es ist ein Feiertag, weil das 27. Regiment der amerikanischen Soldaten vor Millionen von Zuschauern auf der 5th Avenue marschieren wird. Sie möchte mit mir einen Briefwechsel in Versen anfangen, und diese Idee finde ich sehr lustig. Sie wird

---

* Die Hefte aus der Zeit zwischen Januar 1918 und März 1919 sind verlorengegangen. D. H.

mir heute abend schreiben. Die Antwort werde ich Dir mitteilen. Ich sehe gerade, daß es erst Viertel nach sieben ist und ich werde die Zeit nutzen, um Papa zu schreiben.

»Liebster Papa,
Nachdem ich Dir mehrere Male geschrieben habe, ohne Antwort zu erhalten, habe ich Dir zwei Monate lang nicht mehr geschrieben; ich konnte mir Dein beharrliches Schweigen nicht erklären und war sehr traurig darüber. Manchmal fürchte ich, daß Du uns ein klein bißchen vergißt, obwohl ich von Dir selbst weiß aus dem letzten Brief, den ich von Dir habe und der aus der Zeit um Weihnachten stammt, daß Du viel arbeitest und reist. Großmamas lange Briefe machen mich noch ängstlicher und besorgter, denn sie erzählt nie etwas von Dir. Nun verstehst Du, daß ich mit schwerem, traurigem Herzen versuchen werde, Dir die Dinge zu schildern, die wir zur Zeit hier tun.
Zunächst einmal ist die Grundschule für mich jetzt zu Ende. Nachdem ich die Prüfungen, vor denen ich große Angst hatte, bestanden habe, wechselte ich die Schule, und von nun an heiße ich Fräulein Nin und bin eine junge Dame. Die Schule, in die ich gehe, heißt Wadleigh High School. Es ist ein riesiges Gebäude aus rotem Ziegelstein mit großen Klassenzimmern und vielen Lehrerinnen. Wir haben viele Bücher bekommen, und ich beginne mit Französisch, Naturwissenschaften, Literatur und Aufsatz und mit der unvermeidlichen Algebra, zusätzlich zu den anderen Sachen. Über das Französisch wirst Du Dich sicherlich sehr freuen und auch darüber, daß ich eine fabelhafte Lehrerin habe, Madame Cavalier, bei der ich, glaube ich, viel lernen werde. Selbst in diesem Augenblick, während ich schreibe, denke ich an meine Verben und versuche, sie richtig zu schreiben, aber ich bitte Dich, Papa, lache mich nicht aus, denn ich weiß, daß ich noch furchtbare Fehler mache. Thorvald kommt sehr gut zurecht in der Schule. Er wächst sehr schnell, aber er ist noch immer kräftig und gesund. Die beiden werden Dir jetzt auch selbst schreiben und Dir erzählen, was sie tun.
Am 21. Februar war mein Geburtstag, und ich möchte Dir davon erzählen, genauso, wie ich es in mein Tagebuch geschrieben habe. So war ich angezogen: ein hübsches hellblaues Kleid, die Schultern wurden von einem großen blauen Tuch

Tuch aus Tüll bedeckt, was sehr hübsch wirkte. Ich trug seidene Strümpfe und feine, schmale Schuhe aus weißem Wildleder, außerdem eine Korallenkette, die ich bei dieser Gelegenheit von Mama bekommen hatte; meine Haare waren zu einem lockigen Knoten zusammengesteckt, und um den Kopf herum trug ich ein schmales blaues Band. Als Gäste waren meine Schulfreundinnen gekommen und zum erstenmal auch einige junge Männer. Unter anderem taten wir, als könnten wir sehr gut tanzen, und der restliche Abend wurde zu einem wahren Tanz. Ich war begeistert und tanzte viel. Ich wurde verwöhnt, ich erhielt viele Komplimente und Geschenke.
In zwei Monaten tanzte ich jedoch nicht nur dieses eine Mal. Danach war ich noch auf zwei oder drei kleineren Tanzabenden, die mir sehr gut gefallen haben. Innerhalb kurzer Zeit habe ich sehr nette junge Leute in meinem Alter kennengelernt. Einmal habe ich einen kennengelernt, der Künstler war.
Er will in Paris im Quartier Latin studieren, und er erschien mir sehr interessant. Selbstverständlich unterhielten wir uns über Bücher, Kunst usw.
Zwischen diesen Abenden voller Freude gibt es ganz elende Tage, wenn meine arme Phantasie unter Schmerzen in ihrem unerbittlichen Gefängnis mit dieser schrecklichen Algebra gepeinigt wird. Mochtest Du Algebra gern, Du mein geliebter Papa?
Eines Tages nahm mich die Lehrerin beiseite und eröffnete mir in aller Ruhe etwas, was ich bereits wußte: ich sei nicht bei Verstand! Zuerst war ich sehr unglücklich, ich sagte mir: ›Wenn es nur das ist, was mir fehlt, so gehe ich wohl am besten ins Wasser.‹ Dann aber sagte ich mir: ›Hat man denn je einen Dichter oder einen Philosophen gesehen, der vollkommen bei Verstand war?‹ Also bin ich zufrieden.
Kürzlich habe ich *Ein Philosoph unter den Dächern* gelesen und ich flehe Dich an, lies es, denn es ist wunderbar. Aber ich bin sicher, daß Du es bereits gelesen hast.
Bevor ich diesen Breif beende, möchte ich Dich sehr, sehr bitten, mir zu schreiben, auch wenn es nur ein paar Zeilen sind, ich würde mich maßlos freuen, und ich werde aufhören zu denken, daß Du Dein Mädelchen vergessen hast, das Dich von ganzem Herzen liebt.

ANAÏS«

23. März
Ich habe einen schrecklich langweiligen Tag hinter mir. Es ist sehr schön draußen, aber ich kann nicht weggehen, weil eine Annonce in der Zeitung steht und die Leute kommen, um die Zimmer anzusehen. Ich lese ein Buch von Dickens, *Hard Times*, aber es gefällt mir nicht. Heute morgen waren wir in der Messe und zur Kommunion, und dann haben wir die Zeitungen gelesen, die furchtbar blöd sind und wenig interessant. Nun weiß ich, daß Maeterlinck wieder verheiratet ist und andere Sachen dieser Art, und all das ist schuld daran, daß ich sehr schlecht gelaunt bin; auf jeden Fall ist es besser, wenn ich jetzt aufhöre zu schreiben, um nicht unangenehme Dinge zu schreiben.

24. März
In der Schule dauerte jede Unterrichtsstunde nur zwanzig Minuten anstatt vierzig, und man hat uns um ein Uhr gehen lassen, anstatt um drei, damit wir uns auf die feierliche Rückkehr des 27. Regiments und die morgige Parade vorbereiten konnten. Draußen war wunderbares Wetter. Auf dem Nachhauseweg mit Eleanor ließ ich mir Zeit, und als ich dann hier war, setzte ich mich mit meiner Schreibmaschine und zwei Butterbroten ans offene Fenster, um zu schreiben. Mein Kanarienvogel sang und alle Vögel sangen, und so schrieb ich den ganzen Nachmittag. Unter anderem gab es einen Brief von Frances, der zu beantworten war. Sie schreibt mir in sehr lustigen Versen, und ich antworte in der gleichen Sprache, so gut ich kann. Das Abendessen ging ziemlich ruhig vonstatten, und dieser ideale Tag endete mit einem Theaterbesuch: Thorvald, Jack und ich waren auf Einladung von Mrs. Thayer, Jack's Mutter, im Longacre-Theater und haben *Three Faces East* gesehen.

25. März
Es war mir nicht möglich, die Parade zu sehen, aber es waren viele Leute hingegangen, und sie erzählten mir, was los war. Eine großartige Parade!
Um zwei Uhr holte mich Frances zum Spazierengehen ab. Es war wieder einmal einer dieser schönen Frühlingstage, und wir bummelten eine ganze Weile den Broadway entlang. Einmal sahen wir Monsieur Albert Rosette und seinen Freund, von

dem ich nur den Vornamen weiß, Florian, aber sie unterhielten sich sehr angeregt und bemerkten überhaupt nichts. Anschließend waren wir im Kino und haben Bonbons gegessen. Als wir aus dem Kino herauskamen, zeigte sich der Broadway von einer seiner schönsten Seiten und lud förmlich zu einem Spaziergang ein, so daß ich Frances bis nach Hause in die 112. Straße begleitete und dann mit der Straßenbahn nach Hause zurückfuhr. Ich habe gerade meine Hausaufgaben gemacht, aber ich bin besorgt, denn Thorvald und Joaquinito haben sich beide mit starken Kopfschmerzen hingelegt. Ich wünschte, Mama käme nach Hause!

26. März
Wir sind alle mit sehr wenig Begeisterung fürs Lernen in die Schule zurückgekehrt, aber um drei Uhr hatten wir uns wieder daran gewöhnt. Eleanor und ich gingen zu Fuß nach Hause, und gemeinsam beschlossen wir, unseren Weg zu unterbrechen, um uns im Central-Park auf einer Wiese niederzulassen und unsere Hausaufgaben zu machen. Gegen vier Uhr gingen wir dann weiter, und als ich zu Hause war, habe ich noch auf der Schreibmaschine geschrieben. Frances schreibt mir äußerst lustige Briefe voller Reime, und ich antworte ihr immer. Ich habe gerade meine Hausaufgaben beendet, und es ist schon spät. Gute Nacht!

27. März
Genau um drei setzte ein wahrer Wolkenbruch ein. Dieser gleichmäßige Regen hat dann den ganzen Tag über angedauert, und selbst jetzt, um zehn Uhr abends, während ich schreibe, höre ich den Wind, der an den Fenstern rüttelt, und den Regen, der herunterrieselt. Der Tag verlief wie üblich. Ich habe lediglich mein ganzes bißchen Mut zusammengenommen, um eines dieser Gedichte, die ich während der Algebra-Stunde schreibe, in einen Briefumschlag zu stecken. Morgen, so denke ich, werde ich einen *Versuch* unternehmen, ihn in den Briefkasten des Herausgebers unserer Schulzeitschrift, der Owl, zu werfen. Mit meinen jämmerlichen Versen sehe ich mich schon allen Qualen ausgesetzt, die Schüchternheit und Angst einem armen Blaustrumpf zu bieten haben, der versucht, die Welt mit seinem Genie in Erstaunen zu versetzen. Das ist vielleicht komisch! Mama hat mein Gedicht nicht gelesen, und ich

möchte gern, daß sie hierwäre, um mir in einem solchen Fall einen Rat zu geben. Ich werde Dir das Ergebnis bald mitteilen. Morgen habe ich auch meine Tanzstunde, die vierte, und ich denke ein ganz klein bißchen daran, ganz wenig, fast gar nicht. Es hindert mich jedoch keineswegs daran, ständig in Verlegenheit zu geraten, wenn ich von irgend jemandem der Familie entdeckt werde, während ich durchs ganze Haus tanze und mich dazu mit Liedern begleite und auch selbst das Orchester bin. Ich bin trotzdem nicht ganz glücklich darüber, ich denke manchmal daran, daß ich nicht mehr Anaïs Nin bin, sondern »Miss Nin«. Das ist nämlich ein großer Unterschied, weißt Du!

28. März
In der Schule hatten wir wie jeden Freitag eine Versammlung, die zu einer langen Predigt über unsere Sauberkeit und unsere Gesundheit wurde. Die Tanzstunde war sehr lustig. Ich habe nur die Abwesenheit eines Jungen bedauert, mit dem ich sehr oft tanze und den ich nett finde. Vielleicht ist er wegen des Wetters nicht gekommen, denn draußen schneit es sehr heftig und der Wind bläst und weht einem Unmengen Schnee ins Gesicht. Ein Schirm hilft da gar nichts. Aber ich bin trotzdem hingegangen. Ich kann Foxtrott, Waltz, *One-Step* und *Two-Step* und mehrere andere Dinge sehr gut. Ich habe mit einem getanzt, der immer nur sagte: »What the deuce!«, was etwas Schlimmeres bedeutet als: »Zum Teufel noch mal«, nur ein bißchen schlimmer. Ein anderer tanzte sehr schlecht, einer kam aus Oklahoma und er haßt New York, aber sie sind alle sehr blöd. Wenn wir uns ausruhen, ist die Unterhaltung entsetzlich einfältig. Wenn wir tanzen, ist es besser, nicht zu reden, um keine falschen Schritte zu machen. Ich habe Frances zur *Subway* begleitet, wobei ich versuchte, meinen Regenschirm geöffnet zu halten, und die Leute müssen gedacht haben, daß unter dem Schirm ein Mensch mit vier Beinen ging. Natalie ist nicht gekommen und wir haben beschlossen, ihr den Titel »Musketier« abzuerkennen, den wir ihr verliehen hatten, denn sie hatte nicht genügend Mut, ihre Tanzversuche fortzusetzen. Anstatt drei gibt es also nur zwei Musketiere, zwischen denen der verrückte Briefwechsel weiterbesteht, zur großen Freude der Briefträger (glaube ich). Anstatt immer nur zu lesen, macht es mir jetzt mehr Spaß, Dummheiten selbst zu schreiben. Mein bißchen Mut habe ich Eleanor anvertraut, die gesehen hat, daß

ich nicht vergessen habe, das jämmerliche Gedicht dorthin zu bringen, wo es hingehört. Und nun warte ich!
Ich bin zwar weiterhin Klassensprecherin, aber ich fürchte, ich werde mich niemals von dieser seltsamen Schüchternheit freimachen können, von dieser Eigenart, tief zu erröten, wenn ich etwas Ordinäres höre, und von der Furcht, streng und ungerecht zu sein. Außerdem habe ich in kurzer Zeit einen weiteren Fehler in meiner Natur und in meinem Charakter feststellen müssen: Ich kann mich nicht durchsetzen, ich kann mir keinen Respekt verschaffen, ich bin unfähig, über eine größere Anzahl Menschen oder eine Klasse – was auf dasselbe herauskommt – zu befehlen. Dies betrübt mich sehr. Von Tag zu Tag fühle ich mich weniger wohl in dieser Atmosphäre der Unabhängigkeit, die in der ganzen Schule herrscht: Wie wenig Respekt meine Mitschüler vor meinen Lehrerinnen haben, wie wenig sie gehorchen und vor allem, wie wenig eine Lehrerin zu sagen hat, wie wenig Gewicht ihre Meinung hat im Vergleich zu der über alles erhabenen Meinung einer ganzen Klasse unwissender, ungebildeter Mädchen! Es gibt Sachen, die ich lerne, die ich aber nicht lernen wollte, und manchmal fürchte ich, das zarte, kostbare Bild, das ich mir von der Schönheit der Dinge, die mich umgeben, gemacht habe, ganz zu verlieren, weil ich immer dem häßlichen Porträt, das vom Leben gemacht werden kann, gegenübergestellt werde. Das ist der Grund, warum ich so oft träume, und wenn ich nicht träume, höre ich in aller Stille zu, ich lächle mit Ironie, ich schreibe, Aug in Aug mit der Wirklichkeit, die mit ihrem entstellendsten und lächerlichsten Kostüm bekleidet ist. Manchmal gibt es Dinge, die sehr unangenehm zu lernen sind und für die wir recht teuer bezahlen müssen, und obgleich ich weiß, daß ich dabei bin, den Preis zu zahlen, so kann ich doch die Lektion nicht verstehen. Was tun? Ach, ich möchte so gern, daß Mama schnell zurückkommt, ganz schnell! Wenn sie da ist, denke ich nicht an all diese Dinge, wenn sie glücklich ist, sehe ich alles in einem rosa Licht, ich denke an das, was sie denkt, ich versuche, wie sie die Dinge zu akzeptieren, so wie sie kommen, ich denke nie an morgen; aber wenn sie nicht da ist!...
Geduld, ich weiß ja, daß sie in zwei Wochen wiederkommt. Zwei Wochen? Aber das sind doch zwei Jahrhunderte, zwei Ewigkeiten! Ach, was für ein Leben ohne Mama!!!

29. März
Ich habe bis acht Uhr morgens wunderbar geschlafen, den restlichen Vormittag gelesen und etwas Warmes gegessen; anschließend habe ich Joaquinito auf ein kleines Fest mitgenommen, zum Geburtstag von Gertrude, die elf Jahre alt ist. Vor lauter Wind und wegen der großen Kälte konnten wir auf dem Rückweg kaum gehen.
Ich habe meine Aufgaben mit Sorgfalt gemacht und mit der ganzen Geduld, die ich jedesmal brauche, wenn ich sie mache, und nun habe ich einige Minuten Ruhe vor mir. Ich will an dieser Stelle einen ganz kleinen Kampf mit mir selbst beschreiben, denn das zeigt besser als alles andere meinen Charakter und welche Art von Kampf ich mit meinem Gewissen führen muß. Es war heute morgen; ich hatte gerade aus meiner geliebten Bibliothek eins der Bücher herausgenommen, die ich für zehn Cents gekauft hatte, *Silas Marner*; und mit der Freude, die mich immer bei dem Gedanken befällt, ein Buch genießen zu können, ging ich ins Wohnzimmer und ließ mich in der Nähe des Fensters gemütlich nieder. Plötzlich bemerkte ich, daß Thorvalds Bett nicht gemacht war. Ich setzte mich zunächst einmal hin, ohne mich darum zu kümmern, und versuchte zu lesen, aber ich mußte wieder an das ungemachte Bett denken. Ich sagte mir, daß das nicht so schlimm ist, daß das Dienstmädchen es machen kann, daß es nicht mein Bett ist...usw., bei alledem wußte ich aber, daß ich dieses Bett machen mußte.
Schließlich stand ich auf, seufzte bedauernd, weil ich das Lesen verschieben mußte und machte das Bett, so gut es mir möglich war. Als ich mich danach wieder zum Lesen hinsetzte, war ich zufrieden. Ach! Warum habe ich nur so gezögert zwischen meinem Vergnügen und meiner Pflicht? Es waren nur ein Buch und ein ungemachtes Bett, und trotzdem zögere ich...

30. März
Heute wurden die Uhren alle um eine Stunde vorgestellt, immer mit dem Gedanken, Strom zu sparen. Nach der neuen Zeit sind wir um neun aufgestanden, um zur Zehn-Uhr-Messe zu gehen. Auf dem Rückweg haben wir Zeitungen gekauft, um die Zeit totzuschlagen, die Stunden, die am Sonntag so lang sind. Um eins haben wir Mittag gegessen, eine halbe Stunde später ging ich zu Frances, denn ich war mit ihr verabredet. Erst

gingen wir von der 112. Straße bis zur 77., wo es ein sehr gutes Kino gab. Wir gingen schnell, und auf dem Broadway war es zu dieser Zeit ziemlich leer. Gegen sechs war das Kino aus, und wieder ging ich über den Broadway bis zu ihr nach Hause, jetzt war die Straße voll von den verschiedensten Menschen, und das ist es, was ich versuchen möchte zu beschreiben. Es war kalt und recht windig, aber die Sonne schien und die breite Prachtstraße bot ein absolut komisches Schauspiel. Es waren sehr, sehr viele Menschen da. Ich kann diese Leute nicht beschreiben, es waren Menschen jeden Alters in verschiedenster Kleidung, aber die *Frauen!* Mein Gott! Die Mode sieht zur Zeit ungefähr so aus:

Auf der Straße sieht man, wie sich alle diese Damen nur mit ganz kleinen Schritten vorwärtsbewegen. Sie sind fast alle wie Puppen angemalt. Sie gehen, von mehreren Männern umgeben, spazieren und wirken furchtbar unnatürlich und künstlich. Je ausgefallener ihre Kleidung ist, um so mehr lenken sie die Aufmerksamkeit des anderen Geschlechts auf sich, das voller Bewunderung stehenbleibt. Überall, an jeder Straßenecke, gibt es solche Männer, die herumflanieren und sich die vorbeigehenden Leute ansehen. Wenn dann eine »Sie« kommt, laufen sie hinter ihr her. Das ist alles sehr komisch, aber gleichzeitig auch sehr blöd. Der Broadway wirkt momentan wie ein Marionettentheater. In der gleichen Szene ist jeder unnatürlich und dumm, jeder spielt eine Rolle auf dem Broadway und jeder geht so spazieren, wie die Menschen einer großen Stadt wie New York spazierengehen, ohne Ziel und ohne Zweck, für die Theateraufführung geschminkt und für die ewige Puppen-Maskerade verkleidet. Aber für heute abend höre ich auf. Wenn ich an all diese Leute denke, die gleichzeitig mit mir herumliefen, wird mir schwindelig, und ich muß mich über sie lustig machen. Bis morgen!

31. März
Heute habe ich die gute Nachricht erhalten, daß ich in Französisch eine Klasse höherkomme. Nach drei Uhr haben wir Basketball gespielt, und der hoffnungslose Kampf, diesen blöden Ball zu erwischen, überhaupt das ganze Spiel in seiner Primitivität, haben mich völlig angewidert. Nach solchen Unternehmungen bin ich immer leicht angeschlagen und erinnere mich noch lange an das unerträgliche Verhalten einiger Mädchen. Um halb sechs bin ich nach Hause gekommen und habe zum Trost einen Brief von Frances vorgefunden. Am Abend hat sie mich sogar angerufen und gefragt, ob ich morgen mit ihr ausginge. Morgen haben wir auch eine Prüfung in Algebra.

1. April
So, wir hatten Prüfung. Das war nicht zu vermeiden. Ich weiß zu genau, was für eine miserable Note mir das große gelbe Blatt Papier voller undurchsichtiger Zahlen und Buchstaben einbringen wird. Das Schlimmste von allem ist, daß ich gezwungen war, meinen armen und ehrenwerten Namen auf dieses schändliche Papier zu setzen. Aber eine Stunde danach hatte ich alles vergessen, ich ging mit meiner Freundin Frances in der Nähe des Flusses im Park spazieren, wir unterhielten uns und hatten Freude an unserem Spaziergang. Es war sehr schön draußen. Als wir den Park durchquert hatten, gingen wir am Broadway spazieren. Zu dieser Stunde waren viele junge Leute da mit ihren Büchern unter dem Arm, Studenten vermutlich, und während des ganzen Spaziergangs habe ich immer zu Boden geschaut, wenn ich sie sah, so wie es meine Gewohnheit ist, und Frances hat sehr gelacht. Danach haben wir bei ihr zu Hause getanzt, nur wir zwei, und schließlich bin ich nach Hause gegangen und war sehr zufrieden.

2. April
Ein herrlicher Tag hat uns, Eleanor und mich, dazu verleitet, unsere Schularbeiten im Park zu machen. Der Wind, oder

besser gesagt die sanfte Brise, hat unsere Zettel oft weggeweht, und es war sehr lustig, hinterherzulaufen. Eleanor half mir oder genauer gesagt, sie machte meine Algebra, während ich, anstatt zu versuchen, an meine Arbeit zu denken, sie ansah, denn sie gab ein so hübsches Bild ab mit ihren schönen goldblonden Haaren, in denen sich die Sonnenstrahlen fingen, und mit ihren klaren blauen Augen, die sich ernsthaft in die Aufgabe vertieften, die sie zu lösen versuchte.

Eben heute wurde ich von Madame Cavalier in Französisch höhergestuft; sie war der Meinung, ich sei fähig aufzurücken. Ich habe jetzt eine Lehrerin, die Mademoiselle Gelbach heißt, und ich bereite mich auf das Lernen vor. Achte bitte auf die *Veränderung* in meiner Rechtschreibung!

3. April

Wir (Eleanor und ich) haben beschlossen, daß wir unsere Tanzstunden, in die wir jeden Donnerstag nach der Schule gehen, besser aufgeben sollten, denn das kostet uns eine ganze Stunde von unserer kurz bemessenen Freizeit. Außerdem sind wir zu dieser Zeit immer recht müde. Nachdem wir zwei unterschiedliche Entschuldigungen vorgebracht hatten, verließen wir die Schule und gingen ruhigen Schrittes nach Hause.

Im Augenblick denke ich an den morgigen Unterricht. Erinnerst Du Dich an Mr. Walker? Ich hoffe ja. Wenn ich ihn auch nur ein einziges Mal gesehen habe, er ist ein Künstler und er ist einer meiner Freunde (ohne daß er es weiß). Ich erinnere mich, daß er mir erzählt hat, daß er in einer musikalischen Komödie namens *Maytime* einen Tanz getanzt hat, und gestern bemerkte ich zum ersten Mal große Plakate, auf denen *Maytime* angekündigt wurde, und ich war tief bewegt. Es ist merkwürdig, auf den Brettern eines Theaters jemanden zu kennen, wo es doch voll zu sein scheint von Schauspielern, die scheinbar ein ganz anderes Leben führen, als wir es tun.

4. April

Der heutige Unterricht war wie üblich angenehm. Mit Frances habe ich nicht oft tanzen können, denn plötzlich wurde ich fortwährend vom anderen Geschlecht aufgefordert. Ich habe versucht, einen Grund hierfür zu finden. Ich glaubte, meine Staatsangehörigkeit sei der Grund, denn eine Pariserin wird hierzulande so verhätschelt wie eine ausgefallene Sehenswürdigkeit. Frances trug noch zu meiner Verwirrung bei, indem sie eine Anspielung auf meine »Popularität« machte und sagte, es liege daran, daß ich das hübscheste der anwesenden Mädchen sei. Das war sehr lieb, aber mein Spiegel ist mir zu treu und zeigt mir immerwährend ein Bild, das ich nur zu gut als das meine erkenne und von dem ich weiß, wie wenig Charme es ausstrahlt. Als wir dann weggingen, bummelten die jungen Leute an allen Straßenecken, und wenn wir an ihnen vorbeigingen, Frances, Dorothy Eddins und ich, grüßten sie und zogen dabei ihre Hüte, als wären sie Herren und keine Kinder. O nein, geliebtes Tagebuch, ich habe keine Angst mehr vor den Männern; wenn ich an all jene denke, die ich kenne, mit ihrem kindlichen Blick und ihrem kindlichen Lächeln, befällt mich ein unendliches Gefühl von Zärtlichkeit, als wären sie alle nur meine kleinen Brüder, die meine Fürsorge und mein Lächeln brauchen. Sie sind keine Menschenfresser mehr, sondern Märchenprinzen, und sie suchen alle Prinzessinnen, da ihr Vater, der König, wünscht, daß sie sich vermählen! Die Welt ist voll von diesen Prinzen, wenngleich sie auch nicht alle schön und tapfer sind. Die Welt ist auch voll von Prinzessinnen, die warten. Oh, wäre doch die Welt wirklich so, ein großer Garten voller Blumen, die ewig blühen, voll schöner saftiger Früchte unter einem herrlichen blau und rosa Himmel! Ein Garten voller Vögel und Schmetterlinge, voller Musik und voller Träume, wo alles schön ist und rein. Ein Garten voller Prinzen und Prinzessinnen, die in Treue lieben und in ihren eigenen Herzen wie Könige herrschen können! Unter einer Sonne, die den ganzen Tag über scheint, und einem Mond, der die Nacht erleuchtet, während tausend Sterne glitzern in der Unendlichkeit des Alls!

5. April
Da es eintönig und ohne Unterbrechung regnet, seitdem ich heute morgen um neun die Augen geöffnet habe, verlief der Tag, wie so manche Regentage verlaufen. Nach dem Frühstück habe ich gelesen, und zwar in einer Weise, in der ich sonst nie lese, das heißt, daß ich zum ersten besten Buch griff, das mir unter die Finger kam, und das war ein sehr schlecht geschriebenes Buch. Um halb zwei sind wir ins Kino gegangen. Als ich nach Hause kam, habe ich mich zum Schreiben hingesetzt.

Eben habe ich damit aufgehört und mein Tagebuch für einen Augenblick beiseite gelegt, weil Madame Carreño oder Madame Blois, was ein und dasselbe ist, eine Musik gespielt hat, zu der ich einfach tanzen mußte, ganz allein, wie ich es oft mache, aber ihre Musik wechselt ständig (ein Beweis, daß sie über wenig Ausdauer verfügt); nachdem ich wie verrückt getanzt und mich mit imaginären Kastagnetten dazu begleitet hatte, wie Carmen mit einer Rose am Mieder, einem weitschwingenden Rock und einer Mantille – all dies existierte ebenfalls nur in meiner Phantasie –, dann habe ich mich wieder hingesetzt, müde vom Tanzen, und nun weiß ich nichts mehr zu erzählen.

Neun Uhr.

Gerade habe ich meine Hausaufgaben gemacht, was mich an jenes gelbe Blatt Papier erinnert, von dem ich neulich erzählt habe: ich habe eine Note* von 25/100 bekommen. Das ist doch sehr anständig, nicht wahr?

Als mir das einfiel, begann ich in unserem großen Zimmer auf und ab zu gehen, die Hände auf dem Rücken verschränkt, den Kopf nach vorn geneigt, wie ich es häufig mache, wenn mich irgend etwas beschäftigt. Was würde Papa dazu sagen? Was würden alle meine Freundinnen sagen und all die Leute, die mich kennen, wenn sie das wüßten? Denn es ist wahrhaftig eine Schande! 25/100!!! Irgendwer hat einmal gesagt, wenn man dumm ist, ist man es für länger. Wenn das wahr ist, weiß ich nicht, was mit mir geschehen soll.

Ich, die noch vor einigen Tagen von Prinzen und Prinzessinnen sprach! Hat eine Prinzessin das Recht, dumm zu sein? Aber je mehr ich darüber nachdachte, um so mehr ärgerte ich mich über mich selbst, und schließlich blieb ich vor meinem Bücherschrank stehen, um ein Buch zum Lesen oder zum *Wiederlesen* herauszusuchen. Das hat mich betrübt, denn mir scheint, ich bin mit meinen Lektüren zu wählerisch geworden, denn es ist mir jetzt nicht mehr möglich, etwas gut Geschriebenes zu finden, was ich noch nicht gelesen habe. Also habe ich mich zum Schreiben hingesetzt. Ich habe gerade gezählt, wieviel Tage Mama schon fern von uns ist, und ich rechne damit, daß sie bald zurückkommen wird, denn sie ist schon so lange weg, und ich denke auch an alle Bosheiten, die mir Joaquinito in

---

* Siehe Fußnote Seite 328

letzter Zeit angetan hat, denn er nutzt ihre Abwesenheit ganz
schön aus. Manchmal ist er so gemein, daß ich mich nicht mehr
wehren kann und alle Geduld verliere; dann kann ich meine
Tränen nicht mehr zurückhalten: Ich weine in einer Weise, die
allen meinen Vorsätzen Schande machen würde, denn ich habe
mir vorgenommen, mich nicht zu derart untapferen Tränen
hinreißen zu lassen; ich mag nämlich nicht weinen. Thorvald
ist oft mein treuer Gefährte, wenn Mama nicht bei mir ist. Er
treibt zwar seine Späße mit mir, aber mit ihm kann ich genau
das tun, was ich möchte, während mich Joaquinito zur Verzweiflung bringt.
Heute und an anderen Tagen werden auf der Straße hübsche
Veilchensträuße verkauft. Da beginne ich immer ein wenig zu
träumen, denn ich mag Veilchen so gern, aber ich habe nie
welche.

6. April
Belica ist gekommen, um ihre Mutter zu besuchen, und wir
haben beschlossen, Madame Godoy gemeinsam zu besuchen,
denn sie ist gerade aus Kuba zurückgekommen. Unter anderem
habe ich erfahren, daß sie Mamas Rückkehr mit dem Zug für
heute abend erwartete, und meine Freude war riesig. Den Rest
des Nachmittags bin ich mit Belica am Riverside spazierengegangen. Wir haben uns auf eine Bank gesetzt und haben
zugeschaut, wie Matrosen Baseball spielten und sich dabei wie
wahre Kinder benahmen. Sie spielten, während sich die Sonne
allmählich langsam hinter den Hügeln auf der anderen Seite
des Flusses versteckte. Als dann der große Feuerball vollkommen hinter dem Horizont verschwand und sich der Himmel
mit den herrlichsten Farben, die man sich vorstellen kann,
überzog, ertönte plötzlich von einem amerikanischen Kriegsschiff, das in der Mitte des Flusses lag, deutlich der Klang einer
Trompete. Im gleichen Augenblick hörten alle Seeleute auf zu
spielen, drehten sich gemeinsam zur Fahne, die an der Mast-
spitze des Schiffes flatterte; dann grüßten sie militärisch,
während die Fahne eingeholt wurde. Einige Minuten später –
die Klänge der Trompete lagen noch in der Luft – fingen sie
wieder an zu spielen.
Auf dem Nachhauseweg sahen wir einen Autounfall, und eine
junge und hübsche Frau wurde blutüberströmt vor unseren
Augen in einen Krankenwagen getragen. Bei dem Anblick

wurde ich fast ohnmächtig. Ach, was sieht man nicht alles an einem Tag! Soviel schöne und erhabene Dinge und soviel traurige und abscheuliche Dinge!

7. April
Ich bin spät schlafen gegangen, weil ich auf Mama wartete, aber als ich aufwachte, war sie noch nicht wieder bei uns. Erst um vier, als ich aus der Schule kam, war sie da. Während des Abendessens erzählte sie uns voller Begeisterung, was sie alles in Havanna gemacht hatte. Wir hingen an ihren Lippen und fanden kaum Zeit zum Essen, um all die Fragen zu stellen, die wir stellen wollten. Aber Mama war natürlich müde und die ganze Plauderei mußte aufhören, als sie sich hinlegte, um sich auszuruhen; unterdessen machten wir unsere Schularbeiten für den nächsten Tag. Das ist alles, was ich im Moment schreiben kann; die Sonne scheint wieder für uns: Auf Regen folgt immer Sonnenschein!

8. April
Wir werden in der Schule ein Theaterstück aus der Römerzeit aufführen, und ich mußte länger bleiben, um meine Rolle zu lernen. Es ist eine sehr kleine Rolle, denn die Regisseurin, Dorothy Eddins, hat festgestellt, daß ich weder böse noch grausam wirken kann und keiner harten Worte fähig bin, so etwas ist absolut unmöglich! Also spiele ich die Rolle einer alten Frau. Ich, die ich doch, wenn ich allein vor meinem Spiegel stehe, eine so gute Schauspielerin bin, ich fühle mich in diesem Fall als ein mittelmäßiger Nichtsnutz.
Französisch läuft gut, Algebra schlimmer als schlecht, und der Rest, wen kümmert's!
Ach ja, in der Eile habe ich gestern vergessen zu schreiben, daß ich von Marraine ein Geschenk bekommen habe, und zwar einen reizenden, gelb, braun und schwarzen Kanarienvogel, der sehr schön singt. Selbst in diesem Augenblick begleitet er das kratzende Geräusch meiner Feder mit einer Melodie. Heute erscheint mir alles schön! Es ist warm, mein Fliederbaum blüht, alle Vögel singen und Mama ist bei uns.
Jetzt muß ich Dich aber verlassen, um Frances zu schreiben.

9. April
Mama hat mich mit runter in die Stadt genommen und mir ein hübsches Cape aus Kammgarn gekauft, Lackschuhe, schwarze

Seidenstrümpfe und Handschuhe; wir sind sehr zufrieden wieder nach Hause gekommen. Was die Schule betrifft, so bin ich verzweifelt. Von so vielen Menschen umgeben zu sein, von so vielen Lehrerinnen, die herzlos sind und grob, die nichts Menschliches an sich haben, das bringt mich in eine schreckliche Verfassung. Aber warum über einen Alptraum sprechen?

10. April
Nach der Schule bin ich mit Frances ausgegangen. Wir gingen zu Fuß bis zu dem kleinen See an der 110. Straße und haben uns dabei unterhalten. Dort haben wir uns ein Ruderboot gemietet. Gegen sechs bin ich wieder nach Hause gekommen und war sehr müde. Augenblicklich denke ich an die schönen Osterferien, die am Samstag beginnen!

11. April
Ich habe zum ersten Mal mein Cape und meine schönen Lackschuhe getragen und ging deshalb stolzer als sonst zur Tanzstunde. Schade, Frances geht nicht mehr hin, aber Dorothy war da, und alle beide haben wir uns gefreut festzustellen, daß wir nur einmal miteinander tanzen konnten. Ich tanzte sogar mit Mr. Duryea selbst, der natürlich wunderbar tanzt. Danach ging ich mit Dorothy weg, die mich zum Abendessen eingeladen hatte, und wir verließen die Schule bei Regen. Ich lernte Dorothy's reizende Mutter und ihren netten Bruder kennen. Kurz gesagt: Der Abend gefiel mir *sehr*. Wir waren im Theater, und nur eine Sache hätte uns dort fast um unser Vergnügen gebracht: Wir sahen einen Unglücklichen mit einem Anfall von *epilepsy* (mit einem epileptischen Anfall).
Jetzt gehe ich zufrieden ins Bett, mit dem Gedanken, daß morgen die Ferien beginnen.

12. April
Den Tag haben wir damit begonnen, daß wir um halb neun aufgestanden sind und gemütlich gefrühstückt haben; fortgesetzt haben wir ihn dann mit einem Spaziergang im Park und einem Kinobesuch mit Mama. Nach dem Kino gingen wir noch einmal im Park spazieren, weil das Wetter so schön war. Das Essen am Abend erschien mir ganz besonders erfreulich, weil ich anschließend nicht mehr lernen mußte, sondern lesen

konnte. Gestern habe ich vor lauter Freude die Schule vergessen, aber in diesem Augenblick denke ich mit Schmerzen daran, in welchem Zustand meine Nerven und meine Phantasie gegen drei Uhr nachmittags waren. Obgleich es Sir Arthur Guy Empey war, der in der Schülerversammlung zu uns sprach, sind die ewigen Zwänge, die ich mir auferlegen muß, um meinen Unwillen nicht zum Durchbruch kommen zu lassen, schrecklich ermüdend und grausam.

13. April
Messe und Frühstück. Nach dem Lunch ein Spaziergang mit Frances, unterbrochen durch einen Kinobesuch: Wir haben uns *Cheating cheaters (Betrogene Betrüger)* angesehen. Abendessen und Ruhe am Tisch. Wenig Lust zum Schreiben, wegen der Augen, die mir weh tun. Mama glaubt, daß ich *conjunctivitis* (Bindehautentzündung) habe.

14. April
Das Wetter ist wunderschön. Meine Augen tun nicht mehr weh, und ich bin mit Thorvald und Joaquinito in den Park gegangen. Nach dem Lunch habe ich meinen Schrank in Ordnung gebracht, und Frances hat mich angerufen, Ergebnis: Wir waren rudern, auf dem See ganz in unserer Nähe. Es war ein sehr schöner Ausflug. Wir haben ein wunderbares lebendes Bild mit blühenden Kirschbäumen gesehen, die lange noch meine Phantasie beschäftigt haben.
Joaquinito und Thorvald streiten und schreien sich an wie zwei Deutsche. Ich werde etwas später versuchen zu schreiben, wenn wieder Ruhe ist.
Später.
Unmöglich (aus dem gleichen Grund).

15. April
Gestern konnte ich wegen dem Lärm und der Rauferei von Thorvald und Joaquinito nicht schreiben, aber heute geht es kaum besser, aus fast dem gleichen Grund, denn Joaquinito *übt* am Klavier, was bedeutet, daß derjenige, der ihm zuhört, von Zeit zu Zeit ein disharmonisches und unerträgliches Geräusch vernimmt, das aus dem armen Klavier herausbricht.
Mamas Leben geht wieder seinen gewohnten Gang: Heute morgen ging sie gegen zehn weg und kam erst zum Abendessen wie-

der zurück. In dieser Zeit habe ich versucht, sie mit einer Überraschung zu erfreuen, und machte ihr mit allen Dingen, die ich finden konnte, einen Hut zurecht; nachdem sie ihn jedoch kritikalisch betrachtet hatte, tröstete mich Mama und sagte, daß ich das gut gemacht habe, aber daß der Hut schon zu alt sei, um wieder aufpoliert zu werden. Joaquinito fühlte sich nicht wohl, und ich mußte, nachdem er sich ins Bett gelegt hatte, auf alle seine Wünsche und Forderungen eingehen. Obendrein regnete es draußen, so daß der Tag also recht unnütz vorübergegangen ist.

16. April
Monsita ist schon wieder einmal krank, sie hat *Tonsillitis* (Angina), und ich bin ziemlich früh aufgestanden, um das Frühstück zu machen.
Draußen hat es den ganzen Tag geregnet, deshalb ist Mama bei uns geblieben, anstatt wegzugehen. Joaquinito hat einen Schnupfen inszeniert und ist im Morgenmantel im ganzen Haus herumspaziert, wobei er die ganze Familie quälte und hänselte. Thorvald ist trotz des Regens mit anderen *boy-scouts* oder Pfadfindern weggegangen, und ich habe alles mögliche gemacht, angefangen beim Strümpfestopfen, Lesen, Schreiben usw. usw...

17. April
Ich war in der Bücherei und habe mehrere Bücher zurückgebracht; den übrigen Tag habe ich Joaquinito gepflegt, der immer noch den eingebildeten Kranken spielt. Ich mache ständig Zukunftspläne ohne die Schule, denn Mama erlaubt mir, die Schule zu verlassen. Ach, ich bin ja so froh, so froh, so froh! Schluß mit all diesen Lehrerinnen, die so wenig menschlich sind, wie ein Block Marmor, Schluß mit dieser Schule voller unverständlicher und unverzeihlich grotesker Mädchen, Schluß mit der Routine einer allzu primitiven Erziehung, Schluß mit den Hausaufgaben, mit Algebra und allem, Schluß mit dem ganzen Quatsch, der zur Wadleigh High School gehört! Froh? Ich bin mehr als froh, ich bin betäubt, berauscht, sprachlos über soviel Glück!

18. April
Mama hat uns mit runter in die Stadt genommen, Frances, Jaoquinito und mich, erst zum Mittagessen und dann ins Kino. Eigentlich wollten wir in den Barnum-and-Bailey-Zirkus ge-

hen, aber es gab keine Karten mehr, also mußten wir uns mit Mae Murray in *A Delicious Little Devil (Ein entzückender kleiner Teufel)* und dem unvermeidlichen Charly Chaplin in einer seiner albernen Komödien zufriedengeben. Auf dem Rückweg haben Joaquinito und ich in der Kirche haltgemacht, um eine Weile zu beten, dann sind wir ganz gemütlich nach Hause gegangen, denn es war heute recht schön draußen, und es machte mir großen Spaß, mein »Cape« in der Brise flattern zu lassen. Das ist ein Gefühl, das mich immer an die Dichter erinnert. Und außerdem kann einem so ein »Cape« das Gefühl geben, der mächtige Napoleon zu sein, oder eine Königin in ihrem mit Diamanten und Rubinen besetzten Mantel, oder ein einfaches, »nach unserer Mode« gekleidetes Mädchen (wie es in einem Lied heißt).

19. April
Um zehn war ich bei Frances. Wir gingen eine Stunde zum Rudern und in der Zeit, die uns bis zum Mittagessen blieb, gingen wir langsam durch den Park, der heute sehr schön war: Alle Bäume waren voller Knospen und einige blühten schon. Nach dem Essen waren wir im Theater, das sich, wie mir Frances erklärte, unter der »Jugend« großer Beliebtheit erfreut, d. h. zum Beispiel bei den Jungen und Mädchen ihrer Tanzstunde und bei Albert Rosette. Sie hat mir also im voraus angekündigt, daß wir einen *matinee hero,* d. h. also den Helden einer Matinee sehen würden, einen der Tänzer, in den mehrere ihrer Freundinnen (sogar Natalie) verliebt seien. O Gott! Wie kann ich nur den Unsinn schreiben, den sie mir erzählt hat! Um all das wieder gutzumachen – Du glaubst sicher, ich hätte einen meiner Anfälle von Frivolität – kann ich Dir glücklicherweise in aller Aufrichtigkeit gestehen, daß ich die Vorstellung grauenhaft fand. Natalie hatte ein Opernglas dabei, mit dem ich mir George White, den Liebling, ganz aus der Nähe anschauen konnte, und ich stellte fest, daß er lediglich gut aussieht, daß er aber ziemlich schlecht tanzt. Trotzdem hatte er tausendmal mehr Erfolg als ein junger Mann, der nach ihm tanzte, dessen Gesicht jedoch nicht ganz so hübsch war. Das beweist wieder einmal... Du darfst raten. Nach dieser Dummheit machten wir eine weitere, indem wir am Broadway spazierengingen und uns Natalies Geschwätz anhörten!
Schließlich kehrte ich nach Hause zurück, und freute mich,

dieses ruhige Zuhause an der gleichen Stelle wiederzufinden, wo ich es nach so viel eitlem Lärm und weiblichem Unsinn zurückgelassen hatte.
Heute morgen, als wir vernünftig waren, sprach ich unter anderem mit Frances über mein Tagebuch, nachdem sie mir erzählt hatte, daß es oft viele Dinge gibt, die sie gern jemandem erzählen würde, der ihr zuhört; sie fand dann meine Idee ganz interessant und kaufte ein Heft, bevor sie zum Mittagessen nach Hause ging. Das ist ein gutes Zeichen!

20. April
Ostersonntag! Ich bin voller Hingabe zur Kommunion gegangen; danach haben wir üppig gefrühstückt, die Ostereier gesucht, einen Spaziergang im Park gemacht, zu Mittag gegessen, und schließlich bin ich mit Mama alleingeblieben, und der Sonntag verging langsam und ein bißchen traurig. Von Zeit zu Zeit ging ich zum Fenster, um mir die Leute anzuschauen, die spazierengingen, denn es war ein außergewöhnlich schöner und warmer Tag. Weggehen konnte ich nicht, das war unmöglich. Ich wollte Mama nicht alleinlassen. Monsita brauchte ihre Pflege, die arme Monsita, die seit sechs oder sieben Tagen im Bett liegt, klein und erbärmlich dünn, mit einer *Tonsillitis!* Sie leidet sehr. Gerade heute ist Dr. Murrey gekommen, um den Abzeß zu öffnen, der ihr das Atmen so schwermachte. Auf der Straße haben alle Frauen neue Hüte, schöne Strohhüte mit Blumen, wie meiner. Was die Männer betrifft, so weiß ich nichts zu sagen, mir ist nichts aufgefallen. Ich habe auch *Lucrèce Borgia, Marie Tudor* und *Angelo* von Victor Hugo gelesen. Natürlich war das kein Buch, das mich fröhlich stimmte, aber ich habe es sehr gemocht, und ich wußte nicht mehr, was ich tun sollte, als ich auf den letzten Seiten ankam, wo alle Leute getötet wurden, die ich liebte, wie Lukretia, Tisbe und Gennaro. Mama hat den Brief geschrieben, der mir die Freiheit gibt.
»*My dear Miss Hart* (die Algebra-Lehrerin) *Wishing that my daughter Anaïs may continue her studies at home, she will not attend school hereafter.*   *Sincerely*,
                                                            R. C. Nin«*

---

* »Liebe Miss Hart, Ich wünsche, daß meine Tochter Anaïs ihre Ausbildung zu Hause fortsetzt, sie wird also ab sofort nicht mehr in der Schule erscheinen...«

Morgen gehe ich zum letzten Mal. Ich trauere niemandem nach, ausgenommen Madame Cavalier, Mademoiselle Gelbach, M. Cornich und vielleicht Miss Hart selbst, nicht aber dem, was sie unterrichtet. Alles andere verlasse ich mit dem größten Vergnügen der Welt, mit der Freude eines Gefangenen, der nach tausend Jahren das Gefängnis verlassen darf.

21. April
Ich hab's hinter mir! Alles ist ruhig über die Bühne gegangen. Ich habe wie immer Eleanor getroffen; ich war sehr gerührt, als ich in der Schule meinen Brief vorgelegt habe. Jede Lehrerin hat etwas gesagt, manchmal etwas Nettes, manchmal etwas Unangenehmes über den zweifelhaften Erfolg meiner Ausbildung zu Hause. Um zwanzig vor zehn war ich an der *Subway*, um nach Hause zu fahren. Es war warm, ich war glücklich. Heute mußte ich Monsita pflegen und konnte nur ein paar Schränke aufräumen und meine Sachen in Ordnung bringen, um Mama eine Freude zu machen. Ich habe auch einen Blumentopf bemalt, in den ich Blumen gepflanzt habe.
Madame Madriguera und ihre Tochter Paquita sind aus Spanien zurückgekommen und wohnen hier bei uns, was zur Folge hat, daß Enrique Madriguera oft hierherkommt. Er macht immer den Eindruck eines Künstlers auf der Suche nach einem blauen Vogel...
P.S. Marraine schreibt, daß sie sich am 8. Mai einschifft. So viele gute Nachrichten an einem Tag!

22. April
»Mein lieber kleiner Papa,
Nun ist Dein Brief doch noch gekommen. Wenn Du wüßtest, wie ich darauf gewartet habe und wie groß meine Freude war, dann würdest Du verstehen, warum meine Briefe seltener wurden. Die einzige Möglichkeit zu erfahren, wo Du ungefähr warst, das waren Großmamas Briefe, die aus Lüttich kamen; jetzt aber weiß ich auch, warum Du nicht nach Paris zurückkommen konntest, und ich kenne Deine Pläne für die Zukunft. Du scheinst sehr beschäftigt zu sein, und ich bin recht stolz auf die vielen Engagements, die Du augenblicklich hast.
Thorvald und Joaquinito haben Deinen Brief gelesen, ich will nicht sagen, daß Joaquinito ihn *gelesen* hat, er liest sehr wenig Französisch, und wie fast alle Künstler ist er zum Lernen zu

dickköpfig. Und Thorvald kommt beim Französisch-Sprechen immer durcheinander; als er Deinen Brief zu Ende gelesen hatte, und auch die Stelle, an der Du von Großpapa schriebst, er sei unpäßlich, wollte er darüber sprechen und verwechselte »indisposition« (Unpäßlichkeit) mit »indigestion« (Magenverstimmung, Verdauungsstörung).

Momentan haben wir keine Bilder, die wir Dir schicken könnten, ich werde etwas später welche machen, denn draußen beginnt es sehr schön zu werden, es kommen die langen Frühlingstage, die den Sommer einleiten. Du sprichst von unserem Unterricht in der Schule. Ich habe Dir eine Neuigkeit mitzuteilen, die Dich überraschen wird: Ich habe meine Schule verlassen. Und nun hat alles einen Sinn, eine Daseinsberechtigung, wie die Philosophen sagen. Das ist nicht so einfach zu erklären. Die Schule war grauenhaft. Darauf wirst Du vermutlich antworten, daß dieses nichts mit der Ausbildung zu tun hat, aber diese Ausbildung war ebenso schlecht wie alles andere. Ach, es war schlimm! Wir hatten solche Lehrerinnen, die seit achtzehn oder zwanzig Jahren unterrichten, und die alle Feinfühligkeit, alle Güte, alle Geduld und das bißchen Menschlichkeit verloren oder nie besessen haben, all das, was eine Frau braucht, um eine gute Lehrerin zu sein, vor der empfindsame Menschen keine Angst zu haben brauchen; denn wenn ich einen Tadel bekam, verdienter- oder unverdientermaßen, zu Recht oder zu Unrecht, begann ich zu zittern wie Espenlaub und litt sehr darunter. Der Geist der Schule ist im allgemeinen der Geist der Unabhängigkeit. Was jedoch bei uns regierte, war jene Art von Unabhängigkeit, die Anarchisten und Bolschewisten usw. hervorbringt. Alles war gemein. Ich war Klassensprecherin, und nicht einmal aus Stolz oder aus einer Art von Ehrgefühl schwiegen diese Mädchen, wenn die Lehrerin aus der Klasse ging, und schon aus diesem Grund war ich immer fürchterlich empört. Mama hat mich vollkommen verstanden. Mit Französisch ging es sehr langsam vorwärts, ich lernte Übersetzen und andere Dinge, anstatt Schreiben zu lernen, was für mich nötiger gewesen wäre. Algebra war ein Alptraum. In Literatur mußten wir Bücher durcharbeiten, die ich bereits auswendig kenne, weil ich sie immer wieder gelesen habe, seitdem ich fließend Englisch lesen kann, und die anderen Mädchen brauchten fast alle soviel Zeit, um sie zu verstehen, wie ich in Algebra – bei einem so interessanten Gebiet wie die

Literatur! Nur die Naturkunde war sehr gut; im Zeichnen war es nur mehr oder weniger gut gemachtes Nachmalen, Turnen war grauenvoll. Mama hat das alles verstanden, ich wiederhole es, und am Montag habe ich die Schule für immer verlassen. Es gibt Menschen, die nichts sagen, aber desto mehr denken, und ich weiß ganz genau, daß sie alle glauben, ich werde bald ein Esel sein. Aber Mama, die mich kennt, und Du, Papa, der mich versteht, und alle diejenigen, die wissen, daß es in meiner Familie und in den Familien meiner Vorfahren keine Esel gibt, sie wissen auch, daß ich nicht dumm bleiben werde. Ich kann lernen, und ich lese und lerne liebend gern. Mama wird für mich eine Französisch-Lehrerin suchen; was das übrige betrifft, so werde ich es wohl verstehen, das Beste daraus zu machen. Sag mir, was Du von meiner Verteidigung hältst!
Du möchtest, daß Thorvald und Joaquinito Dir schreiben, und sie werden es tun.
Also bleibt mir nur noch, Dich ganz zärtlich zu umarmen, wobei ich Dich anflehe, mir auch weiterhin zu schreiben.

Dein Mädelchen
ANAÏS«

Mama hatte den ganzen Tag über außer Haus zu tun und ich habe Monsita gepflegt. Heute abend habe ich gerade mein Französisch-Diktat geschrieben und mit meinem besten Akzent laut gelesen. Ich habe von Mama ein hübsches rosa Kleidchen bekommen; außerdem habe ich eines meiner Organdy-Kleider für den Ball am Freitag blau gefärbt; es soll angeblich eine »tolle Sache« werden. Mit meinen Lackschuhen und den schwarzen Seidenstrümpfen werde ich sehr gut angezogen sein, glaube ich. Ich vermute, daß dies für Dich, liebes Tagebuch, nicht wichtig ist, vergiß aber nicht, daß es dies für mich aber sehr wohl ist, und daß Du mein Vertrauter bist. Unter anderem habe ich an Mamas Buch gearbeitet, das die *house-entries* (Buchhaltung) enthält, und ich habe Eleanor angerufen, um sie zu bitten, mit mir und Mama am Samstag ins Kino zu gehen. Jetzt muß ich mein Kleid bügeln.

23. April
Monsita ist noch nicht wieder gesund, ich pflege sie immer noch und gleichzeitig mach' ich tausend andere Dinge. Es gibt Momente, in denen ich für einen Augenblick ausreiße, dann

laufe ich in den Garten und grabe Erde um und bringe die Beete in Ordnung, um *vegetables* (Gemüse) und Blumen anzupflanzen, sobald der letzte Frost vorbei ist. Unter anderem male ich weiter in den zwanzig Bänden des *Book of Knowledge*, was mir große Freude macht. Enrique Madriquera kommt mehrmals am Tag; er ist ein Spaßvogel (wie alle Katalanen) und sagt, er käme auch deshalb so oft, weil ich es bin, die ihm die Tür öffnet. Ich stopfe allerhand Strümpfe (Strümpfe, die aussehen wie ein Sieb), und ich nähe überall Knöpfe an, wo es nötig ist.

24. April

Monsita hat heute endlich zum ersten Mal wieder aufstehen können, aber sie ist noch sehr schwach. Tante Edelmira, Nuna und Coquito sind aus New Orleans gekommen, denn Onkel Gilbert wurde nach Mexiko geschickt. Nun sind wir also neun Personen am Tisch, Nunas Kindermädchen mit eingerechnet. Sie wird einige Tage bei uns wohnen, und wir freuen uns sehr darüber, auch wenn es ein bißchen zu laut zugeht und es sehr viel mehr Arbeit gibt. Ich stehe morgens sehr früh auf (weil Dolly, das andere Dienstmädchen, erst zwischen halb neun und neun kommt) und mache das Frühstück. Den Kaffee mache ich sehr schlecht, und mir ist klar, daß ihn die ganze Familie nur aus Höflichkeit herunterschluckt. Thorvald und Joaquinito gehen zur Schule, wie sich das für liebe Kinder gehört, aber der arme Joaquinito kam heute mit Tränen in den Augen zurück, weil er so unartig war, daß man ihn zu den Mädchen gesetzt hat. Das hat er uns in der Sprache seiner kleinen Freunde erzählt, die allesamt kleine Halunken sind, unsauber und schlecht erzogen.

25. April

Gestern abend – Mama und ich hatten den ganzen Tag, von neun Uhr früh bis zehn Uhr abends damit verbracht einen Koffer zu packen, den Mama nach Kuba schicken muß – waren wir derartig müde, daß wir nicht einschlafen konnten. Da begann Mama sich mit Monsita und mir zu unterhalten und kam nach und nach auf sich selbst und Papa zu sprechen, und sie erzählte uns eine wunderschöne Geschichte, die Geschichte ihrer Narrheit, als sie jung, schön und romantisch war. Eine Geschichte, die mich überzeugte, daß Mama nicht immer eine seriöse Geschäftsfrau war, wie sie es jetzt ist, die lacht, wenn

man mit ihr über Heirat spricht und sich lustig macht über Dinge, die ich sehr ernst nehme.
Hier ist sie, diese Geschichte: Zu dieser Zeit (Mama nannte das Datum nicht), war Mama jung, schön und wurde sehr bewundert; weil Großvater ein bekannter Geschäftsmann war, wurde sie sehr hofiert in der kubanischen Gesellschaft. Eines Tages ging sie mit Tante Edelmira spazieren und wollte in der Musikalien-Handlung von Anselmo Lopez einige Gesangsstücke kaufen. Papa, damals auch jung und gut aussehend, war mit seiner Mutter nach Havanna gekommen: Er hatte Barcelona verlassen müssen, weil er dort einem Mädchen den Hof gemacht hatte, das seine Schülerin war; er hatte sie dazu gebracht, mit ihm durchbrennen zu wollen, aber der Bruder, der jetzt der Mann von Papas Schwester ist, wollte ihn umbringen. Zu dieser Zeit also versuchte er, in Havanna Konzerte zu geben. Als Mama den Laden betrat, stellte ihr Monsieur Lopez Papa als einen jungen Pianisten vor, dem der Einfluß einer jungen Dame aus der guten Gesellschaft sehr wohltäte. Er wurde gebeten, Mama und Tante Edelmira etwas vorzuspielen, und nachdem er sich lange genug hatte bitten lassen, wie er es immer macht (sagt Mama), spielte er schließlich. Hier unterbrach ich Mamas Erzählung, um zu fragen, ob er gut gespielt hat. »Das glaube ich wohl!« antwortete Mama überzeugt. Dann ging die Geschichte weiter. Papa wurde zu Mama eingeladen und ihren Freunden vorgestellt. Dann begann er, ihr morgens zu schreiben, sie nachmittags zu besuchen und sie zu jeder Stunde anzurufen. Mama fuhr für einige Zeit nach Matanzas, und er schrieb ihr weiterhin. Eines schönen Tages, als sie zurückgekommen war, erklärte er sich ihr, und Mama sah ihn an, sie betrachtete seine Hose und seine Jacke, die mit Flicken besetzt waren, sie betrachtete seine Haare und seine blauen Augen und ... gab ihre Zustimmung, zum großen Entsetzen der ganzen Familie. Aber die Sache wurde vollzogen. Zum allgemeinen Bedauern heirateten sie.
»Und dann?« fragte ich. Aber Mama wollte nichts weiter erzählen.
Dann schliefen wir ein. Und ich träumte. Oh, dieser Traum, über den ich jetzt lache, ich träumte, und ich wage es kaum zu schreiben, daß ich Enrique heiratete. Ich wachte genau in dem Augenblick auf, als Mama zu mir sagte, daß Künstler zwar alle

recht unterhaltsam seien, daß sie aber keine guten Ehemänner abgäben.
Kurz davor hatte uns Mama eine komische Geschichte erzählt. Sie handelte von ihrer Großmutter, Madame Vaurigaud und von Monsieur Vaurigaud. Madame Vaurigaud hatte dunkles Haar, blaue Augen und eine sehr helle, zarte und feine Haut. Schön wie sie war, wurde sie von allen sehr verwöhnt, am meisten von ihrem Mann. Er stand morgens sehr früh auf, um ihr den Kaffee zu machen. Dafür brauchte er viel Zeit, und schließlich brachte er ihr den Kaffee ans Bett. Da begann Madame Vaurigaud:
»Monsieur Vaurigaud, welch ein Kaffee!«
»Madame Vaurigaud, ich tue, was ich kann. Ist er denn so furchtbar schlecht?«
Und jeden Tag so weiter:
»Monsieur Vaurigaud! Dieser Kaffee! Mein Gott...«
»Aber Madame!...«
Heute morgen habe ich nun Mama den Kaffee gebracht, den ich selbst gekocht hatte, und sagte zu ihr:
»Madame Vaurigaud, hier ist Ihr Kaffee!«
Und Mama antwortete:
»Ach, welch ein schlechter Kaffee, Monsieur Vaurigaud, entsetzlich schlecht!«

Das ist aber nicht alles, was ich heute schreiben werde. Du weißt, daß ich heute beim Tanzen war. Ich hatte mir Locken gemacht, die wirklich schön hielten und ich hatte Puder und ein ganz klein wenig Rouge aufgelegt, denn ich war so blaß... Ich trug mein blaues Kleid und meinen neuen Hut usw.
Dort traf ich Dorothy Eddins und Frances. Das Tanzen war sehr unterhaltsam. Dieser junge Mann, der einzige, der meiner Meinung nach anständig ist, war auch wieder da und hat sehr oft mit mir getanzt. Einmal hat man uns die eine Hälfte einer Postkarte gegeben, und wir sollten den andern, den fehlenden Teil finden. Er war es, der ihn hatte, wir mußten dann miteinander tanzen. Er erzählte mir, er werde studieren, um Rechtsanwalt zu werden und fragte mich, ob ich ihm meine Fälle anvertrauen würde. Es war jedoch seine letzte Tanzstunde, und ich kenne seinen Namen nicht. Er hatte mir gerade gesagt, daß er nicht mehr kommen würde, als wir bemerkten, daß das Stück, das eben gespielt wurde, *Frenchie, Frenchie,*

don't cry hieß. Darüber mußten wir lachen. Auf dem Weg nach Hause ging ich ein Stück mit Frances und den Rest mit zwei jungen Leuten. Der eine war taub, oder fast taub, und der andere kam aus Texas. Das ist alles, was ich von ihnen weiß, und das ist nicht viel.

26. *April*
Eleanor und Gertrude waren mit uns im Kino. Wir haben uns Mae Murrey in *What Am I Bid* und Tom Moore in *A Man and his Money* angesehen. Als ich nach Hause kam, habe ich Enrique Madriguera getroffen und die Gelegenheit genutzt, um ihn zu dem Empfang nächsten Samstag bei Duryea, unserem Tanzlehrer, einzuladen. Den Rest des Abends habe ich ein hinreißendes Buch gelesen: *Les Musardises* von Edmond Rostand.

27. *April*
Heute morgen war ich um acht bereits auf, um das Frühstück zu machen, und um zehn war ich in der Messe. Nach dem Mittagessen gingen alle spazieren, und Mama und ich beschlossen, zusammen ins Kino zu gehen. Beim Weggehen begegneten wir dem unvermeidlichen Enrique, der am Steuer eines Autos saß, das ihm ein Freund geliehen hatte, und er lud uns zu einer Spazierfahrt ein. Es war großartig, wie er versuchte, sehr schnell zu fahren, obwohl sich ihm ein jeder in den Weg stellte, und wie er, sobald es möglich war, die Gelegenheit nutzte, um schnell zu fahren, ganz schnell, so wie ich es mag. Er war auch ein sehr guter Unterhalter und tat nichts als reden und lachen. Bis jetzt macht er alles, was die andern Künstler tun. Ich nehme an, das ist so ihre Art. Um halb fünf setzte er uns vor dem Theater in der 81. Straße ab; dort verbrachten Mama und ich den Rest des Nachmittags als Zuschauer eines einfältigen Schwanks mit dem berühmten William Hart in *The Poppy Girl's Husband*. Um acht kamen wir nach Hause, und alle warteten auf uns mit dem Essen. Und jetzt werde ich Frances schreiben.

28. *April*
Nach dem Mittagessen war ich mit Eleanor und Gertrude im Kino; wir haben uns Sessue Hayakawa in *A Courageous Coward* angesehen, und Billie Burke in *Good Gracious Anna-*

bella, was sehr lustig war. Und nun habe ich noch immer nicht zu Abend gegessen, aber ich habe mich ein paar Minuten zum Schreiben hingesetzt, damit die Zeit schneller vergeht. Ich habe nichts mehr zu lesen, denn Mama will mich nicht mehr zur Bücherei gehen lassen, weil es dafür schon zu spät ist. Und während ich schreibe, sprechen Mama und Enrique übers Heiraten; ich bitte Dich also, nicht erstaunt zu sein, wenn ich nicht immer genau das schreibe, was ich sagen möchte. Aber es ist wohl besser, wenn ich aufhöre, denn ich verstehe nichts von dem, was ich schreibe. Bis nachher also, mein armer Freund ... ich werde dann mit einem klaren Kopf weiterschreiben.
Ich habe dies hier noch einmal gelesen, als das Gespräch zu Ende war, aber es gibt nichts hinzuzufügen.

29. April
Ich arbeite viel in meinem Garten, der allmählich beginnt, Formen anzunehmen. Einen großen Teil des Tages verbringe ich mit Lesen. Heute abend hat uns Madame Beaulac, eine Französisch-Lehrerin und Freundin von Mama, besucht; sie haben sich darüber geeinigt, daß ich wöchentlich zwei Stunden Unterricht bekomme.

30. April
Ich war um zehn in meiner ersten Französisch-Stunde, die mich sehr interessiert hat. Ich habe wieder im Garten gearbeitet und viel gelesen. Mein jetziges Leben ist wie das schöne Wetter nach einem Gewitter. Wenn ich auch freiwillig sehr früh aufstehe, verläuft doch der ganze Tag wie ein wunderschöner Traum. Ich habe meine Freiheit, ich habe Vögel, Blumen, Bonbons (die manchmal recht schön sind... anzusehen), Bücher, ich habe Zeichnungen zu machen, einen Garten zu pflegen und ich habe viele Ideen. Am Abend gibt es keine Schularbeiten zu machen, und ich habe nur eine Aufgabe zu erfüllen: meiner Mama in allem soviel wie möglich zu helfen.
Madame Beaulac hat mir mitgeteilt, daß eine meiner Schwächen in Französisch (und diese Schwächen sind so gewaltig, daß sich mein armes Französisch gerade noch auf den Beinen halten kann, es ist recht wacklig, und darüber bin ich sehr traurig) die Tatsache ist, daß ich sehr schlecht bin beim Laut-Lesen. Das kommt von meiner Angewohnheit, alles für mich

selbst zu lesen. Aber in meiner Begeisterung lerne ich neue Ausdrücke. Hier ist einer, den ich Dir sagen möchte, vollkommen zusammenhanglos: *Ich brach in lautes Gelächter aus*; ein anderer: *mit gewaltiger Donnerstimme*. Die anderen, die ich noch gelernt habe, werde ich zu gegebener Zeit benutzen. Eines Tages wird mein Französisch siegreich auferstehen, denn selbst wenn es gestorben ist, habe ich es noch nicht begraben, weißt Du!

1. Mai
Heute morgen bin ich sehr früh aufgestanden, um meinen Garten zu pflegen, aber es regnete in Strömen. Um zwei bin ich mit Frances ins Kino gegangen und habe mir Montague Love in *Four Green Eyes* und eine sehr gute Schauspielerin, deren Namen ich vergessen habe, in *Toutou* angesehen. Als ich zu Hause ankam, war ich völlig durchnäßt, aber dann setzte ich mich zum Lesen hin und vergaß bis zum Abendessen, wo ich war. Eben habe ich meine Hausaufgaben in Französisch gemacht, die mir viel Spaß machen, und ich habe zum zwanzigsten Mal Monsieur Madriguera die Tür geöffnet, wobei ich ewig den Eindruck habe, einem Verrückten gegenüberzustehen. Ich möchte ihn gern einmal ernst sehen, nur für einen ganz kleinen Augenblick, aber ich glaube, das ist ihm unmöglich. Ich vermute, daß er die Einladung zum Tanzen am Samstag schon vergessen hat, ich hingegen denke ständig an diesen Tag. Aber ich glaube, ich habe eben nichts anderes zu tun; er hingegen ... er ist ein Künstler. Emilia Quintero, die berühmte Pianistin und alte Freundin unseres Hauses, die immer zu uns hereinkommt wie ein Wirbelsturm von Komplimenten (Sie ist die einzige, die mich sehr schön findet, für die Joaquinito ein ruhiger Junge ist und Thorvald alles, was er eben nicht ist!) hat mich daran erinnert, daß ich schon lange keine Gedichte mehr geschrieben habe, und jetzt habe ich eine Idee. Schon bin ich weg!

2. Mai
Wenn ich mich gerade jetzt zum Schreiben hinsetze, dann ist es nicht wirklich deshalb, weil ich etwas zu sagen hätte, aber ich fühle mich ein bißchen einsam. Mama und ich sitzen im Wohnzimmer, gepudert und gut gekleidet, denn wir erwarten Besuch, einen Herrn, den ich nicht kenne. Und das Wohnzim-

mer ist piekfein »hergerichtet«. Das heißt, daß die Stühle, Sessel und Sofas in ihre unwiderrufliche Position gerückt wurden und aussehen, als warteten sie darauf, daß man sich draufsetzt: Es wirkt theatralisch und unnatürlich, wenn alles an seinem Platz steht, und der Kamin sieht aus wie ein Museum; während die Bilder in ihrer ewig gleichbleibenden Pose bei mir eine, was weiß ich, vermutlich eine Kolik hervorrufen! Und nachdem der Besuch nicht erscheint, schreibe ich weiter...

Heute früh um zehn war ich wieder bei Madame Beaulac zu einer weiteren Französisch-Stunde. In dieser Beziehung läuft alles gut. Mein Garten ist fast so weit, daß ich den Samen einsäen kann. Heute hatte ich die unangenehme Aufgabe, die Erde zu düngen! Von dem entzückenden Duft wurde mir fast

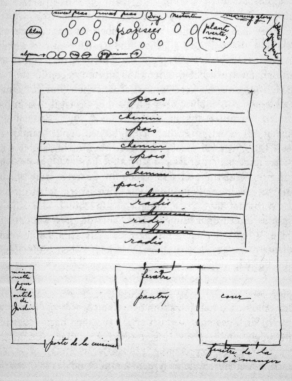

übel, und obendrein gab es natürlich großes Geschrei in der gesamten Familie, als ich mit einem Taschentuch, das mit »Houbigant«, meinem Lieblingsparfum, getränkt war, durchs ganze Haus spazierte. Nun ja. *This is the life!* (So ist das Leben!), wie man hier in New York sagt. Der Besuch kommt nicht, also weiter! Abgesehen von meinen Beschäftigungen im Garten habe ich mich in eines der schönsten und entzückendsten Bücher gestürzt, das ich je verschlungen habe, *Les Musardises* von Rostand. Es gibt einige, wie *La danse des atomes*, *Charivari à la lune* und *A ma lampe* und tausend andere, die ich zwanzigmal mit dem gleichen Vergnügen gelesen habe. Ich hoffe, daß Du sie ebenso wunderbar findest wie ich, denn, erinnere Dich daran, Du bist dabei, alle Bücher zu lesen, die ich lese, und Du liebst sie, so wie ich sie liebe.

Kürzlich habe ich Frances gefragt, was denn ihr Tagebuch mache, das sie auf meine Anregung hin begonnen hatte, und welch eine Überraschung, eine Überraschung die mich bestürzte, als sie mir sagte, daß es überhaupt nicht läuft. Und plötzlich mußte ich daran denken, was *ich* tun würde ohne mein Tagebuch. Kannst Du mir darauf antworten, mein treuer Vertrauter? Du weißt, wer ich bin, muß ich es noch einmal sagen? Ein Dichter mit einem leicht angeschlagenen und wirren Kopf, ein Philosoph, der nichts weiß, eine schlechte Schülerin und noch vieles andere dieser Art. Wenn ich wütend bin, schreibe ich, und mein Zorn geht vorüber, wenn ich traurig bin, schreibe ich, und meine Schwermut geht vorüber; wenn ich glücklich bin, schreibe ich, und ich bin glücklich, sooft ich das wiederlese, was ich in einem solchen Augenblick geschrieben habe; wenn ich keine Freundinnen habe, schreibe ich, und schon bist Du da, wenn mich die ganze Welt einen ignoramus schimpft, dann schreibe ich und ich tröste mich darüber hinweg; wenn mir ein Gedicht mißlingt, schreibe ich und tröste mich. Ich könnte noch lange so weitermachen und die Wohltaten, die ich von Deinen weißen Seiten empfange, aufzählen, aber ich möchte dich den Rest erraten lassen.

Ich habe eben bemerkt, daß ich noch ein Kind bin. Kannst Du mir glauben, daß ich den ganzen Tag über an diese morgige Tanzveranstaltung gedacht habe? Mein blaues Kleid wurde gebügelt, und nun baumelt es friedlich an einem Kleiderhaken; ich hingegen, mit meiner blühenden, fliegenden Phantasie, schlüpfe in das Kleid und schwebe zu Duryea, und ich tanze, und tanze und tanze... indessen ist das Kleid noch immer da, thront auf seinem Kleiderbügel und schaut mich an, stelle ich mir vor, wie Idioten einen Aeroplan bestaunen. Und die Schuhe sind in meinem Schrank, aber es ergeht ihnen genauso wie dem Kleid, das ist unerklärlich, lächerlich, komisch und (hier mein neuer Ausdruck): ich breche in lautes Gelächter aus! Siehst Du, ich bin ein Kind, mit sechzehn Jahren! Der Besuch kommt nicht, es ist spät, Mama erhebt sich, um schmollend ins Bett zu gehen, und ich werde das gleiche tun; gute Nacht, ich wünsche Dir schöne Träume, und ich bedauere wirklich sehr, daß Du nicht ein Mädchen bist (oder ein Kind), denn während Du im Bücherschrank bist, kannst Du nicht von Künstlern träumen, von Dichtern und von anderen Verrückten, die so alt sind wie wir oder fast. Aber jetzt geh' ich!

3. Mai
Nachdem ich lange geträumt und an dieses Tanzen gedacht habe, bin ich nun wieder in meinen »Normal«-Zustand zurückgekehrt, kaum, daß ich hier ankam. Zwei junge Freunde von Frances und Frances selbst haben mich um zwanzig nach vier abgeholt. Es war nett beim Tanzen, aber es erschien mir zu lang und unsinnig. Ich weiß nicht, ob ich es Dir schon gesagt habe, aber ich hatte Monsieur Madriguera für heute eingeladen, aber er konnte nicht kommen, und darüber war ich recht froh, denn es hätte ihm, glaube ich, nicht viel Spaß gemacht. Trotz des vielen Puders, Puder und Rouge, das ich auftrug, konnte ich die tiefen schwarzen Ringe unter den Augen und eine entsetzliche Blässe nicht zum Verschwinden bringen; das stimmte mich nachdenklich, denn ich erkenne nun, aus welchem Grund Mama sagt, daß ich nicht oft genug an die frische Luft gehe. Und um Dir zu beschreiben, wie ich bei diesem Tanzabend aussah, mußt Du wissen, daß Frances zu mir sagte, wenn wir zusammen tanzen, hätte sie immer Angst, mich zu verlieren! Und ein junger Mann meinte, er hätte das Gefühl, allein zu tanzen, weil ich so leicht sei. Und viele Leute sahen mich an, als glaubten sie, ich würde mich im nächsten Augenblick in Nichts auflösen.
Ich habe ein bißchen in meinem Garten gearbeitet und bin nach dem Abendessen zur Beichte gegangen. Eine Sache belastete mich sehr: Man hatte mir Komplimente gemacht, und ich war

darüber sehr erfreut, und siehe da, der gute Pfarrer lachte aus vollem Halse und sagte, das sei überhaupt nicht schlimm, im Gegenteil, fügte er hinzu, das sei ganz natürlich ...
Nun werde ich schlafen gehen, denn ich bin sehr müde. Ich sitze im Wohnzimmer und sehe mich, ohne es zu wollen, im Spiegel an: und ich bin erstaunt über meine Blässe. Ja, wirklich, ich muß spazierengehen, damit ich eine so gesunde, rosige Farbe wie Frances bekomme.

4. Mai
Als ich von der Kommunion zurück war, rief mich Frances an: Wir besprachen die letzten Einzelheiten des Picknicks, das wir für heute vorgesehen hatten. Um halb elf war ich bei ihr, und wir nahmen den *Subway* bis zur 200. Straße, und dort haben wir Evelyn Swollen, eine Freundin von Frances, getroffen, und mit ihr zusammen haben wir mit dem *Ferry-boat* den Fluß überquert. Es war sehr heiß und sehr schön. Als wir an den *Palisades* angekommen waren, machten wir uns auf zu einem langen Spaziergang am Ufer des Hudson, das dort einem Strand glich. Alle Welt hatte sich hier mit dem gleichen Gedanken eingefunden, und an einigen Stellen brannten schlecht angelegte Feuer, die so stark qualmten wie nichtziehende Öfen. Der Anblick, der sich unseren Augen bot, hatte durchaus seine Reize. Links von uns lag der blaue Fluß mit seiner Vielfalt an Schiffen und seinen ganz kleinen Wellen, die ruhig über die Steine und den Sand des schmalen Strandes hinwegplätscherten. Rechts lagen hohe, felsige Berge, richtige *Palisaden*, die auch ein dichter Wald waren. Dort, zwischen Dorngestrüpp, Büschen, Bäumen, Gras und tausend anderen Pflanzen, gab es wilde Veilchen mit dem ganzen Zauber ihrer Farbe und ihres Duftes. Hier an dieser Stelle haben wir angefangen, Holz für unser Feuer zu sammeln, später haben wir uns dann fröhlich auf den Steinen niedergelassen und zwischen zwei Stück Brot unsere Würstchen gegessen, die wir an einem Holzspieß in einem rauchenden Feuer aus grünem und nassem Holz, Papier und Blättern gegrillt hatten; außerdem haben wir in der Asche gegarte Kartoffeln und Äpfel in der gleichen Art gegessen; dann gab es noch Kuchen und Oliven, und Frances und Evelyn haben sich den Magen verdorben mit entsetzlichen Sachen, die man *Pickles* nennt. Um fünf sind wir vom Picknick zurückgekommen, aber ich war erst um sieben zu

Hause, weil ich mit Frances noch im Riverside Park geblieben bin. Als ich dann aber nach Hause kam, fiel ich vor Müdigkeit fast um.

5. Mai
Auch heute hielt die Hitze an, aber ich habe sie fast vergessen, und zwar über einem Buch von Jules Verne, das vom Nordpol und Gletschern handelt, als Monsieur Madriguera uns, Joaquinito, Coquito und mich, zu einem Ausflug mit dem Auto einlud. Es war sehr lustig, weil er so schnell fuhr. Wir mußten sehr bald wieder umkehren, denn der Regen, der aufgekommen war, ließ alles scheitern! Aber er hielt nicht lange an, und jetzt haben wir wieder sehr schönes Wetter, wenn es auch etwas abgekühlt hat. Nun muß ich Dich verlassen, um mich auf das Konzert vorzubereiten, das Paquita Madriguera heute abend gibt.

6. Mai
Das Konzert gestern abend war ein denkwürdiges Ereignis. Nicht allein deshalb, weil Paquita bewundernswert gut spielte und großen Erfolg hatte, sondern auch, weil der Aeolian-Konzertsaal fast ausschließlich mit Katalanen und Spaniern besetzt war und eher an eine Vereinsversammlung erinnerte, als an irgend etwas anderes. Wir waren mit Emilia, Vicente de Sola und Madame Pausas in einer Loge. Ich war so angezogen, wie zu dem Tanzabend mit Frances, und alle Welt sagte mir unermüdlich, daß ich mehr denn je meiner Mutter ähnlich sehe. Gestern abend war ich selbst erstaunt, wie selten ich errötete, und mit welcher Ruhe und welchem Takt ich sämtliche Arten von Menschen begrüßte, die mir vorgestellt wurden. Nach dem Konzert trafen sich alle im Konversationszimmer der Künstler. Dort herrschte ein allgemeines Durcheinander von verhältnismäßig albernen Gesprächen. Wir wollten gehen, bevor die Lichter gelöscht wurden, aber Emilias Konversation plätscherte dahin wie ein unendlicher Fluß. Ganz zuletzt hatte ich Gelegenheit, mich zu freuen und sehr zu lachen, denn als ich mein Cape anziehen wollte, standen gleich drei katalanische Kavaliere da, um mir behilflich zu sein. Einer der drei gab sich als Zuschauer zufrieden, während die beiden anderen erfolglos darum kämpften, die Ärmel eines Capes zu finden, das bekanntlich keine besitzt, und erst nach einigen

Augenblicken war ich soweit und konnte unter großem Gelächter das Haus verlassen; indessen versprachen Paquitas Freunde, mir beim nächsten Mal ausgezeichnet in dieses Cape helfen zu können! Ich sah Madame Sarlabous, ihren Mann und Germaine, ihre Tochter, wieder. Ich lernte Madame Fitzu kennen, die die *Goyescas* von Granados sang, und noch andere Leute, an die ich mich im Augenblick nicht erinnere. Enrique Madriguera war natürlich auch da, ewig lachend, und machte über alles seine Späße. Für die Hinfahrt hatten wir ein Taxi genommen, aber einen solchen Luxus konnten wir uns nicht mehr als einmal gönnen, und so nahmen wir für die Fahrt nach Hause in aller Ruhe am Broadway die Straßenbahn. Als wir von zu Hause weggingen, war ich gepudert, geschminkt und frisch gelockt, und ich sah im Spiegel das Bild Mamas. Als ich zurückkam, war ich blaß, ernst, nachdenklich, müde, und meine Haare waren ein bißchen durcheinander, und da sah ich im Spiegel das Bild Papas. Es ist eigenartig, aber ich habe zwei verschiedene Gesichter und auch zwei ganz verschiedene Charaktere: das Gesicht, das an Mama erinnert (mit ihrem umgänglichen Charakter, fröhlich, voll von den Freuden des Tanzes und der Gesellschaft), und das andere, das eines Dichters (eines mittelmäßigen) mit dem Charakter eines Philosophen (eines verfehlten). Welches ich bevorzuge, das weißt Du, jeder weiß es, außer den Vertretern des... anderen Geschlechts, denen ich mit dem Gesicht meiner Mutter gegenübertrete. Und ich beginne wirklich daran zu glauben, daß jeder Mensch zwei Wesen hat, zwei Gesichter, zwei Charaktere, aber nur eine Seele und ein Gewissen. Das ist merkwürdig, und ich werde mich sorgfältig prüfen, um zu erfahren, welches der beiden Gesichter im allgemeinen am besten gefällt. Heute war ich mit Mama und Joaquinito im Kino, und danach ging ich bis sechs am Riverside spazieren. Wir haben gerade zu Abend gegessen, und Joaquinito hat Klavierunterricht mit Emilia, während ich schreibe. Enrique Madriguera ist soeben wie ein Wirbelsturm an uns vorbeigerauscht, aber nicht ohne uns vorher zum Lachen zu bringen: Er ließ uns raten, was ihm an seiner Aufmachung fehlte, und ich habe sofort gesehen, daß ihm eine Blume im Knopfloch fehlte. Darauf sagte er, daß ich ihm eine schenken solle, und ich mußte ihn mit einer der schönen roten Rosen schmücken, die Paquita uns heute von denen abgegeben hat, die sie gestern abend geschenkt bekommen hatte. Und nun sind alle zusammen in dem kleinen Auto weggefahren. Und ich, ich schreibe dies alles mit einem Lächeln und in dem sicheren Bewußtsein, daß jedesmal, wenn ich von M. Madriguera etwas zu erzählen habe, es die verrückten Dinge sein werden, die er tut, oder die verrückten Dinge, die er sagt, weil er eben nur ein Künstler ist.

Mama ist soeben ins Wohnzimmer gekommen und hat festgestellt, auf welche Weise Joaquinito die Anordnungen Emilias mißachtet; Mama sagte, er sei »wie der Hund von Jean Nivelle, der wegläuft, wenn man ihn ruft«. Aber jetzt muß ich bis morgen zu schreiben aufhören, denn ich habe nichts mehr zu erzählen.

P.S. Ich habe im Kino den Film *Little Comrade* gesehen mit Vivian Martin und *The Test of Honor* mit einem anderen Künstler, John Barrymore.

7. Mai

Heute war draußen ein grauenhaftes Wetter, das heißt, daß es sintflutartig regnete. Erst um zwei konnte ich raus, um in die Bücherei zu gehen, und danach ging ich noch eine Weile mit Nuna, meiner kleinen Kusine, im Park spazieren. Die übrige Zeit habe ich gelesen. Einmal, nach dem Abendessen, kam E. Madriguera in unser Zimmer, vielleicht zum zehnten Mal, und stellte sich vor den Spiegel, um zu sehen, ob ich größer bin als er; nachdem er sich aber überzeugt hatte, daß wir ungefähr gleich groß sind, schien er zufrieden zu sein, woraus ich mehr denn je schloß, daß er verrückt ist. Einer der Freunde von Paquita, der auch häufig hier vorbeikommt, spricht sehr gut Französisch, und ich unterhalte mich oft mit ihm. Gute Nacht!

8. Mai

Ich habe den größten Teil des Tages in meinem Garten verbracht. Ich hatte auch Hausaufgaben in Französisch zu machen und einen Brief an meine Lehrerin zu schreiben, der mich eine gute halbe Stunde gekostet hat, denn ich wollte ihn in meinem schönsten Französisch schreiben. Ich habe in meinem Garten an einer Stelle ein Loch gegraben, um nachzusehen, ob sich »die Dinge« entwickeln, und das Ergebnis war lustig, denn die Samenkörner hatten sich geöffnet und die Pflanzen begannen so hübsch zu sprießen, daß ich davon ganz beeindruckt war. Es ist wirklich seltsam, wenn man bedenkt, wie aus den Samen Pflanzen werden, Blumen, und nur Jener, dem wir diese Sachen verdanken, kann es erklären. Ich war hingerissen, denn ich hatte noch nie versucht, hinter das Geheimnis der wirklichen Entwicklung dieses Wunders zu kommen: das Wachstum der Pflanzen.

9. Mai
Zu meiner ehrlichen Bestürzung fällt mir gerade ein, daß wir heute abend zum Tanzen gehen, das heißt ich gehe zu Duryea, und nachdem ich alle Vorbereitungen ohne Freude getroffen hatte, setzte ich mich in fieberhafter Ungeduld (die ich nicht unterdrücken kann) zum Schreiben hin. Ich bin nicht glücklich, Du weißt bereits, daß dieses Tanzen nur eine Kinderei ist, der ich mich mitunter hingebe, wenn ich wie Mama bin. Hin und wieder sage ich mir, daß ich nicht hinzugehen brauche, weil es regnet, aber eine ganz bestimmte Stelle in meinem ökonomischen Bewußtsein treibt mich dazu, meine letzte Tanzstunde auszunutzen, ich habe sie nötig. Heute früh um zehn war ich bei Madame Beaulac, die mir sagte, sie freue sich sehr darüber, daß ich nie auf die Uhr schaue. So sehe ich von einem Tag zum andern mit riesiger Freude mein geliebtes Französisch wieder aufleben. Und ich sehe, wie nach und nach unter dem Staub meines Gedächtnisses und der langen Jahre ein Wort und... noch ein Wort zutage tritt, das ich nie mehr vergessen werde. Und jedes Wort weckt auch herrliche Erinnerungen an die Zeit, in der wir nur französisch sprachen, in Brüssel, in Arcachon usw. Ich lerne, daß der Baum, der in unserem Garten wächst, »frêne« (Esche) heißt. Ich lese *Maître Pierre* von Ed. About, *La Revue des deux mondes*, ich träume in Französisch. Ich spreche besser, ich werde zur Pariserin! Eines Tages wirst Du feststellen, daß ich besser schreibe, das wird noch ein bißchen dauern, aber es wird kommen. Jetzt will ich mich anziehen, ohne große Begeisterung, aber was soll's!
Es sind einige Stunden vergangen, und nun setze ich mich wieder zum Schreiben hin. Es ist alles so abgelaufen, wie ich es vorhergesehen habe. Viertel nach vier war ich bei Duryea, in der gleichen Kleidung wie immer. Frances war da, Dorothy Eddins mit ihrem Bruder Homer und Marthy Boynton. Abgesehen davon war es eine Tanzstunde wie alle anderen. Monsieur Duryea wünschte uns schöne Ferien, denn es war die letzte Tanzstunde dieser Saison, und ich ging mit Frances

zusammen weg, nachdem ich viel getanzt hatte. Zu Hause habe ich dann zu Abend gegessen. Später ging ich etwa eine Viertelstunde mit Nuna und ihrem Hund Frixie am Riverside spazieren. Und jetzt, weil ich gerade nichts Besseres zu tun habe, schreibe ich diese Zeilen; Mama kämpft indessen mit Joaquinito um die Klavierstunde. Jetzt aber werde ich Dich für einen Augenblick verlassen, denn ich habe das große Bedürfnis, die Arme zu verschränken und nachzudenken... anstatt zu schreiben.

10. Mai
Ich habe versprochen, jeden Tag zu schreiben, aber heute kann ich nicht. Ich habe im großen und ganzen das getan, was ich jeden Tag tue, und ich möchte ein bißchen träumen.

11. Mai
Ich denke an Dich, aber es gibt nichts zu berichten.

12. Mai
Ich vergesse Dich nicht, aber meine Tage verlaufen recht eintönig, und es gibt nichts zu schreiben.

13. Mai
Heute ist Marraine gekommen, und ich bin sehr froh.

14. Mai
Ich gehe zum Französisch-Unterricht, und ich lese.

15. Mai
Es ist ein wenig schwierig zu erklären, woran ich in all diesen Tagen dachte. Ich lebte in einer merkwürdigen Welt: ein Anfall von Träumerei und eine Veränderung in meinem Charakter, die mich ein bißchen erstaunt haben. Das ist vermutlich das Ergebnis der vielen langen Stunden, in denen ich mit mir selbst allein bin, um nachzudenken. Ich konnte nicht schreiben, denn bei dem Versuch zu ergründen, wovon ich träumte, stand ich immer nur vor einem tiefen Abgrund, den ich nicht erforschen konnte. Gestern abend war es warm, und ich hatte mich an das offene Fenster des Wohnzimmers gelehnt. Plötzlich war meine Phantasie stärker als ich. Eine einzige Vorstellung stand in meinem Traum fest: etwas, woran ich noch nie, nie gedacht

hatte, eine Leere, die ich noch nie empfunden hatte. Ich war allein, und irgend etwas fehlte mir. Es ist nicht die Liebe meiner Mama, meiner Brüder, der übrigen Familie, aber ich wußte, daß ich jemanden brauchte, der sehr stark ist, sehr mächtig, sehr schön, der mich liebt und den ich mit der ganzen Kraft meines Herzens lieben kann. Es ist ein Bild oder ein Idol, das meinen Träumen entsprungen ist und das ich nun in seiner vergänglichen Form suche. Existiert es überhaupt? Und hier an dieser Stelle, unter einem Himmel voller Sterne, dem lächelnden Mond, gegenüber von einem Horizont, der nicht weiter reicht als bis zum Ende einer Straße, habe ich den Kopf in meine Hände gestützt und schickte ein sehr trauriges Gebet in den unendlichen Raum: »Lieben Sie mich, Sie, jemand!«
Ich verstehe das alles nicht. Noch nie habe ich diese gewaltige Leere gefühlt, die nur durch einen Schatten, den mein Kopf geschaffen hat, ausgefüllt werden kann und den mein Traum beseelt hat.
Dann, mit einem zufriedenen Lächeln, wobei ich sicherlich an all die Liebesgeschichten dachte, die ich gelesen hatte, zog ich einen großen Sessel heran, den ich ganz dicht an meinen Sessel rückte, und Aug' in Aug' mit demjenigen, den meine Phantasie dort hinsetzte, unterhielt ich mich mit ihm. Weißt Du, wie er heißt? Nein? Ich werde es Dir nie sagen, es ist ein Hirngespinst! Aber mich hältst Du für verrückt? Noch bin ich es nicht.

16. Mai

Es stimmt vielleicht, daß es manchmal so aussieht, als sei ich verrückt, denn ich gebe mich ein bißchen zuviel meinen Träumereien hin, aber es gibt andere Tage, so wie heute, da stehe ich in der gleichen Verfassung auf wie alle die praktischen und unkomplizierten Menschen, und ich verbringe den restlichen Tag auf sehr nützliche und natürliche Weise. Um zehn war ich bei Madame Beaulac, den Kopf voll von Gedanken wie zum Beispiel: den Preis der Eier, die ich kaufen mußte, den Laden, in dem ich Obst preiswerter würde kaufen können usw. Um elf kam ich dann nach Hause, und Mama, die etwas für ihre Arbeit zu erledigen hatte, war im Begriff auszugehen; sie erlaubte mir, mitzugehen. Ich wählte bei einem ihrer Einkäufe für eine Kundin in meinem Alter ein reizendes himmelblaues Cape und konnte auf diese Weise Mama behilflich sein. Um fünf waren wir wieder zu Hause. Ich hab' mir die Haare gewaschen, weil ich morgen mit Marraine ins Theater gehe (was nicht heißen soll, daß ich mir die Haare nur aus diesem Anlaß wasche, im Gegenteil); ich habe zu Abend gegessen, eine große Schachtel Stiefmütterchen eingepflanzt, die mir Mama gekauft hatte, und mich schließlich zum Schreiben hingesetzt; ich bin sehr zufrieden mit mir, denn kein einzigesmal ist meine Phantasie mit mir durchgegangen, so wie es in letzter Zeit vorgekommen ist. Aber es ist wesentlich unterhaltsamer, den ganzen Tag zu träumen, zu lesen ... wenngleich ich sehr wohl erkenne, daß Träumen zu nichts, rein gar nichts führt. Ich habe beschlossen, daß der Unbekannte, der die Leere ausfüllen wird, die ich an einem der letzten Abende verspürt habe, mein »Schatten« heißen wird, und in Zukunft werde ich ihn so nennen, wenn ich von ihm spreche. Ich weiß nicht, weshalb ich gerade jetzt daran denke, wo mir doch noch nie zuvor ein solcher Gedanke in den Kopf kam, aber ich glaube, es ist deshalb, weil ich schon sechzehn bin und eine Frau werde.

Ganz zufällig hat Emilia Quintero gestern abend *Clair de lune* (die Mondschein-Sonate) auf dem Klavier gespielt, und ich habe entdeckt, daß Papa dieses Stück gespielt hatte bei seiner ersten Begegnung mit Mama. Es ist ein trauriges, aber sehr schönes Stück, Nun werde ich einen kleinen dummen Scherz machen, damit ich beim Wiederlesen etwas zu lachen habe. Ich möchte, daß Du Dir anhand einer Liste von »Sachen«, die ich im Augenblick anzuziehen habe, ein Urteil darüber bilden kannst, ob ich extravagant bin. Hier die Liste:

Einen Sonntagshut
Einen blauen Hut für alle Tage (alt)
Ein *Gingham*-Kleid für alle Tage (neu)
Ein malvenfarbiges Kleid für alle Tage (alt)
Ein *Gingham*-Kleid für alle Tage (alt)
Ein blaues Organdy-Kleid für sonntags (alt und gefärbt)
Ein blaues Kleid aus Crêpe-Georgette zum Tanzen und für Festtage (neu)
Ein ausgebessertes Wollkleid für zu Hause (zu alt)
Ein Wollkleid mit einem Oberteil für besondere Anlässe (neu)
Einen Wollrock und acht bis neun weiße Blusen mit blauem Kragen (alt)
Zwei *Sweaters*, einen erdbeerfarbenen und einen beigen (neu, alt)

Ein Paar feine Lederschuhe zum Tanzen (neu)
  Ein Paar Lackschuhe für sonntags (neu)
  Ein Paar gelbe Schuhe für alle Tage (neu)
  Zwei Paar seidene Strümpfe, ein Paar schwarze und ein Paar gelbe für sonntags (neu)
  Sechs Paar gelbe Wollstrümpfe für alle Tage (alt)
  Ein Kleid aus Kammgarn und Seide für sonntags (alt)
  Ein rosa *Gingham*-Kleid aus Kuba für jeden Tag (alt)
  Unterwäsche ist wohl uninteressant (?)
  Ein rosa Tam-O-Shanter (Baskenmütze) (alt und ausgebessert)
  Einen Gürtel aus schwarzem Leder (alt)
  Ein Cape aus Kammgarn (neu)

Bin ich extravagant? Aber hier ist mein Unsinn zu Ende.

17. Mai
Heute hat mich Marraine mitgenommen, um *Tumble In* anzusehen. Es war eine sehr heitere musikalische Komödie, zum Zeitvertreib. Auf dem Nachhauseweg erwischte uns ein Regenguß.

18. Mai
Messe und Kommunion. Kino. Keine Lust zum Schreiben.

19. Mai
Es ist alles in bester Ordnung.

20. Mai
Meine Beschäftigungen sind uninteressant, und meinen Gedanken fehlt es an Originalität.

21. Mai
Ich bin noch immer in der gleichen Verfassung. Es liegt weder an meiner Feder noch an meinem guten Willen, aber die Gedanken, die mir durch den Kopf gehen, sind wirr, und es herrscht deshalb großes Chaos, weil diese Gedanken die Absicht haben, diesen Kopf schnellstens zu verlassen.

22. Mai
Ich hätte nie geglaubt, daß Gedanken einfach »ausziehen« können, wie gewöhnliche Möbelstücke, aber die Sache ist vorbei.

Der Grund war einfach der, daß sie nicht genügend Platz hatten und sich gegenseitig in meinem Kopf herumschubsten, in einer Weise, die mir nicht gefiel. Da habe ich ein großes Blatt Papier genommen, Tinte, eine Feder und habe lange geschrieben und sorgfältig alle meine Gedanken auf dieser großen, weißen Seite ausgebreitet. So fanden die Gedanken langsam aus dem Chaos heraus und rückten mit Freuden an das Tageslicht. Als sie auf diese Weise alle hervorgekommen waren und in ihrer Form dem Anfang eines Buches glichen, war ich zufrieden und konnte mich wieder voll und ganz den Beschäftigungen widman, über die ich mir zuvor Gedanken gemacht hatte. Während dieser ganzen Zeit habe ich nur einige Worte hier in mein Tagebuch geschrieben, denn die Gedanken, die mich verwirrten, waren nicht der gleichen Art wie jene, die ich für gewöhnlich in dieses Heft schreibe. Es war mir unmöglich, über beides zu schreiben. Nachdem nun der »Umzug« stattgefunden hat, stehe ich wieder ganz zu Deiner Verfügung. Das Buch ist nicht fertig, nicht einmal zur Hälfte, nicht einmal ein Viertel, aber meine Ideen fließen langsamer, und ich habe Zeit, sie so aufzuschreiben, wie sie kommen...
Alles wächst in meinem Garten. Heute hat Mama für das Fenster in unserem Zimmer vier Geranien und zwei andere Pflanzen gekauft, deren Name ich nicht kenne.
Seit Samstag regnet es andauernd, und ich habe stundenlang Zeit, um an das Ereignis am 5. Juni zu denken. Emilia Quintero, Du kennst sie zweifellos, möchte Geld haben, um nach Frankreich zurückzukehren, wo ihr Bruder lebt, der ihr einziger Familienangehöriger ist. Sie hat Europa vor sieben Jahren verlassen. Mama hat ihr das »Studio« zur Verfügung gestellt und Madame Quintero wird dort vorspielen, bzw. ein Konzert geben, unterstützt von Paquita und Enrique Madriguera und von Mademoiselle Cholet, die eine sehr hübsche Stimme hat. Die Karten kosten zwei Dollar, und bis jetzt sind alle, die kommen, Millionäre oder fast, was auf das gleiche herauskommt. In Madame Madrigueras Zimmer können die Damen ihre Mäntel ablegen und sich pudern; Dolly, unser Dienstmädchen, wird dort paratstehen. Die Herren können zum gleichen Zweck in einen anderen Raum gehen, und dort wird wahrscheinlich der Mann, der sich um unseren Keller und um die Heizung des Hauses kümmert, in seiner besten Kleidung Wache halten. Er sieht Caruso ähnlich (aber Caruso würde

gern so gut aussehen wie er!). Die Möbel aus dem Wohnzimmer werden verschwinden, um Platz zu schaffen für Hunderte von Stühlen. Der Vorraum und unser Eßzimmer, ebenfalls geschmückt, werden den Konzertsaal vervollständigen. Und dann... nun kommt die Überraschung, an all das wird sich dann ein Tanzabend anschließen!
Ganz plötzlich und zu meiner eigenen Verwunderung, denn ich glaubte nicht mehr daran, ist mein »Anfall« wiedergekommen, mit seiner ganzen Anziehungskraft ist er wiedergekehrt, vielleicht wegen meiner sechzehn Jahre; und dieses Tanzen, dieses Tanzen, das ich womöglich hätte vermeiden wollen, dieses Tanzen erscheint mir reizvoll, wunderbar. Alle Romanzen eines Tanzes, weißt Du, und schon höre ich nicht mehr auf zu träumen!
Und das, obwohl es erst in drei Wochen stattfindet. Welch eine lange Zeit!
Dieser ganze Unsinn erinnert mich an den Ort, an dem ich gestern abend mit Marraine war. Wir waren bei Monsieur und Madame Villemin, die einen »Montmartre-Abend« gegeben haben. Das Französisch, das ich hörte, war reizend. Es war Argot, und durch ein ganz natürliches Wunder, denn ich bin Pariserin, habe ich alles verstanden, absolut alles. Es gab sehr komische Chansons, zum Totlachen, und Wortspiele, es wurde Klavier gespielt und gesungen... Zum Abschluß dieses lustigen Abends passierte noch etwas Skurriles, als wir in die Straßenbahn stiegen. Emilia, die einzigartige Frau, sollte zum Abendessen unten in der Stadt bleiben, aber sie wollte sich solange nicht von uns verabschieden, bis die Straßenbahn kam. Als es dann soweit war, siehe da, Emilia springt hinein, wirft zur großen Überraschung des Fahrers zehn Cents in den Kasten, sagt in ihrem abscheulichen Englisch, dies sei das Fahrgeld für die beiden Damen, und springt wieder heraus; mir hat es die Sprache verschlagen (denn ich hielt das Geld bereit zum Einwerfen zwischen Daumen und Zeigefinger). Die ganze Szene hat nur Sekunden gedauert, aber wir haben zehn Minuten über diesen unerwarteten Sprung gelacht, den Madame Quintero sicher nur aus reiner Höflichkeit getan hatte.
Als ich nach Hause kam, schlief Mama noch nicht, und ich stellte fest, daß es ihr genauso ergeht wie mir, wenn sie abends ausgeht. Ihre Abwesenheit bringt mich um den Schlaf, und nun passierte ihr das gleiche, wo *ich* einmal nicht da war.

Noch eine andere Sache möchte ich zu Papier bringen, weil ich heute so gesprächig bin. Im Zusammenhang mit Elsie de Solas Blinddarmentzündung erzählte mir Mama die Geschichte von meinem zweiten Abzeß damals:
Ich war noch im Krankenhaus, wartete auf meine Genesung, die sich nicht einstellen wollte, und der Doktor verstand gar nichts mehr. Mama hatte es mit allem versucht, mit Tränen, mit Beten und Wünschen, es half alles nichts; unterdessen lag ich noch immer in meinem weißen Bett, beängstigend mager und ebenso blaß wie mein Bett. Dann erhielt Mama die Erlaubnis des Doktors, mich in einem Rollstuhl durch das ganze Krankenhaus spazierenzufahren, damit ich andere Kranke mit Obst und Gebäck beschenken konnte. Man versuchte, mich nicht zu schütteln, aber die Bewegung des Rollstuhls strengte mich ungeheuer an; jedoch die Freude über das dankbare Lächeln der Kranken und den Händedruck all jener, die die Unglücklichen gerade besuchten, entschädigte mich reichlich und ich erinnere mich, recht glücklich gewesen zu sein. Freundinnen folgten mir mit Tellern voll mit den verschiedensten Dingen, die ich selbst verteilte, so lange, bis der Besuch zu Ende war und ich zu meinem Bett zurückgebracht wurde. Der Liebe Gott wollte es, daß mir dieser Ausflug das Leben rettete, denn durch das Rütteln des Rollstuhls brach der zweite Abzeß auf, der sonst unter großem Risiko hätte operiert werden müssen. Danach wurde ich sehr schnell gesund, und eines schönen Tages konnte ich in unser kleines Haus voller Blumen zurückkehren. Auch die Straße war geschmückt, und alle Leute unserer Straße empfingen mich mit Freudengeschrei. Diese herzliche Freundschaft der Brüsseler für einen jeden wird mir ewig in Erinnerung bleiben.
Mir tut vom vielen Schreiben die Hand weh, und ich höre auf.

23. Mai

Es war kein Witz, als ich Dir einmal erzählt habe, daß ich jeden Tag irgend etwas Neues lerne. Da ich derzeit nur bedeutungslose Dinge lernte, habe ich mich nun dieser Tage entschlossen, etwas ganz Besonderes auszuprobieren. Den ganzen Tag über habe ich nur vierzehneinhalb Worte gesprochen. Vierzehneinhalb Worte nur! Nicht gezählt natürlich die Worte aus dem Gespräch, das ich immer mit... mir selbst führe. Das sind ja auch keine Worte, es sind laut ausgesprochene Gedanken, und auf diese Weise bin ich sicher, daß sie in meinen Kopf eindringen. Das halbe Wort war ein Ausruf der Verärgerung gegen eines der Märchen, die Joaquinito sich das Vergnügen macht zu erfinden und deren Opfer ich heute war. Aber meine Empörung hatte ich rechtzeitig unter Kontrolle und anstatt auszurufen: »Lügner!«, sagte ich nur »Lüg...«. Die andern waren unbedingt notwendig, hauptsächlich waren es »ja« oder »nein«. Der längste Satz, den ich den ganzen Tag über gesprochen habe, war: »Gib mir das Salz«, ich sagte es zu Thorvald, denn er tat so, als würde er nicht verstehen. Ich kann Dir jedoch versichern, daß es nicht nötig ist, mehr als vierzehneinhalb Worte pro Tag zu sprechen. Es ist sehr viel einfacher, viel praktischer, viel weiser und viel klüger, anderen beim Sprechen zuzuhören und darüber nachzudenken, was sie sagen, als selbst etwas Dummes zu sagen. Erstens war es nicht so laut im Haus, zweitens hatte ich Zeit, alle Gespräche, die ich hörte, zu untersuchen und das Gesagte wie eine Kuh noch einmal »wiederzukäuen«. Außerdem bekomme ich dadurch große Lust zum Schreiben, und schließlich vermute ich, daß alle um mich herum über mein Schweigen sehr glücklich gewesen sein müssen, denn ich öffne den Mund nur, um Dummheiten zu sagen. Das Ganze hat nur einen Nachteil. Heute habe ich zufällig einen Menschen nicht getroffen, mit dem es mir aber unmöglich gewesen wäre, nur vierzehneinhalb Worte am Tag zu reden, denn um nicht unhöflich diesem Menschen gegenüber zu sein, muß man zehntausend Worte in der Minute sprechen, was für mich sehr viel ist, wo ich Spanisch doch nur so langsam spreche. Es ist die Rede von Monsieur Madriguera!

24. Mai
Um acht habe ich die Augen aufgemacht, wobei mir einfiel, daß heute Samstag ist, und bevor ich aufstand, dachte ich einen Augenblick an die große Freude, mit der mir das einfiel – es ist lange her – als ich noch zur Schule ging. Inzwischen ist für mich jeder Tag ein Samstag, mit Ausnahme des eintönigen Sonntags, d. h. morgen. Nach dem Frühstück war es der Garten, dem ich meine ganze Aufmerksamkeit schenkte.
Nach dem Mittagessen war ich ganz allein im Kino, denn Mama hatte viele Briefe zu schreiben, Thorvald war mit seinen Pfadfindern unterwegs und Joaquinito ging zu einem Picknick

mit Freunden. Ich sah mir Harold Lockwood in *Shadows of Suspicion* an und Dorothy Gish in *Peppy Polly*. Als ich gerade wieder zu Hause war, begann es in Strömen zu regnen, und ich saß am Fenster und führte Selbstgespräche, als sich ganz plötzlich, mitten im Wolkenbruch, die majestätische Sonne in ihrer ganzen Pracht zeigte, so daß sich die Wassertropfen, die vormals grau erschienen, in Diamanten verwandelten. Und sogar jetzt, als ich zur Beichte war, sah ich noch so ein herrliches Bild vor mir: In den riesigen Wasserpfützen, die sich durch den Regen gebildet hatten, spiegelte sich der rote Abendhimmel wie die Flammen eines Feuers. Um einen Tag wie diesen zu beschließen, habe ich das wunderbare Buch von Alphonse Daudet von A bis Z gelesen, in dem er so anschaulich schildert, was das ist ... *Trente Ans de Paris (Dreißig Jahre Paris)*.
Ich habe auch nacheinander zwei Gedichte geschrieben. Bin ich geschäftig? O ja, aber mit dem Ergebnis, daß meine Augen in schlechtem Zustand sind und daß ich eine Gesichtsfarbe habe, die jeden Tag mehr an das Papier erinnert, auf das ich schreibe und in dem ich den größten Teil meines langen Tages existiere.

25. Mai
Nach der Messe und der Predigt, der Kommunion und dem Frühstück waren wir rudern im Park, besser gesagt, Thorvald und Coqui haben gerudert, und ich habe ein Buch von Dumas gelesen. Der übrige Tag verlief wie alle diese Sonntage, die mir so verhaßt sind. Und da ich mein Buch, das mich ungeheuer fesselt, noch nicht zu Ende gelesen habe, werde ich mich jetzt zu meinem größten Bedauern von Dir verabschieden.

26. Mai
Ein Buch nach dem andern. Der Garten, wenn meine Augen sich weigern weiterzulesen. Träume und nochmals Träume.

27. Mai
Noch immer mitten drin in den Intrigen am Hof Heinrichs IV. und den Töchtern der Katharina von Medici. Hingerissen von La Mole, Coconnas, Madame de Nevers und Marguerite, Königin von Navarra. Unmöglich, nach New York zurückzukehren, wenn ich im Louvre wohne oder in der Bastille.

28. Mai

Mit aufrichtigem Bedauern habe ich das reizvolle Königreich Frankreich verlassen müssen; es fiel mir schwer, ins nüchterne und lärmende New York zurückzukehren, mit seinen Präsidenten und seinen freiheitlichen Vorstellungen, dieses New York voller Polizei und voller Gefängnisse, die Morde und Vergiftungen verhindern, die doch eigentlich beibehalten werden müßten, um unsere Phantasie zu erhalten. Und der einzige Grund für dieses Erwachen war das Ende des Buches, als ich mich nach dem Epilog mit dem Buchumschlag konfrontiert sah, als ich das Buch schließen mußte, wie man eine Tür schließt. Um mich mit etwas anderem zu beschäftigen, habe ich Strümpfe gestopft usw., um mich nützlich zu machen. Während ich nun hier schreibe, höre ich folgende vier verschiedene Konzerte: Madame Carreño Blois spielt Klavier, Paquita Madriguera spielt Klavier, Joaquinito komponiert am Klavier und Enrique Madriguera spielt Geige. Das ist lustig, aber sehr schwer zu verfolgen. Am schwächsten höre ich die Geige, die von der obersten Etage herunterklingt. Es ist sehr heiß zur Zeit, sehr heiß, und zwanzigmal am Tag freue ich mich darüber, so viele schöne Tage vor mir zu haben, um fröhlich zu sein. Und es ist wirklich so, ich war noch nie so glücklich wie jetzt. Der Beweis: Wenn ich nicht lese, singe ich, ich tanze, ich laufe die Treppe rauf und runter, ich spreche mit meinen Vögeln, ich spiele mit meinen Blumen, als wären es Puppen. Und seit dem Tag, an dem ich nur vierzehneinhalb Worte sagte, spreche ich weniger, ich höre vielmehr zu. Ich hatte nie Zeit, mir die Leute um mich herum genau anzusehen, und ich mache tolle Entdeckungen!

Ich kann mich auch in einem Maße um Mama kümmern, wie ich es früher nie vermocht habe. Ich stehe um acht auf und bringe Mama das Frühstück ans Bett. Den übrigen Tag tue ich alles, was ich tun kann. Inzwischen hat sich Mama, unschlagbar, tapfer und kühn wie sie ist, in ein anderes Unternehmen gestürzt. Sie hat von einer ihrer Freundinnen, Madame Mantilla, für 500 Dollar ein ganzes Haus voll Möbel für zehn Zimmer gekauft, und nun sucht sie ein Haus, das sie damit möblieren und füllen kann, um es zu einem sehr viel höheren Preis wiederzuverkaufen. Nicht nur, daß sie auf der Suche nach einem Haus überall herumrennt, in einer Stadt, die überquillt von Menschen, die nicht wissen wohin, und in der alle Häuser zu Wucherpreisen verkauft werden, sie tätigt auch immer noch ihre Käufe, mit derselben unerschöpflichen und großartigen Energie. Es ist wahr, daß sie manchmal sehr, sehr müde ist, wenn sie ins Bett geht und vor lauter Denken nicht einschlafen kann; wenn Magenschmerzen, die durch nervöse Verdauungsstörungen hervorgerufen werden, eine Frau umwerfen, die sich weder durch die Arbeit noch durch etwas anderes entmutigen läßt. Wenn das passiert höre ich auf zu singen und leide sehr. Wenn Mama krank ist, irre ich wie eine verlorene Seele im Haus herum. Zum Glück ist Mama fast nie krank.

29. Mai
Gestern abend nahm mich Emilia Quintero, die meine Bewunderung für alles Französische sehr gut kennt, mit zu Eugénie Buffet. Sie sprach über das französische Chanson und gab einige davon zum besten. Es waren typisch französische Chansons, voll Witz und Gefühl. Hauptsächlich um die »Poilus« zu preisen und sich über die »Boches« lustig zu machen. Gegen Mitternacht kam ich nach Hause, den Refrain von der *Madelon* auf den Lippen, mehr denn je Pariserin.
Ich bin um sieben aufgestanden, um in die Messe zu gehen; so begann für mich ein sehr heißer Sommertag. Anschließend ging ich mit Mama und Joaquinito hinunter in die Stadt. Unter anderem habe ich wieder einmal der großen Bibliothek in der 42. Straße einen Besuch abgestattet. Um halb eins war ich zum Mittagessen zurück. Die Zeit von drei bis Viertel nach fünf verbrachte ich mit meiner lieben Frances, die mir ihre Gedichte vorgelesen hat, die wirklich sehr hübsch geschrieben und sehr modern sind.
Und dann folgte ein lautes Abendessen, bei dem jeder zur gleichen Zeit zu Wort kommen wollte; die Pflege meines Gartens, und nun bin ich hier. Ich wollte ungeheuer viel schreiben, aber jetzt stelle ich fest, daß sich das, was ich zu schreiben vorhatte, sehr viel besser zu einer Träumerei eignet, am offenen Fenster des Wohnzimmers, durch das die Strahlen des Mondes hereinfallen.

30. Mai
Heute war ich auch schon sehr früh zur Messe, aber ich habe erfolglos versucht zu beten. Während der ganzen Messe habe ich nur immer den Altar angeschaut, ohne einen einzigen

frommen Gedanken und ohne daß ein einziges Gebet aus meinem Herzen kam. Ich war für alles unempfänglich, selbst für die Orgel, bei deren Klang meine Seele sonst dahinschmilzt und die mir immer geholfen hat zu beten. In diesem Zustand, kalt und unbeteiligt, über mich selbst beschämt, kam ich aus der Kirche zurück, so wie man von einem mißlungenen Spaziergang zurückkommt.

Ich habe eine Einladung zum Reiten bekommen, mit »Paquita« und ihrer »Suite«. Ich bin wahnsinnig vor Freude. Es ist die Verwirklichung eines meiner schönsten Träume. Ich werde laufen und galoppieren, und ich weiß, daß ich keine Angst haben werde. O nein, gewiß nicht! Tante Edelmira hat ein Reitkostüm für mich. Es wird am Sonntag um zehn anfangen und irgendwann zu Ende sein, egal wann!

O ja, ich kann wirklich sagen, daß ich glücklich bin, daß ich verwöhnt werde. Im Augenblick habe ich vielleicht alles, was sich ein sechzehnjähriges Mädchen nur wünschen kann... alles, mit Ausnahme dieser großen Leere, die in meinem Herzen ist, in meinen Träumen, in meinem ganzen Leben, und deren Name ich nicht kenne.

In meinem Garten wächst und gedeiht es, prächtig und wunderbar, bezaubernd und nützlich. Ich mag meine Erde (auch wenn ich Handschuhe anziehe, um sie anzufassen), und es macht mir Freude, sie zu bestellen (auch wenn sie voller Würmer ist).

31. Mai

Dem heutigen Tag fällt eine gewisse Bedeutung zu, aus dem einfachen Grund, weil Mama in Edgemere, Long Island, in der Nähe von Far Rockaway ein ganz kleines Häuschen gekauft hat. Der Tag hatte damit begonnen, daß Mama beschloß, mit uns den Elf-Uhr-Zug zu nehmen, um hinzufahren. Als wir 45 Minuten später an Ort und Stelle waren, kauften wir Sandwiches, Gebäck, Käse und Bananen, dann setzten wir uns an den Strand und aßen zu Mittag; es war wie ein schönes Gemälde, was sich da vor unseren Augen ausbreitete, der weiße Sand, der blaue Horizont und das Meer. Nach dem Essen verließ uns Mama und machte sich auf die Suche nach dem Haus, unterdessen las ich, und Coquito und Joaquinito sammelten barfuß im Sand Muscheln. Eine Stunde später kam Mama lächelnd zurück, und aus ihren Augen sprach freudige Überraschung;

dann haben wir den Bungalow besichtigt, und ich werde ihn genau beschreiben, wenn wir einmal dort sind. Um sieben waren wir zu Hause, da ich aber furchtbare Kopfschmerzen habe, konnte ich kaum etwas essen, aber nun habe ich mich zum Schreiben hingesetzt, um mit gutem Gewissen schlafen zu können. Vor allem jedoch morgen, oh, morgen! Ich habe entdeckt, daß mir Tante Edelmiras Stiefel tausendmal zu klein sind, und ich wage es kaum zu glauben, daß sich die Sache irgendwie einrenken läßt.

1. Juni

Um sieben habe ich die Augen aufgemacht, ich hatte eine jener Nächte hinter mir, wie man sie eben verbringt, wenn man beim Einschlafen diesen Satz auf den Lippen hat: »Die Nacht wird Rat bringen!« Mein erster Gedanke galt dem Wetter. Ich konnte an den Fassaden der gegenüberliegenden Häuser erkennen, daß die Sonne bereits aufgegangen war. Außerdem war es nicht zu warm, ein wohltuendes Lüftchen wehte, ich beschloß, daß dieser Tag vollkommen sein würde. Dann dachte ich an meine Stiefel. Da ich aber trotzdem zur Messe gehen mußte und auch unbedingt frühstücken mußte, dachte ich erst später wieder daran. Bis neun Uhr hatte ich alle nur möglichen Schritte unternommen, um an Stiefel zu kommen. Unmöglich! Paquita sagte mir, daß ich vielleicht in der Reitschule, wo man die Pferde ausleiht, welche finden könnte; ich hatte noch eine Stunde Zeit und lief hin, um alles zu erledigen. Zum Glück traf ich dort auf eine nette Dame, eine Französin, die mir für einen Dollar ein Paar Stiefel lieh; ich nahm sie, in Ermangelung einer besseren Lösung. Außer Atem kam ich um halb zehn wieder nach Hause. Mama und Tante Edelmira halfen mir beim Ankleiden. Als erstes zog ich eine dünne Baumwollbluse an, mit einem großen Kragen und einer Künstlerschleife aus einem schwarzen Band, dann zog ich eine Hose an und eine Jacke aus hellgrauem, fast weißem *crash* (Tuch), weiße Handschuhe und setzte einen schwarzen Strohhut auf; ein hübsches kleines Stöckchen vervollständigte meine Verkleidung. Ich hatte kaum Zeit, mich im Spiegel zu betrachten, denn während ich mir die Haare hochsteckte, puderte Mama mein Gesicht. Aber als ich fertig war, ging ein Murmeln der Bewunderung durch die ganze Familie, einschließlich Madame Madriguera und allen andern; ich bin also der Meinung, daß mein Kostüm gut gewesen sein muß. Monsieur Madriguera bzw. Enric, weil ich ihn ja bereits kenne, ist gekommen, um mich abzuholen. An der Tür warteten Paquita und ein anderer Herr. Zu Fuß gingen wir alle vier bis zur 66. Straße, wo ich heute ja schon einmal war. Dort trafen wir Mr. de Alba, eine junge Dame, Emilia Fernandez, und einen anderen jungen Mann, der Macaya heißt. Unter den vielen Pferden nahmen wir die, die für uns reserviert waren. Sie hatten alle Namen, wie gute Christen. Meins, ein hübscher Brauner, wendig und leicht, hieß Browny. Und wir ritten los. Der Ausritt war sehr lustig. Ich war fast die einzige, die ihr Pferd nicht wechseln mußte. Enric hatte zuerst eines, das den Teufel im Leib hatte. Es wollte fortwährend galoppieren, und wenn nicht, dann bäumte es sich auf beiden Hinterbeinen auf. Nach einer Weile tauschten Enric, der sehr abgekämpft war, und einer der anderen Herren ihre Pferde. Als Ersatz bekam er eins, das er sich verpflichtet fühlte »Muli« zu nennen, anstatt »Happiness«, weil es so eigenwillig war und nur ganz langsam Schritt ging.

Was meine eigenen Erfahrungen betrifft, so schäme ich mich eigentlich ein bißchen, obgleich sie doch recht komisch waren. Zunächst konnte ich nicht traben, denn in meinem Sattel hüpfte ich immer höher als das Pferd, aber nach und nach hat sich das gebessert. Ich hielt auch meine Zügel zu locker und war deshalb gezwungen, dorthin zu gehen, wo mein Pferd gerne hinwollte. Es passierte auch einige Male, daß es ganz plötzlich, obwohl es sonst folgsam war, in den Trab fiel oder in einem Augenblick, in dem ich es am wenigsten erwartete, anfing zu galoppieren. Demzufolge habe ich kein einziges Mal die Leute ausgesucht, neben denen ich gehen wollte, es war immer mein liebes Pferd, das diese Wahl für mich traf. Im Schritt ging ich mit Paquita, im Galopp allein, im Trab mit Monsieur Macaya, ein andermal ging ich im Schritt mit Emilia und Enric. Nur einmal nahm mein Pferd die für mich so unpraktische, für das Pferd aber sehr graziöse Haltung ein: Es stellte sich auf beide Hinterbeine und beruhigte sich erst wieder, als ich es lange genug gestreichelt hatte. Der Ausritt dauerte zwei Stunden. Aus all dem habe ich meine Wahl getroffen. Am liebsten ist es mir, allein zu galoppieren oder Schritt zu gehen und mich dabei mit dem Geigenspieler zu unterhalten, denn er ist der einzige, der ungefähr so alt ist wie ich, er ist 17; obendrein ist er sehr lustig.

Nachdem wir die Pferde wieder abgeliefert hatten, wo wir sie in Empfang genommen hatten, gingen wir ganz gemütlich nach Hause, wobei wir unterwegs haltmachten und in einem Laden am Broadway eine Orangen-Limonade kauften. Erst als ich bei mir zu Hause angekommen war, merkte ich, wie müde ich war. Ich aß nichts, ließ mich von Tante Edelmira photographieren und schlief auf Mamas Bett ein, wo ich jetzt erst aufgewacht bin. Es ist alles vorbei, aber ich werde es so schnell nicht vergessen. Ein Ausflug zu Pferd ist wie ein Spaziergang im Märchenland, ausgenommen natürlich die Müdigkeit und die Schmerzen in allen Gliedern, die darauf folgen. Aber es ist der Mühe wert, wenn man einige angenehme Stunden verbringen will. Es gibt keine Rosen ohne Dornen, es gibt keinen Ausritt ohne unangenehme Begleiterscheinungen. Aber ich bin sofort bereit, wieder damit anzufangen.

Es ist wirklich schade, daß Du nicht reiten kannst. Ich frage mich, wie Du Dich freuen kannst, von Zeit zu Zeit, denn wenn Du auch kein kleines Mädchen bist oder besser gesagt ein großes Mädchen, so kannst Du Dich doch nicht *nur* dafür interessieren, was ich für Dich und für mich schreibe. Aber wer weiß, vielleicht geht es Dir sogar besser so. Deine Schönheit hängt vom Preis des Heftes ab, das ich kaufe. Dein Inhalt besteht aus vertraulichen Mitteilungen. Du bist immer ruhig und zufrieden und lebst neben den wunderbarsten Nachbarn der Welt, den Büchern.

Es ist ja wahr, ich bin verwöhnt, ich möchte ständig irgend etwas anderes. So wünsche ich mir auch sehr, nicht so häßlich zu sein. Aber ich kann mein armes Gesicht nicht ändern, wie man ein Gesicht aus Marmor verändern kann.

2. Juni
Heute konnte ich nicht sehr viel tun, denn ich bin immer noch sehr müde von dem gestrigen schönen Ausflug. Ich habe viel gelesen, und trotz der großen Schmerzen, die in allen Knochen herumziehen, habe ich die Zeit gefunden, mich um meinen Garten zu kümmern. Wenn ich keine Lust mehr hatte zu lesen, brauchte ich nur den Kopf zu heben und Enric beim Geigespielen zuzuhören. Eigentlich habe ich heute hauptsächlich das gemacht, denn er hat sehr viel geübt. Dagegen gibt es nichts zu sagen, er ist ein großer Künstler. Er hat eine wunderbare Art zu spielen, und wenn man ihm einmal zuhört, kann man nichts

anderes mehr tun. Und obwohl er »unter den Dächern« wohnt, wie ein Philosoph, sehe ich sein junges Gesicht und sein immerwährendes Lächeln über seiner Geige, jedesmal, wenn die feinfühligen Töne die Wände des Hauses durchdringen und im ganzen Haus wiederklingen.

Nachdem ich mein Heft bereits geschlossen hatte, merkte ich, daß ich vergessen hatte, über eine Sache zu schreiben, über die ich vor einigen Tagen sehr lange nachgedacht habe. Durch das Lesen, durch die Gespräche derjenigen, die mich umgeben, vielleicht durch meinen Instinkt, weiß ich, daß je älter die Menschen sind, sie um so mehr wissen, daß sie um so mehr nachdenken, ehe sie etwas tun, und vor allen Dingen verlieren sie dieses blinde Vertrauen in die Ehrlichkeit und die Güte ihrer Kameraden aus guten und schlechten Zeiten. Der Blick eines Kindes ist ehrlich, offen und klar. Der Blick älterer Menschen eher verschlossen, ein bißchen zynisch, getrübt durch Hintergedanken und durch Tränen der Enttäuschung.

Ich, ich bin kein Kind mehr und auch nicht jenseits der Vierziger. Ich bin sechzehn. Früher fand ich alles schön und hielt jeden Menschen für gut. Wenn meine Blicke manchmal auf ein Augenpaar fielen, in denen sich tiefe Ironie, List, Verzweiflung deutlich widerspiegelten, wendete ich den Blick ab und dachte nur einige Minuten lang darüber nach, welch merkwürdigen Eindruck diese Augen auf mich gemacht hatten, ohne aber je zu versuchen, bis in das Herz vorzudringen, bis in die Gedanken oder bis zu den Handlungen, die sich im Spiegel der Seele reflektierten. Wenn man mir von »schlechten Menschen« erzählte, dachte ich, sie seien es deshalb, weil sie nicht zur Beichte oder nicht in die Kirche gingen. Aber inzwischen bin ich größer geworden und habe, ohne es zu wollen, langsam diesen wunderbaren Glauben verloren. Ich habe sehr oft versucht, vollkommene Menschen zu finden. Aber stets, und zu meiner tiefsten Enttäuschung, sah ich diese Menschen, nachdem ich sie kennengelernt hatte, im Widerschein aller ihrer Gefühle, ihrer Wünsche, ihrer Ziele. Sie waren verändert, wie der Tag sich nachts verändert; vor mir stand der Körper eines Menschen, aber mit einem Herzen und einem Gewissen aus Stein. Es waren Leute, denen ich edle Ziele, hehre Gefühle zugeschrieben hatte, die ich für nahezu fehlerlos gehalten hatte. Es ist wahr, daß ich mich selbst als die Schlimmste betrachte, ich kenne mich zu gut, um zu wissen,

daß ich all die Enttäuschungen, die ich bei den anderen finde, auch in mir selbst gefunden habe, aber es ist so schön für einen kranken Menschen, von lauter Gesunden umgeben zu sein, anstatt von solchen, die ebenfalls krank sind. Ich bin es, die krank ist, aber ich bin sechzehn und sehe mich umgeben von Menschen, die ebenso krank sind wie ich. Ach, welch trauriges Schicksal für jene, die blaue Vögel suchen oder die Vollkommenheit in einer menschlichen Welt.
Jetzt bleibt mir nur noch der Glaube an einige wenige Menschen, die ich auf einen Altar in meinem Herzen stellen und bewahren kann, denn solange ich sie kenne, in Zeiten der Freude und in Zeiten schlimmster Not, sind sie doch immer gleichgeblieben: Engel auf Erden. Aber solche Menschen sind recht selten. Die anderen, die ich mich nicht hindern kann zu lieben, kenn' ich zu gut, ich habe sie versagen sehen, sie haben mir die Illusion genommen, die ich hütete wie einen schönen, unendlich kostbaren Diamanten. Aber all das geht vorbei. Das ist unvermeidlich. Ich wußte schon, daß ich mit vierzig keine Illusionen mehr haben würde, daß ich alles kennen würde, aber ich hätte nie geglaubt, daß ich mit sechzehn die Tiefen der menschlichen Herzen verstehen würde, auf deren Grund ich nur den Schmutz finde, der sich nach einer Reise auf der duftenden Oberfläche dort abgesetzt hat! Vielleicht aber habe ich selbst jemandem den Glauben genommen, jemandem, dem die Illusionen auch gestohlen wurden. Ich erschauere bei diesem Gedanken! Das Leben ist manchmal nicht lustig, und ich hoffe, daß es eines Tages für immer zu Ende sein wird.

3. Juni
Eine drückende Hitze hat die finsteren Entdeckungen, die ich über das menschliche Wesen gemacht habe, etwas niedergeschlagen, und es bleibt mir nur noch Kraft zum Lesen, Schreiben und Nachdenken.

4. Juni
Welche Vorbereitungen für morgen! Wer wird, einmal angezogen und in festlicher Stimmung, noch ein Wort darüber verlieren, wie lange und wie schwer man hat arbeiten müssen, für einen kurzen Augenblick der Freude! Es gibt wenig Dinge, die ich heute nicht gemacht hätte, um Mama, Monsita, Dolly, Thorvald und Coqui zu helfen; wenigstens das Wohnzimmer

glänzt vor Sauberkeit und hat ein völlig neues Gesicht. Aber es gibt noch viel zu tun für morgen, so daß die wirkliche Müdigkeit mit der zu erwartenden zusammenfällt, ich kann fast nicht mehr. Ich mußte sogar ablehnen, mit Familie Madriguera ins Theater zu gehen.

5. Juni
Heute findet Emilias Konzert statt.
Immer noch Arbeit. Wir haben die Möbel aus dem Wohnzimmer herausgeräumt und die Stühle dort aufgestellt. Das gleiche ist im Vorraum geschehen und in unserem Schlafzimmer, das zu einem wahren Speisezimmer geworden ist. Ich fürchte mich nicht im geringsten davor, daß ich mich überanstrengen könnte, denn es war ja nötig, aber von Zeit zu Zeit dachte ich an das Tanzen wie an eine Sache, die in weiter Ferne liegt und unmöglich zu verwirklichen ist. Ich schreibe, denn ich habe noch ein paar Minuten Zeit. Aber ich bin schon fix und fertig angezogen. Ich habe das hübsche blaue Kleid an, meine Strümpfe und meine weißen Schuhe; meine Haare habe ich wieder zu einem lockigen Knoten zusammengesteckt, ich trage die Korallenkette, und, um meiner Toilette den letzten Schliff zu geben, ein reizendes Sträußchen aus rosa Nelken, die Emilia mir geschickt hat. Aber wenn ich in den Spiegel sehe, bin ich mehr denn je traurig darüber, daß ich nicht hübsch bin, und manchmal möchte ich sehr gerne hübsch sein. Auch habe ich beim Schreiben festgestellt, daß die Dinge, die ich in letzter Zeit getan habe, um Mama zu helfen, nicht dazu beigetragen haben, meine Hände schöner zu machen, im Gegenteil. Ich bin außerdem blaß und müde, und Mamas Rouge hilft da auch nichts mehr.
Zum Glück kann ich all diesen Entdeckungen, die ich täglich mache, wenn ich zu einem einfältigen Kind werde, auch einige philosophische Grundkenntnisse und ein gutes Maß an Resignation zur Seite stellen. Nun ja, egal; hier in diesem Gedicht steht, woran ich denke, um meine Schönheitsfehler zu vergessen:

Never you mind the crowd, lad,
Nor fancy you work won't tell;
The work is done for all that, lad;
To him that doeth it well.

> Fancy the world is a hill, lad,
> Look where the millions stop;
> You'll find the crowd at the base, lad,
> There is always room at the top.

> Was kümmert dich die Masse, junger Mann!
> Glaube nicht, dein Werk könnte in Vergessenheit
> geraten;
> Das Werk bleibt für immer bestehen, junger Mann,
> Für den, der es gut vollendet hat.

> Denke dir, die Welt sei ein Hügel, junger Mann,
> Sieh', wie die Millionen haltmachen davor;
> Die Masse wirst du unten finden, junger Mann;
> Ganz oben wird es immer Platz geben!

Vielleicht verstehst Du im Augenblick nicht, warum ich mir über eine Sache Gedanken mache, an die ich bisher nicht gedacht hatte. Eines Tages werde ich Mut genug haben, Dir mein kleines Geheimnis anzuvertrauen, das Geheimnis, von dem ich träume, wenn ich nachts am Fenster sitze oder tagsüber im Garten stehe, das Geheimnis, das ich besinge, wenn ich allein bin, und das auf einem Gesicht, das für gewöhnlich ernst ist, ein Lächeln heraufbeschwört, ein Geheimnis schließlich, das ich nicht niederschreibe, weil ich es nicht wage, weil ich viel zu sehr erröten müßte. Es genügt nicht, wenn ich Dir sage, daß es der einzige Grund ist, weshalb ich nicht häßlich sein möchte. Aber nun ist Emilia da, und es ist bald acht; ich werde Dich also verlassen, um mich in die augenblicklichen Vergnügen eines Konzerts und eines Tanzabends zu stürzen.

6. Juni

Eins der schönsten Dinge auf der Welt ist das Gedächtnis. Gibt es etwas Schöneres, als Augenblicke des Glücks so oft von neuem zu durchleben, wie man es wünscht? So habe ich es mit dem Fest von gestern abend gemacht, es ist bis ins kleinste Detail mehr als zwanzigmal vor meinen Augen abgelaufen. Bis halb neun waren alle Leute erschienen und hatten ihre Plätze eingenommen. Es waren alte Damen da, dünne und dicke, häßliche, kleine und große. Männer, junge und alte, junge Mädchen, junge Frauen, all das ergab eine merkwürdige

> Studio of Rosa C. Nin, 158 West 75th Street
>
> *Thursday, June 5th, 1919, at 8:30 p. m.*
>
> Evening Musical
>
> by
>
> # EMILIA QUINTERO
>
> assisted by eminent artists
>
> RENEE CHOLLET . . . Soprano
> PAQUITA MADRIGUERA . Pianist
> ENRIC MADRIGUERA . . Violinist
>
> ### Programme
>
> Sonata XIV .... *Beethoven*
> *Emilia Quintero*
>
> Slavonic Dance .... *Dvorak-Kreisler*
> Serenata .... *Lalo*
> *Enric Madriguera*
>
> La Bohème (l'addio) .... *Puccini*
> *Renee Chollet*
>
> Ballade III.
> Nocturne } .... *Chopin*
> Valse
> *Emilia Quintero*
>
> Allegro .... *Saint Saens*
> *Enric Madriguera*
>
> Triana .... *Albeniz*
> Danza espanola .... *Granados*
> *Paquita Madriguera*
>
> Le Nil .... *Lerroux*
> *Renee Chollet*
>
> Rhapsodie XII .... *Liszt*
> *Emilia Quintero*
>
> Arranged by Miss Anaïs Nin

Mischung. Alles war hell erleuchtet und heiter. Madame Schiff und Frances waren angekommen, und ich habe sie ganz in die Nähe des Klaviers gesetzt; ich selbst habe mich neben Frances gesetzt. Dorthin kam später einer der drei Brüder Bermudez und setzte sich neben mich, um sich mit mir zu unterhalten (es sind die Brüder, die einmal abends gekommen sind und vor denen ich mich in einem Schrank versteckt habe). Dann begann das Programm. Es gab sehr komische Momente, z. B. als Madame Quintero in ihrem scheußlichen Englisch eine Rede hielt, es gab stumpfe Momente, als die meisten Leute am Einschlafen waren wegen einer Beethoven-Sonate, die sich zusätzlich zu der drückenden Hitze auf die *Zuhörer* niederschlug, es gab genußreiche Momente, als Monsieur Diaz von der »Met« Massenets Klagelied und *Tes Yeux* zusätzlich zu einem Stück aus *Romeo und Julia* sang, es gab Momente der Bewunderung, als Paquita mit ihrem großen Talent *Triana* und andere Stücke fabelhaft spielte, und schließlich gab es für mich Momente (hier wage ich nicht, die Masse mit einzubeziehen) einer unerklärlichen Emotion, als ich mit glänzenden Augen, die Seele voller Träume, die bezaubernden, unnachahmlichen Klänge eines siebzehnjährigen Geigers durch den Raum schweben hörte. Es hatte jeder seinen Erfolg, aber derjenige, von dem zuletzt die Rede war, hat ihn mehr verdient als alle anderen, glaube ich. Noch nie erschien mir eine Geige so voller Zauber wie diese. Er, er stand im grellen Licht der Lampen im Salon, die sein ernstes Gesicht und seine flinken Hände beleuchteten; er führte den Bogen mit großer Gewandtheit. Und ich habe beim Zuhören meinen Atem angehalten, weil ich fürchtete, auch nur eine einzige Note zu überhören, doch mein Herz schlug so heftig, daß ich glaubte, es würde plötzlich stehenbleiben, was mir gar nicht unangenehm gewesen wäre, denn es war ein Augenblick, in dem ich Angst hatte, daß er mich gegen meinen Willen verläßt, aber auf eine andere Weise.

An dieser Stelle werde ich lächelnd eine kurze Pause machen, um Dir zu sagen, daß Du jetzt in meinem Herzen wie in einem offenen Buch lesen kannst, aber Du mußt wissen, daß ich von der ganzen Welt nur vor Dir dieses Buch zu öffnen wage, denn ich erzähle schon wieder einmal alles, was ich denke, aber wirklich nur mir allein.

Nun aber weiter. Gegen Mitternacht, glaube ich, war das Konzert zu Ende, und nach einigen Augenblicken allgemeiner Unterhaltung zerstreute sich der größte Teil des Publikums in alle Winde. Alles in allem blieben dann übrig: Mama, Tante Edelmira, Marraine, Thorvald, Coquito (Joaquinito und Nuna waren schon im Bett), Madame Sarlabous und ihre Tochter Germaine, Paquita, ihre Mutter und ihr Bruder, Monsieur Menderichega, die drei Brüder Bermudez, Frances und ihre Mutter, mehrere andere junge Leute, zwei oder drei alte Frauen, Miss Williams, und ich glaube, das ist alles. Eine Dame, der Mama fünf Dollar bezahlte, begann dann, Klavier zu spielen, zum Tanzen, und ich erkannte viele Stücke wieder, die in der Tanzschule gespielt wurden. Den ersten Tanz tanzte ich mit Enric, der mich überglücklich machte, indem er mir sagte,

ich tanzte gut. Das zweitemal tanzte er mit Paquita, dann verschwand er für den Rest des Abends, wahrscheinlich war er sehr müde. Das Tanzen ging ungefähr eine Stunde lang weiter. Ich tanzte nacheinander mit den Bermudez und Monsieur Menderichega. Aber es machte mir überhaupt keinen Spaß. Germaine Sarlabous machte mich für einen Augenblick stumm vor Überraschung; sie ist unglaublich kokett! Und ich hätte nie gedacht, daß ein Mensch auf die Idee kommt, solche Grimassen zu schneiden und Tausende von Dummheiten zu sagen, um die männliche Aufmerksamkeit mit soviel Erfolg auf sich zu ziehen. Schließlich war alles zu Ende. Nach und nach verließen die Leute das Haus, allmählich verstummte die Musik, eine Lampe nach der anderen wurde gelöscht, und es herrschte große Ruhe im ganzen Haus, das kurz zuvor noch so voll von Musik, Gelächter und Fröhlichkeit war.
Ich konnte jedoch nicht einschlafen. Stundenlang lag ich wach, die Augen im Halbdunkel geöffnet, zu müde, um einzuschlafen. Heute morgen konnte ich die Augen kaum aufmachen. Indessen halfen mir nach und nach die vertrauten Geräusche in die Wirklichkeit zurück, und ich begann, an Mamas Frühstück zu denken. Gestern abend hatte sie ein Telegramm bekommen, sie solle Thorvald Sanchez in Newburg besuchen, wo er am Blinddarm operiert worden war, und Mama ist hingefahren; sie wird erst heute abend oder morgen früh zurückkommen. Ich habe zwei Bücher gelesen, weil es regnete, den übrigen Tag habe ich mich mit allem möglichen beschäftigt. Heute abend, während ich schrieb, kam Emilia, und ich mußte gestehen, daß ich an das Konzert dachte, und mit einer überwältigenden Unbefangenheit sagte sie zu mir, daß sie sehr gern gewußt hätte, was ich alles über sie gesagt hatte. Aber selbst jetzt kann ich es nicht. Es gibt Dinge und Menschen, über die man nicht schreiben kann, ohne sich über sie lustig zu machen, ohne streng, listig oder humorvoll zu sein, weil es merkwürdige Dinge und Menschen sind. In ein Tagebuch, das in die tiefsten Tiefen der Seele eindringt, gehört vor allem die reine Wahrheit, ohne Verkleidung. Und Du, Du weißt ja, wie kalt und gefühllos ich in meiner Zuneigung bin, Du wirst also verstehen, daß ich eher geneigt bin, nichts über eine Freundin des Hauses zu erzählen und Dich somit das Beste glauben lasse, was Du sicherlich tun wirst, denn Du bist ja netter als ich. Sie fährt nach Paris, sie wird Papa sehen und ihm von uns erzählen,

und mir fällt die Aufgabe zu, ihn über den Charakter derjenigen aufzuklären, die er als eine unserer besten Freundinnen kennenlernen wird.
Nun verabschiede ich mich von Dir. Ja, ich bin recht häßlich, ziemlich uninteressant, recht verrückt, es ist wahr, daß ich zuviel träume, daß ich unpraktisch bin, daß ich kein Engel bin, es ist wahr, daß ich nicht beten kann, wenn ich in die Kirche gehe, und die Geheimnisse, über die ich erröte, für mich behalte, wenn ich schreibe! Aber mein allerliebstes Tagebuch, glaube mir, ich werde mich auf die wunderbarste Weise verändern, wenn ich einmal meinen Schatten gefunden habe.
Jetzt werde ich mich mit den Sternen unterhalten, die immer mit den Augen zwinkern, weil sie so weise sind. Eines Tages wirst Du erfahren, was ich ihnen erzähle. Aber es ist nichts Trauriges, das versichere ich Dir, denn... noch ein Wort, und Du weißt alles... Ach, die Frauen sind ja so wenig verschwiegen!

7. Juni
Mitten in der Nacht wurde ich durch Mamas Rückkehr geweckt. Sie war ziemlich müde und fast krank; dieser Zustand hat den ganzen Tag über angehalten. Natürlich genügt das, um mich traurig zu machen und mich zu beunruhigen, und ich war ganz zufrieden, selbst krank und somit gezwungen zu sein, den ganzen Tag bei ihr zu bleiben. Ich habe mich mit Nähen beschäftigt, habe meine alten Kleider gefärbt, damit man sie für neue hält, ich habe Handschuhe und Taschentücher gewaschen usw. usw., dabei hatte ich ständig die angenehme Vision von unserem kleinen Häuschen ganz in der Nähe des gewaltigen Ozeans. Während ich nähte, hörte ich Enric die gleichen Stücke üben, die er neulich am Abend gespielt hatte, und dies rief mir einige besonders angenehme Augenblicke dieses langen Abends ins Gedächtnis zurück.
Eine brütende Hitze hat meinen Garten ausgetrocknet, und zu meiner größten Verzweiflung sah ich, wie die Pflanzen unter den glühenden Sonnenstrahlen ihre zarten Köpfchen hängenließen; zu meiner Freude sah ich aber auch, wie sie sich nach dem frischen Wasser aus meiner Gießkanne stolz wieder aufrichteten; von diesem Tau benetzt, wirkten sie noch schöner, und sie schienen zu lächeln, weil sie sich nach dieser Trockenheit wieder wohl fühlten. Das wäre ein Gedicht wert

gewesen, aber ich möchte den Eindruck erwecken, als würde ich nicht mehr an solche Dinge denken, sondern mit zunehmendem Alter praktischer und platonischer* werden.

Auch meine Vögel haben große Freude am Baden, und da sie hoch über Mamas Schreibtisch thronen, wurde Mama, die es mit Heiterkeit aufnahm, und zugleich auch ihre Papiere und ihre Geschäftsunterlagen mit einer feinen Dusche berieselt. Obgleich Mama krank ist, ist sie glücklich, weil sie von verschiedenen Kundinnen Geld bekommen hat, das ihr diese seit langer Zeit schuldeten und dessen Notwendigkeit bereits zu Falten auf ihrer sorgenvollen Stirn geführt hatte.

Ich habe einige Minuten Zeit gefunden, um zur Beichte zu gehen, in dieses kleine Häuschen, das so düster und geheimnisvoll ist und wo mich trotz aller Anstrengung meine Erinnerung stets verläßt. Ich gehe auch oft in die Messe unter der Woche, und dennoch, wenn mich jemand fragen würde, ob ich fromm sei, müßte ich ehrlich sagen: »Nein, ich versuche es zu sein.« Dies ist einer meiner zahlreichen Fehler, den ich gar nicht komisch finde und auch nicht merkwürdig, sondern unerklärlich.

Heute schreibe ich in der Küche, und dies auch schon seit einigen Tagen. Wir haben drei Zimmer in diesem Haus, und trotzdem, auch wenn Tante Edelmira, Nuna und Coquito weg sind, ist der Lärm der ständigen Unterhaltung meiner Familie so entsetzlich, daß jeder die Flucht ergreifen muß, der eine Feder in den Fingern hält und den Kopf voller Ideen hat. Nachdem ich also aus dem Wohnzimmer und aus dem Eßzimmer geflüchtet bin, habe ich mich in der geräumigen und ruhigen Küche niedergelassen, ich sitze an einem mit Linoleum bedeckten Tisch zwischen Ratten und anderem Ungeziefer, dessen unmittelbare Nähe unerträglich ist. Immerhin machen diese Tiere wenigstens keinen allzu großen Lärm, und selbst wenn ich mit aller Kraft von meinem Stuhl aufspringe, wenn sie auf dem Tisch herumspazieren, ist mir dies doch noch lieber als überhaupt nicht schreiben zu können. Wie übrigens in allen Küchen gibt es eine große Uhr, die einen gewaltigen Lärm macht, aber ansonsten nichts taugt; die riesigen Zeiger haben die Aufgabe, die Köchin darauf hinzuweisen, daß es Zeit zum

---

* Anaïs verwendet das Wort »platonisch« irrtümlich als Synonym für »prosaisch«. D. Ü.

Abendessen ist, und nun sagen sie mir, daß es Zeit ist zum Schlafengehen, wenn ich morgen um sieben Uhr aufstehen und einen Versuch machen möchte, gut zu sein, indem ich zur Kommunion gehe. Bete für mich, wenn Dir so etwas möglich ist. Ich fürchte aber, wenn Du Dir zu diesem Zweck an mir ein Beispiel nimmst, wirst Du überhaupt nicht beten können.

8. Juni
»Lieber Papa,
Wenn ich mich recht erinnere, mußt Du erst vor kurzem einen meiner Briefe erhalten haben, dieser hier soll Dich jedoch auf einen Besuch vorbereiten, durch den du sehr viel mehr Dinge erfahren wirst, als ich Dir in einem einfachen Brief schreiben kann.
In meinen früheren Briefen habe ich sicherlich den Namen Emilia Quintero des öfteren erwähnt, als es um kleine Photos oder um Joaquinitos Klavierstunden ging. Sie fährt nach Paris und wird ein Versprechen wahrmachen, das sie vor langer Zeit einmal abgegeben hat, nämlich Dich zu besuchen. Und ich möchte, daß Du sie schon vorher ein bißchen kennst, damit Du nicht allzu überrascht bist. Als wir vor fünf Jahren nach New York kamen, haben wir sie als arme Klavierlehrerin bei Tante Antolina kennengelernt, und seit dieser Zeit gehört sie zu den alten Freunden der Familie, zu jenen Leuten, die kommen und gehen, wann immer es ihnen beliebt, die man mit Freude zum Abendessen einlädt, denen man vertraut und auf die man sich verlassen kann, wenn man sie braucht. Sie ist nicht jung und nicht schön, aber sie hat ein wunderbares Herz. Als Künstlerin kann ich sie nicht beurteilen, das wirst Du selbst sehen, aber sie ist ein sehr wertvoller Mensch, weil ihr Leben in New York so ist wie das Leben vieler Künstler in allen Teilen der Welt, ein Leben des Elends, manchmal des Hungers, der Hoffnung, der zerstörten Illusionen und mitunter auch ungeahnter, unerwarteter Freuden, die nie lange genug andauern. Alles in allem also ein trauriges Gedicht, das man treffend als »Schicksal« bezeichnen kann und das die ganze Welt auswendig kennt.
Eines der Dinge, die sie immer gekannt hat, ist die Einsamkeit, ich meine das Fehlen von Familie; das ist wohl auch der Grund eines sonst unerklärlichen kleinen Fehlers, ihrer großen Vorliebe für Gespräche. Dies jedoch wird Dir eher Freude machen, denn wenn Du sie reden läßt, wirst Du sie sehr

unterhaltsam finden, und ich bin sicher, sie wird nicht aufhören, von uns zu erzählen, denn eben aus diesem Grund will sie Dich besuchen, sagt sie. Ihre anderen Betätigungen sind eher verwunderlich, aber Du weißt, daß Künstler dazu ein Recht haben. Ihre Anschauungen, ihre Philosophie, ihre Gespräche und ihre Einfälle sind von Romantik gefärbt und ein wenig übertrieben. Sie macht sehr viel Komplimente, denn ihr gutes Herz rechnet damit, daß Schmeicheleien und Komplimente jeden erfreuen. Es gibt viele Menschen, die so denken wie sie. Ich muß Dir das alles sagen, weil man sie lange kennen muß, um sie im ersten Moment nicht für ein bißchen verrückt zu halten. Nimm es ihr auch nicht übel, wenn sie sich zum Essen einlädt, besonders wenn Du Fisch, Suppe und Reis hast. Du siehst, wie gut ich ihren Geschmack kenne. Laß sie Bilder von Dir machen, von Deinem Haus; lach nicht zu laut, wenn sie ihre Nase in die Dinge auf Deinem Kamin stecken wird, die Bilder, Deine Bücher usw., wobei sie ihre Untersuchung mit dem Lorgnon vornimmt, denn sie ist sehr kurzsichtig. Hüte Dich aber davor, ihr zu sagen, sie sei kurzsichtig, sie glaubt es nicht oder tut so, als würde sie es nicht glauben, was aufs gleiche herauskommt. Du brauchst nicht alles für bare Münze zu nehmen, was sie erzählt, und wenn Du Deine ganze Geduld zusammennimmst und Dich dabei erinnerst an das, was ich Dir gesagt habe, wird der Besuch sehr gut verlaufen.

Es bleibt mir nur noch zu sagen, wie sie es geschafft hat, daß sie nach Paris fahren kann, und warum sie das tut. Sie hat die Vorstellung, und nichts kann sie davon abbringen, daß sie bald sterben wird, und sie möchte nicht im prosaischen New York begraben werden; außerdem möchte sie, bevor sie stirbt, den einzigen Familienangehörigen besuchen, den sie hat: ihren Bruder. Also hat Mama ihr das Studio zur Verfügung gestellt, ihre Freunde haben Karten gekauft, haben ihr Geldgeschenke gemacht, und eines schönen Tages, am 5. Juni, füllten sich Wohnzimmer, Vorraum und Speisezimmer, die schon voller Stühle standen, mit Leuten, die Emilias Konzert hören wollten; das Programm lege ich Dir bei. Emilia wird Dir mit Sicherheit alle Einzelheiten erzählen.

Nun weißt Du alles, und ich hoffe, daß Du mir den so wenig interessanten Brief verzeihst. Ich werde Dir in einigen Tagen wieder schreiben und Dir andere Sachen erzählen. Viel Glück

also und schreib mir recht bald, um mich wissen zu lassen, was Du von der ganzen Geschichte hältst.
Ich umarme Dich sehr, sehr zärtlich, mein liebster Papa,
Dein Mädelchen
ANAïS.

P.S. Das eigentlich Wichtige an diesem Besuch ist die Tatsache, daß Emilia bis jetzt Joaquinitos Klavierlehrerin war. Eine bewundernswerte Lehrerin für ein Kind, das nichts lernen kann, allenfalls mit Engeln, die eine übernatürliche Geduld haben und eine Sanftmut, die alle Hindernisse einreißt, besonders die Hindernisse bei einem Kind, das voller Leben steckt, voller Ideen, voller Tatendrang und voller unbezwingbarer Launen.
Madame Quintero wird Dir ein Bild von mir geben, das ich vor einigen Tagen gemacht habe. Ich hoffe, daß Du es magst. Vertraue dem Porträt und nicht Emilias Schilderung; sie ist das einzige Wesen auf Erden, das mich hübsch findet, vermutlich wegen ihrer Kurzsichtigkeit.«

8. Juni
Draußen regnet's – mehr denn je erschien mir der Sonntag trostlos. Ich habe diesen Brief an Papa geschrieben, einen an Bobby Foerster, die ich nie vergesse, und einen an Dorothy Eddins. Jedem erzählte ich, daß ich bald nach Edgemere fahren werde, und Mama trifft die Vorbereitungen für den Umzug. Es war vorgesehen, daß ich zunächst eine Woche mit Marraine dort verbringe.
Inzwischen habe ich trotz des Regens, trotz der unvermeidlichen Eintönigkeit des Sonntags, zwei herrliche Bücher gelesen, deren Autor, James Allen, von nun an zu meinen Lieblingsschriftstellern gehört. Es waren die Bücher *Choir Invisible* und *A Kentucky Warbler*. Mama hat zum Spaß gesagt, sie sollte mir höchstens *ein* Buch pro Tag erlauben. Nur eins!
Ich muß aber zugeben, daß meine Augen recht angestrengt sind, wenn ich so etwas tue, und ich habe es Mama zu verdanken, daß ich sie mir nicht vollständig ruiniere, denn Mama achtet immer darauf. Heute geht es ihr etwas besser, und sie macht schon Pläne zum Weggehen, um den Kampf ums tägliche Brot wieder aufzunehmen, morgen.

9. Juni 1919
Abgeschrieben aus *La Prensa*, »Notas de sociedad«:

»LA DESPEDIDA DE EMILIA QUINTERO

Con motivo del viaje a España de la notable pianista Emilia Quintero muchas de sus amistades le insinuaron la idea de celebrar antes de su partida un concerto de despedida, idea que acogio la artista con gusta, contando desde ese momento para efectuarlo con el estudio de la Sra Rosa C. de Nin y la cooperación desinteresada de esta noble dama cuyos hijos encantadores son discipulos de la pianista (...)«

»DER ABSCHIED VON EMILIA QUINTERO

Die berühmte Pianistin Emilia Quintero reist nach Spanien zurück. Infolgedessen machten viele ihrer Freunde ihr den Vorschlag, vor ihrer Reise ein Abschiedskonzert zu geben, und an dieser Idee fand die Künstlerin Gefallen. Frau Rosa C. de Nin stellte ihr großzügigerweise ihr Musikstudio und ihre Mitarbeit zur Verfügung. Die reizenden Kinder dieser vornehmen Dame sind Schüler der bekannten Pianistin. (...)«
P.S. Ich habe den obenstehenden Artikel nicht wirklich deshalb abgeschrieben, weil ich diese spanische Schilderung des Konzerts am 5. Juni so wunderbar finde, sondern eher deswegen, weil mir Mama ein neues Tagebuch gekauft hat, ein sehr schönes Buch mit einem schwarzen Ledereinband, und weil ich große Lust habe, so bald wie möglich etwas hineinzuschreiben, also schreibe ich dieses Heft hier so schnell wie möglich voll.

10. Juni
Wir waren ohne Dolly, und es gab viel zu tun. Ich habe mich sehr geschämt, als ich feststellen mußte, daß mir die Hände so schrecklich weh taten, nachdem ich vier oder fünf Wäschestücke eingeseift hatte, und ich habe mir geschworen, es morgen wieder zu tun.

11. Juni
Heute ist mir etwas Wunderbares passiert. Du weißt, daß ich jeden Tag in die Messe gehe, mit der festen Absicht, zu versuchen, fromm zu sein. Heute bin ich früh aufgestanden

und in der kleinen Kirche gewesen. Dort war die kleine Gruppe von Frauen, die immer da ist, dazwischen waren auch ein paar Männer mit schneeweißen Haaren und patriarchalischen Bärten. Ich hatte mich niedergekniet, die Gedanken woanders, unempfänglich für ein Gebet, das Herz den frommen Gefühlen verschlossen. In diesem Zustand wagte ich es sogar, den Kopf zu wenden und meine Blicke über meine Nachbarn schweifen zu lassen, so wie ich es im Theater tun würde. Niemand sah mich an, und ich konnte sehen, daß sie *alle* voller Inbrunst beteten, die Augen fest auf das Kruzifix geheftet, die Hände gefaltet, den Kopf in ehrfürchtiger Liebe gesenkt. Mit einem Schlag schmolz mein Herz. Eine Flut von Gefühlen, von Reue kam über mich. In tiefer Scham senkte ich den Kopf, schloß die Augen, um die erbärmliche Geistesabwesenheit zu vertreiben, und ich tat, was ich seit langem nicht mehr hatte tun können: Ich betete.

Der Rest der Messe war eine einzige geistige und auch wirkliche, eine inbrünstige Kommunion mit dem anbetungswürdigen Gott, dessen Existenz und dessen Größe ich vergessen hatte. Schließlich, als ich mich zum Weggehen erhob, war ich eine andere; ich war völlig verändert und bedauerte in diesem Augenblick, nicht ewig so weiterleben zu können wie eben. Keine Spur mehr von Sarkasmus, von eigener Philosophie, von Pessimismus. Unterwegs habe ich mir geschworen, wieder ein einfaches kleines Mädchen zu werden, das immer glücklich ist und die feste Absicht hat, allen Menschen Freude zu machen und jeden für besser zu halten als sich selbst, anstatt meine Familie meinem Egoismus auszusetzen und zu glauben, daß ich weit über ihren einfältigen Gedanken stehe, jene einfachen Gedanken, die doch soviel glücklicher machen als alle anderen.

Oh, mein Gott, gib mir die Kraft, immer so zu bleiben! Wie aber kann ich innerhalb eines Tages eine Maske wechseln, die ich sechzehn Jahre lang getragen habe?

Morgen werde ich diese himmlische Ruhe, die ich im Gebet gefunden habe, vielleicht schon Frömmelei nennen; vielleicht werde ich die Vorsätze, die ich gefaßt habe, Dummheiten nennen. Ich werde wieder griesgrämig werden. Ich werde wieder ein Buch nach dem andern lesen, ohne eine Spur von innerer Ergriffenheit, wie eine alte Frau, die das Leben zu gut kennt, um sich noch über irgend etwas zu wundern; und ich werde glauben, daß ich alles weiß, was man wissen kann, daß ich am Ende des Weges angekommen bin, nachdem ich vorher viel gelitten habe, anstatt dem Himmel zu vertrauen, zu glauben, daß ich nicht viel weiß und daß ich für das, was ich eigentlich verdient hätte, sehr wenig gelitten habe, so wie ich es heute denke.

O trauriges Schicksal eines Schauspielers, der seine Rolle nicht mehr wechseln kann, weil er sie zu gut kennt und weil er zu alt ist, eine andere einzustudieren: plötzlich versteht er, daß diese Rolle nicht seine Rolle ist, aber es ist zu spät.

Aber beten wir, bete auch Du, und der Schauspieler wird seine Rolle ein wenig verändern können, ohne daß es jemand merkt. Morgen werde ich wieder hingehen und versuchen, diese Haltung beizubehalten. Mach Dich nicht lustig über mich, denn dieser Kampf ist nicht zum Lachen, er ist unerklärlich.

11. Juni

Ich bin noch das kleine Mädchen. Meine Messe von heute morgen war ein Sieg über meine abschweifenden Gedanken, und darauf bin ich stolz. Heute haben Mama und ich von neun Uhr früh bis fast neun Uhr abends gearbeitet, um in allen Schränken aufzuräumen und überall Ordnung zu machen. Wir waren recht müde, aber sehr zufrieden. Eben ist Emilia gekommen, ein Wirbelsturm von Worten, um ihre Gedanken loszuwerden. Schließlich habe ich aus dem Chaos heraus vernommen, daß sie am Freitag einige Leute, darunter uns, zu sich einladen wollte. Madrigueras gehen auch hin. Dabei fällt mir ein, daß ich große Lust habe, Katalanisch zu lernen, aber Mama will mir nicht helfen. Sie behauptet, daß sie es sprechen *kann*, nachdem sie sich jedoch standhaft dagegen wehrt, beginne ich zu glauben, daß sie es doch nicht kann. Sie macht sich lustig über mich, und um mich zu necken, sagt sie, ich soll mich doch an Enric wenden. Sie weiß ganz genau, daß ich das nicht tun werde und glaubt, daß ich so den Gedanken aufgebe; ganz und gar nicht: ich suche noch immer nach einem Lehrer. Eine Sache geruhte sie mir beizubringen; sie geruhte jedoch nicht, mir zu sagen, was es bedeutet: »*Que t'estimo molt noia.*«

Ich vermute, es heißt: »Ich schätze dich sehr, mein Kind.« Das ist alles, was ich weiß.

12. Juni

Zu Hause gab es viel zu tun, denn wir sind immer noch ohne Dienstmädchen. Mit Freuden habe ich mein zweites Bündel Radieschen aus meinem Garten geerntet. Sie sind schön rot und ganz zart und schmecken sehr gut, auch wenn ich sie als einzige nicht esse. Ich habe ein paar Minuten Zeit gefunden, um einen Jungenschlafanzug, den ich statt eines Nachthemdes trage, mit Spitzen und Bändchen zu versehen. Das ist verrückt, aber es sieht sehr hübsch aus. Es ist eine Laune, die kein Geld kostet, denn die Spitze ist schon kaputt und die Bändchen auch. Ich beginne zu glauben, daß ich nicht so extravagant bin, wie ich es sein könnte.

Mama hat gesagt, daß ich sehr wenig Selbstvertrauen hätte. Was das bedeutet, weiß ich nicht. Sie sagte es in Zusammenhang mit einem schweren Paket, das ich unter großem Kraftaufwand hochhob, und als Mama mir sagte, ich solle so etwas nie wieder tun, habe ich geantwortet, daß ich es wieder tun würde, denn für jeden anderen ist das ganz leicht außer für mich, und ich will nicht so unnütz sein. Die geringe Kraft und Widerstandsfähigkeit, über die ich verfüge, macht mir große Sorgen, denn ich kann Mama nicht soviel helfen, wie ich gerne möchte. Sicher, ich bin den ganzen Tag zu Hause, gehe die Tür öffnen, laufe alle zwei Minuten zum Telephon, dann bekomme ich aber dunkle Ringe unter den Augen, und es ist nicht zu vermeiden, daß Mama sieht, daß ich müde bin, wo ich doch nicht möchte, daß sie es merkt. Eine andere Sache, die mich viel beschäftigt – und das auf eine Art, in der man über Probleme des Lebens nachdenkt –, ist der Weg, den ich einschlagen werde. Es gibt nichts, was mir den Weg weisen würde, im Gegenteil, alles macht ihn mir schwerer, meine geringe Begabung, der Mangel an Geschicklichkeit, an gesundem Menschenverstand und an Initiative; keinerlei Rat und keinerlei Tadel unterbrechen die Stille, der ich immer dann gegenüberstehe, wenn ich versuche, mein Boot mitten im Sturm flottzumachen. Manchmal scheint mir, als würde ich für immer auf der falschen Seite dieses Ozeans bleiben, den man überqueren muß, um auf die andere Seite zu gelangen – überqueren oder ertrinken.

13. Juni

Heute abend gehe ich zu Emilia, und auch, wenn es erst ein Uhr ist und wir um halb neun dorthingehen werden, kann ich mich als eine echte Nin daran hindern, achteinhalb Stunden vorher schon fertig zu sein. Deshalb hängt mein rosa-kariertes *Gingham*-Kleid auf einem Kleiderbügel, die schwarzen Seidenstrümpfe liegen parat und die Lackschuhe stehen daneben, meine weißen Handschuhe sind gewaschen, mein Taschentuch ist mit Parfüm besprüht (so früh schon), und vor mir liegt ein ganz weiches und sehr hübsches rosa Hütchen, das mir Mama vor ein paar Tagen gekauft hat. Mein Kleid und meinen Hut werde ich zum erstenmal tragen, und wie das Sprichwort sagt: Neue Besen kehren gut. Ich bin neugierig, was heute abend passieren wird. Um Emilia zu gefallen, habe ich das Programm, das sie erfunden hat, abgeschrieben, aber während ich ein angeblich humoristisches Programm abschrieb, über das ich nicht einmal lächeln konnte, hing ich tiefschürfenden Gedanken nach. Ganz offensichtlich beginnen sehr alte Menschen ab einem bestimmten Alter so zu denken, wie sie in ihrer Kindheit dachten. Mit diesen Menschen meine ich Emilia; das Programm, das ist der Rückfall vom Alter in die Kindheit. Man sagt »*History repeats itself*« (Geschichte wiederholt sich). Also gut! Emilia fängt ihr Leben von vorne an. Ich glaube nicht, daß sie Zeit haben wird, *alles* noch einmal von vorne anzufangen, aber ich frage mich, ob sie mit fünf oder mit sechzehn Jahren sterben wird? Es ist traurig, so jung zu sterben!

Manchmal kommt es mir so vor, als sei ich schon einmal eine uralte Frau gewesen, die in ihre Kindheit zurückgefallen ist, natürlich ohne, daß es jemand weiß, daß mir aber einige Vorstellungen aus dem Alter erhalten geblieben sind.

Ach, wie bin ich böse! Höhnisches Gerede über ein so tragisches Thema wie die verheerenden Auswirkungen der Jahre oder der Zeit auf den Geist ihrer Opfer.

Aber genug davon. Ich stelle fest, daß ich am Ende meines Tagebuchs angekommen bin, und hier werde ich mich von einem Heft trennen, das ich so schnell vollgeschrieben habe, daß ich nicht genug Zeit hatte, es ebensogut kennenzulernen wie die anderen. Ich habe mein Versprechen gehalten und jeden Tag geschrieben, ich darf Dich also das Musterbeispiel eines menschlichen Tagebuchs nennen. Aber nein, es gibt nichts Menschliches, was vollkommen ist; bleib also ganz einfach Mein Tagebuch, ein ebenso unvollkommenes Produkt wie diejenige, die dafür verantwortlich ist.

Von ganzem Herzen

ANAÏS

*Die Tagebücher und das literarische Werk
der Anaïs Nin
in der Nymphenburger Verlagshandlung*

Die Kindertagebücher

Band I   1914–1919
Band II 1919–1920

Aus dem Französischen von Irène Kuhn

Die Tagebücher

Band I   1931–1934
Band II   1934–1939
          Aus dem Amerikanischen von Herbert Zand
Band III 1939–1944
          Aus dem Amerikanischen von Maria Dessauer
Band IV   1944–1947
Band V   1947–1955
Band VI   1955–1966
Band VII 1966–1974
          Mit der Reise nach Deutschland
          Aus dem Amerikanischen
          von Manfred Ohl und Hans Sartorius

Alle Bände sind von Gunther Stuhlmann herausgegeben.

Aus dem literarischen Werk

Unter einer Glasglocke
Erzählungen

Leitern ins Feuer
Roman

Kinder des Albatros
Erzählung